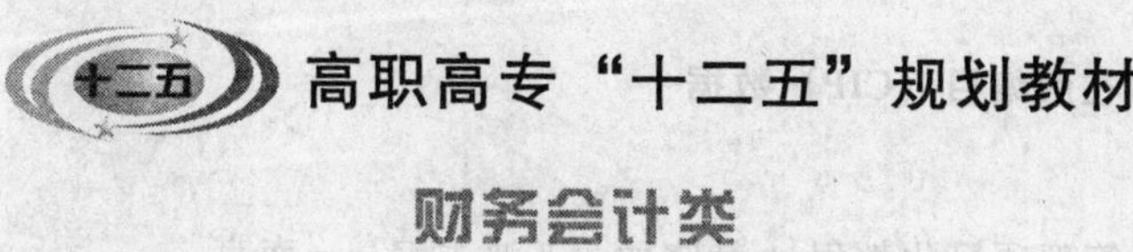

高职高专"十二五"规划教材

财务会计类

财务管理项目化教程

主　编　赫晓丽　王　波

副主编　王乃平　王光春　付智勇　董西红

李汝顷　管　伟　刘玉萍

南京大学出版社

图书在版编目（CIP）数据

财务管理项目化教程 / 赫晓丽，王波主编. 一南京
：南京大学出版社，2013.6(2015.1 重印)
高职高专“十二五”规划教材·财务会计类
ISBN 978-7-305-11603-2

Ⅰ.①财… Ⅱ.①赫… ②王… Ⅲ.①财务管理一高
等职业教育一教材 Ⅳ.①F275

中国版本图书馆 CIP 数据核字（2013）第 125410 号

出版发行　南京大学出版社
社　　址　南京市汉口路 22 号　　　邮　　编　210093
网　　址　http://www.NjupCo.com
出 版 人　左　健

丛 书 名　高职高专“十二五”规划教材·财务会计类
书　　名　财务管理项目化教程
主　　编　赫晓丽　王　波
责任编辑　陈家霞　唐甜甜　　　编辑热线　025-83597482

印　　刷　盐城市华光印刷厂
开　　本　787×1092　1/16　印张 18.5　字数 417 千
版　　次　2013 年 6 月第 1 版　2015 年 1月第 2次印刷
印　　数　1～3 000
ISBN　978-7-305-11603-2
定　　价　34.00 元

发行热线　025-83594756
电子邮箱　Press@NjupCo.com
　　　　　Sales@NjupCo.com（市场部）

前言

本书是根据教育部《关于全面提高高等职业教育教学质量的若干意见》（教高〔2006〕16号）文件精神，在广泛调研的基础上，由会计行业实务专家和一线教师共同开发出基于工学结合的财务管理实务项目化教材。本书打破传统以知识传授为主要特征的学科课程模式，转变为以工作项目和任务为中心来组织课程内容，以企业财务管理活动为主线，按照突出职业能力培养，体现基于职业岗位分析和具体工作过程的课程设计理念，以财务管理相关业务操作为主题，按照高职学生的认知特点，让学生在完成具体项目的过程中来构建财务管理知识，提高财务管理职业能力。在此基础上，本书把财务管理的基本知识和基本技能分解为八个项目。每个项目基本上包括项目导读、知识目标、能力目标、引导案例、任务描述、背景知识、任务实施、知识链接等几个部分。本书充分吸收了工学结合的课程教学改革成果，突出实践教学在高技能财务管理人才培养过程中的作用，注重学生职业能力的培养及职业素质的养成。

本书在内容体系上有如下特点：

一是理论知识适宜。理论知识的学习是学好一门课程的基础，因此，本书编写过程中并未忽视理论知识的基础作用，而是适应高职教学需要，引入了难易适中的基础理论。

二是实践性强。《财务管理项目化教程》立足于高职工学结合的培养模式，以工作过程为导向，提取典型工作任务，按照企业日常财务管理活动的顺序重新组织教材的编写，改变了传统财务管理教材一直延续的重理论、轻实践的编排方式，这是对传统财务管理教材的一个深层次改革。

三是案例习题多。本书注重对案例和习题的编写，在每一项目开篇时，用一个小的案例或生活中常见的事例来引导本项目中涉及的主要问题；在项目中的每一个任务里有大量的实例；每一个项目后都有相当数量的习题，类型包括单项选择题、多项选择题、判断题、计算题和技能训练题，可以帮助学生巩固所学知识并加强财务管理实践，便于教师教学和学生学习。

四是注重岗位技能证书的获取需要。本书内容参考了中级会计师考试用书——《财务管理的相关内容》，特别是在课后思考练习题的设计上体现了中级会计师考证的要求，可以满足学生未来考证的需要。

本书由从事财务管理教学与科研的一线教师和会计行业实务专家共同编写。由中州大学的赫晓丽、王波担任主编，拟定编写大纲并统稿；陕西财经职业技术学院王乃平、东营职业学院王光春、陕西工业职业技术学院付智勇、郑州职业技术学院董西红、四川城市职业学院李汝顶、中州大学管伟、石家庄财经职业学院刘玉萍担任副主编；

郑州科技学院的李倩、陕西交通职业技术学院彭会平、曹彦，山西工商职业学院张凤林，石家庄财经职业学院崔玲娟、张俊娟参与编写。本书在编写思路构思过程中得到了河南安太会计师事务所主任李侠高级审计师、河南华谊会计师事务所黄刚注册会计师、郑州安图绿科生物工程有限公司张超高级会计师和郑州市国谊住宅集团有限公司张慧高级会计师的大力支持，也得到了南京大学出版社编辑老师的指点，在此深表谢意！

在编写过程中，本书参阅了大量的有关资料，在此向有关作者深表感谢！由于作者水平有限，书中难免存在不当之处，敬请各位读者批评指正。

为方便教师教学，本书配有 PPT 课件及习题答案，有需要或有意见和建议请与南京大学出版社联系。

目 录

项目一　财务管理基础工作准备

【项目导读】

财务管理（financial management）是在一定的整体目标下关于投资、筹资、营运资金以及利润分配的管理。本项目由分析企业财务活动、财务关系出发，引出财务管理岗位设置、财务管理岗位任务，探讨企业财务管理目标和财务环境，使学生对财务管理基础工作有一个初步的认知。本项目主要包括财务管理岗位认知、财务管理目标的选择与协调以及财务管理环境分析三个任务。

【知识目标】

1. 掌握财务活动的具体内容；
2. 熟悉企业主要财务关系；
3. 熟悉财务管理的环节；
4. 熟悉财务管理岗位设置；
5. 熟悉财务管理岗位任务；
6. 掌握财务管理目标理论的各种观点；
7. 熟悉财务管理的技术、经济、金融和法律环境。

【能力目标】

1. 能够科学地处理财务关系；
2. 能够合理选择财务管理目标并对利益冲突进行协调；
3. 能够准确分析企业财务管理环境；
4. 能够合理设置财务管理岗位。

【引导案例】

王雨是广州一家电器有限公司的会计主管，在公司的表现可圈可点。随着公司业务的拓展，她不仅要进行会计核算，而且要参加企业的经营管理决策，如投资决策、筹资决策等。2010 年年初，总经理提名聘任王雨为公司财务总监，并要求她将原来的会计部门分为两个部门，即财务部和会计部。会计部门主要负责处理日常会计业务、进行会计核算等会计和税务方面的事宜；财务部门主要负责企业的资本预算、筹资决策、投资决策、现金管理、信用管理、股利决策、计划控制和分析以及处理财务关系等工作。

那么，财务部门和会计部门有什么区别？财务管理在企业中扮演什么样的角色？财务管理与财务会计工作有什么区别？让我们在本项目的学习中找到以上问题的答案。

任务一　财务管理岗位认知

【任务描述】

财务管理作为组织财务活动、处理财务关系的一项综合性管理工作，其内容也是围绕着财务活动与财务关系展开的。企业财务管理岗位典型工作任务主要包括筹资管理、投资管理、资金营运管理和资金分配管理等。企业应设置相应的组织机构完成其工作职责。

【任务实施】

子任务一　企业财务活动和财务关系分析

一、企业财务活动

财务活动是指企业再生产过程中的资金运动，具体包括投资、资金营运、资金的筹集和资金分配等一系列行为。

（一）投资活动

投资是指企业根据项目资金需要投出资金的行为。企业投资可分为广义的投资和狭义的投资两种。广义的投资包括对外投资和内部使用资金。狭义的投资仅指对外投资。

（二）资金营运活动

企业在日常生产经营活动中会发生一系列的资金收付行为，为满足日常经营活动的需要而支付的资金称为营运资金。企业因日常经营而引起的财务活动称为资金营运活动。

（三）筹资活动

筹资是指企业为了满足投资和资金营运的需要，从不同渠道通过不同方式筹集所需资金的行为。筹资活动是资金运动的前提，是整个资金运动的起点。

企业筹集资金主要有两个渠道，一是通过直接投资、发行股票、留存收益转增资本等权益资金形式筹集资本金；二是通过借款、发行债券等债务资金形式形成企业负债资金。在筹资活动中，企业要考虑筹资规模、结构、时间与资金成本。

（四）资金分配活动

企业通过投资和资金的营运活动可以取得相应的收入，并实现资金的增值。企业取得的各种收入在补偿成本、缴纳税金后，还应依据有关法律对剩余收益进行分配。广义的分配是指对企业各种收入进行分割和分派的行为；而狭义的分配仅指对企业净利润的分配。

二、企业财务关系

财务关系是指企业在组织资金运动过程中与内外有关各方所发生的经济利益关系。

企业财务关系主要包括以下几个方面。

（一）企业与所有者之间的财务关系

这种投资与受资的关系体现了所有者按合同或章程、协议向企业投入资金，企业按合同或章程、协议向所有者支付红利所形成的经济利益关系。

（二）企业和债权人、债务人之间的关系

企业向债权人借入资金、发行债券或以商业信用形式延期付款，并按合同或法规规定支付利息、归还本金而形成的经济利益关系，企业与债权人形成了债务与债权关系。生产经营过程中，企业还可以向债务人提供借款、购买债券或提供延期收款商业信用，并按合同收取利息、收回本金而形成的经济利益关系，企业与债务人形成了债权与债务关系。

（三）企业与被投资单位之间的财务关系

企业以购买股票或直接投资的形式向其他企业投资，受资者应按规定分配给企业红利等报酬，彼此形成经济利益关系，这种关系体现着投资与受资的关系。

（四）企业与政府行政部门的关系

政府作为社会事务管理者，通过其各职能部门收缴企业税费形成与企业的经济利益关系。

（五）企业与供应商、客户之间的财务关系

这主要是指企业购买供货商的商品或劳务，以及向客户销售商品或提供服务的过程中形成的经济关系。

（六）企业各部门之间及企业与职工之间的财务关系

前面五项主要强调企业与外部形成的财务关系，而这里强调了企业内部的财务关系。企业内部各单位之间在生产经营各环节中相互提供产品或劳务所形成的关系，体现了内部责任管理中的经济利益关系。另外，企业向职工支付劳动报酬（包括工资、津贴、奖金等）所形成的企业与职工之间劳动成果的分配关系。

企业财务是指企业在生产经营过程中客观存在的资金运动及其所体现的经济利益关系。

【知识链接】

财务管理简而言之就是企业对财务的管理。任何组织都需要财务管理，但是营利性组织与非营利组织的财务管理有着较大区别。本教材讨论的是营利性商业机构的财务管理，即企业财务管理。

典型的企业组织形式有三种，即个人独资企业、合伙企业以及公司制企业。三种形式的企业组织中，个人独资企业占企业总数的比重很大，但是绝大部分的商业资金是由公司制企业控制的，因此财务管理通常把公司理财作为讨论的重点。除非特别指明，本教材讨论的财务管理均指公司财务管理。

子任务二　财务管理环节模拟

财务管理环节指企业财务管理的工作步骤和程序。它与管理的职能相对应，主要包括财务计划与预算、决策与控制、财务分析与考核等环节。

一、计划与预算

（一）财务预测

财务预测是根据企业财务活动的历史资料，考虑现实的要求和条件，对企业未来的财务活动做出较为具体的预计和测算的过程。财务预测的方法主要有定性预测和定量预测两类。财务预测在财务管理环节中是一个基础环节，它不仅是财务决策的基础，也是财务预算的前提。

（二）财务计划

财务计划是根据企业整体战略目标和规划，结合财务预测的结果，对财务活动进行规划，并以指标形式落实到每一计划期间的过程。确定财务计划指标的方法主要有平衡法、因素法、比例法和定额法等。

（三）财务预算

财务预算是根据财务战略、财务计划和各种预测信息，确定预算期内各种预算指标的过程。财务预算的方法主要包括固定预算与弹性预算、增量预算与零基预算、定期预算和滚动预算等。财务预算在财务管理环节中起着承上启下的作用，它既是预测决策的具体化，又是财务控制与分析的依据。

二、决策与控制

（一）财务决策

财务决策是按照财务战略目标的总体要求，利用专门的方法对各种备选方案进行比较和分析，从中选出最佳方案的过程。财务决策的方法主要有：①经验判断法。如淘汰法、排队法、归类法等；②定量分析方法。如优选对比法、数学微分法、线性规划法、概率决策法等。

（二）财务控制

财务控制是利用有关信息和特定手段，对企业的财务活动施加影响或调节，以便实现计划所规定的财务目标的过程。其目的是保证财务预算与财务管理目标的实现。

企业在实际财务运行过程中，由于各方面的原因造成实际与预算的偏差。这些差异有的是有利的，有的是不利的，需要及时对比分析，并纠正不利差异，规避和化解财务风险，落实预算，实现企业价值增值，为企业谋取最大利益。财务控制的方法主要有前馈控制、过程控制、反馈控制几种。

三、分析与考核

（一）财务分析

财务分析是根据企业财务报表等信息资料，采用专门方法，系统分析和评价企业财务状况、经营成果以及未来趋势的过程。

财务分析是一个信息反馈过程，它既是对本期财务活动的总结，也是下期财务活动管理的前提，具有业绩评价与激励作用。通过财务分析，管理部门可以发现财务运行过程中与同行先进单位、与本企业历史资料、与本企业计划指标的比较结果，总结经验，发现不足，挖掘潜力，改进工作，实现财务管理目标。财务分析的方法主要有比较分析、比率分析、综合分析等。

(二) 财务考核

财务考核是将报告期实际完成数与规定的考核指标进行对比，确定有关责任单位和个人是否完成任务的过程。财务考核的形式是多种多样的，可以用绝对指标、相对指标、完成百分比考核，也可以用多种财务指标进行综合评价考核。

子任务三　财务管理组织机构设置

企业财务管理组织机构的设置应综合考虑企业的经营性质与规模、行业特点、业务类型以及企业总体组织形式等多方面因素，机构内部的设置要体现分工明确、职权到位、责任清晰的要求，以保证企业财务工作顺利进行。

在市场经济体制下，企业财务管理组织机构主要有两种类型。

一、以会计为轴心的合设财务管理机构

中小型企业财务管理的内容比较简单，其工作重点是利用商业信用筹资和收回应收账款，可以不单独设置财务管理组织，而附属于会计部门。这种组织机构同时具备会计核算与财务管理双重职能。在机构内部以会计核算职能为轴心来划分内部职责，如在内部设立存货、长期投资、结算、出纳、成本等分部门。

二、与会计机构并行，分设的财务管理机构

在大中型企业，财务管理非常重要，其内容比较复杂，包括筹资、投资、收益分配等，所以，一般要单独设立财务管理机构。这种机构的特点是实行会计核算职能与财务管理职能的分离，财务管理职能由独立于会计核算职能之外的财务管理机构进行。企业财务工作的主要负责人是财务副总经理，他直接向总经理负责。在财务副总经理之下，设有财务部经理和会计部经理。财务部经理负责资金的筹集、使用和股利分配，会计部经理负责会计和税务方面的工作

财务管理机构设置的典型做法是，在总经理下设置财务副总经理管理企业财务和部门，分别由财务长或财务主任（treasurer）和会计长或会计主任（controller）分别主管。财务部门和会计部门再根据需要分设若干具体业务部门。但这两个部门的不同职责是分明的。小型企业中财务长和会计长可能由一人担任。典型的财务管理组织机构如下图 1-1 所示：

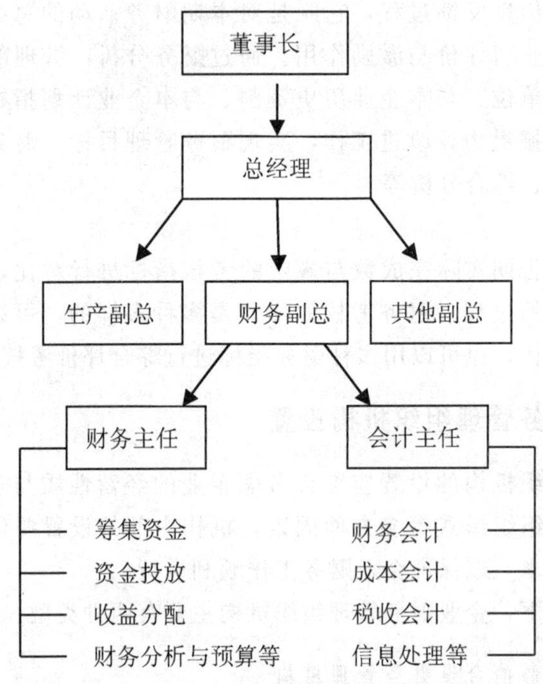

图 1-1　典型的财务管理组织机构

子任务四　财务管理岗位任务确定

由前面分析可知，财务管理岗位的基本任务是，做财务预算、分析和考核工作；依法合理筹集资金；有效利用企业各项资产；合理分配企业利益，协调各方面的经济关系，以最终实现财务管理目标。财务管理岗位的具体任务如下表 1-1 所示：

表 1-1　财务管理岗位的具体任务

典型工作任务	具体任务	子任务
预算管理	任务一　编制现金预算表	子任务一　销售预算表编制 子任务二　编制生产预算表 子任务三　编制材料采购预算表 子任务四　编制直接人工预算表 子任务五　编制制造费用预算表 子任务六　编制单位生产成本预算表 子任务七　编制销售及管理费用预算表 子任务八　编制现金预算表
	任务二　编制预计财务报表	子任务一　编制预计利润表 子任务二　编制预计资产负债表

（续表）

典型工作任务	具体任务	子任务
筹资管理	任务一　资金需要量预测	子任务一　销售百分比法 子任务二　资金习性预测法
	任务二　筹资渠道和方式的选择	子任务一　权益资金筹资方式 子任务二　负债资金筹资方式
	任务三　资本成本计算	子任务一　个别资本成本计算 子任务二　平均资本成本计算 子任务三　边际资本成本计算
	任务四　杠杆效应分析	子任务一　经营杠杆效应分析 子任务二　财务杠杆效应分析 子任务三　总杠杆效应分析
	任务五　最佳资本结构决策	子任务一　每股收益分析法 子任务二　比较资本成本法 子任务三　公司价值分析法
项目投资管理	任务一　项目投资的现金流量测算	子任务一　单纯固定资产投资项目现金流量测算 子任务二　完整工业投资项目现金净流量测算 子任务三　更新改造投资项日现金流量测算
	任务二　项目投资决策评价指标的计算与运用	子任务一　投资回收期指标的计算与运用 子任务二　投资收益率指标的计算与运用 子任务三　净现值指标的计算与运用 子任务四　净现值率指标的计算与运用 子任务五　现值指数指标的计算与运用 子任务六　内部收益率指标的计算与运用
	任务三　项目投资决策评价的方法及运用	子任务一　独立方案决策评价的方法及运用 子任务二　互斥方案决策评价的方法及运用 子任务三　组合（或排队）投资决策评价的方法及运用
营运资金管理	任务一　现金管理	子任务一　最佳现金持有量决策 子任务二　现金的日常管理
	任务二　应收账款管理	子任务一　信用政策决策 子任务二　应收账款的日常管理
	任务三　存货管理	子任务一　存货经济批量决策 子任务二　存货的日常管理
	任务四　流动负债管理	子任务一　短期借款管理 子任务二　商业信用管理

（续表）

典型工作任务	具体任务	子任务
收益与分配管理	任务一　收入管理	子任务一　销售预测分析 子任务二　销售定价管理
	任务二　成本费用管理	子任务一　标准成本管理 子任务二　责任成本管理
	任务三　利润分配管理	子任务一　股利分配政策的选择 子任务二　股利分配方案的制订
财务分析	任务一　财务报表单项指标分析	子任务一　偿债能力分析 子任务二　营运能力分析 子任务三　盈利能力分析 子任务四　发展能力分析
	任务二　财务报表综合指标分析	子任务一　杜邦财务分析法 子任务二　沃尔综合评分法

任务二　财务管理目标的选择与协调

【任务描述】

企业财务管理目标是企业经营目标在财务上的集中和概括，是企业一切理财活动的出发点和归宿。制订财务管理目标是现代企业财务管理成功的前提，只有有了明确合理的财务管理目标，财务管理工作才有明确的方向。因此，企业应根据自身的实际情况和市场经济体制对企业财务管理的要求，科学合理地选择、确定财务管理目标。

【任务实施】

子任务一　财务管理的目标选择

财务管理目标又称理财目标，是指企业进行财务活动、处理财务关系所要达到的根本目的。它决定着企业财务管理的基本方向，是评价企业理财活动是否合理的基本标准。企业财务管理目标理论中具有代表性的观点有利润最大化、股东财富最大化、企业价值最大化和相关者利益最大化。

一、利润最大化

利润最大化就是假定企业财务管理以实现利润最大化为目标。利润代表了企业新创造的财富，利润越多则说明企业的财富增加得越多。

（一）利润最大化作为财务管理目标的原因

（1）生产经营活动是为了创造更多的剩余产品，剩余产品的多少可以用利润这个指标来衡量。

(2) 在自由竞争的资本市场中，资本的使用权最终归属于获利最多的企业。

(3) 只有企业最大限度地创造利润，这个社会的财富才可能实现最大化，从而带来社会的进步和发展。

(二) 利润最大化作为财务管理目标的主要优点

(1) 直接反映企业创造剩余产品的多少。

(2) 从一定程度上反映经济效益的高低和对社会贡献的大小。

(3) 利润是企业补充资本、扩大经营规模的源泉。

(三) 利润最大化作为财务管理目标存在的缺陷

(1) 没有考虑资金的时间价值，不能使不同时期的利润额直接进行比较。

(2) 没有反映创造利润与投入资本之间的比例关系。利润是一个绝对值指标，不利于不同规模的企业间进行比较。

(3) 没有考虑风险因素。高额利润往往需要承担过大的风险。

(4) 片面追求利润最大化，可能导致公司的短期行为。由于利润指标通常按年计算，因此，企业决策也往往会服务于年度指标的完成或实现。

二、股东财富最大化

股东财富最大化是指企业财务管理以实现股东财富最大化为目标。上市公司中，股东财富是由其所持有的股票数量和股票市场价格两方面所决定的。在股票数量一定时，股票价格达到最高，股东财富也就达到最大。

股东创办企业的目的是增加财富。如果企业不能为股东创造价值，他们就不会为企业投入资金，没有了权益资金，企业也就不存在了。因此，企业要为股东创造价值。

(一) 股东财富最大化作为财务管理目标的主要优点

(1) 考虑了风险因素，因为通常股价会对风险作出比较敏感的反应。

(2) 在一定程度上能够避免企业在追求利润上的短期行为，因为不仅目前的利润会影响股票价格，预期未来的利润同样会对股价产生影响。

(3) 对于上市公司而言，股东财富最大化比较容易量化，便于考核和奖惩。

(二) 股东财富最大化作为财务管理目标存在的缺点

(1) 通常只适用于上市公司，非上市公司难以应用，因为非上市公司无法像上市公司一样随时准确获得公司股价。

(2) 股价受众多因素影响，特别是企业外部的因素，有些还可能是非正常因素。

(3) 它强调更多的是股东的利益，而对其他相关者的利益重视得不够。

三、企业价值最大化

企业价值就是企业的市场价值，是企业所能创造的预计未来现金流量的现值，反映了企业潜在的或预期的获利能力和成长能力。

(一) 以企业价值最大化作为财务管理目标的优点

(1) 考虑了资金的时间价值和风险价值。

(2) 反映了对企业资产保值增值的要求。

(3) 有利于克服管理上的片面性和短期行为。

(4) 有利于社会资源的合理配置。

(二) 企业价值最大化作为财务管理目标的缺点

(1) 对于股票上市企业，尽管其股票价格的变动在一定程度上揭示了企业价值的变化，但是股价是受多种因素影响的结果，股票价格很难反映企业所有者权益的价值。

(2) 为了控股或稳定购销关系，现代企业不少采用环形持股的方式，相互持股。法人股东对股票市价的敏感程度远不及个人股东，对股票价值的增加没有足够的兴趣。

(3) 对于非股票上市企业，只有对企业进行专门的评估才能真正确定其价值。而在评估企业的资产时，由于受评估标准和评估方式的影响，这种估价不易做到客观和准确，这也导致企业价值确定的困难。

四、相关者利益最大化

(一) 相关者利益最大化目标的基本思想与具体内容

现代企业是多边契约关系的总和。股东作为所有者在企业中承担着最大的权利、义务、风险和报酬，地位当然也最高。但是债权人、职工、客户、供应商和政府也因为企业而承担了相当的风险。在确定财务管理目标时，不能忽视股东外的其他利益相关者的利益。否则，忽视了哪一方的利益，都可能给企业带来危害，不仅不会带来企业价值最大化，甚至会对企业产生致命的伤害。

因此，相关者利益最大化目标，就是在权衡企业相关者利益的约束下实现所有者或股东权益最大化。这一目标的基本思想就是在保证企业长期稳定发展的基础上，强调在企业价值增值中满足以股东为首的各利益群体的利益。

企业价值最大化的具体内容是：①强调风险与报酬均衡，将风险限制在企业可以承受的范围内；②强调股东的首要地位，创造企业与股东之间利益的协调关系；③加强对企业代理人即企业经理人或经营者的监督和控制；④关心本企业一般职工的利益；⑤不断加强与债权人的关系；⑥关心客户的长期利益；⑦加强与供应商的合作；⑧保持与政府部门的良好关系。

(二) 相关者利益最大化目标的优点

(1) 有利于企业长期稳定发展。这一目标注重企业在发展过程中考虑并满足各利益相关者的利益关系，因而有利于企业长期稳定发展。

(2) 体现合作共赢的价值理念，有利于实现企业经济效益和社会效益的统一。

(3) 这一目标本身是一个多元化、多层次的目标体系，较好地兼顾了各利益主体的利益。由于兼顾了企业、股东、政府、客户等的利益，企业就不仅仅是一个单纯谋利的组织，还承担了一定的社会责任，企业在寻求其自身的发展和利益最大化过程中，由于客户及其他利益相关者的利益，就会依法经营，依法管理，正确处理各种财务关系，自觉维护和确实保障国家、集体和社会公众的合法权益。

(4) 体现了前瞻性和现实性的统一。比如，企业作为利益相关者之一，有其一套评价指标，如未来企业报酬贴现值；股东的评价指标可以使用股票市价；债权人可以寻求风险最小、利息最大；工人可以确保工资福利；政府可以考虑社会效益等。不同的利益相关者有各自的指标，只要合理合法、互利互惠、相互协调，就可以实现所有相关者利益最大化。

因此，相关者利益最大化是企业财务管理最理想的目标。但是鉴于该目标过于理想化，且无法操作，本书后述章节仍采用企业价值最大化作为财务管理的目标。

子任务二　财务管理目标的协调

将相关者利益最大化作为财务管理目标，其首要要求就是要协调相关者的利益关系，化解他们之间的利益冲突。在所有的利益冲突协调中，所有者与经营者、所有者与债权人的利益冲突协调至关重要。

一、协调相关利益群体的利益冲突原则

力求企业相关利益者的利益分配均衡。即减少各相关利益群体之间的利益冲突所导致的企业总体收益和价值的下降，使利益分配在数量上和时间上达到动态的协调平衡。

二、所有者与经营者、债权人的矛盾与协调

（一）所有者与经营者利益冲突的协调

经营者和所有者的主要利益冲突，就是经营者希望在创造财富的同时，能够获取更多的报酬、更多的享受；而所有者则希望以较小的代价（报酬）实现更多的财富增值。

协调所有者与经营者利益冲突的方式主要有解聘、接收、激励三种。

1. 解聘

这是一种通过所有者约束经营者的办法。所有者对经营者予以监督，如果经营者绩效不佳，就解聘经营者；经营者为了不被解聘就需要努力工作，为实现财务管理目标服务。

2. 接收

这是一种通过市场约束经营者的办法。如果经营者决策失误，经营不力，绩效不佳，该企业就可能被其他企业强行接收或吞并，相应经营者也会被解聘。经营者为了避免这种接收，就必须努力实现财务管理目标。

3. 激励

激励就是将经营者的报酬与其绩效直接挂钩，以使经营者自觉采取能提高所有者财富的措施。激励通常有两种方式，股票期权和绩效股。① 股票期权。它是允许经营者以约定的价格购买一定数量的本企业股票，股票的市场价格高于约定价格的部分就是经营者所得的报酬。经营者为了获得更大的股票涨价益处，就必然主动采取能够提高股价的行动，从而增加所有者财富。② 绩效股。它是企业运用每股收益、资产收益率等指标来评价经营者绩效，并视其绩效大小给予经营者数量不等的股票作为报酬。如果经营者绩效未能达到规定目标，经营者将丧失原先持有的部分绩效股。这种方式

使经营者不仅为了多得绩效股而不断采取措施提高经营绩效，而且为了使每股市价最大化，也会采取各种措施使股票市价稳定上升，从而增加所有者财富。但即使由于客观原因股价并未提高，经营者也会因为获取绩效股而获利。

（二）所有者与债权人利益冲突的协调

所有者的目标可能与债权人期望实现的目标发生矛盾。矛盾的表现在于，首先，所有者可能要求经营者改变举债资金的原定用途，将其用于风险更高的项目；其次，所有者可能在未征得现有债权人同意的情况下，要求经营者举借新债券，从而致使原有债权的价值降低。

协调所有者与债权人的利益冲突的方式主要有：

1. 限制性借债

债权人通过事先规定借款用途限制、借款担保条款和借款信用条件，使所有者不能通过以上两种方式削弱债权人的债权价值。

2. 收回借款或停止借款

当债权人发现企业有侵蚀债权价值的意图时，采取收回债权或不再给予新的借款的措施，从而保护自身权益。

任务三　财务管理环境分析

【任务描述】

企业如同生物体一样，只有适应周围环境才能生存。分析企业理财环境有助于提高企业对环境的适应能力，实现企业财务管理目标。财务管理环境也称理财环境，是对企业财务活动和财务管理产生影响作用的企业内外部各种条件的统称。企业财务人员要对企业财务管理所面临的环境进行分析，并形成分析报告。

【任务实施】

子任务一　技术环境分析

财务管理的技术环境是财务管理得以实现的技术手段和技术条件，决定着财务管理的效率和效果。

目前，我国正全面推进会计信息化工作，力争通过5～10年左右的努力，建立健全会计信息化法规体系和会计信息化标准体系，包括可扩展商业报告语言（XBRL）分类标准，全力打造会计信息化人才队伍，基本实现大型企事业单位会计信息化与经营管理信息化的融合，进一步提升企事业单位的管理水平和风险防范能力，做到数出一门、资源共享，便于不同信息使用者获取、分析和利用，进行投资和相关决策；基本实现大型会计师事务所采用信息化手段对客户的财务报告和内部控制进行审计，进一步提升社会审计质量和效率；基本实现政府会计管理和会计监督的信息化，进一步提升会计管理水平和监管效能。通过全面推进会计信息化工作，使我国的会计信息化达到或接近世界先进水平。我国企业会计信息化的全面推进，必将促使企业财务管理的技术环境进一步完善和优化。

子任务二　经济环境分析

在影响财务管理的各种外部环境中，经济环境是最为重要的。影响财务管理的经济环境因素主要包括经济体制、经济周期、经济发展水平、宏观经济政策和通货膨胀。

一、经济体制

在影响财务管理的各种环境因素中，经济体制是最根本的。现存的经济体制主要有计划经济体制和市场经济体制两种。计划经济体制下，财务管理内容比较单一，方法比较简单；市场经济体制下，财务管理内容比较丰富，方法也复杂多样。

二、经济周期

市场经济条件下，经济的发展与运行带有一定的波动性。经济运行大体上经历复苏、繁荣、衰退和萧条几个阶段的循环，这种循环叫作经济周期。处于不同的经济周期，企业应采用不同的财务管理战略，其要点如下表 1-2 所示：

表 1-2　经济周期中的财务管理战略

复　苏	繁　荣	衰　退	萧　条
1. 增加厂房设备	1. 扩充厂房设备	1. 停止扩张	1. 建立投资标准
2. 实行长期租赁	2. 继续建立存货	2. 出售多余设备	2. 保持市场份额
3. 建立存货	3. 提高产品价格	3. 停产不利产品	3. 压缩管理费用
4. 开发新产品	4. 开展营销规划	4. 停止长期采购	4. 放弃次要利益
5. 增加劳动力	5. 增加劳动力	5. 削减存货	5. 削减存货
		6. 停止扩招雇员	6. 裁减雇员

三、经济发展水平

经济发展水平是指经济发展速度的快慢及国民经济的繁荣与衰退。这种波动最先影响的是企业销售额。财务管理的发展水平是和经济发展水平密切相关的，经济发展水平越高，财务管理水平也越好。财务管理水平的提高也有利于经济发展水平的进一步提高。

四、宏观经济政策

不同的宏观经济政策，对企业财务管理的影响也不同。宏观经济政策主要包括财政政策、税收政策、金融政策等。

金融政策中的货币发行量、信贷规模会影响企业投资的资金来源和投资的预期收益；财税政策会影响企业的资金结构和投资项目的选择等；价格政策会影响资金的投向和投资的回收期及预期收益；会计制度的改革会影响会计要素的确认和计量，进而对企业财务活动的事前预测、决策及事后的评价产生影响等等。

五、通货膨胀水平

通货膨胀通常表现为持续的物价上涨。通货膨胀对企业财务的影响主要有：

(1) 引起资金占用的大量增加，增加资金需求。

(2) 引起企业利润虚增，造成企业资金因利润分配而流失。

(3) 引起利润上升，加大企业权益资本。

(4) 引起有价证券价格下降，增加企业筹资难度。

(5) 引起资金供应短缺，增加企业筹资困难。

为减轻通货膨胀对企业造成的不利影响，企业应当采取措施予以防范。在通货膨胀初期，货币面临着贬值的风险，这时企业进行投资可以避免风险，实现资本保值；应与客户签订长期购货合同，以减少物价上涨造成的损失；取得长期负债，保持资本成本的稳定。在通货膨胀持续期，企业可以采用比较严格的信用条件，减少企业债权；调整财务政策，防止和减少企业资本流失等等。

子任务三　法律环境分析

市场经济是法制经济，企业的一些经济活动总是在一定法律规范内进行的。法律既约束企业的非法经济行为，也为企业从事各种合法经济活动提供保护。财务管理的法律环境主要包括企业组织形式及公司治理的有关规定和税收法规。

法律环境对企业的影响是多方面的，其影响范围包括企业组织形式、公司治理结构、投融资活动、日常经营、收益分配等。《公司法》规定，企业可以采用独资、合伙、公司制等企业组织形式。企业组织形式不同，业主（股东）权利责任、企业投融资、收益分配、纳税、信息披露等不同，公司治理结构也不同。上述不同种类的法律，分别从不同方面约束了企业的经济行为，对企业财务管理产生着影响。

子任务四　金融环境分析

影响财务管理的金融环境因素主要有金融机构、金融工具、金融市场和利息率。

一、金融机构

金融机构是指专门从事货币信用活动的中介组织。金融机构主要是银行和非银行金融机构。

二、金融工具

金融工具也称交易工具或信用工具，是进行资金融通的一种证明债权债务关系或所有权关系的合法凭证。它是货币资金或金融资产借以转让的工具。金融工具的特征有期限性、流动性、风险性、收益性。期限性是指一般金融工具规定的债务人从举借债务到全部归还本金与利息所经历的时间。流动性是指金融工具在必要时迅速转变为现金而不致遭受损失的能力。风险性是指购买金融工具的本金遭受损失的风险，有信用风险和市场风险两个方面。收益性是指金融工具能够定期或不定期给持有人带来收益的特性。

三、金融市场

(一) 金融市场的定义

金融市场是指资金供应者和资金需求者双方通过信用工具进行交易而融通资金的场所。金融市场有广义和狭义之分。广义的金融市场包括货币市场和资本市场。交易对象包括货币、有价证券、黄金、外汇等。狭义的金融市场一般指有价证券市场，即股票债券发行和买卖的市场。

(二) 金融市场的分类

(1) 金融市场按融资期限可分为短期金融市场和长期金融市场。短期金融市场又称货币市场，主要指以期限在一年以内的金融工具为媒介进行短期资金融通的市场。其特点有交易期限较短，目的是为了短期资金周转需要，交易的金融工具有较强货币性，具有流动性强、价格平稳、风险较小等特性，如同业拆借市场、票据市场、大额定期存单市场和短期债券市场等。

长期金融市场指以一年以上期限金融工具为媒介进行长期资金交易市场，又称资本市场。其特点主要有交易目的是满足长期资金需求，资金收益高但流动性差，资金供需交易额较大，如股票市场、债券市场和融资租赁市场等。

(2) 金融市场按其功能分为发行市场和流通市场。发行市场又称一级市场，主要处理金融工具的发行和最初购买者之间的交易。流通市场又称二级市场，主要处理现有金融工具转让和变现的交易。

(3) 金融市场按融资对象可分为资本市场、黄金市场、外汇市场。

(4) 金融市场按金融工具属性可分为：基础性金融市场和金融衍生品市场。

基础性金融市场指以基础性金融产品为交易对象的金融市场，如公司债券市场、股票市场、商业票据市场。金融衍生品市场指以金融衍生品为交易对象的金融市场。金融衍生品是一种金融合约，其价值取决于一种或多种基础资产或指数，如远期、期货、期权、互换等。

(5) 金融市场按地理范围可分为地方性市场、全国性市场和国际性市场。

(三) 金融市场的构成要素

金融市场的构成要素很多，概括起来主要有市场主体、金融工具、交易价格及组织方式等。

四、利息率

(一) 利率的含义

利率是指一定时期内利息额同本金的比率。金融市场上，资金可作为一种特殊商品，利率就是资金买卖的价格。

(二) 利率的种类

1. 按利率之间的变动关系可分为基准利率和套算利率

基准利率是指在多种利率并存的情况下起决定作用的利率。它在西方通常是中央银行的再贴现率，而在我国是中国人民银行对商业银行贷款的利率。

套算利率是指在基准利率确定之后，各金融机构根据基准利率和借贷款项的特点而换算出的利率。

2. 按利率与市场资金供求情况的关系可分为固定利率和浮动利率

固定利率是指在借贷期内固定不变的利率。受通货膨胀的影响，实行固定利率会使债权人利益受到损害。

浮动利率是指在借贷期内可以调整的利率。在通货膨胀条件下采用浮动利率可使债权人减少损失。

3. 按利率形成机制的不同可分为市场利率和法定利率

市场利率是指根据资金市场上的供求关系，随市场而自由变动的利率。法定利率是指由政府金融管理部门或者中央银行确定的利率。

(三) 利率计算的一般公式

利率＝纯利率（资金时间价值）＋通货膨胀补偿率＋风险收益率

纯利率是指没有风险和通货膨胀情况下的社会平均资金利润率。

通货膨胀补偿率是指由于持续的通货膨胀会不断降低货币实际购买力，为补偿其购买力损失而要求提高的利率。

风险收益率是指由投资者承担风险而额外要求的风险补偿率。它包括违约风险收益率、流动性风险收益率和期限风险收益率。违约风险指债务人无法按时还本付息而带来的风险；流动性风险指资产流动性不好，变现能力差而给相关者带来的损失；期限风险指期限越长风险越高。所有这些风险债权人均要求得到补偿，而提高利率则构成了风险收益率。但需要注意的是：

(1) 纯利率＋通货膨胀补偿率＝无风险收益率。

(2) 纯利率＝资金时间价值。

(3) 国库券的风险很小，通常用短期国库券的利率表示无风险报酬率（纯利率＋通货膨胀补偿率），如果通货膨胀水平极低，则可以用短期国库券利率作为纯利率（资金时间价值）。

课后实训

一、单项选择题

1. 根据财务管理理论，企业在生产经营活动过程中客观存在的资金运动及其所体现的经济利益关系被称为（　　）。

A. 企业财务管理　B. 企业财务活动　C. 企业财务关系　D. 企业财务

2. 以下关于企业价值的表述中，不正确的是（　　）。

A. 企业价值可以理解为企业所有者权益的市场价值

B. 企业价值可以理解为企业所能创造的预计未来现金流量的现值

C. 对于非上市公司，企业价值评估很难做到客观和准确

D. 对于上市公司来说，股票价格的变动可以完全揭示公司价值的变化

3. 以下关于股东财富最大化财务管理目标存在问题的说法中，不正确的是（　　）。

A. 股价不能完全准确反映企业财务管理状况

B. 通常只适用于非上市公司

C. 股价受众多因素影响

D. 强调股东利益

4. 下列关于企业价值最大化目标的说法中，正确的是（　　）。

A. 该目标克服了企业在追求利润上的短期行为

B. 该目标没有考虑投资风险与报酬的关系

C. 该目标没有考虑资金的时间价值

D. 该目标认为企业价值是指企业的账面价值

5. 接收是通过（　　）约束经营者的办法。

A. 债务人　　B. 监督者　　C. 所有者　　D. 市场

6. 关于现代企业财务管理的目标存在多种观点，属于最理想的财务管理目标的观点是（　　）。

A. 利润最大化　　B. 股东财富最大化

C. 企业价值最大化　　D. 相关者利益最大化

7. 某上市公司针对经常出现中小股东质询管理层的情况，拟采取措施协调所有者与经营者的矛盾。下列各项中，不能实现上述目的的是（　　）。

A. 强化内部人控制　　B. 解聘总经理

C. 加强对经营者的监督　　D. 将经营者的报酬与其绩效挂钩

8. 下列各项中，能够用于协调企业所有者与企业债权人矛盾的方法是（　　）。

A. 解聘　　B. 接收　　C. 激励　　D. 停止借款

9. 财务管理的核心工作环节为（　　）。

A. 财务预测　　B. 财务决策　　C. 财务预算　　D. 财务控制

10. 下列应对通货膨胀风险的各项策略中，不正确的是（　）。

A. 进行长期投资　　B. 签订长期购货合同

C. 取得长期借款　　D. 签订长期销货合同

11. 按照金融工具的属性可以将金融市场分为（　）。

A. 基础性金融市场和金融衍生品市场　　B. 资本市场、外汇市场和黄金市场

C. 发行市场和流通市场　　D. 货币市场和资本市场

12. 以期限为标准可将金融市场分为货币市场和资本市场，下列说法中正确的是（　）。

A. 资本市场以资本为交易对象，货币市场以货币为交易对象

B. 大额定期存单市场属于资本市场

C. 短期债券市场属于资本市场

D. 资本市场包括债券市场、股票市场和融资租赁市场

二、多项选择题

1. 下列各项中，属于企业资金营运活动的有（ ）。
   A. 采购原材料　B. 销售商品　C. 购买国库券　D. 支付利息
2. 以企业价值最大化为财务管理目标的优点包括（ ）。
   A. 考虑了风险和时间价值因素
   B. 体现了合作共赢的价值理念
   C. 用价值代替价格，有效地规避了企业的短期行为
   D. 体现了前瞻性和现实性的统一
3. 利润最大化目标的缺点有（ ）。
   A. 不能反映企业创造剩余产品的能力
   B. 不能反映企业创造利润与投入资本的关系
   C. 不能反映企业所承受的风险程度
   D. 不能反映企业取得收益的时间价值因素
4. 在下列各项中，属于企业财务管理的金融环境内容的有（ ）。
   A. 金融市场　B.《公司法》　C. 金融工具　D. 通货膨胀
5. 为了协调所有者与债权人之间的矛盾，通常采用的方法包括（ ）。
   A. 在借款合同中加入某些限制性条款　B. 激励债权人
   C. 对企业的经营活动进行财务监督　D. 收回借款或者停止借款
6. 为了协调企业所有者与经营者之间的矛盾，通常采用的措施包括（ ）。
   A. 解聘　B. 接收　C. 股票期权　D. 绩效股
7. 影响财务管理的主要金融环境因素有（ ）。
   A. 金融工具　B. 金融市场　C. 宏观经济政策　D. 金融机构
8. 下列各项中，属于基本金融工具的有（ ）。
   A. 票据　B. 债券　C. 股票　D. 远期合约
9. 下列各项中，属于资本市场内容的有（ ）。
   A. 票据市场　B. 股票市场
   C. 短期债券市场　D. 长期债券市场
10. 通货膨胀对企业财务活动的影响主要表现为（ ）。
    A. 引起有价证券价格下降，增强企业的筹资难度
    B. 引起资金供应紧张，增加企业的筹资困难
    C. 引起利润上升，加大企业权益资金成本
    D. 引起资金占用的大量增加，从而增加企业的资金需求
11. 下列各项中，属于财务管理环境的是（ ）。
    A. 人文环境　B. 技术环境　C. 公司治理　D. 经济周期
12. 下列属于集权与分权相结合型管理体制的核心内容的是（ ）。
    A. 制度统一　B. 资金集中　C. 信息集成　D. 人员委派
13. 下列属于集权与分权相结合型管理体制的具体内容的是（ ）。
    A. 集中制度制订权　B. 分散业务定价权

C. 集中收益分配权　　D. 分散费用开支审批权

14. 下列属于财务管理环节内容的是（　　）。

A. 财务预算　　B. 财务控制　　C. 财务决策　　D. 财务考核

15. 下列属于相关者利益最大化目标的具体内容的是（　　）。

A. 强调风险与报酬的均衡，将风险限制在企业可以承受的范围内

B. 强调股东的首要地位，并强调企业与股东之间的协调关系

C. 不断加强与债权人的关系，培养可靠的资金供应者来源

D. 关心客户的长期利益，以便保持销售收入的长期稳定增长

16. 股东财富最大化的优点有（　）。

A. 考虑了风险因素　　B. 避免企业追求短期行为

C. 可准确反映企业财务管理状况　　D. 考虑了相关者的利益

17. 下列关于相关者利益最大化目标的说法中，正确的有（　　）。

A. 强调尽可能降低风险

B. 体现了合作共赢的价值理念

C. 加强与债权人的关系，培养可靠的资金供应者

D. 股东和其他利益相关者在企业中的地位是平等的

18. 下列属于相关者利益最大化目标优点的有（　　）。

A. 是一个多元化、多层次的目标体系　　B. 避免企业追求短期行为

C. 体现了合作共赢的价值理念　　D. 便于操作，符合实际

19. 下列各财务管理目标中，考虑了风险因素，并在一定程度上能避免企业短期行为的财务管理目标有（　　）。

A. 利润最大化　　B. 股东财富最大化

C. 企业价值最大化　　D. 相关者利益最大化

20. 为确保企业财务目标的实现，下列各项中，可用于协调所有者与经营者矛盾的措施有（　　）。

A. 所有者解聘经营者　　B. 所有者向企业派遣财务总监

C. 公司被其他公司接收或吞并　　D. 所有者给经营者股票期权

21. 下列各项中，可用来协调公司债权人与所有者矛盾的方法有（　　）。

A. 规定借款用途　　B. 规定借款的信用条件

C. 要求提供借款担保　　D. 收回借款或不再借款

22. 在下列各项中，属于财务管理经济环境构成要素的有（　　）。

A. 经济周期　　B. 经济发展水平　　C. 宏观经济政策　　D. 通货膨胀

23. 在通货膨胀时期，实行固定利率对债权人和债务人的影响，下列表述中准确的有（　　）。

A. 对债务人有利　　B. 对债权人不利

C. 对债务人不利　　D. 对债权人有利

24. 下列有关货币市场的表述中，正确的有（　　）。

A. 货币市场也称为短期金融市场，其交易的对象具有较强的货币性

B. 货币市场也称为资本市场，其收益较高而流动性较差

C. 资金借贷量大

D. 交易的目的主要是满足短期资金周转的需要

三、判断题

1. 为满足企业日常营业活动的需要而垫支的资金称为营运资金。（　）

2. 企业价值最大化相比股东财富最大化目标的优点是用价值替代价格，克服了过多受外界市场因素的干扰。（　）

3. 解聘是一种通过市场约束经营者，以协调所有者与经营者矛盾的方法。（　）

4. 在协调所有者与经营者矛盾的方法中，接收是一种通过所有者来约束经营者的方法。（　）

5. 财务管理环境是指对企业财务活动和财务管理产生影响作用的企业各种外部条件的统称。（　）

6. 技术环境是指财务管理得以实现的技术手段和技术条件，决定着财务管理的效率和效果。（　）

7. 市场上短期国库券利率为5%，通货膨胀补偿率为2%，实际市场利率为10%，则风险报酬率为3%。（　）

8. 在经济衰退初期，公司一般应当出售多余设备，停止长期采购。（　）

9. 金融工具是指融通资金双方在金融市场上进行资金交易、转让的工具，借助金融工具，资金从供给方转移到需求方。（　）

项目二 财务管理的价值观念

【项目导读】

货币的时间价值和风险价值是财务管理的基本价值观念。货币的时间价值或资金的时间价值是指货币经历一定时间的投资和再投资所增加的价值，是没有风险和没有通货膨胀条件下的社会平均资金利润率。风险是指在一定条件下和一定时期内可能发生的各种结果的变动程度。在财务学中，风险就是不确定性，是指偏离预订目标的程度，即实际结果与预期结果的差异。树立财务管理的基本价值观念是进行其他财务管理活动的基础。

【知识目标】

1. 理解货币时间价值的含义；
2. 理解资产收益的含义；
3. 理解财务管理中风险的含义；
4. 了解资产收益的类型；
5. 了解资本资产定价模型并能加以运用。

【能力目标】

1. 掌握复利、普通年金、预付年金、递延年金终值与现值的计算方法；
2. 树立货币时间价值和风险价值的思维理念，为以后章节的学习打好基础；
3. 掌握风险的类型和基本度量方法；

【引导案例】

拿破仑的尴尬

公元1797年，拿破仑参观了卢森堡第一国立小学。在欢迎仪式上，拿破仑将一束价值3路易的玫瑰花送给该校的校长，并且说："为了答谢贵校对我，尤其是对我夫人约瑟芬的盛情款待，我不仅今天呈献上一束玫瑰花，并且在未来的日子里，只要我们法兰西存在一天，每年的今天我都将派人送给贵校一束价值相等的玫瑰花，作为法兰西与卢森堡友谊的象征。"后来，拿破仑穷于应付连绵的战争和此起彼伏的政治事件，并最终因失败而被流放到圣赫勒那岛，自然也把对卢森堡的承诺忘得一干二净。

历史前进的脚步一刻也不曾停息，转眼间已是近一个世纪的时光。公元1894年，卢森堡王国郑重向法国政府致函：向法国政府提出这"赠送玫瑰花"的诺言，并且要索赔。要么从1798年算起，用3路易作为一束玫瑰的本金，以5厘复利计息全部清偿；要么在法国各大报刊上，公开承认拿破仑是个言而无信的小人。法国政府不想做出有损拿破仑形象的事情，但原本只有3路易的一束玫瑰花，本息已达1 375 596法郎。

直到1977年4月22日，法国总统德斯坦访问卢森堡，将一张4 936 784.68法郎的支票交给了卢森堡，以此了却了持续180年的“玫瑰花诺言”案。

请思考：为何赔偿金额如此之高？

任务一　货币时间价值观念

【任务描述】

货币时间价值（time value of money）是财务活动中客观存在的经济现象，也是现代财务管理的重要价值观念，对于筹资管理、投资管理和收益管理等都有重要影响。资金时间价值原理揭示了不同时间点上资金之间的换算关系，使不同时间点的资金价值的比较成为可能。因此，在学习各项财务活动之前，我们需要理解货币时间价值的概念，掌握货币时间价值的计算方法。

【背景知识】

一、资金时间价值的概念

货币时间价值又称资金时间价值，是指一定量资金在不同时点上的价值量的差额，也就是资金在投资和再投资过程中随着时间的推移而发生的增值。在市场经济环境中，即使将通货膨胀和风险的因素排除，当前时点的1元钱和将来若干年后的1元钱在价值上是不相等的，前者显然比后者大。因为当前时点的1元钱可以拿去投资和再投资，可以产生收益。

例如，已探明一个有工业价值的矿藏，如果现在立即开发可获利100亿元，如果5年以后开发，由于价格上涨可获利140亿元。如果不考虑货币时间价值，显然5年后的140亿元从数量上大于现在的100亿元，应该5年后再开发。但是如果现在可以马上得到100亿元，就可以用于投资和再投资，假设平均每年获利为10%，现在的100亿元在5年后就会增值为约161（$100\times1.1^5\approx161$）亿元。因此，可以认为现在开发更为有利。而后一种思考问题的方法，更符合现实的经济生活。

在企业的财务活动中，经常遇到类似以上案例中不同时间点上资金价值的比较问题。实际上，不同时间点上的资金如果直接进行比较，其结果是不准确的，因为其没有考虑货币的时间价值。比较时应首先将不同时点的货币金额换算到同一时点上，只有在时间点统一的情况下，才能更准确地进行大小的比较和比率的计算。

货币的时间价值可以用相对数或绝对数两种方式表示。用绝对数表示是指用资金在周转过程中的增加额来表示；用相对数表示是指用增加额占投入资金的百分数来表示。为便于不同数量资金之间时间价值的比较，在实务中人们习惯用相对数表示资金的时间价值。

二、资金时间价值的计算方法

因为货币随时间的增长过程与复利的计算在数学上相似，因此，在财务管理中广泛使用复利计算的各种方法。

复利计息（贷款计息方式）是与单利计息（存款计息方式）相对应的一种方法。按照这种方法，每经过一个计息期，要将所生利息加入本金后再计算利息，逐期滚算，俗称“利滚利”。这里所说的计息期，是指相邻两次计息时间的间隔。通常这种间隔是相等的，如按年计息、按月计息、按天计息等。如没有特别说明，计息期默认为1年。

在计算时，经常将一些单词首字母缩写代表一定的含义用于公式中，这样做会将公式大大简化。如 P（present value）为现在的价值，即现值、本金；I（interest）为利息；i（interest rate）为利率，即折现率，有时用 r 表示；F（future value）为将来的价值，即本利和或终值；n 为息期，通常以年为单位；A（annuity）为年金。

【任务实施】

子任务一 普通复利终值和现值的计算

一、复利终值

复利终值是指现在的特定资金按复利计算的将来一定时间的价值，即将来的本利和。

某人将100万元用于投资，假设年回报率为10%，经过1年时间后的期终金额为：

$F = P + P \times i = P \times (1+i) = 100 \times (1+10\%) = 110$(万元)

若此人将110万元继续投资，年回报率不变，则第二年期终金额为：

$F = P \times (1+i) \times (1+i) = P \times (1+i)^2$

$= 100 \times (1+10\%)^2 = 100 \times 1.21$

$= 121$(万元)

同理，第三年的期终金额为：

$F = P \times (1+i)^3 = 100 \times (1+10\%)^3 = 100 \times 1.331 = 133.1$(万元)

第 n 年的期终值为：$F = P \times (1+i)^n$

上式是计算复利终值的一般公式。其中，$(1+i)^n$ 称复利终值系数，也可用符号 $(F/P, i, n)$ 表示。

因此，上式也可写为：

$F = P \times (F/P,i,n)$

在实际工作中，复利终值系数可以通过查阅《复利终值系数表》（见附表一）得到。用 $(F/P,i,n)$ 替代 $(1+i)^n$，可以更简洁地表示公式，在此介绍一种帮助记忆的方法。在数学中，以 (x,y) 表示横坐标为 x，纵坐标为 y 的一点，实际上，复利终值系数的表示方式与其类似，其中，“F/P”表示了该系数为复利终值系数，需查询的是《复利终值系数表》；“i”和“n”可以视为在复利终值系数表中的横坐标和纵坐标，这两个坐标的交点就是该系数值。

《复利终值系数表》的作用在于，不仅可以在已知 i 和 n 时查找1元的复利终值，而且可在已知1元复利终值和 n 时查找 i 或已知1元复利终值和 i 时查找 n，使计算更加简便。

二、复利现值

复利现值是复利终值的对称概念，是指未来一定时间的特定资金按复利计算的现在价值，或者说，是为取得将来的一定本利和现在所需要的本金。

复利现值的计算主要是指已知 F、i、n 时，求 P。

通过复利终值计算已知：

$F = P \times (1 + i)^n = P \times (F/P, i, n)$

因此，上式中的 $\frac{1}{(1+i)^n}$ 或 $\frac{1}{(F/P,i,n)}$ 是把终值折算为现值的系数，称为复利现值系数或称作1元的复利现值，用符号 $(P/F,i,n)$ 来表示。

因此：

$P = F \times (P/F, i, n)$

之所以将复利现值系数进行单独讨论，是为了更加便于计算。为便于计算，可编制《复利现值系数表》(见附表二)。该表的使用方法同《复利终值系数表》相似。

【例2-1】 某人投资10万元，若投资回报率为5%，问5年后的本利和是多少?

【实例分析】

已知 $P = 10, i = 5\%, n = 5$，求 F。

$F = 10 \times (F/P, 5\%, 5) = 10 \times 1.2763 = 12.763$(万元)

【例2-2】 某人现有10万元，拟投入报酬率为8%的投资机会。问经过多少年才可使现有货币增加1倍?

【实例分析】

已知：$P = 10, F = 10 \times 2 = 20, i = 8\%$，求 n。

$F = 10 \times (F/P, 8\%, n) = 20$(万元)

$(F/P, 8\%, n) = 2$

查《复利终值系数表》，在横坐标 $i = 8\%$ 的项下，找到最接近2的值为 $(F/P, 8\%, 9) = 1.999$

所以，$n \approx 9$。即9年后可使现有货币增加1倍。

当然，该值是一个约等值，要想得到更精确的结果，可采用插值法等方法进行计算，在此不再详述。

【例2-3】 某人现有10万元，欲在19年后使其达到原来的3倍，选择投资机会时可接受的最低报酬率是多少?

【实例分析】

已知 $P = 10, n = 19, F = 10 \times 3 = 30$，求 i。

$F = 10 \times (F/P, i, 19) = 30 (F/P, i, 19) = 3$

查《复利终值系数表》，在纵坐标 $n=19$ 的项下，找到最接近3的值，对应的 i 值为6%，即 $(F/P, 6\%, 19) \approx 3$

所以 $i \approx 6\%$，即投资机会最低报酬率为6%时才可使现有货币在19年后达到3倍。

【例 2-4】某人投资一个项目，想 5 年后得到 20 万元，若投资报酬率每年均为 5%，请问现在应投入多少钱？

【实例分析】

已知 $F=20, n=5, i=5\%$，求 P。

$P=F\times(P/F,i,n)=20\times(P/F,5\%,5)$

在《复利现值系数表》中查到 $(P/F,5\%,5)=0.7835$，所以，可得出：

$P=20\times0.7835=15.67$（万元）

子任务二 年金终值和现值的计算

年金是指等额、定期的系列收支。在企业的收付款项中，如直线法折旧、等额租金、等额利息、分期等额支付工程款等通常都采用年金的形式。需要注意的是，年金中收付的间隔时间不一定是 1 年，可以是半年、1 个月等。只要时间间隔相等，收付金额相等就可称为年金。年金按收付款方式可分有普通年金、即付年金、递延年金和永续年金四种形式。

一、普通年金

普通年金又称后付年金，是指各期期末收付的年金。普通年金的收付形式经常用下图 2-1 表示。横线代表时间的延续，用数字标出各期的顺序号；竖线表示支付的时刻，竖线下的数字表示支付的金额，通常用 A 表示。

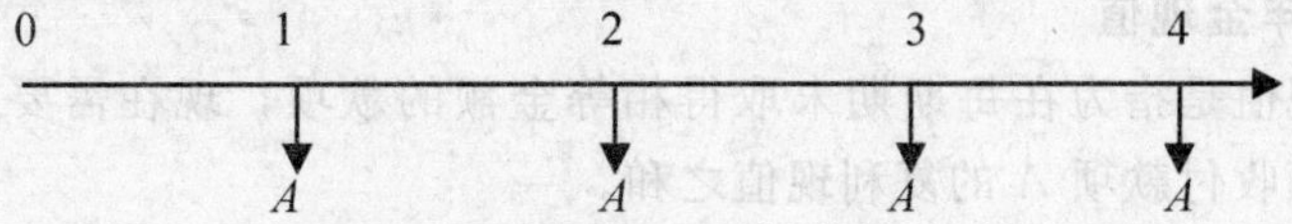

图 2-1 普通年金的收付形式（$n=4$）

（一）普通年金终值

普通年金的计算以复利作为基础，有终值和现值两种基本形式。按照图 2-1 的数据，第 4 期期末普通年金终值的计算可如图 2-2 所示。

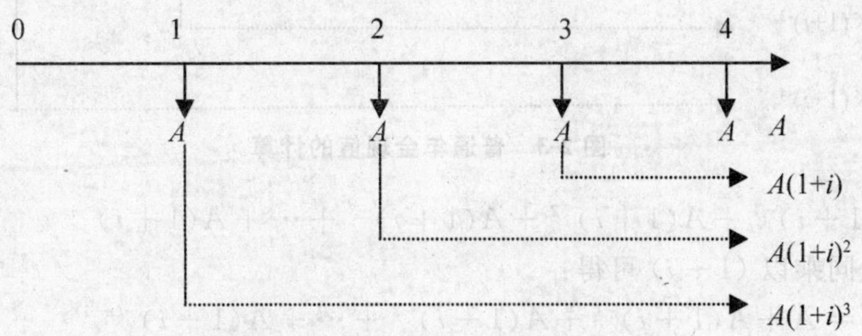

图 2-2 4 期普通年金终值的计算

$$F=A(1+i)^0+A(1+i)^1+A(1+i)^2+A(1+i)^3+\cdots+A(1+i)^{n-1}$$

等式两边同乘以 $(1+i)$ 可得：

$$F(1+i)=A(1+i)^1+A(1+i)^2+A(1+i)^3+A(1+i)^4+\cdots+A(1+i)^n$$

上述两式相减可得：

$$F=\frac{A\ (1+i)^{n}-A}{(1+i)\ -1}=A\times\frac{(1+i)^{n}-1}{i}$$

式中的 $\frac{(1+i)^{n}-1}{i}$ 是普通年金为1元、利率为 i，经过 n 期的年金终值，或称年金终值系数，也可用符号 $(F/A,i,n)$ 表示。上式可改写为：

$$F=A\times(F/A,i,n)$$

在实际工作中，为简便计算，可以通过《年金终值系数表》（见附表三）查阅相关系数值。

（二）偿债基金

偿债基金是指为使年金终值达到既定金额每年年末应该支付的年金数额。实际上，偿债基金问题就是已知 F、i 和 n，求 A 的问题。其计算公式为：

$$A=F\times\frac{i}{(1+i)^{n}-1}=F\times\frac{1}{(F/A,i,n)}$$

式中的 $\frac{1}{(F/A,i,n)}$ 称为偿债基金系数，是年金终值系数的倒数，也可用符号 $(A/F,i,n)$ 表示。它可把年金终值折算为每期期末需要等额支付的金额。偿债基金系数可以查《偿债基金系数表》得到或通过年金终值系数的倒数推算得出。因此，上式也可写为：

$$A=F\times(A/F,i,n)$$

（三）普通年金现值

普通年金现值是指为在每期期末取得相等金额的款项，现在需要投入的金额，等于每期期末等额收付款项 A 的复利现值之和。

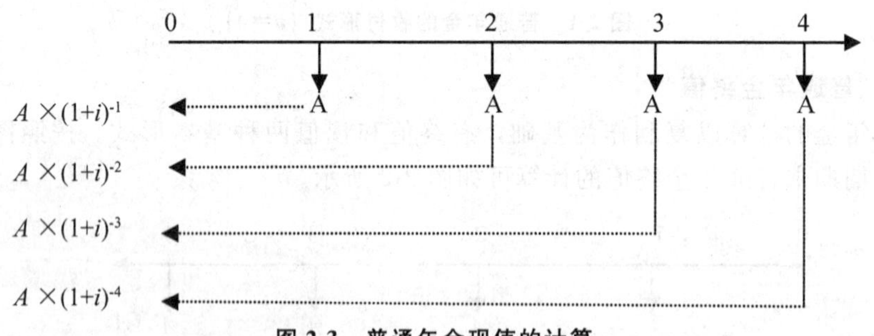

图 2-3　普通年金现值的计算

$$P=A(1+i)^{-1}+A(1+i)^{-2}+A(1+i)^{-3}+\cdots+A(1+i)^{-n}$$

等式两边同乘以 $(1+i)$ 可得：

$$P(1+i)=A+A(1+i)^{-1}+A(1+i)^{-2}+\cdots+A(1+i)^{-(n-1)}$$

后式减前式可得：

$$P(1+i)-P=A-A(1+i)^{-n}P\times i=A[1-(1+i)^{-n}]$$

因此，普通年金现值的计算公式为：

$$P=A\times\frac{1-(1+i)^{-n}}{i}$$

式中的 $\frac{1-(1+i)^{-n}}{i}$ 是普通年金为 1 元、利率为 i，经过 n 期的普通年金现值，或称普通年金现值系数，可用符号 $(P/A,i,n)$ 表示。在实际工作中，普通年金现值系数可以通过查阅《年金现值系数表》（见附表四）得到。上式也可写为：

$$P = A\times(P/A,i,n)$$

（四）资本回收额

在年金现值的计算公式中，如果已知 P、i、n，也可以求 A。在实际工作中，这类似于年资本回收额的计算。所谓年资本回收额是指在约定年限内等额回收初始投入资本或清偿所欠债务的金额。其计算实际上是年金现值的逆运算。其计算公式为：

$$A = P\times\frac{i}{1-(1+i)^{-n}}$$

式中的 $\frac{i}{1-(1+i)^{-n}}$ 称为资本回收系数，是年金现值系数的倒数，也可用符号 $(A/P,i,n)$ 表示。资本回收系数可查《资本回收系数表》得到，或通过年金现值系数的倒数推算得出。上式也可写为：

$$A = P\times(A/P,i,n)$$

或：

$$A = P\times[1/(P/A,i,n)]$$

二、预付年金

预付年金又称即付年金或先付年金，是指一定时期内每期期初等额收付的系列款项。如期数为 4 的预付年金的收付形式可用下图 2－4 表示。

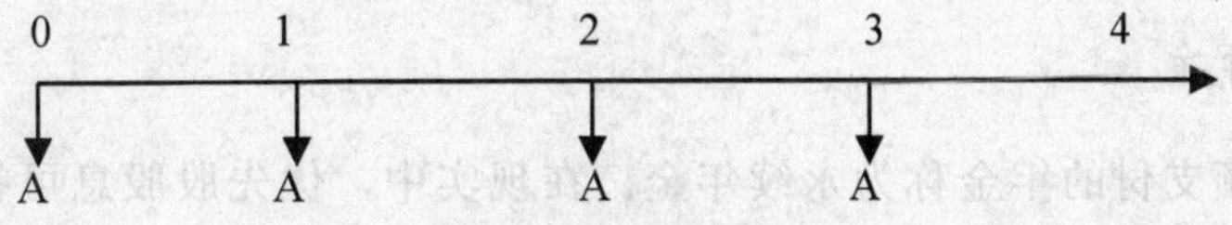

图 2-4 预付年金的收付形式（n=4）

（一）预付年金终值

预付年金终值的计算可以通过普通年金终值的计算方法推导得出。预付年金终值的计算公式为：

$$F = A\times\left[\frac{(1+i)^{n+1}-1}{i}-1\right] = A\times[(F/A,i,n+1)-1]$$

式中的 $\left[\frac{(1+i)^{n+1}-1}{i}-1\right]$ 是预付年金终值系数，或者称 1 元的预付年金终值。它和普通年金终值系数 $\frac{(1+i)^{n}-1}{i}$ 相比，期数加 1，而系数减 1，并可利用《年金终值系数表》查得 $(n+1)$ 期的数值，减去 1 后，得出 1 元的预付年金终值，也可记为 $[(F/A,i,n+1)-1]$。

（二）预付年金现值

预付年金求现值的公式可以根据普通年金求现值的方法推导得出。预付年金现值的计算公式为：

$$P=A\times\left[\frac{1-(1+i)^{-(n-1)}}{i}+1\right]=A\times[(P/A,i,n-1)+1]$$

式中的$\left[\frac{1-(1+i)^{-(n-1)}}{i}+1\right]$是预付年金现值系数，或者称1元的预付年金现值。它和普通年金现值系数$\frac{1-(1+i)^{-n}}{i}$相比，期数要减1，而系数要加1，并可以利用《年金现值系数表》查得$(n-1)$期的数值，然后加1，得出1元的预付年金现值，也可记为$[(P/A,i,n-1)+1]$。

三、递延年金

递延年金是指第一次收付发生在第2期期末或以后的年金。递延年金的支付形式如下图2-5所示。从图中可以看出，前两期没有发生收付，可以用m表示递延期数，n表示连续收付的次数。本例中，$m=2$。第一次支付是在第3期期末，连续支付4次，即$n=4$。

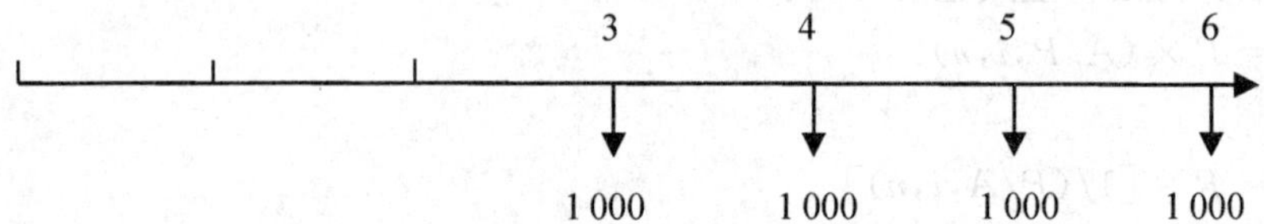

图 2-5　递延年金的收付形式（$n=4$，$m=2$，$A=1\ 000$）

递延年金的终值是将每期的年金向期终折，前面递延几年，对期终的结果并没有影响。递延年金现值的计算方法有多种，较为简便的常用方法为分段法，具体可见例2-11。

四、永续年金

无限期定额支付的年金称为永续年金。在现实中，优先股股息可视为永续年金的一个例子。永续年金没有终止的时间，因此就没有终值。但是永续年金的现值是可以计算的，其公式可以根据普通年金现值的计算公式推导得出：

$$P=A\times\frac{1-(1+i)^{-n}}{i}$$

当$n\to+\infty$时，$(1+i)^{-n}$的极限为0，故上式可写成：

$$P=\frac{A}{i}$$

【例 2-5】某人拟在5年后还清20 000元债务，从现在起每年年末等额投资一笔款项。若投资回报率为10%，每年需要投资多少钱？

【实例分析】

已知5年后的终值F为20 000元，期数n为5年，折现率为10%，求年金A。

$F=A\times(F/A,i,n)$

$20\ 000=A\times(F/A,10\%,5)$

$A=20\ 000\times\frac{1}{(F/A,10\%,5)}=20\ 000\times\frac{1}{6.105}=3\ 276$（元）

【例 2-6】 某人要出国 3 年，请你代付 3 年的物业费，每年年末付 10000 元，若存款利率为 5%，现在他应给你在银行存入多少钱？

【实例分析】

根据题意，已知期数 n 为 3 年，每年年末付的 10 000 元为年金 A，折现率 i 为 5%，求现值 P。

$P=A\times(P/A, i, n)=10\ 000\times2.7232=27\ 232$（元）

【例 2-7】 某企业拟购置一台新设备，以更新目前的旧设备，需一次支付费用 80 万元，改造后每年增加利润 8 万元，年利润率为 6%，问改造后的生产线使用多少年才合算？

【实例分析】

根据题意，一次支付的 80 万元为现值 P，每年增加的利润 8 万为年金 A，折现率 i 为 6%，求期数 n。

$P=A\times(P/A, i, n)$

$800\ 000=80\ 000\times(P/A, 6\%, n)$

$(P/A, 6\%, n)=10$

在《年金现值系数表》中查出 $i=6\%$、$n=16$ 的年金现值系数为 10.11，也就是说，改造后的生产线需使用约 16 年才能收回改造投资。如果生产线的使用寿命不到 16 年，该技术改造方案就不可行。

【例 2-8】 某企业假设以 10% 的利率借款 100 000 元，投资于某个寿命为 10 年的项目，每年至少要收回多少现金才是有利的？

【实例分析】

根据题意，已知现值 P 为 100 000 元，折现率 i 为 10%，期数 n 为 10 年，求 A。

$$P=A\times(P/A, i, n)=A\times\frac{1-(1+i)^{-n}}{i}$$

$$A=P\times\frac{i}{1-(1+i)^{-n}}=P\times\frac{1}{(P/A, i, n)}$$

$$=100\ 000\times\frac{1}{(P/A, 10\%, 10)}$$

$$=100\ 000\times\frac{1}{6.144\ 6}$$

$=16\ 274.45$（元）

【例 2-9】 某企业决定连续 4 年于每年年初投入 300 万元建设一个项目，银行存款年利率为 10%。则第 4 年年末投资额的本利和为多少？

【实例分析】

该问题是一个典型的预付年金求终值的问题。首先在数轴上表示出各年收付情况，如图 2-6 所示。

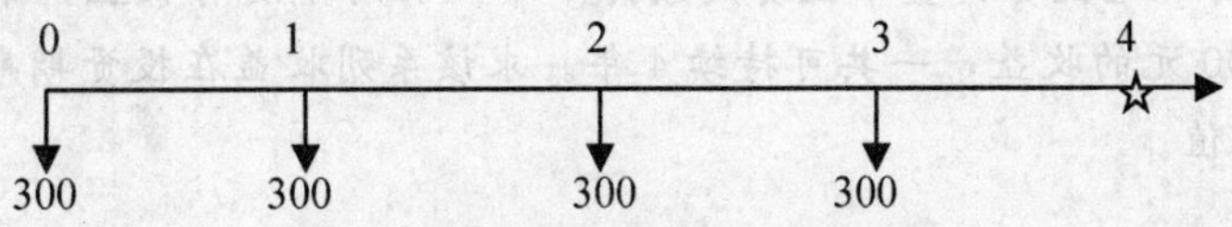

图 2-6　预付年金（n=4，A=300）

本例中，已知 $A=300$ 万元，$n=4$，$i=10\%$，求第 4 年年末的终值 F。

通过观察可以发现，预付年金与普通年金是有很多类似的。例如，两者每年收付金额相等，折现率相同，只是收付期数与收付时点有所区别。如果能够利用普通年金求终值的计算方法，将可以大大简化计算过程。根据这样的思想，可以构造出如下收付情况，见图 2-7：

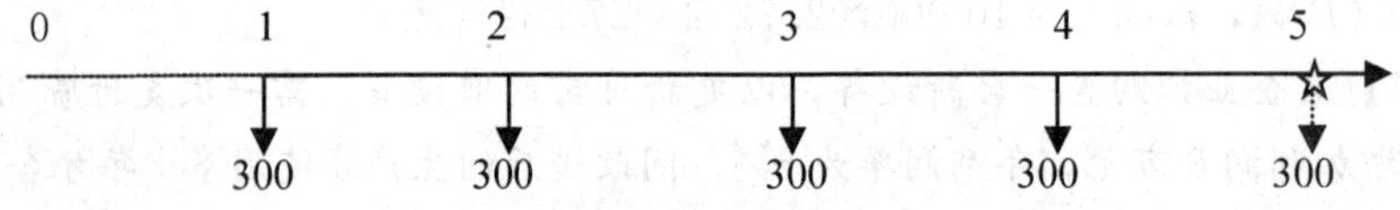

图 2-7　预付年金终值的计算

通过观察可以发现，如果将预付年金的期数加上 1 期，收付款项在期末也增加 1 笔，就可以构造出一个 $A=300$、$n=5$、$i=10\%$ 的普通年金。如果求此年金的终值，是将 5 笔相同金额的款项都通过复利折算到第 5 年的年末，这比例题中的情况仅仅多了最后一期期末的 300。而如果将这笔没有经过复利的 300 减去，得到的结果就应该是例题的答案。

通过以上分析，可以列出下式：

$$F=300\times(F/A,10\%,5)-300=300\times[(F/A,10\%,5)-1]$$
$$=300\times(6.1051-1)=1\ 531.53(\text{万元})$$

【例 2-10】 某人 4 年分期付款购物，每年年初付 10 000 元，设年利率为 10%，该项分期付款相当于一次性支付的购价是多少？

【实例分析】

例题中，已知 $A=10\ 000$，$i=10\%$，$n=4$，求现值 P。

按照例 2-9 的思路，同样构造出普通年金以便于计算，见图 2-8。

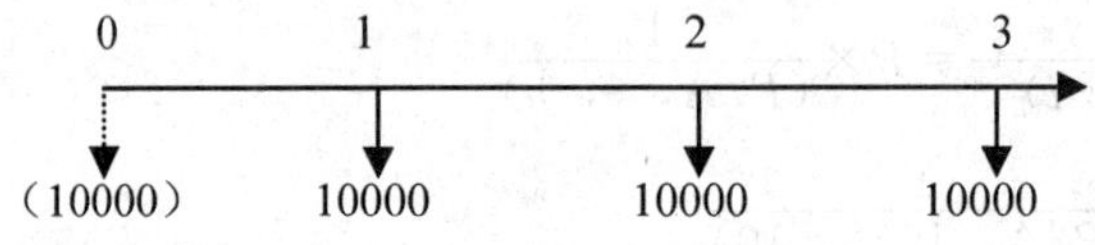

图 2-8　预付年金现值的计算

首先，如果不考虑第 1 期期初的 10 000 元，就成了期数 n 为 3（4－1）期，A 为 10 000 元，i 为 10% 的普通年金求现值的问题了，最后将第 1 期期初的不需要折现的 10 000 元加上，就可以方便地将该题计算出来了。

根据这样的思路可列以出如下式子：

$$P=10\ 000\times(P/A,10\%,4-1)+10\ 000=10\ 000\times[(P/A,10\%,3)+1]$$
$$=10\ 000\times(P/A,10\%,4-1)+1=10\ 000\times(2.4869+1)=23\ 869(\text{元})$$

【例 2-11】 有一笔投资，整个投资周期为 6 年，前两年没有收益，第 3 年起每年年末可以获得 1 000 元的收益，一共可持续 4 年。求该系列收益在投资期期末的终值和在投资期期初的现值。

【实例分析】

如果要求终值，就可看成期数 n 为 4，年金 A 为 1 000 元，折现率 $i=10\%$ 的普通年金求终值的问题。所以，递延年金的终值与普通年金终值的计算方法一样，见图 2-9。

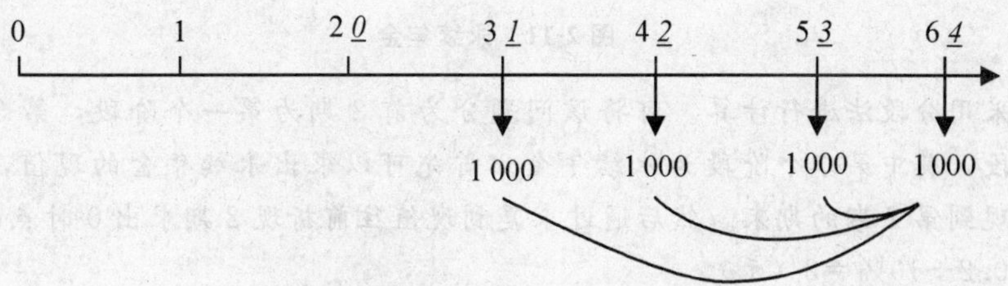

图 2-9　递延年金终值的计算（$m=2$，$i=10\%$，$n=4$，$A=1\ 000$）

根据题意可得：

$F=A\times(F/A,\ i,\ n)=1\ 000\times(F/A,\ 10\%,\ 4)=1\ 000\times4.641=4\ 641$（元）

要求现值时，可采用分段法将整个投资期间分为前 2 年和后 4 年。首先把递延年金看成为期数为 4 的普通年金，求出普通年金的现值（对于整个递延年金实际上是第 2 期期末），然后将这个结果一次折现到 0 时点。与该方法对应的递延年金的现值计算公式为（见图 2-10）：

$P=A(P/A,i,n)\times(P/F,i,m)$

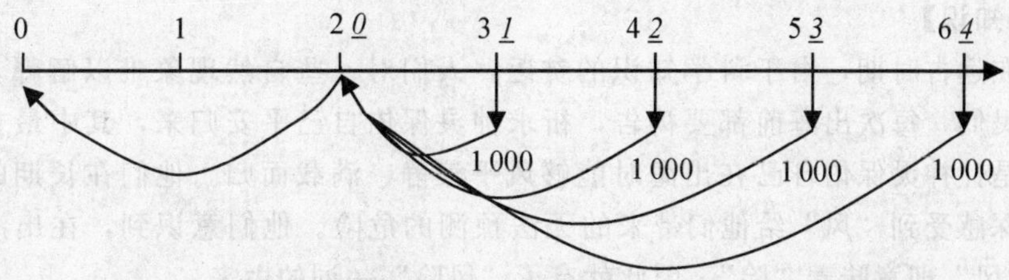

图 2-10　递延年金现值计算（$m=2$，$i=10\%$，$n=4$，$A=1\ 000$）

$P_2=A\times(P/A,\ i,\ n)=1\ 000\times(P/A,\ 10\%,\ 4)=1\ 000\times3.170=3\ 170$（元）

$P_0=P_2\times(P/F,\ 10\%,\ m)=P_2\times(P/F,\ 10\%,\ 2)=3\ 170\times0.8264=2\ 619.69$（元）

【例 2-12】某项永久性奖学金，每年计划颁发 50 000 元奖金。若年复利率为 8%，该奖学金的本金应为多少？

【实例分析】

$$P=\frac{A}{i}=\frac{50\ 000}{8\%}=625\ 000(\text{元})$$

【例 2-13】拟购买一只股票，预计公司最近两年不发放股利，从第 3 年开始每年年末支付 0.2 元股利，若资金成本率为 10%，则预期股利现值合计为多少？

【实例分析】

首先画出数轴图，见图 2-11：

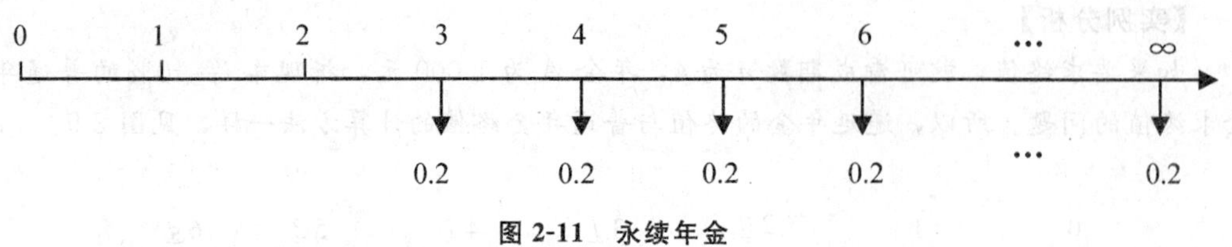

图 2-11 永续年金

仍然采用分段法进行计算。可将该问题分为前 2 期为第一个阶段，第 3 期以后为第二个阶段，其中第二个阶段为永续年金。首先可以求出永续年金的现值，即将每期的股利折现到第 2 期的期末。然后通过求复利现值往前折现 2 期求出 0 时点的现值。

$P_2=0.2\div10\%=2$（元）

$P_0=2\times(P/F,\ 2\%,\ 2)=2\times0.826\ 4=1.65$（元）

任务二 风险价值观念的运用

【任务描述】

广义的风险概念不仅是指损失的不确定性，而且还包括盈利的不确定性，它既可能给活动主体带来威胁，也可能带来机会。风险客观存在且广泛影响着企业的财务和经营活动，因此，正视风险并将风险程度予以量化，树立科学的风险价值观念，是企业财务管理中的一项重要工作。

【背景知识】

相传在远古时期，由于科学知识的贫乏，人们对一些自然现象难以解释。以打渔为生的渔民们，每次出海前都要祷告，祈求神灵保佑自己平安归来，其中最主要的祷告内容就是让神灵保佑自己在出海时能够风平浪静、满载而归。他们在长期的捕捞实践中，深深感受到"风"给他们带来的无法预测的危险。他们意识到，在出海捕鱼的生活中，"风"即意味着"险"，因此就有了"风险"一词的由来。

风险与收益之间往往是紧密联系的。在对风险进行研究之前，首先介绍一下收益的相关概念。

一、资产的收益与收益率

（一）资产收益的含义和计算

某人以 10 元/股的价格购买 A 股票 10 万股，1 年中的税后股利为 0.25 元/股，1 年后股票市价为 12 元/股，在不考虑交易费用的情况下，该投资的收益是多少？

资产的收益是指资产的价值在一定时期的增值。一般情况下，有以下两种表述资产收益的方式：

第一种方式是以金额表示的，称为资产的收益额，通常以资产价值在一定期限内的增值来表示，该增值量来源于两部分，一是期限内资产的现金净收入；二是期末资产的价值（或市场价格）相对于期初价值的升值。前者多为利息、红利或股息收益，后者称为资本利得。

如上例中，资产的收益额为：

0.25＋（12－10）＝2.25（元/股）

2.25×10＝22.5（万元）

其中，股息收益额为2.5（0.25×10）万元，资本利得为（2×10＝20）万元。

第二种方式是以百分比表示的，称为资产的收益率或报酬率，是资产增值量与期初（价格）的比值，该收益率也包括两部分，一是利（股）息的收益率；二是资本利得的收益率。

如上题中，资产的收益率为：

（0.25＋12－10）÷10＝22.5％

显然，以金额表示的收益与期初资产的价值相关，不利于不同规模资产之间收益的比较，而以百分数表示的收益则是一个相对指标，便于不同规模下资产收益的比较和分析。另外，由于收益率是相对于特定期限的，它的大小要受到计算期限的影响，但是计算期限常常不一定是1年，为了便于比较和分析，对于计算期限短于或长于1年的资产在计算收益率时，一般要将不同期限的收益率转化成年收益率。

（二）资产收益率的类型

在财务工作中，由于工作角度的不同，收益率可以有不同类型。实际收益率表示已经实现的或者确定可以实现的资产收益率；名义收益率仅指资产合约上标明的收益率；期望收益率是指在不确定的条件下，预测的某资产未来可能实现的收益率；必要收益率是投资者对某资产合理要求的最低收益率；无风险收益率是指把资金投资于一个没有任何风险的投资对象所能得到的收益率，通常用短期国债利率代替；风险收益率是指由投资者承担风险而额外要求的风险补偿率。

二、资产的风险

日常生活中所讲的风险是指危险，意味着损失或者失败，是一种不好的事情。实际上在财务管理中，“风险”一词已经大大超越了“遇到危险”的狭义含义。风险不但可以带来超出预期的损失，也可能带来超出预期的收益。“风险是预期结果的不确定性。”风险不但包括负面效应的不确定性，还包括正面效应的不确定性。

在投资领域，有些投资者不喜欢冒风险，往往将资金购买成国债，或者干脆存在银行里，这些投资者被称为风险厌恶者。而这些低风险的投资品种往往其收益率也很低。而有些投资者比较激进，喜欢投资高风险的投资品种，如期货、股票等，这些投资者被称为风险偏好者。高风险的投资品种存在着高收益的机会，但这不绝对。只能说这些风险偏好者进行高风险投资，期望获得较高的收益。所以，有些人说：“高风险意味着高收益。”这句话是不准确的。由于风险是指预期结果的不确定性，所以高风险带来的只有预期的高收益，真正能否实现，并不确定。

【任务实施】

子任务一　风险的一般衡量

风险与概率直接相关，并由此与期望值、离散程度等相联系，对风险进行衡量时应着重考虑这几方面因素。

一、概率

一个事件的概率是指这一事件可能发生的机会。某企业有60%的机会盈利，有40%的机会亏损。如果把所有可能的事件或结果都列示出来，且每一件都给予一种概率，把它们列示在一起，便构成了概率的分布。上例中的概率分布详见表2-1。

表2-1 概率分布

可能出现的结果（i）	概率（P_i）
盈利	0.6=60%
亏损	0.4=40%
合　计	1.00=100%

概率分布必须符合以下两个要求：

(1) 所有的概率即 P_i 都在0和1之间，即 $0 \leqslant P_i \leqslant 1$；

(2) 所有结果的概率之和应等于1，即 $\sum_{i=1}^{n} P_i = 1$，这里，n 为可能出现的结果的个数。

二、期望报酬率

期望报酬率（期望值）是各种可能的报酬率按其概率进行加权平均得到的报酬率，可按以下公式计算：

$$\overline{K} = \sum_{i=l}^{n} K_i P_i$$

式中，$\overline{K}$ 为期望报酬率；K_i 为第 i 种可能结果的报酬率；P_i 为第 i 种可能结果的概率；n 为可能结果的个数。

三、标准离差

标准离差是各种可能的报酬率偏离期望报酬率的综合差异，是反映离散程度的一种度量。在期望值相同的情况下，标准离差越大，风险越大；反之，风险越小。标准离差可按以下公式计算：

$$\delta = \sqrt{\sum_{i=1}^{n} (K_i - \overline{K})^2 \times P_i}$$

式中，δ 为标准离差；$\overline{K}$ 为期望报酬率；K_i 为第 i 种可能结果的报酬率；P_i 为第 i 种可能结果的概率；n 为可能结果的个数。

四、标准离差率

标准离差是一个绝对值，不是一个相对量，它只能用来比较期望报酬率相同的各项投资的风险程度，不能用来比较期望报酬率不同的各项投资的风险程度。对比期望报酬率不同的各项投资的风险程度，应该用标准离差与期望报酬率的比值，即标准离差率。一般而言，标准离差率越大，风险越大；反之，风险越小。标准离差率可按以下公式计算：

$$V=\frac{\delta}{K}\times 100\%$$

【例 2-14】

天山公司目前面临两个投资机会，A 项目是一个老产品，销售前景可准确预测。B 项目是一个高科技项目，该领域竞争很激烈，如果经济发展迅速并且该项目搞得好，取得较大市场占有率，利润会很大。否则，利润很小甚至亏本。现对其投资项目的未来情况进行风险预测。假设未来的经济情况有繁荣、正常、衰退，有关的概率分布和预期报酬率如表 2-2 所示。请通过计算期望报酬率、标准离差、标准离差率来比较两个投资项目的风险。

表 2-2　天山公司投资项目未来情况的预测

经济情况	该种经济情况发生的概率（P_i）	报酬率（K_i）（%）	
		A 项目	B 项目
繁荣	0.20	40	70
正常	0.60	20	20
衰退	0.20	0	−30

【实例分析】

1. 期望报酬率

根据上述期望报酬率公式分别计算 A 项目和 B 项目的期望值如下：

$$\overline{K}_A=K_{A1}P_1+K_{A2}P_{A2}+K_{A3}P_{A3}=40\%\times 0.20+20\%\times 0.60+0\times 0.20=20\%$$

$$\overline{K}_B=K_{B1}P_{B1}+K_{B2}P_{B2}+K_{B3}P_{B3}=70\%\times 0.20+20\%\times 0.60+(-30\%)\times 0.20=20\%$$

两个项目的期望报酬率都是 20%，但 A 项目的报酬率比较集中，而 B 项目的报酬率比较分散，所以可初步判断 A 项目的风险较小（需通过标准离差进行具体计算）。

2. 标准离差

上例中，将 A 项目和 B 项目的资料代入上述公式得出两个公式的标准离差如下：

A 项目的标准离差为：

$$\delta_A=\sqrt{(40\%-20\%)^2\times 0.20+(20\%-20\%)^2\times 0.60+(0-20\%)^2\times 0.20}=12.65\%$$

B 项目的标准离差为：

$$\delta_B=\sqrt{(70\%-20\%)^2\times 0.20+(20\%-20\%)^2\times 0.60+(-30\%-20\%)^2\times 0.20}=31.62\%$$

上述结果表明，B 项目的风险要大于 A 项目。

3. 标准离差率

根据表 2-2 中的资料，A 项目的标准离差率为：

$$V_A=\frac{12.65\%}{20\%}\times 100\%=63.25\%$$

B 项目的标准离差率为：

$$V_B=\frac{31.62\%}{20\%}\times 100\%=158.1\%$$

上述结果表明，B 项目的风险大于 A 项目。

在上例中，两个项目的期望报酬率相等，可直接根据标准离差来比较风险程度。但如果期望报酬率不等，则必须计算标准离差率。

子任务二 系统风险的识别与风险收益的计算

人们常说，“不要把鸡蛋放在一个篮子里”，因为分散的鸡蛋可以减少风险来临时损失的程度。但实际上，也不需要将每个鸡蛋都单独放一个篮子，这样做的成本太高，会减少收益。而且假设整个放鸡蛋的房子不幸发生了火灾，不管放多少个篮子，都是不保险的。这就是非系统风险与系统风险的道理。

（一）非系统风险

非系统风险又被称为个别风险或可分散风险，是指由于某种特定原因对某特定资产收益率造成影响的可能性。这种风险可以通过有效的资产组合来消除掉。与政治、经济和其他影响所有资产的市场因素无关。上例中，将鸡蛋分散放置，就可有效减小甚至消除非系统风险。对于特定企业而言，企业的特有风险可进一步分为经营风险和财务风险。

经营风险是指因生产经营方面的原因给企业目标带来影响的可能性。财务风险又称筹资风险，是指由于举债而给企业目标带来影响的可能性。

在风险分散的过程中，不应当过分夸大资产多样性和资产数目的作用。实际上，在资产组合中资产数目较少时，通过增加资产的数目，分散风险的效应会比较明显，但当资产的数目增加到一定程度时，风险分散的效应就会逐渐减弱。

（二）系统风险及其衡量

系统风险又被称为市场风险或不可分散风险，是影响所有资产的、不能通过资产组合来消除的风险。这部分风险是由那些影响整个市场的风险因素所引起的。这些因素包括宏观经济形势的变动、国家经济政策的变化、税制改革、企业会计准则改革、世界能源状况、政治因素等。如前例中，“假如整个放鸡蛋的房子不幸发生了火灾”，这就是一种系统风险的情况，因为这种风险无法通过资产组合来进行消除，放在多少个篮子里后果是一样的。

系统风险对每项资产或资产组合的影响程度是不一致的。例如，央行准备金率调整这一政府宏观调控政策对金融企业的影响远大于传统消费行业或医药行业。对于这种影响程度的不同，可以用 β 系数来衡量。

单项资产的 β 系数是反映单项资产收益率与市场平均收益率之间变动关系的一个量化指标。它表示单项资产收益率的变动受市场平均收益率变动的影响程度。或者说，它是相对于市场组合的平均风险而言，单项资产所含的系统风险的大小。β>1，表示该单项资产的风险大于市场平均风险；β<1，表示该单项资产的风险小于市场平均风险；β=1，表示该单项资产的风险与市场平均风险一致。

市场组合是指由市场上所有资产组成的组合。它的收益率就是市场平均收益率，实务中通常用股票价格指数的收益率来代替。由于包含了所有的资产，因此市场组合中的非系统风险已经被消除，所以市场组合的风险就是市场风险。

资产组合是指投资者持有的一组资产的组合。对于资产组合而言，其所含的系统风险的大小可以用 β_p 系数来衡量。资产组合的 β_p 系数是所有单项 β_i 系数的加权平均数，权数为各种资产在资产组合中所占的价值比例。其计算公式为：

$$\beta_p = \sum_{i=1}^{n} X_i \beta_i$$

式中，β_p 为证券组合的 β 系数；n 为证券组合中股票的数量；X_i 为证券组合中第 i 种股票所占的比重；β_i 为第 i 种股票的系数。

（三）风险收益的计算

企业的财务活动和经营管理活动总是处于或大或小的风险之中，任何经济预测的准确性都是相对的，预测的时间越长，不确定的程度就越高。因此，为了简化决策分析工作，在短期财务决策中通常不考虑风险因素。而在长期财务决策中，必须考虑风险因素。

风险和收益的一般关系是风险越大，期望的收益率就越高。对于各个投资项目来说，其风险大小是不同的，在投资收益率相同的情况下，人们都会选择风险小的项目投资，结果竞争使其风险增加，收益率下降。所以，高风险的项目必须有高的预期收益，否则就没有人投资；而低预期收益的项目必须风险很低，否则也没有人投资。风险和收益的这种联系是市场竞争的结果。

投资者进行风险投资的目的是获取风险收益。风险收益通常用相对数风险收益率表示。风险收益率是指投资者因冒风险进行投资而要求获得的超过资金时间价值率和通货膨胀率的那部分额外收益率。因此，投资者进行投资所期望的投资收益率由无风险收益率和风险收益率两个部分组成，其计算公式如下：

期望投资收益率＝无风险收益率＋风险收益率

在西方金融学和财务管理学中，有许多模型论述风险和收益率的关系，其中一个最重要的模型为资本资产定价模型（capital asset pricing model，简写为 CAPM）。由于该模型对财务领域的巨大贡献，其主要完成人威廉·夏普（Willian Sharpe）、马柯维茨（Harry Markowtitz）等人一起获得了诺贝尔经济学奖。诺贝尔经济学奖评奖委员会认为 CAPM 已构成金融市场的现代价格理论的核心，它也被广泛用于经验分析，使丰富的金融统计数据可以得到系统而有效的利用。它是证券投资实际研究和决策的一个重要基础。这一模型的公式简述为：

$$K_i = R_f + \beta_i \times (K_m - R_f)$$

式中，K_i 为第 i 种股票或第 i 种证券组合的必要（期望）收益率；R_f 为无风险收益率（通常以短期国债的利率表示）；β_i 为第 i 种股票或第 i 种证券组合的风险系数；K_m 为所有股票或所有证券的平均收益率。

资本资产定价模型说明了必要收益率与不可分散风险系数之间的关系。风险值越高，要求的风险收益率就越高，在无风险收益率不变的情况下，必要收益率也就越高。

【例 2-15】 某资产组合中有三只股票，有关的信息如表 2-3 所示，计算资产组合的 β 系数。

表 2-3　某资产组合的相关信息　　元

股　票	β 系数	股票的每股市价	股票的数量（股）
A	0.7	4	200
B	1.1	2	100
C	1.7	10	100

【实例分析】

首先，计算 A、B、C 三种股票所占的价值比例。

A 股票所占比例＝（4×200）÷（4×200＋2×100＋10×100）＝40％

B 股票所占比例＝（2×100）÷（4×200＋2×100＋10×100）＝10％

C 股票所占比例＝（10×100）÷（4×200＋2×100＋10×100）＝50％

其次，计算加权平均 β 系数。

$\beta_P = 40\% \times 0.7 + 10\% \times 1.1 + 50\% \times 1.7 = 1.24$

β 系数的数值大小可以反映出如下含义：

当 $\beta=1$ 时，表示该资产的收益率与市场平均收益率呈相同比例的变化，其风险情况与市场组合的风险情况一致；

如果 $\beta>1$，说明该资产收益率的变动幅度大于市场组合收益率的变动幅度，该资产的风险大于整个市场组合的风险；

如果 $\beta<1$，说明该资产收益率的变动幅度小于市场组合收益率的变动幅度，该资产的风险程度小于整个市场投资组合的风险。

【例 2-16】 某年某投资机构公布的在上海证券交易所上市的招商银行的 β 系数为 1.170，短期国债利率为 4％，当年沪市指数上涨了 10％（可看作市场平均收益率为 10％）。问该股票的必要收益率为多少？

【实例分析】

$K_i = R_F + \beta_i \times (K_m - R_F) = 4\% + 1.17 \times (10\% - 4\%) = 11.02\%$

课后实训

一、单项选择题

1. 下列各项中，代表预付年金现值系数的是（　　）。

A. [$(P/A,i,n+1)+1$]　　B. [$(P/A,i,n+1)-1$]

C. [$(P/A,i,n-1)-1$]　　D. [$(P/A,i,n-1)+1$]

2. 企业在4年内每年年末存入银行1 000元，银行每年利率为9%，4年后可从银行提取的款项为（　）元。

A. 3 000　　B. 1 270　　C. 4 573　　D. 2 634

3. 为比较期望报酬率不同的两个或两个以上方案的风险程度，采用的标准是（　）。

A. 标准离差　　B. 标准离差率　　C. 概率　　D. 风险报酬率

4. 企业年初借得50 000元贷款，期限10年，年利率12%，每年年末等额偿还。已知年金现值系数（P/A，12%，10）=5.650 2，则每年应付金额为（　）元。

A. 8 849　　B. 5 000　　C. 6 000　　D. 28 251

5. 某人每年年初存入银行1 000元，年利率7%，则第4年年末得到的本利和为（　）元。

A. 4 439.9　　B. 3 750.7　　C. 4 280　　D. 4 750.7

6. 在10%利率下，1～3年期的复利现值系数分别为0.909 1、0.826 4、0.751 3，则3年期年金现值系数为（　）。

A. 2.486 8　　B. 1.735 5　　C. 0.564 4　　D. 0.751 3

7. 关于递延年金，下列说法中不正确的是（　）。

A. 递延年金无终值，只有现值

B. 递延年金终值计算方法与普通年金终值计算方法相同

C. 递延年金终值大小与递延期无关

D. 递延年金的第一次支付是发生在第一期期末的若干期以后

8. 某人年初存入银行5 000元，假设银行按每年10%的复利计算，每年年末提出1 000元，已知$(P/A,10\%,7)=4.868\ 4$，$(P/A,10\%,8)=5.334\ 9$，则最后一次能够足额（1 000元）提款的时间是第（　）年末。

A. 5年　　B. 8年　　C. 7年　　D. 9年

9. 甲拟存入一笔资金以备3年后使用，假定银行3年期存款年利率为5%，甲3年后需用的资金总额为34 500元，则在单利计息的情况下，目前需存入的资金为（　）元。

A. 30 000　　B. 29 803.04　　C. 32 857.14　　D. 31 500

10. 资金的时间价值是在没有风险和没有通货膨胀条件下的（　）。

A. 利息率　　B. 额外收益

C. 社会平均资金利润率　　D. 收益率

11. A方案为在3年中的每年年初付款500元，B方案为在3年中的每年年末付款500元，若年利率为10%，则两个方案第3年年末时的终值相差（　）元。

A. 105　　B. 165.5　　C. 505　　D. 665.5

12. 有一项年金，前3年无流入，后5年每年年初流入500万元，假设年利率为10%，其现值为（　）万元。

A. 1 423.21　　B. 1 565.68　　C. 1 813.48　　D. 1 994.59

13. 某企业为归还 5 年后的一笔债务，从现在起，每年年初存入银行 10 000 元，若年利率为 10%，该笔存款的本利和为（　　）元。

A. 77 160　　B. 37 908　　C. 67 160　　D. 41 670

14. 多个方案相比较，标准离差率越小的方案其风险（　　）。

A. 越大　　B. 越小　　C. 二者无关　　D. 无法判断

15. 在利息率和现值相同的情况下，若计息期为一期，则复利终值和单利终值（　　）。

A. 前者大于后者　　B. 不相等　　C. 后者大于前者　　D. 相等

16. 比较期望报酬率不同的两个或两个以上方案的风险程度，应采用的指标是(　　)。

A. 标准离差率　　B. 标准离差　　C. 概率　　D. 风险报酬率

17. 下列各项年金中，只有现值没有终值的年金是（　　）。

A. 普通年终　　B. 预付年金　　C. 永续年金　　D. 先付年金

18. 一定时期内每期期初等额收付的系列款项是（　　）。

A. 预付年金　　B. 永续年金　　C. 递延年金　　D. 普通年金

19. 当一年内复利 m 次时，其名义利率 r 与实际利率 i 之间的关系是（　　）。

A. $i=(1+r/m)m-1$　　B. $i=(1+r/m)-1$

C. $i=(1+r/m)-m-1$　　D. $i=1-(1+r/m)m$

20. 普通年金终值系数的倒数称为（　　）。

A. 复利终值系数　　B. 偿债基金系数

C. 普通年金现值系数　　D. 投资回收系数

21. 凡是在每期期末支付的年金，一般称为（　　）。

A. 普通年金　　B. 永续年金　　C. 递延年金　　D. 预付年金

22. 凡是无限期支付的年金，一般称为（　　）。

A. 后付年金　　B. 永续年金　　C. 递延年金　　D. 预付年金

23. 有甲、乙两个投资方案，其投资报酬率的期望值均为 18%，甲方案标准离差为 10%，乙方案标准离差为 20%，则（　　）。

A. 甲方案风险等于乙方案　　B. 甲方案风险小于乙方案

C. 甲方案风险大于乙方案　　D. 甲、乙方案风险无法确定

24. 企业发行债券，在名义利率和实际利率相同的情况下，对其比较有利的复利计息期是（　　）。

A. 1 个季度　　B. 半年　　C. 1 年　　D. 1 个月

25. 控制财务风险的关键在于（　　）。

A. 适度负债，维持合理的资金结构

B. 使息税前利润率高于借入资金利息率

C. 不负债

D. 多负债

二、多项选择题

1. 某项目从现在开始投资，2 年内没有回报，从第 3 年开始每年年末获利额为 A，

获利年限为 5 年，则该项目利润的现值为（　　）。

A. $A\times(P/A,i,5)\times(P/F,i,3)$　　B. $A\times(P/A,i,5)\times(P/F,i,2)$

C. $A\times(P/A,i,7)-A\times(P/A,i,2)$　　D. $A\times(P/A,i,7)-A\times(P/A,i,3)$

2. 对于资金的时间价值来说，下列选项中表述正确的是（　　）。

A. 资金的时间价值不可能由时间创造，而只能由劳动创造

B. 时间价值是对投资者推迟消费的耐心给予的回报

C. 时间价值的相对数是扣除风险报酬和通货膨胀贴水后的平均资金利润率

D. 只有把货币作为资金投入生产经营中，才能产生时间价值

3. 在财务管理中，衡量风险大小的指标有（　　）。

A. 标准离差　　B. 标准离差率　　C. β 系数　　D. 期望报酬率

4. 若甲的预期值高于乙的预期值，且甲的标准差小于乙的标准差，下列表述中不正确的是（　　）。

A. 甲的风险小，应选择甲方案

B. 乙的风险小，应选择乙方案

C. 甲的风险与乙的风险相同

D. 难以确定，因预期值不同，需进一步计算标准离差率

5. 某公司拟购置一处房产，付款条件是从第 4 年开始，每年年初支付 10 万元，连续支付 10 次，共 100 万元。假设该公司的资金成本率为 10%，则相当于该公司现在一次付款的金额为（　　）万元。

A. $10\times[(P/A,10\%,12)-(P/A,10\%,2)]$

B. $10\times[(P/A,10\%,10)(P/F,10\%,2)]$

C. $10\times[(P/A,10\%,13)-(P/A,10\%,3)$

D. $10\times[(P/A,10\%,13)(P/F,10\%,3)]$

6. 影响资金时间价值大小的因素主要包括（　　）。

A. 单利　　B. 复利　　C. 资金额　　D. 利率和期限

7. 下列说法中正确的有（　　）。

A. 风险越大，期望获得的风险报酬应该越高

B. 有风险就会有损失，二者是相伴而生的

C. 风险是无法预计和控制的，其概率也不可预测

D. 由于举债而给企业带来的风险属于财务风险

8. 下列各项中，表述正确的有（　　）。

A. 资金时间价值是时间的产物

B. 资金时间价值与利率是一回事

C. 资金时间价值通常应按复利方式计算

D. 如果通货膨胀率极低，政府债券利率可以视同资金时间价值

9. 资金的时间价值是在没有风险和没有通货膨胀条件下的（　　）。

A. 利息率　　B. 额外收益

C. 社会平均资金利润率　　D. 收益率

10. 投资报酬率的构成要素包括（　　）。

A. 通货膨胀率　B. 资金时间价值　C. 投资成本率　D. 风险报酬率

11. 下列表述中，正确的有（　　）。

A. 复利终值系数与复利现值系数互为倒数

B. 普通年金终值系数与普通年金现值系数互为倒数

C. 普通年金终值系数与偿债基金系数互为倒数

D. 普通年金现值系数与偿债基金系数互为倒数

12. 计算复利终值所必需的数据有（　　）。

A. 利率　B. 现值　C. 期数　D. 利息

13. 递延年金的特点有（　　）。

A. 最初若干期没有收付款项　B. 最后若干期没有收付款项

C. 其终值计算与普通年金相同　D. 其现值计算与普通年金相同

14. 永续年金具有下列特点（　　）。

A. 没有终值　B. 没有期限

C. 每期不等额支付　D. 每期等额支付

15. 关于递延年金，下列说法中正确的有（　　）。

A. 递延期越长，递延年金的现值越大

B. 递延年金终值的大小与递延期无关

C. 递延年金现值的大小与递延期有关

D. 递延年金是指隔若干期以后才开始发生的系列等额收付款项

16. 下列各项中，属于经营风险的是（　　）。

A. 开发新产品不成功而带来的风险

B. 消费者偏好发生变化而带来的风险

C. 自然气候恶化而带来的风险

D. 原材料价格变动而带来的风险

17. 企业财务风险是（　　）。

A. 借款带来的风险　B. 筹资决策带来的风险

C. 外部环境变化造成的风险　D. 销售量变动引起的风险

三、判断题

1. 一般来说，货币时间价值是指没有通货膨胀条件下的投资报酬率。（　　）

2. 将两个方案进行对比时，标准离差率越大，说明风险越大；同样，标准离差越大，说明风险也一定越大。（　　）

3. 风险报酬系数是将标准离差率转化为风险报酬率的一种系数。（　　）

4. 复利终值与现值成正比，与计息期和利率成反比。（　　）

5. 永续年金现值是年金数额与贴现率的倒数之积。（　　）

6. 资金的时间价值是时间创造的，因此，所有的资金都有时间价值。（　　）

7. 标准离差是反映随机变量离散程度的一个指标，但它只能用来比较期望报酬率相同的各项投资的风险程度。（　　）

8. 在本金和利率相同的情况下，若只有 1 年计息期，单利终值与复利终值是相等的。（ ）

9. 在利率和计息期数相同的条件下，复利现值系数与复利终值系数互为倒数。（ ）

10. 先付年金与后付年金的区别仅在于计息时间的不同。（ ）

11. 根据风险与收益对等的原理，高风险的投资项目必然会获得高收益。（ ）

12. 风险与收益是对等的。风险越大，收益的机会越多，期望的收益率也就越高。（ ）

13. 概率必须符合两个条件，一是所有概率都在 0～1 之间；二是所有结果的概率之和应等于 1。（ ）

14. 标准离差反映风险的大小，可以用来比较各种不同投资方案的风险程度。（ ）

15. 递延年金没有第一期的收付额。（ ）

16. 没有财务风险的企业，也就没有经营风险。（ ）

17. 计算偿债基金系数，可根据年金现值系数求倒数求得。（ ）

18. 计算递延年金终值的方法，与计算普通年金终值的方法一样。（ ）

19. 在终值和计息期数一定的情况下，贴现率越高，则算出的现值越小。（ ）

20. 对于多个投资方案而言，无论各方案的期望值是否相同，标准离差率最大的方案一定是风险最大的方案。（ ）

四、计算题

1. ABC 公司存入银行 123 600 元资金，准备 7 年后用这笔款项的本利和购买一台设备，当时银行存款利率为复利 10%，该设备的预计价格为 240 000 元。

要求：用数据说明 7 年后能否用这笔款项的本利和购买该设备。

2. 某人现在准备存入银行一笔钱，以便在以后的 20 年中，每年年底得到 3 000 元，设银行存款利率为 10%，计算此人现在应存入的金额。

3. 时代公司需要一台设备，买价为 1 600 元，可使用 10 年。如果租用，则每年年初需付租金 200 元。假设其他情况相同，利率为 6%，作出购买或租用决策。

4. 某企业向银行借入一笔款项，银行贷款利率为 10%，每年复利一次。银行规定前 10 年不用还本付息，第 11 年至第 20 年年末偿还本息 5 000 元。

要求：计算这笔借款的现值。

5. 东方企业连续 3 年于每年年末向建设银行贷款 1 000 万元，对原有企业进行改建和扩建。假定贷款的年利率为 12%，复利计息，若该改、扩建工程于第 4 年年初建成投产。

要求：

（1）计算该项改、扩建工程第 4 年年初的总投资额。

（2）若该企业在工程建成投产后，分 8 年等额归还建设银行全部贷款的本息，计算每年年末应归还的金额。

（3）若该企业在工程建成投产后，每年可获净利 900 万元，全部用来偿还建设银行的全部贷款本息，那么要用多少年才可以还清？

五、技能训练

1. 假设你是一家公司的财务经理，准备进行对外投资，现有三家公司可供选择，相关资料如下：

表 2-4 ABC 三家公司相关资料

市场状况	概　率	投资报酬率（%）		
		A 公司	B 公司	C 公司
繁荣	0.3	40	50	60
一般	0.5	20	20	20
萧条	0.2	0	−15	−30

A 公司风险报酬系数为 8%，B 公司风险报酬系数为 9%，C 公司风险报酬系数为 10%，假如你是一名稳健的投资者，试通过计算作出投资决策。

2. 东方公司现有 A、B 两个投资方案可供选择，A、B 两个项目的一次投资总额均为 30 万元，经济寿命均为 10 年。若投资款项从银行借入，利率为 8%，A 项目在 10 年内的每年年末可收回投资 4 万元，回收总额为 40 万元；B 项目在前 5 年内，每年年末可收回投资 5 万元，后 5 年内，每年年末可收回投资 3 万元，回收总额为 40 万元。

要求：为东方公司作出 A、B 两个投资方案的决策分析。

3. 小张欲购买一幢房屋，按销售协议规定，如果购买时一次付清房款，需要支付房款 20 万元，如果采用 5 年分期付款方式，则每年需要支付房款 5 万元，如果采用 10 年分期付款方式，则每年需要支付 3 万元。假设银行存款利率为 10%，复利计息。

要求：

（1）如果银行允许在每年年末支付款项，试确定小张应采用的付款方式。

（2）如果银行规定必须在每年年初支付款项，试确定小张应采用的付款方式。

项目三　预算管理

【项目导读】

预算是企业在预测、决策的基础上，以数量和金额的形式反映企业未来一定时期内经营、投资、财务等活动的具体计划，是为实现企业目标而对各种资源和企业活动的详细安排。各种预算是一个有机联系的整体。一般将由业务预算、专门决策预算和财务预算组成的预算体系称为全面预算体系。全面预算的编制应以销售预算为起点，根据各种预算之间的勾稽关系，按顺序从前往后逐步进行，直至编制出预计财务报表。本项目主要包括业务预算、现金预算、预计利润表和预计资产负债表等任务。

【知识目标】

1. 了解预算的概念、作用和编制程序；
2. 了解财务预算在全面预算体系中的地位；
3. 掌握预算的各种编制方法及其优、缺点；
4. 掌握现金预算的编制程序与内容。

【能力目标】

1. 掌握弹性预算和零基预算的编制方法；
2. 掌握业务预算的编制方法；
3. 掌握预计财务报表的编制方法。

【引导案例】

宏达公司 2013 年财务预算内容摘要

宏达公司为了做好 2013 年财务预算工作，公司领导组织各生产部门主管、供销部门主管、财务部门主管等召开了 2013 年生产、销售、资金计划会。会上，各部门领导汇报了本部门生产经营情况预计资料。

销售部门汇报了 2013 年销售数量和销售价格的预计情况，生产部门汇报了 2013 年生产量、直接材料、直接人工、电力、制造费用预计情况，供应部门汇报了 2013 年各类物资价格、库存等情况，财务部门汇报了 2013 年期间费用控制和收付款政策。

会议结束，经理责成财务部门主管根据部门提供的有关资料或建议，编制 2013 年有关预算。

如果你是宏达公司财务部主管，你应该如何编制公司 2013 年的有关预算？

任务一　编制现金预算表

【任务描述】

现金预算是反映企业预算年度内全部现款的收支和资金筹措的计划。现金预算实际上是其他预算有关现金收支部分的汇总，以及收支差额平衡的具体计划，其编制要以其他各项预算为基础。编制现金预算的主要目的是为了加强在预算期内对现金流量的控制，使企业财务人员了解企业在预算期间现金的收支情况及资金余缺情况，以便今后合理运用或及时筹措资金。现金预算的编制应以销售预算为起点，根据各种预算之间的勾稽关系，按顺序从前往后逐步进行，直至编制现金预算表。

【背景知识】

一、预算的含义和作用

（一）预算的含义

预算是企业在预测、决策的基础上，以数量和金额的形式反映企业未来一定时期内经营、投资、财务等活动的具体计划，是为实现企业目标而对各种资源和企业活动的详细安排。预算的内容一般包括日常业务预算、专门决策预算和财务预算三大类。

（二）预算的作用

企业预算是各级各部门工作的奋斗目标、协调工具、控制标准、考核依据，是财务管理的重要组成部分，在经营管理中发挥着重大作用。

（1）预算是各级各部门工作的奋斗目标，是各级各部门工作的协调工具。企业内部各级各部门必须协调一致，才能最大限度地实现企业的总目标。预算是各级各部门工作的控制标准。预算一经确定，就进入了实施阶段，管理工作的重心转入控制过程，即设法使经济活动按预算计划进行。

（2）预算是各级各部门工作的考核依据。现代化生产是许多共同劳动的过程，不能没有责任制度，而有效的责任制度离不开对工作成绩的考核。通过考核，对每个人的工作进行评价，并据此实行惩罚和人事任免，可以促使人们更好地工作。

二、预算的分类

（一）按预算期的长短分类

预算按预算期的长短可以分为长期预算和短期预算。长期预算是指预算期超过1年的预算，例如，资本预算和长期销售预算等。短期预算是指预算期在1年以内的预算，如业务预算等。企业长期预算对短期预算有很重要的影响。

（二）按预算的内容分类

预算按其内容不同可以分为业务预算（即经营预算）、专门决策预算和财务预算。

（1）业务预算是指与企业日常经营活动直接相关的经营业务的各种预算。它主要包括销售预算、生产预算、材料采购预算、直接材料消耗预算、直接人工预算、制造费用预算、产品生产成本预算、销售费用和管理费用预算等。

(2) 专门决策预算是指企业不经常发生的、需要根据特定决策临时编制的一次性预算。专门决策预算包括经营决策预算和投资决策预算两种类型。专门决策预算直接反映相关决策的结果，是实际中选方案的进一步规划。如资本支出预算，其编制依据可以追溯到决策之前搜集到的有关资料，只不过预算比决策估算更细致、更准确一些。

(3) 财务预算是指企业在计划期内反映有关预计现金收支、财务状况和经营成果的预算。财务预算具体包括现金预算、预计损益表、预计资产负债表和预计现金流量表。财务预算作为全面预算体系的最后环节，它是从价值方面总括地反映企业业务预算与专门决策预算的结果，也就是说，业务预算和专门决策预算中的资料都可以用货币金额反映在财务预算内。这样一来，财务预算就成为了各项业务预算和专门决策预算的整体计划，故其又称为总预算，其他预算则相应称为辅助预算或分预算。显然，财务预算在全面预算中占有举足轻重的地位。

(三) 按预算的编制方法分类

按预算的编制方法可以分为固定预算、弹性预算、零基预算、增量预算、定期预算、滚动预算等。在企业进行的财务预算中，经常运用固定预算与弹性预算编制混合预算，以便能满足企业经营管理的客观需要。

三、预算的编制方法

(一) 固定预算与弹性预算

预算的编制方法按其业务量基础的数量特征不同，可分为固定预算方法和弹性预算方法。

1. 固定预算法

固定预算法又称静态预算法，是指在编制预算时，只根据预算期内正常、预计可实现的某一固定的业务量（如生产量、销售量等）水平作为唯一基础来编制预算的方法。

1) 固定预算的基本特征

在编制预算时，不考虑预算期内经营业务水平可能发生的变动，只按照预算期内唯一的、预计可实现的正常业务量水平作为基础确定相关数据，并将实际结果与预算期内预定的以某一共同的业务水平为基础确定的预算数进行比较，据以进行控制和考核。

2) 固定预算的基本编制方法

编制固定预算时，首先测算预算期内可实现的正常业务量水平，如预计产销量，并以这一业务水平为基础确定相关数据，据以编制固定预算。

【例 3-1】 宏达公司预算年度某产品销售量变动的范围在 40 000～60 000 件之间，正常可实现的销售量为 50 000 件，销售单价为 15 元，单位变动成本 9 元，其中，直接材料 3.5 元，变动性制造费用 2 元，变动性销售及管理费用 1 元；固定成本总额 100 000元，其中固定性制造费用 70 000 元，固定性销售及管理费用 30 000 元，则宏达公司年度利润预算见表 3-1。

【实例分析】

表 3-1　宏达公司年度利润预算

2011 年　　元

预算项目	第一季度	第二季度	第三季度	第四季度	全年合计
销售量	15 000	9 500	12 000	13 500	50 000
销售收入	225 000	142 500	180 000	202 500	750 000
减：变动成本总额	135 000	85 500	108 000	121 500	450 000
直接材料	52 500	33 250	42 000	47 250	175 000
直接人工	37 000	23 750	30 000	33 750	124 500
制造费用	30 500	19 000	24 000	27 000	100 500
销售及管理费用	15 000	9 500	12 000	135 000	50 000
贡献毛益	90 000	57 000	72 000	81 000	300 000
减：固定成本总额	25 000	25 000	25 000	25 000	25 000
制造费用	17 500	175 000	17 500	17 500	70 000
销售及管理费用	7 500	7 500	7 500	7 500	30 000
销售利润	65 000	32 000	47 000	56 000	200 000

3）固定预算法的缺点

①过于机械呆板。因为编制预算业务量的基础是事先假定的某个业务量。无论预算期内业务量水平可能发生哪些变动，都只按事先预计的某一确定的业务量水平作为编制预算的基础。②可比性差。当实际的业务量与编制预算所根据的业务量发生较大的差异时，有关预算指标的实际数与预算数就会因业务量基础不同而失去可比性。因此，按照固定预算编制的预算不利于正确的控制、考核和评价企业预算的执行情况。

4）固定预算法的适用范围

一般来说，固定预算法由于其具有稳定性和工作量较少的特点，在日常预算工作中运用最广泛。它主要适用于固定费用预算和数额比较稳定的预算项目，多用于业务量水平较为稳定的企业和非营利组织相关预算的编制。

2. 弹性预算法

弹性预算法又称变动预算法，是在成本性态分析的基础上，依据业务量、成本和利润之间的联动关系，按照预算期内可能的一系列业务量（如生产量、销售量、工时等）水平编制系列预算的系列预算方法。

1）弹性预算的基本特征

与固定预算相比较，弹性预算显著的特点是以预算期可预见的各种业务量水平为基础编制的预算，使预算能适应生产经营活动的各种业务量的变化。

2）弹性预算的基本编制方法

编制弹性预算，要选用一个最能代表生产经营活动水平的业务量计量单位。弹性预算法所采用的业务量范围，视企业或部门的业务量变化情况而定，务必使实际业务量不至于超出相关的业务量范围。一般来说，可定在正常生产能力的70%～110%之间，或以历史上最高业务量和最低业务量为其上、下限。

3）弹性预算的基本编制步骤

①选择业务量的计量单位；②确定适用量的业务量范围；③逐项研究并确定各项成本和业务量之间的数量关系；④计算各项预算成本，并用一定的方式来表达。该方法适用于编制全面预算中所有与业务量有关的预算，在实务中主要用于编制成本费用预算和利润预算。

（1）成本弹性预算的编制。成本弹性预算的具体编制方法又分为公式法和列表法两种具体方法。

①公式法。公式法是运用总成本性态模型，测算预算期的成本费用数额，并编制成本费用预算的方法。根据成本性态，成本与业务量之间的数量关系可用公式表示为：

$y=a+bx$

其中，y 表示某项预算成本总额；a 表示该项成本汇总的预算固定成本额；b 表示该项成本中的预算单位变动成本额；x 表示预计业务量。

在编制弹性成本预算时，在预算中列示固定成本和单位变动成本，利用公式计算任意业务量的预算成本。其成本预算公式为：

总成本的弹性预算＝固定成本预算＋$\sum$（单位变动成本预算数×预计业务量）

【实例 3-2】宏达公司某种产品的制造费用与人工工时密切相关，采用公式法编制的制造费用预算表如表 3-2 所示。

【实例分析】

因为任何成本都是可以用公式“$y=a+bx$”来近似地表示，所以只要在预算中列示 a（固定成本）和 b（单位变动成本），便可随时利用公式计算任一业务量（x）的预算成本（y）。表 3-2 是具体应用公式法编制的制造费用预算。

表 3-2　宏达公司制造费用预算（公式法）

业务量范围（人工工时）	420～660	
项　目	固定费用（元/每月）	变动费用（元/人工工时）
运输费用		0. 20
电力费用		1. 00
材料费用		0. 10
修理费用	85	0. 80
油料费用	105	0. 20
折旧费用	300	
人工费用	100	
合　计	590	2. 30
备　注	当业务量超过 600 工时后，修理费将由 85 元上升为 185 元	

在公式法下，只要确定某项成本中的固定成本 a 和变动成本 b，就可以计算出该项

成本在相关业务量范围内任何业务量水平的预算金额，并以此预算金额对成本支出进行控制和考核。利用上表 3-2，根据预算期制造费用预算数 $y = 590 + 2.30x$，可以计算出 420～660 人工工时范围内的任一业务量水平下的制造费用预算总额，也可以计算出该业务量范围内任一业务量下某项费用的预算数，如修理费 $y = 85 + 0.8x$、油料费 $y = 105 + 0.2x$。

公式法的优点是便于计算任何业务量的预算成本。但是，阶梯成本和曲线成本只能用数学方法修正为直线，才能运用公式法。必要时，还需在“备注”栏中说明适用不同业务量范围的固定费用和单位变动费用。

在实际工作中可以将公式法与列表法相结合起来运用。

②列表法。列表法是在预计的业务量范围内将业务量分为若干个水平，然后按不同的业务量水平编制预算。

运用列表法编制预算，首先要在确定的业务量范围内，划分出若干个不同水平，然后分别计算各项预算值，汇总列入一个预算表格。

【例 3-3】 宏达公司 2011 年采用列表法编制的制造费用弹性预算指标如表 3-3 所示。

【实例分析】

表 3-3　宏达公司制造费用预算（列表法）　　元

业务量（直接人工工时）	420	480	540	600	660
占正常生产能力百分比（%）	70	80	90	100	110
变动成本：					
运输费用（$b=0.2$）	84	96	108	120	132
电力费用（$b=1.0$）	420	480	540	600	660
材料费用（$b=0.1$）	42	48	54	60	66
合　计	546	624	702	780	858
混合成本：					
修理费用	421	469	517	565	316
油料费用	189	201	213	225	237
合　计	610	670	730	790	850
固定成本：					
折旧费用：	300	300	300	300	300
人工费用：	100	100	100	100	100
合　计	400	400	400	400	400
总　计	1 556	1 694	1 832	1 970	2 108

利用表 3-3 可以直接查出，当宏达公司为 480 人工工时时，则该公司制造费用预算总额为 1 694 元，其中，修理费为 469 元，油料费为 201 元。该表按 10%作为业务量间距，在实务中可以选择更小的间距（如可以选择 5%）。很显然，业务量的间距越小，

实际业务量水平出现在预算表中的可能性就越大，工作量也就越大。

列表法的优点是不管实际业务量多少，不必经过计算即可找到与业务量相近的预算成本；混合成本中的阶梯成本和曲线成本，可按总成本性态模型计算填列，不必用数学方法修正为近似的直线成本。但是，运用列表法编制预算，在评价和考核实际成本时，往往需要使用插补法来计算实际业务量的预算成本，比较麻烦。

例如，实际业务量为500小时，运输费等各项变动成本可用实际小时数乘以单位业务变动成本来计算，即变动总成本为650（500×0.2＋500×1＋500×0.1）元。固定总成本不随业务量变动，仍为400元。混合成本可用内插法逐项计算：500小时处在480小时和540小时两个水平之间，修理费应该在469～517元之间，设实际业务相关的预算修理费为X元，则：

$$\frac{500-480}{540-480}=\frac{X-469}{517-469}$$

$X=485$（元）

油料费用在480小时和540小时分别为201元和213元，500小时业务的预算油料费设为Y元，则：

$$\frac{500-480}{540-480}=\frac{Y-201}{213-201}$$

$Y=205$（元）

所以，500小时预算成本为1 740［（0.2＋1.1）×500＋485＋205＋400］元。这样计算出来的预算成本比较符合成本的变动规律，比较确切并容易被人们所接受。

（2）利润弹性预算的编制。利润弹性预算是根据成本、业务量和利润之间的依存关系，以成本弹性预算为基础，以预算期内多种可能实现的销售净收入为出发点，适应多种业务量变化而编制的利润预算。利润弹性预算的主要内容包括销售量、价格、单位变动成本、边际贡献和固定成本。

其计算公式如下：

边际贡献总额＝销售收入－变动成本总额＝销售量×销售单价－销售量×单位变动成本

营业利润＝边际贡献总额－固定成本总额

利润弹性预算的编制法又分为因素法和百分比法两种具体方法。

①因素法。因素法是指在本量利分析的基础上，根据业务量变动影响的有关收入、成本等因素与利润的关系，通过列表反映在不同业务量条件下的利润水平，汇总编制利润弹性预算的方法。

【例3-4】 已知宏达公司预计预算年度某产品销售量在7 000～12 000件之间变动。销售单价为100元，单位变动成本是85元，固定成本总额是80 000元。

要求：根据上述资料以1 000件为销售量的间隔单位编制该产品的弹性利润预算。

【实例分析】

表 3-4 宏达公司弹性利润预算 元

销售量（件）	7 000	8 000	9 000	10 000	11 000	12 000
单价（元/件）	100	100	100	100	100	100
单位变动成本	85	85	85	85	85	85
销售收入	700 000	800 000	900 000	1 000 000	1 100 000	1 200 000
减：变动成本	595 000	680 000	765 000	850 000	935 000	1 020 000
边际贡献	105 000	120 000	135 000	150 000	165 000	180 000
减：固定成本	80 000	80 000	80 000	80 000	80 000	80 000
营业利润	25 000	40 000	55 000	70 000	85 000	100 000

如果销售价格、单位变动成本、固定成本发生变动，也可参照此方法，分别编制在不同销售价格、不同单位变动成本、不同固定成本水平下的利润弹性预算，从而形成一个完整的利润弹性预算体系。

②百分比法。百分比法又称销售百分比法或称比重法，是通过确定受业务量变动影响的有关收入、成本的销售百分比，列表反映不同的销售收入百分比下利润水平的预算方法。

采用百分比法时，应确定产品的销售百分比和相应的变动成本率、贡献毛益率。生产多种产品的企业还应计算出加权平均变动成本率和贡献毛益率，变动成本率和贡献毛益率之和等于1。

【例 3-5】宏达公司预算年度的销售业务量达到100%时的销售收入、变动成本分别为1 000 000元和850 000元，固定成本为80 000元。

要求：根据上述资料以10%的间隔为宏达公司按百分比法编制弹性利润预算。

【实例分析】

表 3-5 宏达公司弹性利润预算 元

销售收入百分比（1）（%）	80	90	100	110	120
销售收入（2） =1 000 000×(1)	800 000	900 000	1 000 000	1 100 000	1 200 000
变动成本（3） =850 000×(1)	680 000	765 000	850 000	935 000	1 020 000
边际贡献（4）=（2）－（3）	120 000	135 000	150 000	165 000	180 000
固定成本（5）	80 000	80 000	80 000	80 000	80 000
利润总额（6）=（4）－（5）	40 000	55 000	70 000	85 000	10 000

采用百分比法的前提条件是销售收入必须在相当范围内变动，即销售收入的变动

不会影响企业的成本水平，也就是单位变动成本和固定成本总额。

4）弹性预算法的优点

与固定预算法相比，弹性预算法具有以下两个优点：①预算范围宽。弹性预算方法能够反映预算期内与一定相关范围内的可预见的多种业务量水平相对应的不同预算额，从而扩大了预算的使用范围，便于预算指标的调整。因为弹性预算不再是只适应一个业务量水平的一个预算，而是能够随业务量水平的变动做机动调整的一组预算。②可比性强。在预算期实际业务量与计划业务量不一致的情况下，可以将实际指标与实际业务量相应的预算额进行对比，从而能够使预算执行情况与考核建立在更加客观和可比的基础上，便于更好地发挥预算的控制作用。

5）弹性预算法的适用范围

由于未来业务量的变动会影响到成本、费用、利润等各个方面，因此，弹性预算从理论上讲适用于编制全面预算中所有与业务量有关的各种预算，但从实用角度看，主要用于编制成本费用弹性预算和利润弹性预算等。比如，利润弹性预算中的因素法适合于单一品种经营或采用分算法处理固定成本的多品种经营的企业；百分比法主要适用于产品品种繁多的企业。

（二）定基预算法与零基预算

预算的编制方法按其出发点的特征不同，可分为定基预算方法和零基预算方法两大类。

1. 定基预算法

定基预算法又称调整预算法、增量预算法，是指在编制预算时，以基期水平为基础，分析预算期业务量水平及有关影响因素的变动情况，通过调整基期项目及数额，编制相关预算的方法。

（1）定基预算方法的前提条件。①现有的业务活动是企业所必需的；②原有的各项业务都是合理的。

（2）定基预算的编制方法。在按定基预算法编制预算时，以基期同项目的预算指标值为基础，按比例进行增减调整推算预算期的该类预算指标，即预算指标值＝基期的预算数×(1±预算期指标变动率)。

【例 3-6】宏达公司第一生产车间本年度的制造费用预算为 35 000 元。与之对应的全车间劳动工时预算为 140 000 工时，预算年度全年劳动工时预算预计为 180 000 工时，该车间预算年度的成本降低率为 5%。计算第一车间本年度的制造费用指标。

【实例分析】

年度制造费用预算数＝（35 000÷140 000）×(1－5%）×180 000＝42 750（元）

（3）定基预算方法的缺点。①不利于有效节约降低成本费用。由于按这种方法编制预算，往往不加分析地保留或接受原有的成本项目，可能使原来不合理的费用开支继续存在下去，形成不必要开支合理化，造成预算上的浪费。②不利于调动各部门预算目标的积极性。当预算期的情况发生变化，预算数额受到基期不合理因素的干扰时，可能导致预算的不准确，不利于调动各部门达成预算目标的积极性。③不利于企业未来的发展。按照定基预算法编制的费用预算，只对目前已存在的费用项目编制预算，而那些对企业未来发展有利确实需要开支的费用项目却未考虑，必将对企业一些有价值的改革创新思想的运用产生不利影响，阻碍企业的长远发展。

（4）定基预算法的适用范围。定基预算法一般只适用于那些不太重要而且发生变动的几率很小的预算项目。

2. 零基预算法

零基预算法是以零为基础编制预算的方法，采用零基预算法在编制费用预算时，不考虑以往期间的费用项目和费用数额，主要根据预算期的需要和可能分析费用项目和费用数额的合理性，综合平衡编制费用预算。

（1）零基预算的特点。①零基预算不是以现有费用水平为基础，而是一切以零为起点，根据预算期经营活动的重要性和可分配资金的数量确定。②零基预算要求对预算期内一切经营业务活动及支出都要进行成本效益分析。③零基预算着眼于实际业务需要，按费用的必要性和重要程度分配使用资金。

（2）零基预算的编制方法。零基预算法在编制预算时，首先对每项业务所需的人力、物力、财力进行成本效益分析，确定各项费用项目存在的必要性；然后按项目的轻重缓急，安排企业预算期各项预算经费。

【例 3-7】宏达公司拟采用零基预算法对历年严重超支的业务招待费、劳动保护费、办公费、广告费、保险费等间接费用项目编制销售及管理费用预算，以有效地降低费用开支水平。经过多次讨论研究，预算人员确定上述费用在预算年度的开支水平见表 3-6。

表 3-6　预计销售及管理费用项目开支金额　　元

费用项目	开支金额
1. 业务招待费	175 000
2. 劳动保护费	125 000
3. 职工培训费	80 000
4. 办公费	100 000
5. 广告费	300 000
6. 保险费	150 000
合　计	930 000

【实例分析】

经过充分论证，上述费用中，劳动保护费、办公费和保险费为不可避免费用，不能再压缩，必须全额保证。其他项目则需要进行成本效益分析，见表 3-7。

表 3-7　成本效益分析表　　元

费用项目	费用金额	收益金额
职工培训费	100	400
业务招待费	100	300
广告费	100	400

劳动保护费、办公费和保险费属于不可避免的约束性固定成本，必须全额保证。

应分配的资金金额＝125 000＋100 000＋150 000＝375 000（元）

可分配资金余额＝930 000－375 000＝555 000（元）

广告费和职工培训费的成本效益较大，属于可避免成本，视预算期财力情况酌情增减。分配资金金额为：

广告费应分配的资金＝555 000×［400÷（400＋300＋400）］＝201 818（元）

职工培训费应分配的资金＝555 000×［400÷（400＋300＋400）］＝201 818（元）

业务招待费的成本效益相对较小，属于可避免成本，视预算期财力情况酌情增减。

应分配的资金金额＝555 000×［300÷（400＋300＋400）］＝151 364（元）

（3）零基预算方法的优点。①不受前期费用项目和费用水平的制约，这种方法可以促使企业合理有效地进行资源分配，将有限的资金用在刀刃上。②能够调动各部门降低费用的积极性。这种方法可以充分发挥各级管理人员的积极性、主动性和创造性，促进各预算部门精打细算，量力而行，合理使用资金，提高资金的利用效果。③有助于企业未来发展。由于这种方法以零为出发点，对一切费用一视同仁，有利于企业面向未来发展考虑预算问题。

（4）零基预算法的适用范围。这种方法特别适用于产出较难辩论的服务性部门费用预算的编制，也适用于不经常发生的或者预算编制基础变化较大的预算项目，如对外投资、对外捐赠等。

（三）定期预算与滚动预算

预算的编制方法按其预算期的时间特征不同，可分为定期预算方法和滚动预算方法两大类。

1. 定期预算法

定期预算法是指在编制预算时以固定不变的会计期间（如年度、季度、月份）作为预算期间的一种编制预算的方法。企业的财务预算通常是定期（如 1 年）编制的。

（1）定期预算的优点。采用定期预算法编制预算，保证预算期间与会计期间在时期上配比，便于依据会计报告的数据与预算做比较，以考核和评价预算的执行结果。

（2）定期预算的缺点。①远期指导性差。由于定期预算往往是在年初甚至提前两个月编制的，对于整个预算年度的生产经营活动很难做出准确的预算，尤其是对预算后期的预算只能进行笼统地估算，数据笼统含糊，缺乏远期指导性，给预算的执行带来很多困难，不利于对生产经营活动的考核与评价。②灵活性差。由于定期预算不能随情况的变化及时调整，当预算中所规划的各种经营活动在预算期内发生重大变化时，就会造成预算滞后过时，使之成为虚假预算。③连续性差。由于受预算期间的限制，致使经营管理者们的决策视野局限于本期规划的经营活动，不能适应连续不断的经营过程，从而不利于企业的长远发展。

2. 滚动预算法

滚动预算法又称连续预算法或永续预算法，是在上期预算的基础上，每过一个季度（或月份），立即在期末增列一个新的季度（或月份），使预算永远保持 12 个月而编制的预算。这种预算要求一年中头几个月的预算要详细完整，后几个月可以粗略一些，随着时间的推移，原来较粗的预算逐渐由粗变细，后面随之又补充新的较粗的预算，如此往复，不断滚动。

（1）滚动预算的优点。①透明度高。由于编制预算不再是预算年度开始之前几个月的事情，而是实现了与日常管理的紧密衔接，可以使管理人员始终能够从动态的角度把握住企业近期的规划目标和远期的战略布局，使预算具有较高的透明度。②及时性强。由于滚动预算能根据前期的执行情况，结合各种因素的变动影响，及时调整和修订近期预算，从而使预算更加切合实际，能够充分发挥预算的指导和控制作用。③连续性好。由于滚动预算在时间上不再受日历年度的限制，能够连续不断地规划未来的经营活动，不会造成预算的人为间断。④完整性和稳定性突出。可以使企业管理人员了解未来预算内企业的总体规划与近期预算目标，能够确保企业管理工作的完整性和稳定性。

（2）滚动预算的缺点。采用这种方法编制预算的缺点是预算工作量较大。

四、预算的编制程序

企业预算的编制涉及经营管理的各个部门，只有执行人参与预算的编制，才能使预算成为他们自愿努力完成的目标，而不是外界强加于他们的枷锁。企业编制预算一般应按照“上下结合、分级编制、逐级汇总”的程序进行。

（一）下达目标

企业董事会或经理办公会根据企业发展战略和预算期经济形势的初步预测，在决策的基础上，提出下一年度企业预算目标，包括销售或营业目标、成本费用目标、利润目标和现金流量目标，并确定预算编制的政策，由预算委员会下达各预算执行单位。

（二）编制上报

各预算执行单位按照企业预算委员会下达的预算目标和政策，结合自身特点以及预测的执行条件，提出详细的本单位预算方案，上报企业财务管理部门。

（三）审查平衡

企业财务管理部门对各预算执行单位上报的财务预算方案进行审查、汇总，提出综合平衡的建议。在审查、平衡过程中，预算委员会应当进行充分协调，对发现的问题提出初步调整意见，并反馈给有关预算执行单位予以修正。

（四）审议批准

企业财务管理部门在有关预算执行单位修正调整的基础上，编制出企业预算方案，报财务预算委员会讨论。对于不符合企业发展战略或者预算目标的事项，企业预算委员会应当责成有关预算执行单位进一步修订、调整。在讨论、调整的基础上，企业财务管理部门正式编制企业年度预算方案，提交董事会或经理办公会审议批准。

（五）下达执行

企业财务管理部门对董事会或经理办公会审议批准的年度总预算，一般在次年3

月底以前，分解成一系列的指标体系，由预算委员会逐级下达各预算执行单位执行。

【任务实施】

子任务一 编制销售预算表

销售预算是安排预算期销售规模的计划，是编制现金预算的起点，也是整个预算的编制起点。销售预算的主要内容是销售、单价和销售收入。销量是根据市场预测或销货合同并结合企业生产能力确定的，单价是通过价格决策确定的，销售收入是以上两者的乘积，可以在销售预算中计算得出。销售预算中通常还包括预计现金收入的计算，其目的是为编制现金预算提供必要的资料。

【例 3-8】表 3-8 是宏达公甲产品 2011 年度的销售预算，每季度销售收入中，本季收到现金 60%，另外 40%要到下季度才能收到。不考虑坏账等其他相关因素，公司年初应收账款为 6 200 元。

【实例分析】

表 3-8 宏达公司销售预算表

元

季 度	一	二	三	四	全 年
预计销售量（件）	100	150	200	180	630
预计单位售价	200	200	200	200	200
预计销售收入	20 000	30 000	40 000	36 000	126 000
季 度	一	二	三	四	全 年
上年应收账款					6 200
第一季度（销货 20 000）					20 000
第二季度（销货 30 000）	6 200	8 000	12 000	16 000	30 000
第一季度（销货 20 000）	12 000	18 000	24 000	21 600	40 000
第二季度（销货 30 000）					21 600
现金收入合计	18 200	26 000	36 000	37 600	117 800

销售预算通常是在销售预测的基础上，根据目标利润确定的销售量和销售收入编制的。本例中划分了季度销售数据来举例说明。在编制的过程中应根据有关年度内各季度市场预测的销售量和售价确定计划期销售收入，并根据各季现销收入与回收赊购销货款的可能情况反映现金收入，以便为编制现金收支预算提供信息。第一季度的现金收入包括两部分，即上年应收账款在本年第一季度收到的货款，以及本季度销售中可能收到货款的部分。

子任务二 编制生产预算表

生产预算是为规划预算生产规模而编制的一种业务预算。它是在销售预算的基础上编制的，并可以为下一步编制成本和费用预算提供依据。生产预算是在销售预算的基础上编制的，其主要内容有销售量、期初和期末存货、生产量。

【例 3-9】表 3-9 是宏达公司的生产预算，公司甲产品每季度末的存货量为下季度预计销售量的 10%，预计 2011 年期初存货量为 10 件，期末存货量为 20 件。

表 3-9　生产预算表　　件

季　度	一	二	三	四	全　年
预计销售量	100	150	200	180	630
加：预计期末存货	15	20	18	20	20
合　计	115	170	218	200	650
减：预计期初存货	10	15	20	18	10
预计生产量	105	155	198	182	640

通常，企业的生产和销售不能做到"同步同量"，需要设置一定的存货，以保证能在发生意外需求时按时供货，并可均衡生产，节省赶工的额外支出。存货数量通常按下期销售量的一定百分比确定，本例按 10%安排期末存货。年初存货是编制预算时预计的。年末存货根据长期销售趋势来确定。本例中假设年初有存货 10 件，年末留存 20 件。存货预算也可单独编制。

生产预算的"预计销售量"来自销售预算，其他数据在本表中可以计算得出。

预计期末存货＝季度销售量×10%

预计期初存货＝上季度期末存货

预计生产量＝（预计销售量＋预计期末存货）－预计期初存货

生产预算在实际编制时是比较复杂的，产量受到生产能力的限制，存货数量受到仓库容量的限制，只能在此范围内来安排存货数量和各项生产量。此外，有的季度可能销量很大，可以用赶工方法增产，为此要多付加班费。如果在淡季生产，会因增加存货而多付资金利息。因此，要权衡两者得失，选择成本最低的方案。

子任务三　编制材料采购预算表

材料采购预算是为了规划预算期直接材料消耗情况及采购活动而编制的，用于反映预算期直接材料的单位产品用量、生产需用量、期初和期末存量等信息的一种业务预算。

为了便于编制现金预算，通常要预计材料采购各季度的现金支出。每个季度的现金支出包括偿还上期应付账款和本期应支付的采购货款。

【例 3-10】表 3-10 是宏达公司甲产品直接材料预算，其中，期末材料存量预计为下季度生产量的 20%。第一季度期初存量预计为 300 千克，第四季度期末存货量预计为 400 千克，年初应付账款为 2 350 元，预计直接材料的货款在本季度支付 50%，下季度支付 50%。

【实例分析】

表 3-10 宏达公司材料采购预算表 元

季　度	一	二	三	四	全　年
预计生产量（件）	105	155	198	182	640
单位产品材料用量（千克/件）	10	10	10	10	10
生产需要量（千克）	1 050	1 550	1 980	1 820	6 400
加：预计期末存量（千克）	310	396	364	400	400
合　计	1 360	1 946	2 344	2 220	6 800
减：预计期初存量（千克）	300	310	396	364	300
预计采购量	1 060	1 636	1 948	1 856	6 500
单价（元/千元）	5	5	5	5	5
预计采购金额	5 300	8 180	9 740	9 280	32 500
预计现金支出					
上年应付账款	2 350				2 350
第一季度（采购 5 300 元）	2 650	2 650			5 300
第一季度（采购 5 300 元）		4 090	4 090		8 180
第一季度（采购 5 300 元）			4 870	4 870	9 740
第一季度（采购 5 300 元）				4 640	4 640
合　计	5 000	6 740	8 960	9 510	30 210

材料采购预算的主要内容有直接材料的产品用量、生产需用量、期初和期末存量等。“预计生产量”的数据来自生产预算，“单位产品材料用量”的数据来自标准成本资料或消耗定额资料。“生产需要量”是上述两项的乘积。年初和年末的材料存货量，是根据当前情况和长期销售预测估计的。各季度“期末材料存量”根据下季度生产量的一定百分比确定，本例中按 20％计算。各季度“期初材料存量”是上季度的期末存货。预计各季度“采购量”应根据下式计算确定：

生产需要量＝预计生产量×单位产品材料耗用量

预计采购量＝（生产需用量＋期末存量）－期初存量

子任务四　编制直接人工预算表

直接人工预算是一种反映预算期内人工工时消耗水平及人工成本开支的业务预算。

由于人工工资都需要使用现金支付，所以，不需另设预计现金支出，可直接参加现金预算的汇总。

直接人工预算也是以生产预算为基础编制的。其主要内容有预计生产量、单位产品工时、人工总工时、每小时人工成本和人工总成本。“预计产量”数据来自生产预算。“单位产品工时”和“每小时人工成本”数据来自标准成本资料。人工总工时和人工总成本是在直接人工预算中计算出来的。

预计人工总工时＝预计生产量×单位产品工时

预计人工总成本＝预计人工总工时×每小时人工成本

【例 3-11】表 3-11 是宏达公司 2011 年度的直接人工预算。

【实例分析】

表 3-11 宏达公司直接人工预算表 元

季 度	一	二	三	四	全 年
预计产量（件）	105	155	198	182	640
单位产品工时（小时/件）	10	10	10	10	10
人工总工时（小时）	1 050	1 550	1 980	1 820	6 400
每小时人工成本（元/小时）	2	2	2	2	2
人工总成本	2 100	3 100	3 960	3640	12 800

子任务五 编制制造费用预算表

制造费用预算是指规划直接材料和直接人工预算以外的其他生产费用的一种业务预算。

在编制制造费用预算时，通常把制造费用分为变动制造费用和固定制造费用两部分。变动制造费用以生产预算为基础来编制。如果有完善的标准成本资料，用单位产品的标准成本与产量相乘，即可得到相应的预算金额。如果没有标准成本资料，就需要逐项预计计划产量需要的各项制造费用。固定制造费用需要逐项进行预计，通常与本期产量无关，按每季实际需要的支付额预计，然后求出全年数。

【例 3-12】表 3-12 是宏达公司 2011 年度的制造费用预算表。

【实例分析】

表 3-12 制造费用预算表 元

季 度	一	二	三	四	全 年
变动制造费用：					
间接人工（1 元/件）	105	155	198	182	640
间接材料厂（1 元/件）	105	155	198	182	640
修理费（2 元/件）	210	310	396	364	1 280
水电费（1 元/件）	105	155	198	182	640
小 计	525	775	990	910	3 200
修理费	1 000	1 140	900	900	3 940
折旧	1 000	1 000	1 000	1 000	4 000
管理人员工资	200	200	200	200	800
保险费	75	85	110	190	460
财产税	100	100	100	100	400
小 计	2 375	2 525	2 310	2 390	9 600
合 计	2 900	3 300	3 300	3 300	12 800
减：折旧	1 000	1 000	1 000	1 000	4 000
现金支出的费用	1 900	2 300	2 300	2 300	8 800

在确定了制造费用预算后，还应该计算变动制造费用及固定制造费用分配率，为

了便于以后编制产品成本预算，需要计算小时费用率。其计算公式如下：

制造费用分配率＝制造费用÷相关分配标准预算

变动制造费用分配率＝3 200÷6 400＝0.5（元/小时）

固定制造费用分配率＝9 600÷6 400＝1.5（元/小时）

为了便于以后编制现金预算，需要预计现金支出。制造费用中，除折旧费外都需要支出现金，所以，根据每个季度制造费用数额扣除折旧费后，即可得出“现金支出的费用”数据。

子任务六　编制单位生产成本预算表

单位生产成本预算是在生产预算、材料采购预算、直接人工预算、制造费用预算的基础上编制的，是为规划一定预算期内每种产品的单位产品成本、生产成本、销售成本等项内容而编制的一种日常业务预算。

【例 3-13】 表 3-13 是宏达公司 2011 年度的单位生产成本预算。

【实例分析】

表 3-13　宏达公司产品成本预算表　　元

成本项目	单位成本			生产成本	期末存货	销货成本
	每千克或每小时	投入量	成本	(640 件)	(20 件)	(630 件)
直接材料	5	10 千克	50	32 000	1 000	31 500
直接人工	2	10 小时	20	12 800	400	12 600
变动制造费用	0.5	10 小时	5	3 200	100	3 150
固定制造费用	1.5	10 小时	15	9 600	300	9 450
合　计			90	57 600	1 800	56 700

根据表 3-9 中的资料可知，计划期产品生产量为 640 件，又根据表 3-10、表 3-11、表 3-12 中的资料可知，生产 640 件产品的直接材料费、直接人工工资、制造费用分别为 32 000 元、12 800 元和 12 800 元，因此单位生产成本预算为：

单位生产成本＝（32 000＋12 800＋12 800）÷640＝90（元）

或者用以下方法：

单位产品直接材料成本＝单位产品材料消耗定额×材料单价＝5×10＝50（元）

单位产品直接人工成本＝单位产品生产工时×小时工资率＝2×10＝20（元）

单位产品的制造费用＝单位产品生产工时×小时工资率＝10×(0.5＋1.5)＝20（元）

单位生产成本＝50＋20＋20＝90（元）

子任务七　编制销售及管理费用预算表

销售及管理费用预算是指为了实现销售预算所需支付的费用预算。它以销售预算为基础，分析销售收入、销售利润和销售费用的关系，力求实现销售费用的最有效使用。在安排销售费用时，要利用本量利分析方法，费用的支出应能够获取更多的收益。在草拟销售费用预算时，要对过去的销售费用进行分析，考察过去销售费用支出的必要性和效果。销售费用预算应和销售预算相配合，应有按品种、按地区、按用途的具体预算数额。

在编制管理费用预算时，要分析企业的业务成本和一般经济状况，务必做到费用合理化。管理费用多属于固定成本，所以，一般是以过去的实际开支为基础，按预算期的可预见性变化来调整。重要的是，必须充分考察每种费用是否必要，以便提高费用效率。

【例 3-14】下表 3-14 是宏达公司 2011 年度的销售及管理费用预算。

【实例分析】

表 3-14　宏达公司销售及管理费用预算表　　元

项　目	金　额
销售费用	
销售人员工资	2 000
广告费	5 500
包装、运输费	3 000
保管费	2 700
管理费用	
管理人员薪金	4 000
福利费	800
保险费	600
办公费	1 400
合　计	20 000
每季度支付现金（20 000÷4）	5 000

子任务八　编制现金预算表

现金预算是以业务预算和专门决策预算为依据编制的、专门反映预算期内预计现金收入与现金支出，以及为满足理想现金余额而进行现金投融资的预算。

现金预算由现金收入、现金支出、现金余缺、现金投放与筹措四个部分构成。

（一）现金收入

现金收入包括预算年初现金余额和预算年度发生的各种现金收入。

（二）现金支出

现金支出指预算年度内预计要发生的所有现金支出。它包括直接材料、直接人工、制造费用、销售及管理费用等预算中所预计的现金支出。

（三）现金余缺

现金余缺列示现金收入合计与现金支出合计的差额。差额为正，说明收大于支，现金多余；差额为负，说明支大于收，现金不足。即现金收入－现金支出＝现金余缺。财务管理部门应根据现金余缺与期末现金余额的比较，来确定预算期现金投放或筹措。

当现金余缺大于期末现金余额时，应将超过期末余额以上的多余现金进行投资；当现金余缺小于现金余额时，应筹措现金，直到现金总额达到要求的期末现金余额。

（四）现金的筹措和投放

根据预算期现金收支的差额和企业有关资金管理的各项政策，确定筹集和运用资金的数额。如果现金不足，则需要向银行取得借款或其他方式筹集资金以保证经营活动正常进行，并预计还本付息的期限和数额；如果现金多余，除了可用于偿还借款外，还可用于购买有价证券作为短期投资。

四个部分之间应该满足如下关系：

现金收入－现金支出＋现金筹措（现金不足时）＝期末现金余额

或：

现金收入－现金支出－现金投放（现金多余时）＝期末现金余额

【例 3-15】 表 3-15 是宏达公司 2011 年度的现金预算，是建立在前面各项业务预算的基础上的。该公司每季末需要保留的现金余额为 6 000 元，不足此数时需要向银行借款。假设银行借款的金额要求是 1 000 元的倍数。假设银行利率为 10%，借款在期初，还款在期末。

【实例分析】

表 3-15　宏达公司现金预算表

元

季　度	一	二	三	四	全　年
期初现金余额	8 000	8 200	6 060	6 290	8 000
加：销货现金收入（表 3-3）	18 200	26 000	36 000	37 600	117 800
可供使用现金	26 200	34 200	42 060	43 890	125 800
减：各项支出					
直接材料（表 3-5）	5 000	6 740	8 960	9 510	30 210
直接人工（表 3-6）	2 100	3 100	3 960	3 640	12 800
制造费用（表 3-7）	1 900	2 300	2 300	2 300	8 800
销售及管理费用（表 3-9）	5 000	5 000	5 000	5 000	20 000
所得税费用	4 000	4 000	4 000	4 000	16 000
购买设备		10 000			10 000
股利		8 000		8 000	16 000
支出合计	18 000	39 140	24 220	32 450	113 810
现金多余或不足	8 200	(4 940)	17 840	11 440	11 990
向银行借款		11 000			11 000
还银行贷款			11 000		11 000
短期借款利息（年利 10%）			550		550
长期借款利息（年利 12%）				1 080	1 080
期末现金余额	8 200	6 060	6 290	10 360	10 360

“现金收入”部分包括期初现金余额和预算期现金收入，销货取得的现金收入是其

主要来源。期初的“现金余额”是在编制预算时预计的，“销货现金收入”的数据来自销售预算，“可供使用现金”的数据是期初余额与本期现金收入之和。

“现金支出”部分包括预算期的各项现金支出。“直接材料”、“直接人工”、“制造费用”、“销售及管理费用”的数据分别来自前述有关预算。此外，还包括所得税费用、购置设备、股利分配等现金支出，有关数据分别来自另行编制的专门预算。

“现金多余或不足”部分列示现金收入合计与现金支出合计的差额。差额为正，说明收大于支，现金有多余，可用于偿还过去向银行取得的借款或者用于短期投资；差额为负，说明支大于收，现金不足，要向银行取得新的借款。本例中，该公司需要保留的现金余额为 6 000 元，不足此数时需要向银行借款。银行借款的金额要求是1 000 元的倍数，那么，第二季度借款额为：

借款额＝最低现金余额＋现金不足额＝6 000＋4 940＝10 940≈11 000（元）

第三季度现金多余，可用于偿还借款。一般按“每期期初借入，每期期末归还”来预计利息，故本例中借款期为 6 个月，利率为 10%，则应计利息为 550 元，即：

利息＝11 000×10%×6/12＝550（元）

此外，还应将长期借款利息纳入预算。本例中，长期借款余额为 9 000 元，利率为 12%，预计在第四季度支付利息 1 080 元。

还款后，仍须保持最低现金余额，否则，只能部分归还借款。

现金预算的编制，以各项营业预算和资本预算为基础，反映各项预算期的收入款项和支出款项，并作对比说明。其目的在于资金不足时筹措资金，资金多余时及时处理现金余额，并且提供现金收支的控制限额，发挥现金管理的作用。

任务二　编制预计利润表

【任务描述】

预计利润表用来综合反映企业在计划期的预计经营成果，是企业最主要的财务预算表之一。编制预计利润表的依据是各业务预算、专门决策预算和现金预算。

【任务实施】

预计利润表的编制方法与实际利润表的编制方法基本一致，只不过前者使用的是预计数。预计利润表可以分季或按年度汇总编制。通过预计利润表的编制，可以预测预算期的利润水平。如果预计利润水平低于目标利润水平，就应对有关预算进行必要的调整，以设法达到目标。

【例 3-16】 表 3-16 是宏达公司 2011 年度的利润表预算，是根据上述各有关预算编制的。

【实例分析】

表 3-16 宏达公司利润表预算

元

项 目	金 额
销售收入（表 3-8）	126 000
销售成本（表 3-13）	56 700
毛利	69 300
销售及管理费用（表 3-14）	20 000
利息（表 3-15）	1 630
利润总额	47 670
所得税费用（估计）	16 000
税后净收益	31 670

其中，“销售收入”项目的数据来自销售收入预算；“销售成本”项目的数据来自产成品成本预算；“毛利”项目的数据是前两项的差额；“销售及管理费用”项目的数据来自销售费用及管理费用预算；“利息”项目的数据来自现金预算。

另外，“所得税费用”项目是在利润规划时估计的，并已列入现金预算。它通常不是根据“利润”和所得税税率计算出来的，因为有诸多纳税调整的事项存在。此外，从预算编制程序上看，如果根据“本年利润”和税率重新计算所得税，就需要修改“现金预算”，引起信贷计划修订，进而改变“利息”，以最终又要修改“本年利润”，从而陷入数据的循环修改。

利润表预算与实际利润表的内容、格式相同，只不过数据是面向预算期的。它是在汇总销售收入、销售成本、销售及管理费用、营业外收支、资本支出等预算的基础上加以编制的。通过编制利润表预算，可以了解企业预期的盈利水平。如果预算利润与最初编制方针中的目标利润有较大的不一致，就需要调整部门预算，设法达到目标，或者经企业领导同意后修改目标利润。

编制财务状况预算的目的在于，判断预算反映的财务状况的稳定性和流动性。如果通过财务状况预算表预算的分析，发现某些财务比率不佳，必要时可修改有关预算，以改善财务状况。

任务三 编制预计资产负债表

【任务描述】

预计资产负债表是以货币单位反映的企业预算期末财务状况的预计财务报表。它的编制须以计划期开始日的资产负债表为基础，结合计划期间各项业务预算、专门决策预算、现金预算和预计利润表进行编制。它是编制全面预算的终点。

【任务实施】

预计资产负债表是以预算期初资产负债表各项目的数字为基础，根据有关预算引起的各项目数据变动，做必要的调整来编制的。预计资产负债表的编制依据主要包括预算期初的资产负债表、销售预算、直接材料预算、产品单位成本及期末存货预算、现金预算、预计利润表等。

预计资产负债表中大部分项目的预算，可根据下面的公式计算得出：

期末的资产负债=期初的资产负债+预算期财务状况变动情况

财务状况预算与实际资产负债表的内容、格式相同，只不过其数据是反映预算期末的财务状况。该表是利用本期期初资产负债表，根据销售、生产、资本等预算的有关数据加以调整编制的。

【例 3-17】 表 3-17 是宏达公司 2011 年度的财务状况预算。

表 3-17　宏达公司资产负债表预算

元

资产			负债及权益		
项目	年初	年末	项目	年初	年末
现金（表 3-15）	8 000	10 360	应付账款（表 3-5）	2 350	4 640
应收账款（表 3-8）	6 200	14 400	长期借款	9 000	9 000
直接材料（表 3-10）	1 500	2 000	普通股	20 000	20 000
产成品（表 3-13）	900	1 800	未分配利润	16 250	31 920
固定资产	35 000	45 000			
累计折旧（表 3-12）	4 000	8 000			
资产合计	47 600	65 560	负债及权益合计	47 600	65560

表中大部分项目的数据来源已注明。普通股、长期借款两项指标本年度没有变化。年末“未分配利润”项目是这样计算的：

期末未分配利润=期初未分配利润+本期利润-本期股利

=16 250+31 670-16 000=31 920（元）

“应收账款”项目是根据表 3-8 中的第四季度销售额和本期收现率计算的。

期末应收账款=本期销售额×(1-本期收现率）=36 000×(1-60%）=14 400（元）

“应付账款”项目是根据表 3-10 中的第四季度采购金额和付现率计算的。

期末应付账款=本期采购金额×(1-本期付现率）=9 280×(1-50%）=4 640（元）

课后实训

一、单项选择题

1. 财务预算又称做（　　）。

　A. 全面预算　　B. 业务预算　　C. 辅助预算　　D. 总预算

2. 直接材料预算的编制基础是（　　）。

A. 生产预算　　　　　　　　B. 直接人工预算
C. 产品成本预算　　　　　　D. 销售预算

3. 编制成本预算的方法按其出发点的特征不同，可分为两类方法。这两类方法是（　　）。

A. 固定预算与弹性预算方法　　　　B. 增量预算与零基预算方法
C. 定期预算与滚动预算方法　　　　D. 公式法和列表法

4. 下列各项中，没有直接在现金预算中得到反映的是（　　）。

A. 期初期末现金余额　　　　B. 现金筹措及运用
C. 预算期产量和销量　　　　D. 预算期现金余缺

5. 下列预算中，不能够既反映经营业务又反映现金收支内容的有（　　）。

A. 销售预算　　　　　　　　B. 生产预算
C. 直接材料消耗及采购预算　D. 制造费用预算

6. 弹性预算是为了克服（　　）的缺点而设计的。

A. 增量预算　　　　B. 零基预算
C. 定期预算　　　　D. 固定预算

7. 下列不属于增量预算缺点的是（　　）。

A. 平均主义　　　　B. 工作量大
C. 保护落后　　　　D. 不利于企业未来发展

8. 在采用分算法处理固定成本的多品种经营企业中，编制弹性利润预算的常用方法是（　　）。

A. 公式法　　　　B. 列表法
C. 因素法　　　　D. 百分比法

9. 相对于固定预算而言，弹性预算的主要优点是（　　）。

A. 机动性强　　　　B. 稳定性强
C. 连续性强　　　　D. 远期指导性强

10. 在基期成本费用水平的基础上，结合预算期业务量及有关降低成本的措施，通过调整有关原有成本项目而编制的预算称为（　　）。

A. 弹性预算　　　　B. 零基预算
C. 增量预算　　　　D. 滚动预算

11. 可以保持预算的连续性和完整性，并能克服传统定期预算缺点的预算方法是（　　）。

A. 弹性预算　　　　B. 零基预算
C. 固定预算　　　　D. 滚动预算

12. 以预算期正常的、可实现的某一业务水平为唯一基础来编制预算的方法称为（　　）。

A. 静态预算　　　　B. 零基预算
C. 定期预算　　　　D. 流动预算

13. 下列各项中，不属于增量预算基本假定的是（　　）。

A. 增加费用预算是值得的　　B. 预算费用标准必须进行调整

C. 原有的各项开支都是合理的　　D. 现有的业务活动为企业必须的

14. 全面预算管理中，不属于总预算内容的是（　）。

A. 现金预算　　B. 生产预算

C. 预计利润表预算　　D. 预计资产负债表预算

15. 下列哪项属于专门决策预算（　）。

A. 材料采购预算达式　　B. 直接材料消耗预算

C. 产品生产成本预算　　D. 资本支出预算

二、多项选择题

1. 与编制零基预算相比，编制增量预算的主要缺点包括（　）。

A. 可能不加分析地保留或接受原有成本支出

B. 可能按主观臆断平均削减原有成本支出

C. 容易使不必要的开支合理化

D. 预算适用范围宽

2. 弹性预算的业务量区间一般可以是（　）。

A. 正常业务量的80%～120%

B. 正常业务量的70%～110%

C. 历史上的最高业务量或最低业务量为其上下限

D. 行业最高业务量或最低业务量为基上下限

3. 下列不涉及现金收支的预算有（　）。

A. 销售预算　　B. 生产预算

C. 产品成本预算　　D. 经营与管理费用预算

4. 相对于固定预算而言，弹性预算的优点有（　）。

A. 预算成本低　　B. 预算工作量小

C. 预算可比性强　　D. 预算适用范围宽

5. 下列各项预算属于日常预算业务预算的是（　）。

A. 销售预算　　B. 生产预算

C. 资本支出预算　　D. 产品成本预算

6. 产品成本预算的基础包括（　）。

A. 直接材料预算　　B. 直接人工预算

C. 制造费用预算　　D. 管理费用预算

7. 现金预算一般包括（　）。

A. 期初现金余额　　B. 现金收入

C. 现金支出　　D. 现金多余或不足

8. 属于现金预算编制依据的是（　）。

A. 销售预算　　B. 特种决策预算

C. 日常业务预算　　D. 预计资产负债表

9. 固定预算方法的缺点是（　）。

A. 过于机械呆板　　B. 预算工作量大
C. 可比性差　　D. 编制时间较长

10. 编制弹性利润预算的方法有（　）。
A. 公式法　　B. 列表法
C. 因素法　　D. 百分比法

三、判断题

1. 总预算是企业所有以货币及其他数量形式反映的，有关企业未来一段时间内全部经营活动各项目目标的行动计划与相应措施的数量说明。（　）

2. 生产预算是规定预算期内有关产品生产数量、产值和品种结构的一种预算。（　）

3. 永续预算能够使预算期间与会计年度相配合，便是考核预算的执行结果。（　）

4. 生产预算是整个编制的起点，其他预算的编制都以生产预算作为基础。（　）

5. 产品成本预算既要反映各产品的单位生产成本与总成本，也要反映各产品的现金支出情况。（　）

6. 利息支出并不在现金预算中反映。（　）

7. 弹性预算从理论上讲，适用于编制全面预算中所有与业务量有关的各种预算。（　）

8. 企业在编制零基预算时，需要以现有的项目为依据，但不以现有的费用水平为基础。（　）

9. 企业编制预计财务报表时，必须先编制预计利润表，再编制预计资产负债表。（　）

10. 财务预算的编制必须以财务预测的结果为依据，并受到财务预测质量的制约。（　）

四、计算题

宏达公司生产甲产品。该企业 2011 年 12 月 31 日的资产负债表如下表 3-18 所示。

表 3-18　宏达公司资产负债表

2011 年 12 月 31 日　　元

资　产		负债与股东权益	
现金	1 100		
应收账款	130 000	短期借款	70 000
存货——材料	22 400	应付账款	62 800
产成品	78 400	实收资本	150 000
固定资产净值	117 000	留存收益	66 100
合　计	348 900	合　计	348 900

宏达公司 2012 年有关资料如下：

(1) 甲产品预计销售量为 3 000 件，预计单位售价 100 元，预计销售环节税金为销售收入的 5%，预计期初应收账款余额 130 000 元，预算期已全部收回，预算期销售情况为现销和赊销各占 50%。

（2）甲产品期初产成品存货为400件，单位成本为76.8元，预计期末产成品存货为300件。

（3）假定甲产品只耗用A原材料，单位产品A材料消耗定额为5千克，A材料期初结存量2 800千克，预计期末结存量为2 500千克；A材料单价为8元/千克。预算期初应付账款余额62 800元，预算期内已全部偿还，预算期材料采购的货款有40%在本期内付清，另外60%在下期内支付。

（4）假定期初、期末在产品数量没有变动，其他直接支出已被并入直接人工成本统一核算。单位产品数量没有变动，其他直接支出已被并入直接人工成本统一核算。单位产品直接人工工时甲产品为4小时，小时工资率为5元/小时。

（5）预计制造费用、销售费用及管理费用如下：2012年全年变动性制造费用为33 400元，固定性制造费用为36 740元，其中，固定资产折旧费为12 140元，其余均为发生的付现成本。销售费用及管理费用合计86 000元。制造费用按预计直接人工工时总数进行分配。

（6）其他资料如下：2012年预计分配股利5 000元，免交所得税，期末现金余额3 000元，现金余缺可通过归还短期借款或取得短期借款解决。

要求：编制宏达公司2012年的下列预算。

（1）销售预算；

（2）生产预算；

（3）直接材料消耗及采购预算；

（4）直接人工成本预算；

（5）制造费用预算；

（6）产品成本预算；

（7）现金预算。

项目四　筹资管理

【项目导读】

筹资是指企业为了满足其经营活动、投资活动、资本结构管理和其他需要，运用一定的筹资方式，筹措和获取所需资金的一种行为。筹资管理是企业财务管理的一项基本内容。筹资管理需要解决为什么要筹资、筹集多少资金、以什么方式筹资、如何权衡资本成本，以及如何根据财务风险合理安排资本结构等问题。本项目主要包括筹资量预测、资本成本的计算、杠杆效应分析及最佳资本结构决策等任务。

【知识目标】

1. 了解筹资的概念和分类；
2. 掌握股权筹资的方式及其优、缺点；
3. 掌握负债筹资的方式及其优、缺点；
4. 了解资本成本的概念、内容及其在筹资决策、投资决策中的作用；
5. 掌握平均资本成本和杠杆效应的含义；
6. 掌握经营杠杆、财务杠杆、复合杠杆的含义。

【能力目标】

1. 能够运用销售百分比法和资金习性法预测资金需要量；
2. 能够计算个别资金成本和综合资金成本；
3. 能够计算杠杆系数并会运用杠杆效应；
4. 能够进行最佳资本结构决策。

【引导案例】

三洋公司的筹资决策分析

2012 年 8 月，三洋公司正在研究公司资金筹措方式问题。该公司目前的资本来源包括每股面值 1 元的普通股 800 万股和平均利率为 10%的 3 000 万元债务。公司现在拟投产一个新产品，该项目需要投资 4 000 万元，预期投产后每年可增加营业利润（息税前盈余）400 万元。该项目备选的筹资方案有以下两个：

（1）按 11%的利率发行债券；

（2）按 20 元/股的价格增发普通股。

公司管理部门最初倾向于以发行股票的方式筹资，但是，投资银行却建议通过借款的方式（年利率 7%，期限 10 年）筹措资金，他们认为举债筹资可以降低资金成本。该公司究竟应采取何种方式筹资？

任务一　资金需要量预测

【任务描述】

资金是企业进行生产经营活动的必要条件。任何一个企业，为了保证生产经营的正常进行，必须持有一定数量的资金。资金需要量预测是指企业根据生产经营的需求，采用一定方法对未来所需资金的估计和推测。企业筹集资金，首先要对资金需要量进行预测，即对企业未来组织生产经营活动的资金需要量进行估计、分析和判断，它是企业制订融资计划的基础。企业资金需要量预测可以使用定性预测法和定量预测法。

【背景知识】

一、企业筹资的分类

企业筹资是指企业为了满足其经营活动、投资活动和其他需要，运用一定的筹资方式，筹措和获取所需资金的一种行为。为了有效地进行筹资管理，可按不同标准对企业筹资进行分类，主要分类如下：

（一）按照所取得资金的权益性质不同分类

按照所取得资金的权益性质不同，企业筹资分为股权筹资、债务筹资及衍生工具筹资。

股权筹资也称权益性筹资。股权筹资形成股权资本，企业依法长期拥有，能够自主调配运用。股权筹资通过吸收直接投资、发行股票、内部积累等方式筹集资金。企业采用权益性筹资方式筹得的资金一般不用还本，形成了企业的永久性资本，财务风险小，但付出的资本成本相对较高。

债务筹资亦称为借入资金筹资，是指企业通过向银行借款、发行债券、融资租赁等方式筹集的资金。企业采用负债性筹资方式筹得的资金，到期要归还本金和支付利息，一般承担较大风险，但相对而言，付出的资本成本较低。

衍生工具筹资是以股权或债权为基础产生的新的融资方式。如我国上市公司目前最常见的可转换债券融资、认股权证融资。

（二）按照所筹资金使用期限的长短不同分类

按照所筹资金使用期限的长短，企业筹资可分为长期筹资与短期筹资。

长期筹资是指企业筹集资金的使用期限在 1 年以上的筹资活动。长期筹资通常采用吸收直接投资、发行股票、发行债券、长期借款、融资租赁和利用留存收益等方式筹集。长期筹资的目的在于形成和更新企业的生产和经营能力，或扩大企业的生产经营规模，或为对外投资筹集资金。在筹资管理中，长期资金通常被广义地称作资本。

短期筹资是指企业筹集资金的使用期限在 1 年以内的资金筹集活动。短期资金通常采用短期借款、商业信用、保理业务等方式筹集。短期资金主要用于企业的流动资产和资金的日常周转。

（三）按筹资是否以金融机构为媒介分类

企业筹资按是否以金融机构为媒介分为直接筹资和间接筹资。

直接筹资是企业直接与资金供应者协商筹集资金。直接筹资方式主要有吸收直接投资、发行股票、发行债券等。

间接筹资是企业从银行和非银行金融机构筹集资金。间接筹资的基本方式是银行借款。此外还有融资租赁等方式。

(四) 按照资金来源的范围不同分类

按照资金来源的范围不同，企业筹资分为内部筹资与外部筹资。

内部筹资是指企业通过利润留存而形成的筹资来源。外部筹资是指企业向外部筹措资金而形成的筹资来源。企业筹资首先使用的是内部筹资，然后再考虑外部筹资。

二、筹资管理的原则

(一) 合法筹措原则

企业的筹资行为和筹资活动必须遵循国家的相关法律法规，依法履行法律法规和投资合同约定的责任，合法合规筹资，依法披露信息，维护各方的合法权益。

(二) 规模适当原则

企业筹集资金，首先要合理预测确定资金的需要量。企业的筹资规模与资金需求量应当匹配一致。既要避免因资金筹集不足，影响生产经营的正常进行，又要防止资金筹集过多，造成资金闲置。企业筹集资金，首先要合理预测确定资金的需要量。筹资规模与资金需要量密切相关。

(三) 筹措及时原则

企业筹集资金，还需要合理预测确定资金需要的时间。要根据资金需求的具体情况，合理安排资金的筹集时间，适时获取所需资金，使筹资与用资在时间上相衔接。

(四) 来源经济原则

企业筹集资金必然要付出一定的代价并承担相应的风险，不同筹资方式下的资金成本和财务风险有高有低。企业应当在考虑筹资难易程度的基础上，针对不同来源资金的成本进行分析，尽可能选择经济、可行的筹资渠道与方式，力求降低筹资成本。

(五) 结构合理原则

企业筹资要综合考虑股权资金与债务资金的关系、长期资金与短期资金的关系、内部筹资与外部筹资的关系，合理安排资本结构。

【任务实施】

子任务一 销售百分比法预测资金需要量

一、销售百分比法基本原理

销售百分比法是指根据销售增长与资产增长之间的关系预测未来资金需要量的方法。应用销售百分比法假定企业的某些资产与销售额存在稳定的比例关系。

二、销售百分比法的基本步骤和公式

销售百分比法的基本步骤如下：

(1) 预计销售额增长率;

(2) 确定随销售额变动而变动的资产和负债项目;

(3) 确定需要增加的资金数额;

(4) 根据有关财务指标的约束确定对外筹资数额。

上述预测过程可用下列公式来表示:

$$对外筹资数额=\frac{A}{S_1}\times\Delta S-\frac{B}{S_1}\times\Delta S-P\times E\times S_2$$

上式中,A 为随销售变化的资产;B 为随销售变化的负债;S_1 为基期销售额;S_2 为预测期销售额;ΔS 为销售的变动额;P 为销售净利率;E 为留存收益率。

【例 4-1】三洋公司 2×12 年 12 月 31 日的资产负债表如 4-1 表所示。

表 4-1 三洋公司资产负债表

2×12 年 12 月 31 日　　　　万元

资　产	负债与所有者权益
现金 10 000	应付费用 20 000
应收账款 30 000	应付账款 10 000
存货 60 000	短期借款 50 000
固定资产净值 60 000	公司债券 20 000
	实收资本 40 000
	留存收益 20 000
资产合计 160 000	负债与所有者权益合计 160 000

假定该公司 2×12 年的销售收入为 200 000 元,销售净利率为 10%,股利支付率为 60%,公司现有生产能力尚未饱和,增加销售无须追加固定资产投资。经预测,2×13 年销售收入将提高到 240 000 元,企业销售净利率和股利支付率不变。

要求:用销售百分比法确定外部融资需要量。

【实例分析】用销售百分比法计算方法及步骤如下:

1. 预计销售额增长率

$$销售额增长率=\frac{240\ 000-200\ 000}{200\ 000}\times 100\%=20\%$$

2. 确定随销售额变动而变动的资产和负债项目

该公司资产负债表中,资产方除固定资产外都将随销售量的增加而增加,因为较多的销售量需要占用较多的存货,发生较多的应收账款,导致现金需求增加。在负债与所有者权益一方,应付账款和应付费用也会随销售量的增加而增加,但实收资本、公司债券、短期借款等不会自动增加。公司的利润如果不全部分配出去,留存收益也会有适当增加。预计随销售额增加而自动增加的项目列示在表 4-2 中。

表 4-2　销售额比率表　%

资　产	占销售收入	负债与所有者权益	占销售收入
		应付费用	10
现金	5	应付账款	5
应收账款	15	短期借款	不变动
存货	30	公司债券	不变动
固定资产	不变动	实收资本	不变动
		留存收益	不变动
合　计	50	合　计	15

在表 4-2 中，不变动是指项目不随销售额的变化而变化。表中的各项目占销售收入百分比反映的是企业资本（资产）的密集度，是以表中有关项目的数字除以销售收入求得的，如现金：10 000÷200 000＝5％。

3. 确定需要增加的资金数额

从表 4-2 中可以看出，销售收入每增加 100 元，必须增加 50 元的资金占用，但同时增加 15 元的资金来源。从 50％的资金需求中减去 15％自动生成的资金来源，还剩下 35％的资金需求。因此，每增加 100 元的销售收入，该公司必须取得 35 元的资金来源。所给资料中，销售收入从 200 000 万元增加到 240 000 万元，增加了 40 000 万元，按照 35％的比率可预测将增加 14 000（40 000×50％－40 000×15％）万元的资金需求。

4. 根据有关财务指标的约束条件，确定对外筹资数额

上述 14 000 万元的资金需求有些可通过企业内部来筹集。依题意，该公司 2010 年净利润为 24 000（240 000×10％）万元，公司股利支付率为 60％，则将有 40％的利润即 9 600（24 000×40％）万元被留存下来（即留存收益率为 40％），从 14 000 万元中减去 9 600 万元的留存收益，则还有 4 400 万元的资金必须从外界来融通。

根据上述资料，可求得 2013 年该公司对外筹资数额为：

对外筹资＝40 000×50％－40 000×15％－240 000×10％×40％＝4 400（万元）

子任务二　资金习性预测法预测资金需要量

一、资金习性的含义及分类

所谓资金习性，是指资金的变动同产销量变动之间的依存关系。按照资金习性，可以把资金区分为不变资金、变动资金和半变动资金。

不变资金是指在一定的产销量范围内，不受产销量变动的影响而保持固定不变的那部分资金。也就是说，产销量在一定范围内变动，这部分资金保持不变。这部分资金包括：为维持经营而占用的最低数额的现金，原材料的保险储备，必要的成品储备和厂房、机器设备等固定资产占用的资金。

变动资金是指随着产销量的变动而呈同比例变动的那部分资金，一般包括直接构

成产品实体的原材料、外构件等占用的资金。

半变动资金是指虽受产销量变化的影响，但不成正比例变动的那部分资金，如一些辅助材料占用的资金。半变动资金可以通过一定的方法分解为不变资金和变动资金两部分。

二、资金习性预测法的基本模型

资金习性预测法就是对资金习性进行分析，将其划分为变动资金和不变资金两部分，根据资金与产销量之间的数量关系来建立数学模型，再根据历史资料预测资金需要量。其基本模型为：

$$Y = a + bx$$

上式中，Y 为资金需要量；a 为不变资金；b 为单位产销量所需要的变动资金；x 为产销量。

资金习性预测法既可以直接根据资金占用总额与产销量的关系预测总资金需要量，也可以根据各项目占用资金同产销量之间的关系先预测出各项目资金需要量，然后汇总预测总资金需要量。根据求 a 和 b 的具体方法不同，资金习性预测法又包括下列方法：

（一）高低点法

高低点法是用最高点销售收入与最低点销售收入及其相对应的资金需要量，计算出不变资金 a 和单位变动资金 b，从而预测资金需要量的一种方法。其计算公式为：

$$b = \frac{\text{最高点收入期资金占用量} - \text{最低点收入期资金占用量}}{\text{最高点销售收入} - \text{最低点销售收入}}$$

$$a = \text{最高收入期资金占用} - b \times \text{最高销售收入}$$

或：

$$a = \text{最低收入期资金占用} - b \times \text{最低销售收入}$$

【例 4-2】 三洋公司历史上现金占用与销售收入之间的关系如表 4-3 所示。2×11 年的预计销售收入为 200 000 元。

要求：根据以上资料采用高低点法预测三洋公司的资金需要量。

表 4-3 现金与销售收入变化情况表

元

年 度	销售收入（X_i）	现金占用（Y_i）
2×06	120 000	80 000
2×07	140 000	90 000
2×08	136 000	88 000
2×09	160 000	100 000
2×10	158 000	110 000

【实例分析】

采用高低点法预测资金需要量的计算如下：

$$b = \frac{100\,000 - 80\,000}{160\,000 - 120\,000} = 0.5(\text{元})$$

$a = 80\ 000 - 120\ 000 \times 0.5 = 20\ 000$(元)

或：

$a = 100\ 000 - 160\ 000 \times 0.5 = 20\ 000$(元)

则预测的基本模型为：

$Y = 2\ 000 + 0.5x$

2×11 年的现金占用额=20 000+0.5×200 000=120 000（元）

(二) 回归直线法

回归直线法是根据企业历史上若干期业务量和资金占用的关系，运用最小平方法原理计算不变资金和单位销售额变动资金的一种资金习性分析方法。其计算公式为：

$$a = \frac{\sum x_i^2 \sum y_i - \sum x_i \sum x_i y_i}{n \sum x_i^2 - (\sum x_i)^2}$$

$$b = \frac{n \sum x_i y_i - \sum x_i \sum y_i}{n \sum x_i^2 - (\sum x_i)^2}$$

上式中，x_i 为第 i 期的产销量；y_i 为第 i 期的资金占有量。

【例 4-3】 三洋公司产销量和资金变化情况如表 4-4 所示。2×11 年预计销售量为 800 万件。

要求：运用回归直线法计算该公司 2×11 年的资金需要量。

表 4-4 产销量与资金变化情况表 万元

年 度	产销量（x_i）(万件)	资金占用（y_i）
2×06	500	350
2×07	600	410
2×08	550	380
2×09	750	500
2×10	700	470

【实例分析】

采用回归直线法预测资金需要量的计算方法及步骤如下：

(1) 根据上表资料计算出有关数据，见表 4-5。

表 4-5 资金需要量预测表 万元

年 度	产销量（x_i）(万件)	资金占用（y_i）	$x_i y_i$	x^2
2×06	500	350	175 000	250 000
2×07	600	410	246 000	360 000
2×08	550	380	209 000	302 500
2×09	750	500	375 000	562 500
2×10	700	470	329 000	490 000
$n = 5$	$\sum x_i = 3\ 100$	$\sum y_i = 2\ 110$	$\sum x_i y_i = 1\ 334\ 000$	$\sum x^2 = 1\ 965\ 000$

(2) 将表4-5中的有关数据代入公式，可得出：

$a = 50, b = 0.6$

(3) 将 $a = 50, b = 0.6$ 代入回归直线方程，求得：

$Y = 50 + 0.6x$

(4) 2011年度资金需要量为：

$Y = 50 + 0.6 \times 800 = 530$(万元)

从理论上讲，回归直线法是一种计算结果最为精确的方法。

任务二　确定企业筹资渠道和筹资方式

【任务描述】

筹资渠道是指筹措资金来源的方向与通道，体现资金的来源与流量。筹资方式是指企业筹集资金所采用的具体形式。筹资渠道是客观存在的，而筹资方式则是企业的主观行为。企业筹资管理的重要内容是如何针对客观存在的筹资渠道，选择合理的筹资方式进行筹资。

【背景知识】

一、筹资渠道

目前，我国企业的筹资渠道主要包括：

(一) 国家资金

国家对企业的直接投资是国有企业特别是国有独资企业获得资金的主要渠道之一。现有国有企业的资金来源中，其资本部分大多是由国家财政以直接拨款方式形成的。除此以外，还有些是国家对企业税前还贷或减免各种税款而形成的。不管是何种形式形成的，从产权关系上看，它们都属于国家投入的资金，产权归国家所有。

(二) 银行信贷资金

银行对企业的各种贷款是我国目前各类企业最为重要的资金来源。我国银行分为商业性银行和政策性银行两种。商业性银行是以盈利为目的、从事信贷资金投放的金融机构，它主要为企业提供各种商业贷款。政策性银行主要为特定企业提供政策性贷款。

(三) 其他金融机构资金

其他金融机构主要指信托投资公司、保险公司、金融租赁公司、证券公司、财务公司等。它们所提供的各种金融服务，既包括信贷资金投放，也包括物资的融通，还包括为企业承销证券等金融服务。

(四) 其他企业资金

企业在生产经营过程中，往往形成部分暂时闲置的资金，并为一定的目的而进行相互投资。另外，企业间的购销业务可以通过商业信用方式来完成，从而形成企业间的债权债务关系，形成债务人对债权人的短期信用资金占用。企业间的相互投资和商业信用的存在，使其他企业资金也成为企业资金的重要来源。

（五）居民个人资金

居民个人资金也可以为企业提供一定的资金来源，企业职工和居民个人的结余货币，作为游离于银行及非银行金融机构等之外的个人资金，可用于对企业进行投资，形成民间资金来源渠道，从而为企业所用。

（六）企业自留资金

企业自留资金是指企业内部形成的资金，又称为内部资金，主要包括提取公积金和未分配利润等。这些资金无须企业通过一定的方式去筹集，而直接由企业内部自动生成或转换。

二、筹资方式

认识企业筹资方式的种类及其特点有利于企业选择合适的筹资方式，并实现各种筹资方式的合理组合，从而提高筹资效益。

目前，我国企业的筹资方式主要有以下几种：吸收直接投资；发行股票；利用留存收益；向银行借款；利用商业信用；发行公司债券及融资租赁。

三、筹资渠道与筹资方式的对应关系

筹资渠道解决的是企业资金来源问题，筹资方式则解决企业通过何种方式取得资金的问题，筹资渠道与筹资方式既有区别，又有着密切的联系。一定的筹资方式可能只适用于某一特定的筹资渠道，但是同一渠道的资金往往可以采用不同的方式去取得。企业的筹资渠道与筹资方式之间存在着一定的对应关系。因此，企业在筹资时，应当注意筹资渠道和筹资方式两者之间的合理配合。

【任务实施】

子任务一　权益资本筹资方式分析

权益资本是企业依法取得并长期拥有，能够自主调配运用的资金。权益性筹资的筹资方式主要有吸收直接投资、发行股票和利用留存收益三种。

一、吸收直接投资

吸收直接投资是指企业按照“共同投资、共同经营、共担风险、共享利润”的原则吸收国家、法人、个人和外商投入资金的一种筹资方式。吸收直接投资不以股票为媒介，它是非股份制企业筹措权益资本的一种基本方式。

（一）吸收直接投资的种类

1. 吸收国家投资

国家投资是指有权代表国家投资的政府部门或机构，以国有资产投入公司，这种情况下形成的资本叫国有资本。吸收国家投资一般具有以下特点：①产权归属国家；②资金的运用和处置受国家约束较大；③在国有公司中采用比较广泛。

2. 吸收法人投资

法人投资是指法人单位以其依法可支配的资产投入公司，这种情况下形成的资本称为法人资本。吸收法人资本一般具有以下特点：①发生在法人单位之间；②以参与公司利润分配或控制为目的；③出资方式灵活多样。

3. 吸收外商直接投资

企业可以通过合资经营或合作经营的方式吸收外商直接投资，即与其他国家的投资者共同投资，创办中外合资经营企业或者中外合作经营企业。

4. 吸收社会公众投资

社会公众投资是指社会个人或本公司职工以个人合法财产投入公司，这种情况下形成的资本称为个人资本。吸收社会公众投资一般具有以下特点：①参加投资的人员较多；②每人投资的数额相对较少；③以参与公司利润分配为基本目的。

（二）吸收直接投资的出资方式

1. 货币资产出资

货币资产出资属于最重要的出资方式。我国的《公司法》规定，公司全体股东或者发起人的货币出资额不得低于公司注册资本的30%。

2. 实物资产出资

实物资产出资应满足以下条件：适合企业生产、经营、研发等活动需要；技术性能良好；作价公平合理。

3. 土地使用权出资

土地使用权出资应满足以下条件：适合企业生产、经营、研发等活动需要；地理、交通条件适宜；作价公平合理。

4. 工业产权出资

工业产权出资应满足以下条件：有助于研究、开发和生产出新的高科技产品；有助于提高生产效率、改进产品质量；有利于降低生产、能源等各种消耗；作价公平合理。

上述四种出资方式中，吸收工业产权出资实际上是把有关技术资本化了，把技术的价值固定化了，而技术具有实效性，因其不断老化而导致价值不断减少甚至完全丧失。因而工业产权出资风险比较大。

（三）吸收直接投资的程序

企业吸收其他单位的直接投资，一般要遵循如下程序：

1. 确定筹资数量

企业新建或扩大规模而吸收直接投资时，应当合理确定所需吸收直接投资的数量，以利于正确筹集所需资金。国有企业的增资，须由国家授权投资的机构或国家授权的部门决定；合资或合营企业的增资，须由出资各方协商决定。

2. 选择投资单位

企业在吸收投资之前，要广泛了解投资者的投资意向，充分宣传企业的经营状况和财务情况，这将有利于企业在比较多的投资者中寻找最合适的合作伙伴。

3. 协商投资事宜

投资单位确定后，企业与投资者双方便可就出资的数量和出资方式进行具体的协商。企业应根据其生产经营活动的需要，选择投入资本的形式。一般从企业资金的使用情况来看，投资者以现金方式出资是比较灵活的。如果投资者的确拥有先进且适合于企业的固定资产、无形资产等，也可采用非现金方式进行投资。

4. 签署投资协议

双方经协商后，要由各方签署协议等书面文件，以明确双方的权利和责任。

5. 取得资金来源

签署文件后，企业应按文件的规定取得资金来源。吸收现金投资的，企业应按文件约定的划款期限、每期数额及划款方式，足额取得现金。吸收出资各方以实物资产或无形资产投资的，应结合具体情况，采用适当方法，进行合理估价，然后办理产权的转移手续，取得资产。

(四) 吸收直接投资的特点

(1) 有利于尽快形成生产能力。吸收直接投资可以直接获取投资者的先进设备和先进技术，有利于尽快形成生产能力，尽快开拓市场。

(2) 容易进行信息沟通。吸收直接投资的投资者比较单一，甚至有的投资者直接担任公司管理层职务，公司容易与投资者沟通。

(3) 手续相对比较简便，筹资费用较低。

(4) 资金成本较高。由于向投资者支付的报酬是根据其出资的数额和企业实现利润的多少来计算的。投资者往往要求将盈余的大部分用于分配。这样，企业经营状况较好时，采用吸收直接投资方式筹集资金所需负担的资金成本就会较高。

(5) 公司控制权集中，不利于公司治理。采用吸收直接投资方式筹集资金，投资者一般都要求获得与投资数量相适应的经营管理权。如果某个投资者的投资额比例大，则该投资者就会有相当大的管理权，甚至会对企业实行完全控制，容易损害其他投资者的利益。

(6) 不利于产权交易。吸收的投入资本由于没有以证券为媒介，难以进行产权转让。

二、发行普通股

股票是股份有限公司为筹集权益资金而发行的有价证券，是持股人拥有公司股份的凭证。股票只能由股份有限公司发行。股票的特点包括永久性、流通性、风险性与参与性。

(一) 股票的分类

根据不同标准，股票可以有不同的分类，现介绍几种主要分类方式。

1. 按股东权利和义务的不同，股票可分为普通股票和优先股票

普通股票简称普通股，是股份公司依法发行的具有平等的权利、义务、股利不固定的股票。普通股是最基本的股份，一般情况下股份有限公司只发行普通股，它的股利随公司生产经营状况和管理当局股利分配政策的变化而变化。

优先股票简称优先股，是股份公司发行的，相对于普通股具有一定优先权的股票。这种优先权主要体现在股利分配和分配剩余财产权利上，但优先股股东不享有经营管

理权，也不具有表决权或表决权受到限制。从法律上来讲，企业对优先股不承担法定的还本义务，是企业自有资金的一部分。

2. 按股票票面上是否记名，股票可分为记名股票和无记名股票

记名股票是指股票票面上记载有股东的姓名或名称，并将其记入股东名册的一种股票。公司向发起人、国家授权投资机构和法人发行的股票应为记名股票，向社会公众发行股票可以是记名股票也可以是无记名股票。记名股票的转让、继承须办理过户手续。

无记名股票是在股票上不记载股东姓名的股票，股东名称或姓名也不记入公司的股东名册。无记名股票的转让、继承无须办理过户手续，由持有人认购即实现了股权转移。

3. 按发行对象和上市地区，股票可分为A股、B股、H股和N股及S股等。

在我国内地上市交易的股票主要有A股、B股。A股是以人民币标明票面金额并以人民币认购和交易的股票。B股是以人民币标明票面金额，以外币认购和交易的股票。另外，H股为注册地在内地，在香港上市的股票，以此类推，在纽约和新加坡上市的股票称为N股和S股。

（二）普通股股东的权利

普通股股票的持有人称为普通股股东。普通股股东一般具有如下权利：

（1）公司管理权。普通股股东具有对公司的管理权，主要体现在重大决策参与权、经营者选择权、财务监控权、公司经营的建议质询权及股东大会召集权等。

（2）分享盈余权。分享盈余权即普通股股东经董事会决定后享有通过股利方式获取公司税后利润的权利。盈余的分配方案应当经股东大会审议批准通过。

（3）出售或转让股份权。

（4）优先认股权。它是指原有股东有权按持有公司股票的比例，优先认购公司新增发的股票的权利。

（5）剩余财产要求权。剩余财产要求权是指当公司解散、清算时，普通股股东对剩余财产有要求权。但是，公司破产清算时，财产的变价收入首先要用来清偿债务，然后支付优先股股东，最后才能分配给普通股股东。

（三）股票的发行

设立股份有限公司，应当有2人以上200人以下为发起人，其中必须有半数以上的发起人在中国境内有住所。股份有限公司的设立，可以采取发起设立或者募集设立的方式。

（1）发起设立。发起设立是指由发起人认购公司应发行的全部股份而设立公司。

（2）募集设立。募集设立是指由发起人认购公司应发行股份的一部分，其余股份向社会公开募集或者向特定对象募集而设立公司。

股份有限公司股票首度发行的一般程序包括：发起人认足股份、交付股资；提出公开募集股份的申请；公告招股说明书，签订承销协议；招认股份，缴纳股款；召开创立大会，选举董事会、监事会；办理公司设立登记，交割股票。

（四）普通股筹资的特点

（1）所有权与经营权相分离，分散公司控制权，有利于公司自主管理、自主经营。

(2) 没有固定的股利负担，资金成本较低。公司对普通股股东发放股利的原则是“多盈多分，少盈少分，不盈不分”。可见普通股股利并不构成公司固定的股利负担，是否发放股利、什么时候发放股利以及发放多少股利，主要取决于公司的获利能力和股利政策。

(3) 能增强公司的声誉。发行普通股筹集的是权益资金，而权益资金是公司偿债的真正保障，是公司以其他方式筹资的基础，反映了公司的实力。所以利用普通股筹资可增强公司的偿债能力，提高公司的信誉。

(4) 促进股权流通和转让；以股票为媒介便于股权的流通和转让。

(5) 筹资费用较高，手续复杂。

(6) 不能尽快形成生产能力。发行股票一般筹集的都是货币资金，这就需要经过购置和建造才能形成企业的生产经营能力。

(7) 公司控制权分散，容易被经理人控制。同时，流通性强的股票交易也容易被恶意收购。

三、留存收益

留存收益即盈余公积和未分配利润，它是由公司税后利润形成的，属于权益资本。一般企业都不会把全部收益以股利形式分配给股东，留存收益是企业资金的一种重要来源。

留存收益筹资的特点如下：

(1) 无须支付筹资费用。采用其他长期筹资方式，如发行股票、债券等都需要支付大量筹资费用，所以，依靠企业内部积累资金，可以降低筹资成本。另外，用留存收益筹资，不用对外发行股票，不会稀释原有股东的控制权。

(2) 筹资数额有限制。留存收益筹资最大可能的数额是企业当期的税后利润和上年未分配利润之和。如果企业经营亏损，则不存在这一渠道的资金来源。此外，留存收益的比例常常受到某些股东的限制。他们可能从消费需求、风险偏好等因素出发，要求股利支付比率要维持在一定水平上。留存收益过多，股利支付过少，可能会影响到今后的外部筹资。

(3) 维持公司控制权分布。留存收益筹资不会改变公司股权结构，不会稀释原有股东的控制权。

四、股权筹资的优缺点

(一) 股权筹资的优点

1. 股权筹资是企业稳定的资本基础

股权资本没有固定的到期日，无须偿还，是企业的永久性资本，除非企业清算时才有可能予以偿还。这对于保障企业对资本的最低需求，促进企业长期持续稳定经营具有重要意义。

2. 股权筹资是企业良好的信誉基础

股权资本作为企业最基本的资本，代表了公司的资本实力，是企业与其他单位组织开展经营业务，进行业务活动的信誉基础。同时，股权资本也是其他方式筹资的基础，尤其可为债务筹资，包括银行借款、发行公司债券等提供信用保障。

3. 企业财务风险较小

股权资本不用在企业正常运营期内偿还，不存在还本付息的财务风险。相对于债务资本而言，股权资本筹资限制少，在资本使用上也没有特别限制。另外，企业可以根据其经营状况和业绩的好坏，决定向投资者支付报酬的多少，资本成本负担比较灵活。

（二）股权筹资的缺点

1. 资本成本负担较重

尽管股权资本的资本成本负担比较灵活，但一般而言，股权筹资的资本成本要高于债务筹资。这主要是由于投资者投资于股权特别是投资于股票的风险较高，投资者或股东相应要求得到较高的报酬率。企业长期不派发利润和股利，将会影响企业的市场价值。从企业成本开支的角度来看，股利、红利从税后利润中支付，而使用债务资本的资本成本允许税前扣除。此外，普通股的发行、上市等方面的费用也十分庞大。

2. 容易分散企业的控制权

利用股权筹资，由于引进了新的投资者或出售了新的股票，必然会导致企业控制权结构的改变，分散了企业的控制权。控制权的频繁迭变，势必会影响企业管理层的人事变动和决策效率，影响企业的正常经营。

3. 信息沟通与披露成本较大

投资者或股东作为企业的所有者，有了解企业经营业务、财务状况、经营成果等的权利。企业需要通过各种渠道和方式加强与投资者的关系管理，保障投资者的权益。特别是上市公司，其股东众多而分散，只能通过公司的公开信息披露了解公司状况，这就需要公司花更多的精力，有些还需要设置专门的部门，用于公司的信息披露和投资者关系管理。

子任务二　负债资金筹资方式分析

负债筹资主要是企业通过向银行借款、社会发行公司债券、融资租赁以及赊购商品或服务等方式筹集和取得的资金。

一、银行借款

银行借款是指企业向银行或其他非银行金融机构借入的需要还本付息的款项。

（一）银行借款的分类

银行借款按提供贷款的机构，分为政策性银行贷款、商业银行贷款和其他金融机构贷款；按机构对贷款有无担保要求，分为信用贷款和担保贷款；按企业取得贷款的用途，分为基本建设贷款、专项贷款和流动资金贷款。

（二）银行借款的程序与保护性条款

1. 银行借款的程序

（1）企业提出借款申请。企业要向银行借款，必须符合贷款原则和条件，填写包括借款金额、借款用途、偿还能力、偿还方式等内容的《借款申请书》，并提供借款人的基本情况、上年度的财务报告等资料。

(2) 银行审查借款申请。银行针对企业的借款申请，按照有关政策和贷款条件，对借款企业进行审查，依据审批权限，核准企业申请的借款金额和用款计划。审查的内容有：①对借款人的信用等级进行评估。②进行相关调查。银行应对贷款人的信用、借款的合法性、安全性及盈利性进行调查，还要核实抵押物、保证人情况，测定贷款风险。③贷款审批。

(3) 签订借款合同。银行经审查批准借款合同后，与借款企业可进一步协商贷款的具体条件，签订正式的借款合同，明确规定贷款的数额、利率、期限和一些限制性条款。

(4) 企业取得借款。双方签订借款合同后，贷款银行应按合同规定发放贷款，企业便可取得相应的资金。贷款人不按合同约定按期发放贷款的，应偿付违约金。借款人不按合同的约定用款的，也应偿付违约金。

2. 长期借款的保护性条款

由于银行等金融机构提供的长期贷款金额高、期限长、风险大，因些，除借款合同的基本条款之外，债权人通常还在借款合同中附加各种保护性条款，以确保企业按要求使用借款和按时足额偿还借款。保护性条款一般有以下三类：

(1) 例行性保护条款。这类条款作为例行常规，在大多数借款合同中都会出现。它主要包括：① 要求定期向提供贷款的金融机构提交财务报表，以便债权人随时掌握公司的财务状况和经营成果。② 不准在正常情况下出售较多的非产成品存货，以保持企业正常生产经营能力。③ 如期清偿应缴纳税金和其他到期债务，以防被罚款而造成不必要的现金流失。④ 不准以资产作其他承诺的担保或抵押。⑤ 不准贴现应收票据或出售应收账款，以避免或有负债等。

(2) 一般性保护条款。一般性保护条款是对企业资产的流动性及偿债能力等方面的要求条款。这类条款应用于大多数借款合同，主要包括：① 保持企业的资产流动性。要求企业须持有一定最低限度的货币资金及其他流动资产，以保持企业资产的流动性和偿债能力，一般规定了企业必须保持的最低营运资金数额和最低流动比率数值。②限制企业非经营性支出。如限制支付现金股利、购入股票和职工加薪的数额规模，以减少企业资金的过度外流。③ 限制企业资本支出的规模。控制企业资产结构中的长期性资产的比例，以减少公司日后不得不变卖固定资产以偿还贷款的可能性。④ 限制公司再举债的规模。其目的是防止其他债权人取得对公司资产的优先索偿权。⑤ 限制公司的长期投资。如规定公司不准投资于短期内不能收回资金的项目，不能未经银行等债权人同意而与其他公司合并等。

(3) 特殊性保护条款。这类条款是针对某些特殊情况而出现在部分借款合同中的条款，只有在特殊情况下才能生效。它主要包括：要求公司的主要领导人购买人身保险；借款的用途不得改变；违约惩罚条款等等。

上述各项条款结合使用，将有利于全面保护银行等债权人的权益。但借款合同是经双方充分协商后决定的，其最终结果取决于双方谈判能力的大小，而不完全取决于银行等债权人。

(三) 银行借款筹资的特点

(1) 筹资速度快。企业利用银行借款筹资一般所需时间较短，程序较为简单，可以快速获得现金。

(2) 资本成本较低。利用银行借款所支付的利息比发行债券所支付的利息低，另外，也无须支付大量的发行费用。

(3) 筹资弹性较大。在借款时，企业与银行直接商定贷款的时间、数额和利率，在用款期间，企业如因财务状况发生某些变化，亦可与银行再行协商，变更借款数量及还款期限等。因此，银行借款筹集资金对企业具有较大的灵活性。

(4) 限制条件较多。企业与银行签订的借款合同中，一般都有一些限制条件，如定期报送有关报表、不准改变借款用途等，这些条款可能会限制企业的经营活动。

(5) 筹资数量有限。银行借款数额往往受到贷款机构实力的影响，因此，利用银行借款筹资都有一定的上限。

二、发行公司债券

企业债券又称公司债券，是指公司依照法定程序发行的、约定在一定期限还本付息的有价证券。

(一) 债券的种类

公司债券有很多种分类方式，主要有以下几种：

1. 按债券上是否记名，可分为记名债券和无记名债券

(1) 记名债券。记名债券是指在票面上记载有债权人姓名，同时在发行公司的债权人名册上进行登记的债券。

(2) 无记名债券。无记名债券是指在票面上不记载债权人姓名，也不用在债权人名册上进行登记的债券。

2. 按有无抵押或担保，可分为信用债券和抵押债券

(1) 信用债券。信用债券是指仅凭债券发行者的信用发行的，没有抵押品作抵押或担保人作担保的债券。

(2) 抵押债券。抵押债券是指以一定抵押品作抵押而发行的债券。按抵押物品的不同，它又可分为不动产抵押债券、设备抵押债券和证券信托债券。

3. 按能否转换为公司股票，可分为可转换债券和不可转换债券

(1) 可转换债券。可转换债券是指在一定时期内，可以按规定的价格或一定比例，由持有人自由地选择转换为普通股的债券。

(2) 不可转换债券。不可转换债券是指不能转换为普通股的债券。

(二) 债券的发行

1. 债券的发行条件

公开发行公司债券应当符合下列条件：①股份有限公司的净资产不低于人民币3 000万元，有限责任公司的净资产不低于人民币6 000万元。②累计债券余额不超过公司净资产额的40%。累计债券余额是指已发行尚未到期的债券金额。③ 最近3年平均

可分配利润足以支付公司债券 1 年的利息。④筹集的资金的投向符合国家产业政策。⑤债券的利率不超过国务院限定的利率水平。⑥国务院规定的其他条件。

公开发行公司债券筹集的资金必须用于核准的用途，不得用于弥补亏损和非生产性支出。上市公司发行可转换为股票的公司债券，除应当符合上述条件外，还应当符合《证券法》关于公开发行股票的条件，并报国务院证券监督管理机构核准。

2. 债券的发行价格

公司债券的发行价格主要有三种：一是等于票面金额的发行价格，即平价发行；二是低于票面金额的发行价格，即折价发行；三是高于票面金额的发行价格，即溢价发行。

（三）债券的偿还

债券偿还应按照偿还的实际时间与规定的到期日之间的关系分为到期偿还、提前偿还两种。其中，到期偿还又包括分批偿还和一次偿还两种。

1. 提前偿还

提前偿还也称提前赎回，是指在债券尚未到期之前就予以偿还。企业只有在发行债券的契约中明确规定时才能够采用。提前偿还所支付的价格一般要高于债券的面值，并会随到期日的临近而逐渐下降。提前偿还债券对发行者来说比较灵活。

2. 分批偿还

分批偿还债券是指在债券发行的当时就规定有不同到期日的债券，即分批偿还本金的债券。分期到期债券可以减轻发行公司集中还本的财务负担，也便于投资人选择合适的到期日，因而便于发行。

3. 一次偿还。一次偿还是指于债券到期日一次偿还全部债券本金。到期一次偿还债券是最为常见的。

（四）债券筹资的特点

1. 一次筹资数额大

利用发行公司债券筹资能够筹集大额的资金，满足公司大规模筹资的需要。这是在银行借款、融资租赁等债权筹资方式中，企业选择发行公司债券筹资的主要原因，也能够适应大型公司经营规模的需要。

2. 提高公司的社会声誉

公司债券的发行主体，有严格的资格限制。发行公司债券，往往是股份有限公司和有实力的有限责任公司所为。通过发行公司债券，一方面筹集了大量资金，另一方面也扩大了公司的社会影响。

3. 筹集资金的使用限制条件少

与银行借款相比，债券筹资所筹集的资金的使用具有相对的灵活性和自主性。特别是发行债券所筹集的大额资金，能够主要用于流动性较差的公司长期资产上。从资金使用的性质来看，银行借款一般期限短、额度小，主要用途为增加适量存货、增加小型设备等；反之，期限较长、额度较大，用于公司扩展、增加大型固定资产和基本建设投资的需求多采用发行债券方式。

4. 能够锁定资本成本的负担

尽管公司债券的利息比银行借款高，但公司债券的期限长、利率相对固定。在预计市场利率持续上升的金融市场环境下，发行公司债券筹资能够锁定资本成本。

5. 发行资格要求高，手续复杂

发行公司债券实际上是公司面向社会负债，债权人是社会公众，因此国家为了保护投资者利益，维护社会经济秩序，对发债公司的资格有严格的限制。从申报、审批、承销到取得资金，需要经过众多环节和较长时间。

6. 资本成本较高

相对于银行借款筹资，发行债券的利息负担和筹资费用都比较高。而且债券不能像银行借款一样进行债务展期，加上大额的本金和较高的利息，在固定的到期日，将会对公司现金流量产生巨大的财务压力。

三、融资租赁

租赁是指通过签订资产出让合同的方式，使用资产的一方（承租方）通过支付租金，向出让资产的一方（出租方）取得资产使用权的一种交易行为。租赁的基本特征包括所有权与使用权相分离、融资与融物相结合、租金的分期回流。租赁分为经营租赁和融资租赁两种。经营租赁是由租赁公司在短期内向承租单位提供设备，并提供维修、保养、人员培训等的一种服务性业务，又称服务性租赁。

（一）融资租赁的概念及特点

1. 融资租赁的概念

融资租赁又称财务租赁或金融租赁，是由租赁公司按照承租企业的要求融资购买设备，并在契约或合同规定的较长期限内提供给承租企业使用的信用性业务，它是现代租赁的主要类型。承租企业采用融资租赁的主要目的是融通资金。一般融资的对象是资金，而融资租赁集融资与融物于一身，具有借贷性质，是承租企业筹集长期负债资金的一种特殊方式。

2. 融资租赁的特点

（1）一般由承租企业向租赁公司提出正式申请，由租赁公司融资购进设备租给承租企业使用。

（2）租赁期限较长，大多为设备可使用年限的一半以上。

（3）租赁合同比较稳定，在规定的租期内未经双方同意，任何一方不得中途解约，这有利于维护双方的利益。

（4）由承租企业负责设备的维修保养和保险，但无权自行拆卸改装。

（5）租赁期满时，按事先约定的办法处置设备，一般有退租、续租和留购三种选择，通常由承租企业留购。

（二）融资租赁的具体形式

1. 直接租赁

直接租赁是融资租赁的典型形式，即承租人直接向出租人租入所需要的资产，并付出租金。通常所说的融资租赁是指直接租赁形式。直接租赁的出租人主要是制造厂商和租赁公司。

2. 售后租回

售后租回即根据协议，企业将某资产卖给出租人，再将其租回使用，并按期向出租人支付租金。采用这种融资形式，承租企业因出售资产而获得了一笔资金，同时因将其租回而保留了资产的使用权，但失去了资产的所有权。从事售后租回的出租人为租赁公司等金融机构。

3. 杠杆租赁

杠杆租赁是由资金出借人为出租人提供部分购买资产的资金，再由出租人将资产租给承租人的方式。因此，杠杆租赁涉及承租人、出租人和资金出借者三方当事人。从承租人的角度来看，这种租赁与其他租赁形式并无区别，同样是按合同规定，在基本租赁期内定期支付定额租金，取得资产的使用权。但对出租人却不同，出租人只出购买资产所需的部分资金作为自己的投资，另外以该资产作为担保向资金出借者借入其余资金。因此，它既是出租人又是贷款人，同时拥有对资产的所有权，既收取租金又要偿付债务。如果出租人不能按期偿还借款，资产的所有权就要转归资金的出借者。

（三）融资租赁的程序

对于承租企业而言，融资租赁具有以下主要程序：

1. 选择租赁公司

企业决定采用融资租赁方式取得某项设备时，首先须了解各家租赁公司的经营范围、业务能力、资信情况，以及与其他金融机构如银行的关系，取得租赁公司的融资条件和租赁费率等资料，加以分析比较，从中择优选择。

2. 办理租赁委托

企业选定租赁公司后，便可向其提出申请，办理委托。这时，承租企业须填写《租赁申请书》，说明所需设备的具体要求，同时还要向租赁公司提供财务状况文件，包括资产负债表、利润表和现金流量表等。

3. 签订购货协议

由承租企业与租赁公司的一方或双方合作组织选定设备供应厂商，并与其进行技术和商务谈判，在此基础上签订购货协议。

4. 签订租赁合同

租赁合同由承租企业与租赁公司签订，其是租赁业务的重要法律文件。

5. 办理验货与投保

承租企业收到租赁设备后要进行验收。验收合格应签发交货及验收证书并提交给租赁公司，租赁公司据以向厂商支付设备价款。同时，承租企业还要向保险公司办理投保事宜。

6. 支付租金

承租企业在合同期内按规定的租金数额、支付方式向租赁公司支付租金。

7. 合同期满处理设备

融资租赁合同期满时，承租企业应根据合同约定，对设备退租、续租或留购。

（四）融资租赁筹资的特点

（1）在资金缺乏情况下，能迅速获得所需资产。融资租赁集融资与融物于一身，一般要比先筹措现金再购置设备来得更快，可使企业尽快形成生产经营能力。

(2) 财务风险小，财务优势明显。融资租赁的租金在整个租期内分摊，可降低财务付款压力，减轻企业不能偿付的风险。

(3) 融资租赁筹资的限制条件较少。企业运用长期借款和债券都有相当多的限制条款，虽然类似的限制在租赁公司中也有，但一般比较少。

(4) 租赁能延长资金融通的期限。通常为设备而贷款的借款期限比该资产的物理寿命要短得多，而租赁的融资期限却可以接近其全部使用寿命期限，并且其金额随设备价款金额而定，无融资额度的限制。

(5) 免遭设备陈旧过时的风险。随着科学技术的不断进步，固定资产更新周期缩短。企业设备陈旧过时的风险很大，利用融资租赁可减少这一风险。这是因为融资租赁的期限一般为资产使用年限的一定比例，不会像自己购买的设备那样整个期间都要承担风险，且多数租赁协议都规定由出租人承担设备陈旧过时的风险。

(6) 资本成本高。一般而言，许多租赁的租金要高于债券利息，其租金总额通常要高于设备价值的30%左右。在企业财务困难时，固定的租金也会构成一项较沉重的负担。

四、债务筹资的优缺点

(一) 债务筹资的优点

1. 筹资速度较快

与股权筹资比，债务筹资不需要经过复杂的审批手续和证券发行程序，如银行借款、融资租赁等，可以迅速地获得资金。

2. 筹资弹性大

发行股票等股权筹资，一方面需要经过严格的政府审批；另一方面从企业的角度出发，由于股权不能退还，股权资本在未来永久性地给企业带来了资本成本的负担。利用债务筹资，可以根据企业的经营情况和财务状况，灵活商定债务条件，控制筹资数量，安排取得资金的时间。

3. 资本成本负担较轻

一般来说，债务筹资的资本成本要低于股权筹资。其一是取得资金的手续费用等筹资费用较低；其二是利息、租金等用资费用比股权资本要低；其三是利息等资本成本可以在税前支付。

4. 可以利用财务杠杆

债务筹资不改变公司的控制权，因而股东不会出于控制权稀释原因反对负债。债权人从企业那里只能获得固定的利息或租金，不能参加公司剩余收益的分配。当企业的资本报酬率高于债务利率时，会增加普通股股东的每股收益，提高净资产报酬率，提升企业价值。

5. 稳定公司的控制权

债权人无权参加企业的经营管理，利用债务筹资不会改变和分散股东对公司的控制权。

(二) 债务筹资的缺点

1. 不能形成企业稳定的资本基础

债务资本有固定的到期日，到期需要偿还，只能作为企业的补充性资本来源。再加上债务往往需要进行信用评级，没有信用基础的企业和新创企业，往往难以取得足够的债务资本。现有债务资本在企业的资本结构中达到一定比例后，往往由于财务风险升高而不容易再取得新的债务资金。

2. 财务风险较大

债务资本有固定的到期日，有固定的利息负担，以抵押、质押等担保方式取得的债务，在资本使用上可能会有特别的限制。这些都要求企业必须有一定的偿债能力，要保持资产流动性及其资产报酬率水平，作为债务清偿的保障，对企业的财务状况提出了更高的要求，否则会给企业带来财务危机，甚至导致企业破产。

3. 筹资数额有限

债务筹资的数额往往受到贷款机构资本实力的制约，不可能像发行债券、股票那样一次性筹集到大笔资本，无法满足公司大规模筹资的需要。

任务三　资本成本的计算

【任务描述】

资金不是阳光、空气，可以随便享受，资金是一种稀缺资源，使用资金必须付出代价，因此要学会测算各种方式的资本成本。科学合理地确定各种个别资本成本、综合资本成本和边际资本成本，才能进行正确的筹资和投资决策。

【背景知识】

一、资本成本的概念和构成

（一）资本成本的概念

企业进行生产经营所需要的资金可以从多种渠道、采用多种方式筹集，企业要筹集和使用这些资金就要付出一定的代价。所谓资本成本，是指企业为筹集和使用资本而付出的代价。广义的资本成本包括了企业长期和短期资金筹集及使用过程中所应付出的代价。在这里，资本成本特指狭义的资本成本，即企业筹资和使用长期资金所发生的成本。资本成本可以用绝对数表示，也可以用相对数表示，为了便于比较分析，一般用相对数表示，即资本成本率。资本成本率通常简称为资本成本。

（二）资本成本的构成

资本成本从绝对量的构成来看包括以下两部分内容：

1. 筹资费用

筹资费用是指企业在筹集资本过程中为获得资金而支出的费用，如向银行借款支付的手续费，企业因发行股票、债券而支付的发行费用等。筹资费用通常是在筹措资金时一次支付，在用资过程中不再发生。因此，在计算资本成本时，筹资费用要从筹资总额中扣除，计算得到实际筹资金额，即筹资净额。

2. 占用费用

占用费用是指企业在使用资本过程中因占用资本而付出的代价。如企业向债权人支付的利息、向股东支付的股利等，这是资本成本的主要内容。

二、资本成本的作用

在公司理财中，资本成本非常重要，其作用主要体现在以下几个方面：

（一）资本成本是比较筹资方式、选择筹资方案的依据

企业进行生产经营所需要的资金可以从多种渠道加以筹集，而同一渠道来源的资金企业可以采用不同的筹资方式取得。企业采用的筹资方式不同，其资本成本也不同，按照财务管理目标的要求，企业期望采用资本成本低的方式来筹集资金。所以，在其他条件相同时企业应选择资本成本低的筹资方式。

（二）平均资本成本是衡量资本结构是否合理的依据

企业财务管理的目标是企业价值最大化。在计算企业价值时通常选择企业的平均资本成本作为贴现率，当平均资本成本最小时企业价值最大。

（三）资本成本是评价投资项目可行性的主要标准

资本成本实际上是投资者应当取得的最低报酬水平。只有当投资项目的收益高于资本成本的情况下，才值得为之筹措资本；反之，就应该放弃该投资机会。

（四）资本成本是评价企业整体业绩的重要依据

企业的生产经营活动实际上就是所筹集的资本经过投放后所形成的资产营运，企业的总资产报酬率应高于其平均资本成本，才能带来剩余收益。所以，资本成本是评价企业整体经营业绩的重要依据，是企业使用资本应获得收益的最低界限。

三、影响资本成本的因素

在市场经济环境中，多方面因素的综合作用决定着企业资本成本的高低，其中主要的影响因素有以下几个：

（一）总体经济环境

总体经济环境和状态决定着企业所处的国民经济发展状况和水平，以及预期的通货膨胀。总体经济环境变化的影响反映在无风险报酬率上，如果国民经济保持健康、稳定、持续增长，整个社会经济的资金供给和需求相对均衡且通货膨胀水平低，资金所有者投资的风险小，预期报酬率低，筹资的资本成本相应就比较低。相反，如果国民经济不景气或者经济过热，通货膨胀持续居高不下，投资者投资风险大，预期报酬率高，筹资企业的资本成本就高。

（二）资本市场条件

资本市场条件包括资本市场的效率和风险。如果资本市场缺乏效率，证券的市场流动性低，投资者投资风险大，要求的预期报酬率高，那么通过资本市场融通的资本其资本成本就比较高。

（三）企业内部的经营和融资状况

企业的经营风险和财务风险共同构成企业总体风险，如果企业经营风险高，财务风险大，则企业总体风险水平高，投资者要求的预期报酬率大，企业筹资的资本成本相应就大。

（四）企业对筹资规模和时限的需求

在一定时期内，国民经济体系中资金供给总量是一定的，资本是一种稀缺资源。因此，企业一次性需要筹集的资金规模大、占用资金时限长，资本成本就高。当然，融资规模和时限与资本成本的正向相关性并非呈线性关系，一般来说，融资规模在一定限度内，并不引起资本成本的明显变化，当融资规模突破一定限度时，才引起资本成本的明显变化。

四、个别资本成本计算的基本模式

个别资本成本是指单一融资方式的资本成本。它主要包括银行借款成本、公司债券成本、融资租赁成本、普通股成本、留存收益成本等。前两者统称为负债资本成本，后三者统称为权益资本成本。

（一）一般模式

资本成本一般用不考虑时间价值的一般模式计算。计算时将起初的筹资费用作为筹资额的一项扣除，扣除筹资费用后的筹资额称为筹资净额。其计算公式是：

$$
\begin{aligned}
\text{资本成本} &= \frac{\text{每年的用资费用}}{\text{筹资净额}} \\
&= \frac{\text{每年的用资费用}}{\text{筹资总额}\quad\text{筹资费用}} \\
&= \frac{\text{每年的用资费用}}{\text{筹资总额}-\text{筹资总额}\times\text{筹资费用率}} \\
&= \frac{\text{每年的用资费用}}{\text{筹资总额}\times(1-\text{筹资费用率})}
\end{aligned}
$$

（二）折现模式

对于金额大、时间超过1年的长期资本，更准确一些的资本成本计算是采用折现模式，即将债务未来还本付息或股权未来股利分红的折现值与目前的筹资净额相等时的折现率作为资本成本率。

由：筹资净额现值－未来资本清偿额现金流量现值＝0

得：资本成本率＝所采用的折现率

【任务实施】

子任务一　个别资本成本的计算

一、银行借款资本成本的计算

企业从银行借款的资金，其用资费用为企业每年负担的利息，由于利息费用可以在税前抵扣，从而降低了企业承担的利息费用。所以，企业实际承担的每年的用资费用＝年利息×(1－所得税税率)。

银行借款成本的计算按一般模式的公式表示如下：

$$\text{银行借款资本成本率} = \frac{\text{借款额}\times\text{年利率}\times(1-\text{所得税税率})}{\text{借款额}\times(1-\text{手续费率})}$$

【例 4-4】三洋公司取得长期借款 300 000 元，年利率为 8%，期限 5 年，每年付息一次，到期一次还本。这笔借款的筹资费用率为 1%，企业所得税税率为 20%。

要求：采用一般模式计算该笔银行借款的资本成本。

【实例分析】

采用一般模式计算如下：

$$银行借款成本=\frac{8\%\times(1-20\%)}{1-1\%}\times100\%=6.46\%$$

二、公司债券资本成本的计算

企业采用发行债券方式筹集的资金，其用资费用为企业每年负担的利息，由于利息可以抵税，从而降低了企业承担的利息费用。

所以，企业每年实际承担的用资费用=年利息×(1－所得税税率)。

债券资本成本的计算用一般模式的公式表示如下：

$$债券资本成本=\frac{年利息\times(1-所得税税率)}{债券筹资总额\times(1-手续费率)}$$

【例 4-5】三洋公司发行期限为 3 年、面值为 1 000 000 元的债券，以 12000 000 元的价格发行，票面利率为 6%，发行费用占发行价格的 5%，公司所得税税率为 20%。

要求：采用一般模式计算该债券资本成本。

【实例分析】

采用一般模式计算该债券资本成本如下：

$$债券资本成本\ K_b=\frac{1\ 000\ 000\times6\%\times(1-20\%)}{1\ 200\ 000\times(1-5\%)}\times100\%=4.21\%$$

对于长期借款和长期债券的资本成本，若考虑时间价值可以采用折现模式，计算方法及步骤如下：

现金流入现值=筹资总额×(1－筹资费率)

现金流出现值=筹资总额×利率×(1－所得税税率)×$(P/A,K_b,n)$+筹资总额$(P/F,K_b,n)$

令：现金流入现值－现金流出现值=0

故：资本成本率=所采用的贴现率

【例 4-6】某企业取得 5 年期长期借款 50 万元，年利率 10%，每年付息一次，到期一次还本，借款费用率为 0.2%，企业所得税税率为 20%。

要求：考虑时间价值，用折现模式计算该项长期借款的资本成本。

【实例分析】

用折现模式计算该项借款的资本成本如下：

$50\times(1-0.2\%)=50\times10\%\times(1-20\%)\times(P/A,K_b,5)+50\times(P/F,K_b,5)$

采用插值法计算，可得：

$K_b=8.05\%$

三、普通股资本成本的计算

普通股资本成本主要是向股东支付的各期股利。由于各期股利并不一定固定，会随企业各期收益的大小而波动，因此普通股的资本成本只能按贴现模式计算，并假定各期股利的变化具有一定的规律性。如果是上市公司普通股，其资本成本还可以根据该公司的股票收益率与市场收益率的相关性，按资本资产定价模型法估计。

（一）股利增长模型法

假设：某股票本期支付股利为 D_0，未来各期股利按 g 速度增长，股票目前市场价格为 P_0，则普通股资本成本为：

$$K_s = \frac{D_0 \times (1+g)}{P_0 \times (1-f)} + g$$

【例 4-7】 三洋公司准备增发普通股，每股发行价格为 20 元，筹资费率为 5%。预定第一年分派现金股利每股 2 元，预期股利固定年增长率为 4%。

要求：计算其资本成本。

【实例分析】

采用股利增长模型法计算如下：

$$K_s = \frac{2}{20 \times (1-5\%)} \times 100\% + 4\% = 14.53\%$$

（二）资本资产定价模型法

$K_s = R_f + \beta \times (R_m - R_f)$

其中，K_s 为普通股资本成本；R_m 为市场平均报酬率；R_f 为无风险报酬率；β 为股票贝塔系数；$R_m - R_f$ 为风险溢酬。

【例 4-8】 三洋公司普通股股票的 β 值为 2，无风险利率为 4%，市场投资组合的期望收益率为 10%。

要求：计算该公司的普通股股票的资本成本。

【实例分析】

按资本资产定价模型计算该公司的普通股股票的资本成本为：

$K_s = 4\% + 2 \times (10\% - 4\%) = 16\%$

【知识链接】

普通股一般没有固定到期日，无须偿还，不必对股东支付固定报酬，使筹资更具有弹性，但在各种资金来源中，普通股的成本最高。原因主要有以下三个方面：一是企业破产后，普通股股东的求偿权位于最后，与其他投资者相比，普通股股东所承担的风险最大，普通股的报酬也应该最高，因此，企业付出的代价也最大；二是企业支付给普通股股东的股利要在税后支付，不具有抵税的作用；三是发行的新股会分散公司的控制权，新股东对公司已积累的盈余具有分享权，会降低普通股每股的净收益，引起股票下跌，为新的筹资活动带来负面影响，增加新的筹资成本。

四、租赁资本成本的计算

融资租赁各期的租金中包含本金每期的偿还和各期手续费用（即租赁公司的各期利润），其资本成本率只能按贴现模式计算。

现金流入现值＝租赁设备原值

现金流出现值=各期租金现值+残值现值

【例 4-9】某公司采用融资租赁方式租入设备，该设备价值 100 万元，租期 5 年，租赁期满时预计残值 5 万元，归租赁公司。租赁合同约定每年租金 255 607 元，

要求：采用折现模式计算租赁的资产成本。已知：(P/F，10%，5)＝0.620 9，(P/F，9%，5)＝0.649 9，

(P/A，10%，5)＝3.790 8，(P/A，9%，5)＝3.889 7。

【实例分析】

按贴现模式计算如下：

1 000 000－50 000×(P/F，K，5)＝255 607×(P/A，K，5)

采用逐步测试法，即代入 10%和 9%，然后采用内插法计算利率 K=10%。

五、留存收益资本成本的计算

鉴于国家法律的规定及企业发展的需要，企业不能把全部收益分配给股东，有一部分需要留存在企业内部，保证企业的可持续发展。这部分资金包括盈余公积和未分配利润。所以，留存收益也是企业筹资的一种重要来源。企业把收益的一部分留存于内部，通过该渠道帮助股东避税，相当于股东对企业追加投资，股东对这部分投资与以前缴给企业的股本一样，也要求有一定的回报。留存收益成本的计算与普通股相同，也分为股利增长模型法和资本资产定价模型法，不同点是没有筹资费用。

【例 4-10】三洋公司筹集长期资金 400 万元，其中以面值发行普通股 100 万元，每股市价 1 元，筹资费率 4%，已知最近一期支付的每股股利为 0.2 元，股利预计年增长率为 6%，留存收益为 60 万元。

要求：计算该企业留存收益的资本成本。

【实例分析】

用股利增长模型法计算如下：

留存收益资本成本＝［0.2×(1+6%)÷1］+6%＝27.2%

子任务二　平均资本成本的计算

平均资本成本是指在多元融资方式下的综合资本成本。在评价筹资总体的经济性时，需要计算企业的平均资本成本。

一、平均资本成本的计算公式

平均资本成本是在计算个别资本成本的基础上，以各种资金占全部资金的比重为权数计算得到的总资金成本率，其计算公式为：

$$加权平均资本成本=\sum(某种资金个别资金成本\times该种资金占全部资金的比重)$$

$$=\sum_{j=1}^{n}(K_jW_j)$$

上式中，K_j 为第种 j 种资金的个别资本成本；W_j 为第 j 种个别资金在资金总额中所占比重。

二、平均资本成本权数的确定方法

在计算平均资本成本时，权数的取法有三种，即账面价值权数（反映过去的资本结构）、市场价值权数（反映现在的资本结构）、目标价值权数（体现期望的资本结构）。

按账面价值确定比重，其优点是资料容易取得，计算方便。但其缺点是账面价值可能不符合市场价值，资本市场现行实际筹资成本有较大的差距，测算数据不准确，影响管理者作出正确的判断，从而贻误筹资决策。为了克服这一缺点，比重的确定可以按市场价值确定，这样，计算的加权平均资本成本能反映企业目前的实际情况，但是这会使证券市场价格变得频繁，如股票的市场价格发生较大变动，最高每天波动幅度可达10%。为了弥补证券市场价格变动频繁带来的测算偏差，可选择平均价格。

目标价值权数是指债券、股票按照未来预计的目标市场价值确定的权数。这种权数能体现期望的资本结构，而不是像账面价值权数和市场价值权数那样只反映过去和现在的资本结构，所以按目标价值权数计算得出的加权平均资本成本更适用于企业筹措新资金。然而，影响目标价值的因素众多，企业很难客观合理地确定证券的目标价值，又使得这种计算方法不易推广。

【例 4-11】 三洋公司共有资金1 000万元，其中，长期借款300万元，债券200万元，优先股100万元，普通股200万元，留存收益200万元，各种资金的个别资本成本分别为5%、8%、10%、12%和15%。

要求：计算该企业的加权平均资本成本。

【实例分析】

运用加权平均法计算其平均成本的方法、步骤如下：

首先，计算各种资金所占的比重。

长期借款占资金总额的比重（W_1）$=\frac{300}{1\ 000}\times100\%=30\%$

债券占资金总额的比重（W_2）$=\frac{200}{1\ 000}\times100\%=20\%$

优先股占资金总额的比重（W_3）$=\frac{100}{1\ 000}\times100\%=10\%$

普通股占资金总额的比重（W_4）$=\frac{200}{1\ 000}\times100\%=20\%$

留存收益占资金总额的比重（W_5）$=\frac{200}{1\ 000}\times100\%=20\%$

其次，计算加权平均资本成本。

加权平均资本成本

$=5\%\times30\%+8\%\times20\%+10\%\times10\%+12\%\times20\%+15\%\times20\%=9.5\%$

子任务三　边际资本成本的计算

边际资本成本是企业每增加一个单位资金而增加的成本。企业的个别资本成本和平均资本成本是企业过去筹集的单项资本的成本或目前使用全部资本的成本。企业追加筹资时，不能仅仅考虑目前的资本成本，还需要考虑新筹集资金的成本，即边际资本成本。边际资本成本是企业进行追加筹资的决策依据。企业追加筹资可以只采用一种筹资方式，但这对保持资本结构不利。当筹资额较大，筹资结构又有既定目标时，应通过边际资本成本的计算确定最优筹资方式的组合。以下举例说明边际资本成本的计算。

【例 4-12】 三洋公司设定的目标资本结构为长期借款占 15%、长期债券占 25%、普通股占 60%。由于扩大经营规模的需要，拟筹集新资金 200 万元，按此资本结构筹集。个别资本成本率预计分别为长期借款 5%、长期债券 10%、普通股 13%。

要求：试计算追加筹资 200 万元的边际资本成本。

【实例分析】

三洋公司追加筹资 200 万元的边际资本成本的计算如下（见表 4-6）：

表 4-6　边际资本成本的计算　　万元

资本种类	目标资本结构（%）	追加筹资额	个别资本成本（%）	边际资本成本（%）
长期借款	15	30	5	0.75
长期债券	25	50	10	2.5
普通股	60	120	13	7.8
合　计	100	200	—	11.05

任务四　杠杆效应分析

【任务描述】

阿基米德曾说过，“给我一个支点，我将翘起整个地球”！自然界中的杠杆效应是指人们通过利用杠杆，可以用较小的力量移动较重物体的现象。财务管理中也存在着类似的杠杆效应。杠杆效应具有双重作用，既可较大程度提高企业经济效益产生杠杆利益，也可能存在较大风险，所以企业的决策者必须予以高度重视。合理运用经营活动和财务活动中的杠杆效应，有助于企业合理规避风险，提高资金营运效率。财务管理中的杠杆效应有三种形式，即经营杠杆、财务杠杆和总杠杆。

【背景知识】

一、成本习性及分类

成本习性也称为成本性态，是指在一定条件下成本总额的变动与特定业务量之间的依存关系。这里的业务量可以是生产或销售的产品数量，也可以是反映生产工作量的直接人工小时数或机器工作小时数。从成本习性来认识和分析成本并将成本重新进行分类，有助于进一步加强成本管理，挖掘内部潜力，并能促使企业搞好经营预测和决策，争取实现最大的经济效益。成本按其习性可划分为固定成本、变动成本和混合成本三类。

(一) 固定成本

固定成本是指其总额在一定时期和一定业务量范围内不随业务量发生任何变动的那部分成本。属于固定成本的主要有按直线法计提的折旧费、保险费、管理人员工资、办公费等。单位固定成本将随产量的增加而逐渐变小。

固定成本还可进一步区分为约束性固定成本和酌量性固定成本两类。

(1) 约束性固定成本。它属于企业“经营能力”成本，是企业为维持一定的业务量所必须负担的最低成本，如厂房及机器设备折旧费、长期租赁费等。企业的经营能力一经形成，在短期内很难有重大改变，因而这部分成本具有很大的约束性。

(2) 酌量性固定成本。它属于企业“经营方针”成本，是企业根据经营方针确定的一定时期（通常为1年）的成本，如广告费、与开发费、职工培训费等。

应当指出的是，固定成本总额只是在一定时期和业务量的一定范围（通常称为相关范围）内保持不变。从较长时间看，所有成本都要发生变化，没有绝对不变的成本。

(二) 变动成本

变动成本是指其总额随着业务量成正比例变动的那部分成本。如直接材料、直接人工等都属于变动成本，但产品单位成本中的直接材料、直接人工将保持不变。

与固定成本相同，变动成本也存在相关范围。也就是说，在一定范围内，产量与成本完全同比例变化，超过一定范围，这种同比例变化就不存在。

(三) 混合成本

有些成本虽然也随业务量的变动而变动，但不成同比例变动，这类成本称为混合成本。混合成本按其与业务量的关系又可分为半变动成本和半固定成本。

(1) 半变动成本。它通常有一个初始量，类似于固定成本，在这个初始量的基础上，成本随产量的增长而增长，又类似于变动成本。

(2) 半固定成本。这类成本随产量的变化而呈阶梯型增长，产量在一定限度内，这种成本不变，当产量增长到一定限度后，这种成本就跳跃到一个新水平。

二、总成本习性模型

成本按习性可分为变动成本、固定成本和混合成本三类，但混合成本又可以按一定方法分解成变动部分和固定部分，那么，总成本习性模型可以表示为：

$$Y = a + bx$$

式中，Y 指总成本；a 指固定成本；b 指单位变动成本；x 指业务量（如产销量，这里假定产量与销量相等，下同）。

三、边际贡献及其计算

边际贡献是指销售收入减去变动成本以后的差额。其计算公式为：

边际贡献＝销售收入－变动成本

＝（销售单价－单位变动成本）×产销量

＝单位边际贡献×产销量

若以 M 表示边际贡献，p 表示销售单价，b 表示单位变动成本，x 表示产销量，m 表示单位边际贡献，则上式可表示为：

$M = px - bx = (p - b)x = mx$

四、息税前利润及其计算

息税前利润是指企业支付利息和缴纳所得税前的利润。其计算公式为：

息税前利润＝销售收入总额－变动成本总额－固定成本

＝（销售单价－单位变动成本）×产销量－固定成本

＝边际贡献总额－固定成本

若以 $EPIT$ 表示息税前利润，a 表示固定成本，则上式可表示为：

$EBIT = px - bx - a = (p - b)x - a = M - a$

注意：上式中的固定成本和变动成本中不应包括利息费用因素。

【任务实施】

子任务一　经营杠杆效应分析

一、经营杠杆的含义

在其他条件不变的情况下，产销量的增加虽然不会改变固定成本总额，但会降低单位固定成本，从而提高单位利润，使息税前利润的增长率大于产销量的增长率。反之，产销量的减少会提高单位固定成本，降低单位利润，使息税前利润下降率也大于产销量下降率。如果不存在固定成本，所有成本都是变动的，那么边际贡献就是息税前利润，这时息税前利润变动率就同产销量变动率完全一致。这种由于固定成本的存在而导致息税前利润变动率大于产销量变动率的杠杆效应，称为经营杠杆，也叫营业杠杆。

二、经营杠杆的计量

只要企业存在固定成本，就存在经营杠杆效应的作用。但不同企业或同一企业在不同产销量基础上的经营杠杆效应的大小是不完全一致的，为此，需要对经营杠杆进行计量。对经营杠杆进行计量最常用的指标是经营杠杆系数。所谓经营杠杆系数，是指息税前利润变动率相当于产销量变动率的倍数。其计算理论公式（也称定义公式）为：

$$经营杠杆系数=\frac{息税前利润变动率}{产销量变动率}$$

用字母表示如下：

$$DOL = \frac{\Delta EBIT/EBIT}{\Delta x/x} = \frac{\Delta EBIT/EBIT}{\Delta(px)/px}$$

上式中，DOL 为经营杠杆系数；$EBIT$ 为变动前的息税前利润；$\Delta EBIT$ 为息税前利润的变动额；px 为变动前的销售收入；$\Delta(px)$ 为销售收入的变动额；x 为变动前的产销量；Δx 为产销量的变动数。

上述公式是根据经营杠杆系数的定义进行计算的，采用上述公式进行计算时，必须已知销售额（或销售量）及息税前利润变动前后的相关资料，即需要变动前后两期的资料才能进行计算。这样计算比较麻烦，而且无法预测未来的经营杠杆系数。因此，有必要把上述计算公式进行化简，简化后的公式为：

$$经营杠杆系数（DOL）=\frac{基期边际贡献}{基期息税前利润}$$

【例 4-13】 三洋公司有关资料如表 4-7 所示。

要求：计算该企业 2013 年的经营杠杆系数。

表 4-7 三洋公司有关资料 万元

项 目	2011 年	2012 年	变动额	变动率（%）
销售额	1 000	1 500	500	50
变动成本	600	900	300	50
边际贡献	400	600	200	50
固定成本	200	200	0	0
息税前利润	200	400	200	100

【实例分析】

利用理论公式计算如下：

$$经营杠杆系数（DOL）=\frac{200\div 200}{500\div 1\,000}=\frac{100\%}{50\%}=2$$

或利用简化公式计算该公司 2013 年的经营杠杆系数如下：

$$经营杠杆系数（DOL）=\frac{400}{200}=2$$

三、经营杠杆与经营风险

经营风险也称营业风险（business risk），是指与企业经营有关的风险，尤其是指利用营业杠杆而导致息税前利润变动的风险。

由上述经营杠杆系数的定义公式可以看出，产销业务量增加时，息税前利润将以 *DOL* 倍数的幅度增加；而产销业务量减少时，息税前利润又将以 *DOL* 倍数的幅度减少。可见，经营杠杆扩大了市场和生产等不确定因素对利润变动的影响。经营杠杆系数越高，利润变动越剧烈，企业的经营风险就越大。于是，企业经营风险的大小和经营杠杆有重要关系。我们可以借助经营杠杆系数指标来评估经营风险。一般来说，在其他因素不变的情况下，固定成本越高，经营杠杆系数越大，经营风险越大。

经营杠杆系数还可用下式计算：

经营杠杆系数

$$=\frac{(基期销售单价-基期单位变动成本)\times 基期产销量}{(基期销售单价-基期单位变动成本)\times 基期产销量-基期固定成本}$$

上式表明，在企业不发生经营性亏损、息税前利润为正的前提下，经营杠杆系数最低为 1，不会为负数；只要有固定性经营成本存在，经营杠杆系数总是大于 1。

由上式可知，影响经营杠杆系数的因素包括产品销售数量（即市场供求情况）、产品销售价格、单位变动成本和固定成本总额等因素。固定成本比重越高、成本水平越高、产品销售数量和销售价格水平越低，经营杠杆效应越大；反之亦然。

【知识链接】

营业杠杆利益（benefiton operating leverage）是指在扩大销售额（营业额）的条件下，由于经营成本中固定成本相对降低，所带来增长程度更快的经营利润。

企业想取得营业杠杆利益，就需要承担由此引起的营业风险，需要在营业杠杆利益与风险之间作出权衡。

子任务二　财务杠杆效应分析

一、财务杠杆的含义

不论企业营业利润有多少，债务的利息和优先股的股利通常都是固定不变的。当息税前利润增大时，每1元盈余所负担的固定财务费用（如利息、优先股股利、融资租赁租金等）就会相对减少，这能给普通股股东带来更多的盈余；反之，每1元盈余所负担的固定财务费用就会相对增加，这就会大幅度减少普通股的盈余。这种由于固定性的资本成本的存在而导致的每股利润变动率大于息税前利润变动率的现象，称作财务杠杆。

二、财务杠杆的计量

从上述分析可知，只要在企业的筹资方式中有固定性的资本成本存在，就会存在财务杠杆效应。但不同企业财务杠杆的作用程度是不完全一致的，为此，需要对财务杠杆进行计量。对财务杠杆的作用程度进行计量最常用的指标是财务杠杆系数。所谓财务杠杆系数是普通股每股利润的变动率相当于息税前利润变动率的倍数。其计算理论公式为：

$$财务杠杆系数=\frac{普通股每股利润变动率}{息税前利润变动率}$$

或：

$$DFL=\frac{\Delta EPS/EPS}{\Delta EBIT/EBIT}$$

上述公式中，DFL 为财务杠杆系数；ΔEPS 为普通股每股利润变动额；EPS 为基期每股利润。

$$EPS=(EBIT-I)(1-T)/N$$

其中，I 为债务资本利息；T 为所得税税率；N 为普通股股数。

上述公式是计算财务杠杆系数的理论公式，必须已知前后两期的资料才能计算，比较麻烦。因此，有必要将上述计算公式进行简化，简化后的公式如下：

$$财务杠杆系数（DFL）=\frac{基期息税前利润}{基期息税前利润-基期利息}$$

【例4-14】三洋公司2011—2012年资本总额均为1 000万元，所得税税率均为

25%，每股面值均为 1 元，共 500 万股，其余资本通过负债筹集，债务资本成本为 10%。该公司 2011 年 $EBIT$ 为 200 万元，2012 年 $EBIT$ 为 300 万元，$EBIT$ 增长了 50%。

要求：计算该公司 2012 年财务杠杆系数。

【实例分析】

此题可以采用两种方法求解。

方法一：定义公式法

2011 年每股收益＝（200－500×10%）（1－25%）÷500＝0.225（元/股）

2012 年每股收益＝（300－500×10%）（1－25%）÷500＝0.375（元/股）

$$2012\text{ 年的财务杠杆系数} = \frac{(0.375-0.225)\div 0.225}{(300-200)\div 200} \approx 1.33$$

方法二：简化公式法

2012 年的财务杠杆系数（DFL）＝（200－500×10%）÷200≈1.33

值得注意的是，通常情况下，在计算杠杆系数时采用的是简化公式法。

三、财务杠杆与财务风险

财务风险是指企业为取得财务杠杆利益而利用负债资金时，增加了破产机会或普通股利润大幅度变动的机会所带来的风险。企业为取得财务杠杆利益，就要增加负债，一旦企业息税前利润下降，不足以补偿固定利息支出，企业的每股利润就会下降得更快。财务杠杆会加大财务风险，企业举债比重越大，财务杠杆效应越强，财务风险越大。

从财务杠杆系数的定义公式可知，财务杠杆系数越高，表明普通股收益的波动程度越大，财务风险也就越大。只要有固定性资本成本存在，财务杠杆系数总是大于 1。

从财务杠杆系数公式可知，影响企业财务杠杆系数的包括息税前利润、企业资金规模、企业的资本结构、固定财务费用水平等多个因素。债务成本比重越高，固定的资本成本支付额越高，息税前利润水平越低，财务杠杆效应就会越大；反之亦然。如果企业固定的资本成本为 0，则财务杠杆系数为 1。

【知识链接】

财务杠杆作用的本质是负债和优先股筹资在提高企业所有者收益中所起的作用，是以企业的投资利润与负债利息率的对比关系为基础的。

（1）当投资利润率大于负债利息率时。此时企业盈利，财务杠杆将发生积极的作用，企业所使用的债务资金所创造的收益（即息税前利润）除债务利息之外还有一部分剩余，这部分剩余收益归企业所有者所有。这种由财务杠杆作用带来的额外利润就是财务杠杆利益。

（2）当投资利润率小于负债利息率时。企业所使用的债务资金所创造的利益不足以支付债务利息，对于不足以支付的部分，企业需要动用权益性资金所创造的利润的一部分来加以弥补，财务杠杆将发生负面的作用，其作用后果是会降低企业使用权益性资金的收益率。这些额外损失便构成了企业的财务风险，甚至导致破产。这种不确定性就是企业运用负债所承担的财务风险。

子任务三　总杠杆效应分析

一、总杠杆效应的概念

如前所述，由于存在固定成本，产生经营杠杆效应，使息税前利润的变动率大于产销量的变动率；同样，由于存在固定的资本成本，会产生财务杠杆效应，使企业每股利润的变动率大于息税前利润的变动率。经营杠杆和财务杠杆可以独自发挥作用，也可以综合发挥作用。如果两种杠杆共同起作用，那么销售额稍有变动就会使每股收益产生更大的变动。这种由于固定成本和固定资本成本的共同存在而导致的每股利润变动率大于产销量变动率的现象，称为总杠杆。

二、总杠杆的计量

只要企业同时存在固定成本和固定的资本成本支出，就会存在总杠杆的作用。但不同企业或同一企业不同时期，总杠杆作用的程度是不一样的，为此，需要对总杠杆作用的程度进行计量。对总杠杆进行计量最常用的指标是总杠杆系数。所谓总杠杆系数，是指每股利润变动率相当于产销量变动率的倍数。其理论公式为：

$$总杠杆系数(DCL)=\frac{普通股每股利润变动率}{产销量变动率(或销售额变动率)}$$

或：

$$DCL=\frac{\Delta EPS/EPS}{\Delta x/x}=\frac{\Delta EPS/EPS}{\Delta(px)/px}$$

上式中，DCL 为总杠杆系数；EPS 为普通股每股利润；ΔEPS 为普通股每股利润变动额；x 为产销量；Δx 为产销量变动；px 为销售额；$\Delta(px)$ 为销售额变动数。

总杠杆系数与经营杠杆系数、财务杠杆系数之间的关系可用下式表示：

总杠杆系数＝经营杠杆系数×财务杠杆系数

$$DCL=DOL\times DFL$$

若企业没有融资租赁，也没有发行优先股，其复合杠杆系数的计算公式为：

$$复合杠杆系数=\frac{基期边际贡献}{基期息税前利润-基期利息}$$

$$DCL=\frac{M}{EBIT-I}$$

【例4-15】某企业有关资料如表4-9所示。

要求：分析总杠杆效应并计算总杠杆系数。

表 4-9 某企业杠杆系数的计算 元

项 目	2011 年	2012 年	变动率（%）
销售收入（单位售价 10 元）	1 000 000	1 200 000	+20
变动成本（单位变动成本 4 元）	400 000	480 000	+20
边际贡献	600 000	720 000	+20
固定成本	400 000	400 000	0
息税前利润（EPIT）	200 000	320 000	+60
利息	80 000	80 000	0
利润总额	120 000	240 000	+100
所得税（所得税税率 20%）	24 000	48 000	+100
净利润	96 000	192 000	+100
普通股发行在外股数（股）	100 000	100 000	0
每股利润（EPS，元/股）	0.96	1.92	+100

【实例分析】

由表 4-9 可知，在总杠杆的作用下，业务量增加 20%，每股利润便增长 100%。当然，如果业务量下降 20%，企业的每股利润也会下降 100%。

根据表 4-9 中的有关数据可求出 2011 年的总杠杆系数如下：

$$DCL=\frac{1.92\div 0.96}{200\ 000\div 1\ 000\ 000}=\frac{100\%}{20\%}=5$$

$$\text{经营杠杆系数}(DOL)=\frac{\Delta EBIT/EBIT}{\Delta x/x}=\frac{60\%}{20\%}=3$$

$$\text{总杠杆系数}(DFL)=\frac{\Delta EPS/EPS}{\Delta EBIT/EBIT}=\frac{100\%}{60\%}=\frac{5}{3}$$

$$\text{总杠杆系数}=\text{经营杠杆系数}\times\text{财务杠杆系数}=3\times\frac{5}{3}=5$$

将表 4-9 中 2011 年的数据代入上式，可求得 2012 年的总杠杆系数为：

$$DCL=\frac{600\ 000}{200\ 000-80\ 000}=5$$

这就是说，在本例中，企业的产销量每增减 1%，每股利润就会相应增减 5%，因此，产销量有一个比较小的增长，每股利润便会大幅度增长；反之，产销量有比较小的下降，每股利润便会大幅度下降。

同理，可利用 2012 年的数据计算出 2013 年的总杠杆系数如下：

$$DCL=\frac{720}{320-80}=3$$

三、总杠杆与企业风险的关系

公司风险包括企业的经营风险和财务风险。总杠杆系数反映了经营杠杆和财务杠杆之间的关系，用以评价企业的整体风险水平。从以上分析看到，在总杠杆的作用下，当企业经济效益好时，每股利润会大幅度上升；当企业经济效益差时，每股利润会大幅度下降。企业总杠杆系数越大，每股利润的波动幅度越大。在其他因素不变的情况下，总杠杆系数越大，企业风险越大，总杠杆系数越小，企业风险越小；在总杠杆系数一定的情况下，经营杠杆系数与财务杠杆系数此消彼长。

总杠杆效应的意义在于。第一，能够说明产销业务量变动对普通股收益的影响，据以预测未来的每股收益水平；第二，揭示了财务管理的风险管理策略，即要保持一定的风险状况水平，需要维持一定的总杠杆系数，经营杠杆和财务杠杆可以有不同的组合。

任务五　最佳资本结构决策

【任务描述】

资本结构是企业各种资金的构成及其比例关系，是企业筹资决策的核心问题。资本结构的核心是负债资金的比例问题。最佳资本结构是企业在一定时期内，加权平均资本成本最低、企业价值最大化时的资本结构。企业应综合考虑有关影响因素，运用适当的方法确定最佳资本结构。如果企业现有的资本结构不合理，应通过筹资活动进行调整，使其趋于合理化。

【背景知识】

一、资本结构的含义

资本结构指企业资本总额中各种资本的构成及其比例关系。在实务中，资本结构有广义和狭义之分。广义的资本结构包括全部债务与股东权益的构成比例；狭义的资本结构是指长期负债与股东权益的资本结构。狭义资本结构下，短期债务作为营运资金来管理。本书所指的资本结构通常仅是狭义的资本结构，也就是债务资本在企业全部资本中所占的比重。

企业资本结构是由企业采用各种筹资方式筹集资金而形成的，各种筹资方式不同的组合类型决定着企业资本结构及其变化。企业筹资方式虽然很多，但总的来看分为负债资金和权益资金两类，因此，资本结构问题总的来说是负债资金的比例问题。

二、影响资本结构的因素

（一）企业财务状况

企业获利能力越强、财务状况越好、变现能力越强，就越有能力负担财务上的风险。因而，随着企业变现能力、财务状况和盈利能力的增进，举债筹资就越有吸引力。当然，有些企业因为财务状况不好，无法顺利发行股票，只好以高利率发行债券来筹集资金。衡量企业财务状况的指标主要有流动比率、利息周转倍数、固定费用周转倍数、投资收益率等。

（二）企业资产结构

企业资产结构会以多种方式影响企业的资本结构：拥有大量固定资产的企业主要

通过长期负债和发行股票筹集资金；拥有较多流动资产的企业，更多依赖流动负债来筹集资金；资产适用于抵押贷款的公司，其举债额较多，如房地产公司的抵押贷款就相当多；以技术研究开发为主的公司则负债很少。

（三）企业产品销售情况

企业产品销售是否稳定对企业资结构具有重要影响。如果企业的销售比较稳定，其获利能力也相对稳定，则企业负担固定财务费用的能力相对较强；如果销售具有较强的周期性，则负担固定财务费用将冒较大的财务风险。另外，企业销售的增长速度也决定着财务杠杆能在多大程度上扩大每股利润，如果销售增长较高，使用具有固定财务费用的债务筹资，就会扩大普通股的每股利润。

（四）投资者和管理人员的态度

企业投资者和管理人员的态度对企业的资本结构也有重要影响，因为企业资本结构的决策最终是由他们作出的。

一个企业的股票如果被众多投资者所持有，谁也没有绝对的控制权，这个企业可能会更多地采用发行股票的方式来筹集资金，因为企业所有者并不担心控制权的旁落。反之，有的企业被少数股东所控制，股东们很重视控制权问题，企业为了保证少数股东的绝对控制权，一般尽量避免以普通股方式筹资，而是采用优先股或负债方式筹集资金。

管理人员对待风险的态度，也是影响企业资本结构的重要因素。喜欢冒险的财务管理人员，可能会安排比较高的负债比例；反之，一些持稳健态度的财务管理人员则会只使用较少的债务。

（五）贷款人和信用评级机构的影响

每位企业财务经理对如何运用财务杠杆都有自己的分析，但贷款人和信用评级机构的态度实际上往往成为决定财务结构的关键因素。

一般而言，企业财务管理人员都会与贷款人和信用评级机构商讨其财务结构，并充分尊重他们的意见。大部分贷款人都不希望企业的负债比例太高，如果企业坚持使用过多债务，则贷款人可能会拒绝贷款。同样，如果企业债务太多，信用评级机构可能会降低企业的信用等级，这样会影响企业的再筹资能力，提高企业的资金成本。

（六）行业因素

不同行业，资本结构有着很大差别。财务经理必须考虑本企业所处的行业，以便考虑最佳的资本结构。

（七）所得税税率的高低

企业利用负债可以获得减税利益，因此，所得税税率越高，负债的好处越多；反之，如果税率很低，则采用举债方式的减税利益就不十分明显。

（八）利率水平的变动趋势

利率水平的变动趋势也会影响到企业的资本结构。如果企业财务管理人员认为利息率暂时较低，但不久的将来有可能上升的话，便会大量发行长期债券，从而在若干年内把利率固定在较低水平上。

三、最优资本结构的含义

从上述分析可知，利用负债资金具有双重作用，适当利用负债，可以降低企业资本成本，但当企业负债比率太高时，会带来较大的财务风险。为此，企业必须权衡财务风险和资本成本的关系，以确定最优的资本结构。评价企业资本结构最佳状态的标准应该是能够提高股权收益或降低资本成本，其最终目的是提升企业价值。股权收益表现为净资产报酬率或普通股每股收益；资本成本表现为企业的平均资本成本率。所谓最优资本结构，是指在一定条件下使企业加权平均资金成本最低、企业价值最大的资本结构。确定最佳资本结构的方法有每股利润无差别点法、比较资金成本法和公司价值比较法。

【任务实施】

子任务一　每股收益分析法

一、每股收益分析法原理

每股收益分析法是用每股收益的变化来判断资本结构是否合理，能够使每股收益最大的资本结构就是企业的最优资本结构。

负债的偿还能力是建立在未来盈利能力基础之上的。研究资本结构不能脱离企业的盈利能力。企业的盈利能力一般用息税前利润（*EBIT*）表示。

负债筹资是通过它的杠杆作用来增加股东财富的。确定资本结构不能不考虑它对股东财富的影响。股东财富用每股收益（*EPS*）来表示。每股收益的计算公式如前所述。

每股利润无差别点是指不同筹资方式下每股收益相等时的息税前利润或业务量水平。可通过分析资本结构与每股利润之间的关系，计算各种筹资方案的每股利润的无差别点，进而来确定合理的资本结构。当预期息税前利润或业务量水平大于每股收益无差别点时，应当选择财务杠杆效应较大的筹资方案；反之亦然。通过计算每股利润无差别点来进行资本结构决策的方法称为每股利润无差别点法，也叫 *EBIT－EPS* 分析法。

二、每股利润无差别点的计算公式

每股利润无差别点法的计算公式为：

$$\frac{(EBIT - I_1)(1 - T)}{N_1} = \frac{(EBIT - I_2)(1 - T)}{N_2}$$

上式中，$EBIT$ 为每股利润无差别点处的息税前利润；I_1、I_2 为两种筹资方式下的债务利息；N_1、N_2 为两种筹资方式下普通股股数；T 为所得税税率。

对负债筹资方式和权益筹资方式进行比较，其决策原则是，如果预期的息税前利润大于每股收益无差别点的息税前利润，则运用负债筹资方式；如果预期的息税前利润小于每股收益无差别点的息税前利润，则运用权益筹资方式。

【例 4-16】三洋公司目前有资金 7 500 万元，现因生产发展需要准备再筹集 25 000 万元资金，这些资金可以利用发行股票来筹集，也可以利用发行债券来筹集。三洋公司预计息税前利润为 20 000 万元。表 4-10 列示了原资本结构和筹资后资本结构的情况。

表 4-10　三洋公司资本结构变化情况　　万元

筹资方式	原资本结构	增加筹资后资本结构	
		增发普通股（A 方案）	增发公司债券（B 方案）
公司债券（利率 8%）	10 000	10 000	35 000
普通股（每股面值 10 元）	20 000	30 000①	20 000
资本公积	25 000	40 000②	25 000
留存收益	20 000	20 000	20 000
资金总额合计	75 000	100 000	100 000
普通股股数	2 000	3 000	2 000

说明：①、②发行新股票时，每股发行价格为 25 元，筹资 25 000 万元须发行 1 000万股，普通股股本增加 10 000 万元，资本公积增加 15 000 万元。

【实例分析】

根据资本结构的变化情况，我们可以采用每股收益分析法分析资本结构对普通股每股利润的影响。详细的分析情况见表 4-11。

表 4-11　三洋公司不同资本结构下的每股利润　　万元

项　目	增发股票	增发债券
预计息税前利润（$EBIT$）	20 000	20 000
利息	800	2 800
利润总额	19 200	17 200
所得税（税率 20%）	3 840	3 440
净利润	15 360	13 760
普通股股数（股）	3 000	2 000
每股利润（元）	5.12	6.88

从表 4-11 中可以看出，在息税前利润为 20 000 万元的情况下，利用增发公司债的方式筹集资金能使每股利润上升较多，这可能有利于股票价格上涨，更符合理财目标。

那么，究竟息税前利润为多少时发行普通股有利，息税前利润为多少时发行公司债券有利呢？这就需要测算每股利润无差别点处的息税前利润。

$$\frac{(EBIT-800)(1-20\%)}{3\,000}=\frac{(EBIT-2\,800)(1-20\%)}{2\,000}$$

解得：

$EBIT=6\,800$（万元）

这就是说，当息税前利润大于 6 800 万元时，利用负债筹资较为有利；当息税前利润小于 6 800 万元时，不应再增加负债，而以发行普通股为宜；当息税前利润等于 6 800万元时，采用两种方式没有差别。三洋公司预计息税前利润为 20 000 万元，故采用发行公司债的方式较为有利。三洋公司利润无差别点处的息税前利润亦可直接利用下列公式计算：

$$EBIT=\frac{N_2\times I_1-N_1\times I_2}{N_2-N_1}$$

将三洋公司的资料代入上式可得：

$$EBIT=\frac{2\ 000\times 800-3\ 000\times 2\ 800}{2\ 000-3\ 000}=68\ 009(\text{万元})$$

应当说明的是，这种分析方法只考虑了资本结构对每股利润的影响，并假定每股利润最大，股票价格也就最高。但把资本结构对风险的影响置于视野之外，是不全面的。因为随着负债的增加，投资者的风险加大，股票价格和企业价值也会有下降的趋势，所以，单纯地用 *EBIT* − *EPS* 分析法有时会作出错误的决策。但在资金市场不完善的时候，投资人主要根据每股利润的多少来作出投资决策，每股利润的增加也的确有利于股票价格的上升。

子任务二　比较资本成本法

【任务目标】

熟练掌握通过计算和比较加权平均资本成本选择最佳资本结构的方法。

【基本知识】

比较资本成本法是通过计算和比较各种可能的筹资组合方案的平均资本成本，并以此作为评价标准，从中选择平均资本成本率最低的方案为最佳资本结构方案。这种方法侧重于从资本投入的角度对筹资方案和资本结构进行优化分析。加权平均资本成本的计算如前所述。

这种方法通俗易懂，计算过程也不是十分复杂，是确定资本结构的一种常用方法。但因所拟定的方案数量有限，故有把最优方案漏掉的可能。

【例 4-17】三洋公司需筹集 200 万元长期资本，可以选择贷款、发行债券、发行普通股三种方式筹集，其个别资本成本率已分别测定，有关资料如下表 4-12 所示。

表 4-12　三洋公司资本成本与资本结构的有关资料　　%

筹资方式	资本结构			个别资本成本率
	A 方案	B 方案	C 方案	
贷款	40	20	10	6
债券	10	20	20	8
普通股	50	60	70	9
合　计	100	100	100	

要求：试分析确定该公司的最优资本结构。

【实例分析】

分别计算三个方案的平均资本成本如下：

A 方案：$K=40\%\times6\%+10\%\times8\%+50\%\times9\%=7.7\%$

B 方案：$K=20\%\times6\%+20\%\times8\%+60\%\times9\%=8.2\%$

C 方案：$K=10\%\times6\%+20\%\times8\%+70\%\times9\%=8.5\%$

从以上计算可以看出，A 方案的加权平均资本成本最低，所以应选用 A 方案。即该公司的最优资本结构为贷款 80 万元，发行债券 20 万元，发行普通股 100 万元。

子任务三　公司价值分析法

一、公司价值分析法的原理

公司价值分析法是通过计算和比较各种资本结构下公司的市场总价值进而确定最佳资本结构的方法。

这种方法的出发点是，从根本上讲，财务管理的目标在于追求公司价值的最大化。然而只有在风险不变的情况下，每股收益的增长才会导致股价上升，实际上，经常是随着每股收益的增长，风险也在加大。如果每股收益的增长不足以弥补风险增加所需的报酬，尽管每股收益增加，股价仍可能下降。所以最佳资本结构应当是可使公司的总价值最高，而不是每股收益最大的资本结构。同时，公司的总价值最高时的资本结构，其平均资本成本也是最低的。

这种方法主要用于对现有资本结构进行调整，适用于资本规模较大的上市公司资本结构优化分析。

二、公司价值的计算公式

市场总价值的计算公式如下：

公司的市场总价值＝权益资本的市场价值＋债务资本的市场价值

为简化起见，假设债务资本的市场价值等于其面值，权益资本的市场价值可用以下公式计算：

$$权益资本的市场价值=\frac{(息税前利润-利息)\times(1-所得税税率)}{普通股成本}$$

上式中，普通股成本（K_S）可采用资本资产定价模型计算。

$K_S=R_s=R_f+\beta_s(R_m-R_m)$

公司的资本成本则应采用加权平均资本成本（K_w）来表示。

加权平均资本成本（K_w）＝债务资本成本×债务额占总资本的比重＋权益资本股成本×权益资本占总资本的比重

【例 4-18】三洋公司息税前利润为 500 万元，资金全部由普通股资金组成，股票账面价值为 2 000 万元，公司适用的所得税税率为 20%。该公司认为目前的资本结构不够合理，准备用发行债券购回部分股票的方式予以调整。经咨询调查，目前的债务利息和权益资金的成本等情况见表 4-13。

要求：运用公司价值分析法确定最佳资本结构并提出调整结构的方案。

表 4-13　债务利息与权益资本成本　　百万元

债券的市场价值 B	税前债券利率（%）	股票的贝塔系数（β_s）	无风险收益率（R_f）（%）	市场平均收益率（R_m）（%）	权益资本成本（K_S）（%）
0	0	1.20	10	14	14.80
2	10	1.25	10	14	15.00
4	10	1.30	10	14	15.20
6	12	1.40	10	14	15.60
8	14	1.55	10	14	16.20
10	16	2.10	10	14	18.40

【实例分析】

根据表 4-13 提供的资料，运用公司价值分析法公式，可计算出该公司筹措不同金额的债务时的公司价值和资本成本，见表 4-14。

表 4-14　公司价值与平均资本成本计算表　　百万元

债券市场价值	股票市场价值	公司市场价值	债券占全部资金的比重（%）	股票占全部资金的比重（%）	债券税后资本成本（%）	权益资本成本（%）	加权平均资本成本（%）
0	27.03	27.03	0	100	0	14.80	14.80
2	25.60	27.60	7	93	8	15.00	14.51
4	24.22	28.22	14	76	8	15.20	12.67
6	21.95	27.95	21	79	9.6	15.60	14.49
8	19.16	27.16	30	70	11.2	16.20	14.64
10	14.78	24.78	40	60	12.8	18.40	16.12

股票市场价值的计算过程如下：

25.60＝（500－200×10％）×(1－20％）÷15％

计算加权平均资本成本时，采用的是市场价值权数，计算过程如下：

14.51％＝200÷2 760×10×(1－20％）＋2 560÷2 760×15％

从表 4-14 中可以看出，在没有债务的情况下，公司的总价值就是其原有股票的市场价值。当公司用债务资金部分地替换权益资金时，一开始公司总价值上升，加权平均资本成本下降。当债务资金达到 400 万元时，公司总价值最高，加权平均资本成本最低。当债务资金超过 400 万元时，公司总价值下降，加权平均资本成本上升。因为在债务为 400 万时，公司的加权平均资本成本最低，公司总价值最大，所以，债务为

400 万元时的资本结构是该公司最优的资本结构。故该公司资本结构的调整方案是发行市场价值为 400 万元的债券用以回购股票。

课后实训

一、单项选择题

1. 甲公司某长期借款的筹资净额为 95 万元，筹资费率为筹资总额的 5%，年利率为 4%，所得税税率为 25%。则该长期借款的筹资成本为（一般模式）（　　）。

A. 3%　　B. 3.16　　C. 4%　　D. 4.21%

2. 相对于发行股票而言，吸收直接投资的特点是（　　）。

A. 不利于产权交易　　B. 限制条款
C. 容易进行信息沟通　　D. 资金成本较低

3. 在下列各项中，能够引起企业权益资金增加的筹资方式是（　　）。

A. 吸收直接投资　　B. 发行公司债券
C. 利用商业信用　　D. 留存收益转增资本

4. 根据财务管理理论，按照资金来源范围不同，筹资可分为（　　）。

A. 直接筹资和间接筹资　　B. 内部筹资和外部筹资
C. 权益筹资和负债筹资　　D. 短期筹资和长期筹资

5. 在财务管理中，将资金划分为变动资金与不变资金两部分，并据以预测企业未来资金需要量的方法称为（　　）。

A. 定性预测法　　B. 比率预测法
C. 资金习性预测法　　D. 成本习性预测法

6. 某公司普通股目前的股价为 10 元/股，筹资费率为 8%，刚刚支付的每股股利为 2 元，股利固定增长率 3%，则该企业利用留存收益的资金成本为（　　）。

A. 22.39%　　B. 25.39%　　C. 20.6%　　D. 23.6%

7. 在个别资金成本的计算中，不必考虑筹资费用影响因素的是（　　）。

A. 长期借款成本 B. 债券成本　　C. 留存收益成本　　D. 普通股成本

8. 留存收益筹资的特点不包括（　　）。

A. 不发生筹资费用　　B. 维持公司控制权分布
C. 发挥财务杠杆作用　　D. 筹资数额有限

9. 在下列各种资金来源中，通常成本最低的是（　　）。

A. 发行普通股票　　B. 利用留存收益
C. 发行公司债券　　D. 向银行借款

10. 下列各项中，运用普通股每股利润（每股收益）无差别点确定最佳资本结构时，需计算的指标是（　　）。

A. 息税前利润　B. 营业利润　　C. 净利润　　D. 利润总额

11. 下列说法中错误的是（　　）。

A. 在其他因素不变的情况下，固定财务费用越小，财务杠杆系数也就越小，财务风险越小

B. 在一定的业务量范围内，单位变动成本是固定不变的

C. 单位变动成本越大，财务杠杆系数越小，财务风险越小

D. 当企业的财务杠杆系数等于1时，则企业的固定财务费用为0，企业没有财务风险

12. 某公司的经营杠杆系数为5，预计息税前利润将增长20%，在其他条件不变的情况下，销售量将增长（　　）。

A. 5%　　B. 4%　　C. 20%　　D. 40%

13. 某公司的经营杠杆系数为2，财务杠杆系数为1.5，预计产销量将增长10%，在其他条件不变的情况下，每股利润将增长（　　）。

A. 50%　　B. 10%　　C. 30%　　D. 60%

14. 如果企业的资金来源全部为自有资金，且没有优先股存在，则企业财务杠杆系数（　　）。

A. 等于0　　B. 等于1　　C. 大于1　　D. 小于1

15. 在其他因素不变的情况下，下列表述中不正确的是（　　）。

A. 总杠杆系数越大，企业总风险越大

B. 财务杠杆系数越大，财务风险越大

C. 总杠杆系数越小，经营风险越小

D. 经营杠杆系数越大，经营风险越大

16. 下列因素中不影响企业边际贡献的是（　　）。

A. 固定成本　　B. 销售单价　　C. 单位变动成本　　D. 产销量

二、多项选择题

1. 长期借款筹资与发行债券、融资租赁相比有以下特点（　　）。

A. 筹资速度快　B. 限制性条款少　C. 资金成本较低　D. 筹资数量有限

2. 下列关于公司债券的说法中正确的是（　　）。

A. 按是否记名，分为记名债券和无记名债券

B. 提前偿还所支付的价格通常高于债券的面值

C. 债券偿还分为提前偿还和分批偿还两种形式

D. 和银行借款比，资本成本高

3. 相对于股权融资而言，长期银行借款筹资的优点有（　　）。

A. 筹资风险小　B. 筹资速度快　C. 资本成本低　D. 筹资数额大

4. 相对于发行债券和利用银行借款购买设备而言，通过融资租赁方式取得设备的主要特点是（　　）。

A. 免遭设备陈旧过时的风险　　B. 限制条件较少

C. 资金成本高　　D. 财务风险大

5. 相对于债务融资方式而言，采用股权筹资的缺点是（　　）。

A. 资金成本负担较重　　B. 容易分散企业的控制权

C. 有利于降低财务风险　　　　　　　D. 信息沟通与披露成本较大

6. 融资租赁的形式包括（　　）。

A. 直接租赁　　B. 杠杆租赁　　C. 售后租回　　D. 经营租赁

7. 下列各项中，属于融资租赁租金构成项目的是（　　）。

A. 租赁设备的价款与净残值　　　　B. 租赁期间的利息

C. 租赁手续费　　　　　　　　　　D. 租赁设备维护费

8. 企业在采用吸收直接投资方式筹集资金时，投资者的出资方式可以有（　　）。

A. 以货币资产出资　　　　　　　　B. 以实物资产出资

C. 以工业产权出资　　　　　　　　D. 以土地使用权出资

9. 企业筹资应遵循的基本原则包括（　　）。

A. 分析生产经营情况，正确预测资金需要量

B. 合理安排筹资时间，适时取得资金

C. 遵守国家法律法规，合法筹措资金

D. 研究各种筹资方式，优化资本结构

10. 企业留存收益的来源渠道不包括（　　）。

A. 计提偿债基金　　　　　　　　　B. 计提盈余公积金

C. 未分配利润　　　　　　　　　　D. 资本公积金

11. 在计算个别资金成本时，需要考虑所得税抵减作用的筹资方式有（　　）。

A. 银行借款　　B. 长期债券　　C. 留存收益　　D. 普通股票

12. 关于普通股资金成本率的计算，下列说法中正确的是（　　）。

A. 股票的 β 系数越大，其资金成本率越高

B. 无风险利率不影响普通股资金成本率

C. 普通股的资金成本率就是投资者进行投资的必要报酬率

D. 预期股利增长率越大，普通股成本率越高

13. 在边际贡献大于固定成本的情况下，下列措施中有利于降低企业总风险的有（　　）。

A. 增加产品销量　　　　　　　　　B. 提高产品单价

C. 提高资产负债率　　　　　　　　D. 节约固定成本支出

14. 当财务杠杆系数为 1 时，下列表述中不正确的是（　　）。

A. 息税前利润增长率为 0

B. 息税前利润为 0

C. 普通股每股利润变动率等于息税前利润变动率

D. 固定经营成本为 0

15. 下列关于经营杠杆系数的叙述中，不正确的有（　　）。

A. 经营杠杆系数指的是息税前利润变动率相当于产销量变动率的倍数

B. 固定成本不变，销售额越大，经营杆杆系数就越大，经营风险就越小

C. 经营杠杆系数表明经营杠杆是利润不稳定的根源

D. 降低经营杠杆系数的措施有增加销售额、降低单位变动成本和固定成本

16. 下列属于影响资本结构因素的是（　　）。

A. 企业财务状况　　　　　　　　B. 企业销售情况

C. 贷款人和信用评级机构的影响　　D. 所得税税率的高低

17. 假设杠杆系数简化公式的分子、分母均大于0，在其他条件不变的情况下，下列各项中可以降低总杠杆系数的有（　　）。

A. 降低单位变动成本　　　　　　B. 降低单位边际贡献

C. 提高产品销售价格　　　　　　D. 减少固定利息

18. 关于每股收益无差别点的决策原则，下列说法中正确的是（　　）。

A. 对于负债和普通股筹资方式来说，当预计 *EBIT* 大于每股利润无差别点的 *EBIT* 时，应选择负债筹资

B. 对于负债和普通股筹资方式来说，当预计 *EBIT* 大于每股利润无差别点的 *EBIT* 时，应选择普通股筹资

C. 对于优先股和普通股筹资方式来说，当预计 *EBIT* 大于每股利润无差别点的 *EBIT* 时，应选择优先股筹资

D. 对于负债和优先股筹资方式来说，当预计 *EBIT* 大于每股利润无差别点的 *EBIT* 时，应选择负债筹资

三、判断题

1. 在其他因素不变的情况下，固定成本越小，经营杠杆系数越小，经营风险也越小。（　　）

2. 经营杠杆不是经营风险的来源，只是放大了经营风险。（　　）

3. 当企业的经营杠杆系数等于1时，企业的固定成本为0，此时企业仍然存在经营风险。（　　）

4. 一个公司只要负债筹资为0，就不会产生财务杠杆效应。（　　）

5. 由于总杠杆的作用，息税前利润的变动会引起每股利润更大幅度的变动。（　　）

6. 一个公司如果没有财务风险，就没有经营风险；反之，没有经营风险，也就没有财务风险。（　　）

7. 留存收益成本的计算与债券基本相同，但不用考虑筹资费用。（　　）

8. 企业权益资金可通过商业信用、利用留存收益和吸收直接投资等方式进行筹集。（　　）

9. 资本成本一般用相对数表示，即表示为用资费用与筹资费用的比率。（　　）

10. 资本成本是投资人对投入资金所要求的最低收益率，也可作为判断投资项目是否可行的取舍标准。（　　）

11. 债券成本中的利息在税后支付，不具有减税效应。（　　）

12. 普通股股东具有的权利包括优先认股权。（　　）

四、计算题

1. 某公司2×07—2×11年现金占用与销售收入之间的关系如下表4-15所示：

表 4-15　某公司现金占用与销售收入的有关资料　　元

年　度	销售收入	现金占用
2×07	180 000	120 000
2×08	210 000	135 000
2×09	204 000	132 000
2×10	240 000	150 000
2×11	230 000	160 000

要求：根据以上资料运用高低点法预测 2×12 年需占用的现金额（假设 2×12 年的销售收入为 300 000 元）。

2. 已知某司 2×11 年销售收入为 20 000 万元，销售净利润率为 12%，净利润的 60%分配给投资者。2×11 年 12 月 31 日的资产负债表（简表）如下表 4-16 所示：

表 4-16　资产负债表（简表）

2×11 年 12 月 31 日　　万元

资　产	期末余额	负债及所有者权益	期末余额
货币资金	1 000	应付账款	1 000
应收账款净额	3 000	应付票据	2 000
存货	6 000	长期借款	9 000
固定资产净值	7 000	实收资本	4 000
无形资产	1 000	留存收益	2 000
资产总计	18 000	负债及所有者权益	18 000

该公司 2×12 年计划销售收入比上年增长 30%，为实现这一目标，公司需新增设备一台，价值 148 万元。据历年财务数据分析，公司流动资产和流动负债随销售额同比率增减。公司如需对外筹资，可通过按面值发行票面年利率为 10%、期限为 10 年、每年年末付息的公司债券解决。假设该公司 2×12 年的销售净利率和利润分配政策与上年保持一致，公司债券发行费用可忽略不计，适用的所得税税率为 25%。

要求：

(1) 计算 2×12 年公司需增加的营运资金；

(2) 预测 2×12 年需要对外筹集的资金量；

(3) 计算发行债券的成本。

3. 某公司发行普通股 500 万元，发行价为 8 元/股，筹资费率为 5%，第一年预期股利为 0.8 元/股，以后各年增长 2%；该公司股票的 β 系数为 1.2，无风险利率为 9%，市场上所有股票的平均收益率为 12%。

要求：根据上述资料使用股利折现模型、资本资产定价模型分别计算普通股的资金成本。

4. 某企业资本总额为 2 000 万元，负债和权益筹资额的比例为 2∶3，债务利率为 12%，当前销售额为 1 000 万元，息税前利润为 200 万。

要求：计算财务杠杆系数。

5. 某公司年营业收入为 500 万元，变动成本率为 40%，经营杠杆系数为 1.5，财务杠杆系数为 2。如果固定成本增加 50 万元。

要求：计算新的总杠杆系数。

6. 某公司计划投资某一项目，原始投资额为 200 万元，全部在建设起点一次投入，并于当年完工投产。投产后每年增加销售收入 90 万元，增加付现成本 21 万元。该项目固定资产预计使用 10 年，按直线法提取折旧，预计残值为 10 万元。该公司拟发行面值为 1 000 元、票面年利率为 15%、期限为 10 年的债券 1 600 张，债券的筹资费率为 1%，剩余资金以发行优先股股票方式筹集，固定股利率为 19.4%，筹资费率为 3%，假设市场利率为 15%，所得税税率为 34%。

要求：

(1) 计算债券发行价格；

(2) 计算债券成本率、优先股成本率和项目综合成本率。

7. 某公司是一家销售 A 产品的上市公司，发行在外的普通股股数为 2 500 万股，2×10年和 2×11 年的利息费用均为 120 万元，企业适用的所得税税率为 25%，有关生产经营的资料见下表 4-17：

表 4-17　某公司有关生产经营的资料　　元

项　目	2×10 年	2×11 年
销售量（万件）	9	10.2
销售单价	500	500
单位变动成本	350	350
固定经营成本	3 600 000	3 600 000

要求：

(1) 计算 2×10 年该企业的边际贡献、息税前利润、净利润和每股收益；

(2) 计算 2×11 年该企业的边际贡献、息税前利润、净利润和每股收益；

(3) 计算 2×11 年该企业的经营杠杆系数、财务杠杆系数和总杠杆系数；

(4) 计算 2×12 年该企业的经营杠杆系数、财务杠杆系数和总杠杆系数。

五、技能训练

1. 已知：某公司 2×11 年 12 月 31 日的长期负债及所有者权益总额为 18 000 万元，其中，发行在外的普通股 8 000 万股（每股面值 1 元），公司债券 2 000 万元（按面值发行，票面年利率为 8%，每年年末付息，3 年后到期），资本公积 4 000 万元，其余均为留存收益。

2×12 年 1 月 1 日，该公司拟投资一个新的建设项目需追加筹资 2 000 万元，现有 A、B 两个筹资方案可供选择。A 方案为：发行普通股，预计每股发行价格为 5 元。B 方案为：按面值发行票面年利率为 8% 的公司债券（每年年末付息）。假定该建设项目投产后，2×11 年度公司可实现息税前利润 4 000 万元。公司适用的所得税税率为 25%。

要求：

(1) 计算 A 方案的下列指标：增发普通股的股份数；2×12 年该公司的全年债券利息。

(2) 计算 B 方案下 2×12 年该公司的全年债券利息。

(3) 计算 A、B 两个方案的每股利润无差别点；为该公司作出筹资决策。

2. 三洋公司原有资本 1 000 万元，其中，长期借款 400 万元，借款年利率 7.5%；普通股 600 万元，普通股股数 12 万股，刚刚支付的每股股利为 1.2 元，预计股利年增长率为 3%，目前股票的市价为 30 元/股。企业所得税税率为 25%。由于扩大业务，需追加筹资 300 万元，预计筹资后的息税前利润为 300 万元，其筹资方式有以下两个（假设筹资费用可以忽略）：

方案一是全部发行普通股：增发 12 万股，每股市价降至 25 元，假设其他条件不变；

方案二是全部按面值发行债券：债券利率为 10%，普通股每股市价降至 20 元，假设其他条件不变。

要求：

(1) 计算普通股筹资与债券筹资每股利润无差别点的息税前利润；

(2) 分别计算两个方案筹资前后的加权平均资本成本；

(3) 分别使用每股收益无差别点法和比较资金成本法进行决策，如果决策结果不一致请说明两种方法产生差异的原因。

3. 三洋公司初始成立时需要资本总额 7 000 万元，有以下三种筹资方案（见表 4-18）：

表 4-18 某企业三种筹资方案的有关资料 万元

筹资方式	方案一		方案二		方案三	
	筹资金额	资本成本(%)	筹资金额	资本成本(%)	筹资金额	资本成本(%)
长期借款	500	4.5	800	5.25	500	4.5
长期债券	1 000	6	1 200	6	2 000	6.75
优先股	500	10	500	10	500	10
普通股	5 000	15	4 500	14	4 000	13
资本合计	7 000	—	7 000	—	7 000	—

其他资料：表中债务资本成本均为税后资本成本，所得税税率为 25%。

要求：采用资本成本比较法选择相对较优的筹资方案。

4. 三洋公司原资本结构如下表 4-19 所示：

表 4-19 三洋公司资本结构的资料 万元

筹资方式	金 额
债券（按面值发行，年利率 10%）	4 000
普通股（每股面值 1 元，发行价 10 元，共 500 万股）	5 000
合 计	9 000

目前，普通股的每股市价为 11 元，预期第一年的股利为 1.1 元，以后每年以固定的增长率 4%增长，不考虑证券筹资费用，企业适用的所得税税率为 25%。

企业目前拟增资 1 000 万元投资于新项目，有以下两个方案可供选择：

方案一：按折价 15%发行 1 000 万元债券，债券年利率 8%，同时由于企业风险的增加，所以普通股的市价降为 10 元/股（股利政策不变）；

方案二：按溢价 20%发行 340 万元债券，债券年利率 9%，同时按照 11 元/股的价格发行普通股股票筹集 660 万元资金（股利政策不变）。

要求：采用比较资金成本法判断企业应采用哪一种方案。

5. 三洋公司根据历史资料统计的业务量与资金需求量的有关情况如下表 4-20 所示：

表 4-20 三洋公司业务量与资金需求量的有关资料 万元

年 度	2×07	2×08	2×09	2×10	2×11
业务量（万件）	80	95	86	75	92
资金需求量	165	180	173	150	190

已知该公司 2×12 年预计的业务量为 100 万件。

要求：

（1）采用高低点法预测该公司 2×12 年的资金需求量；

（2）采用回归直线法预测该公司 2×12 年的资金需求量；

（3）简述两种资金需求量预测方法的特点。

6. 三洋公司息前税前利润为 600 万元，公司适用的所得税税率为 25%。公司目前账面总资金为 2 000 万元，其中，80%由普通股资金构成，股票账面价值为 1 600 万元；20%由债券资金构成，债券账面价值为 400 万元，假设债券市场价值与其账面价值基本一致。该公司认为目前的资本结构不够合理，准备用发行债券购回股票的办法予以调整。经咨询调查，目前债务利息和权益资金的成本情况见下表 4-21：

表 4-21　三洋公司的债务利息与权益资本成本的相关资料　　万元

债券市场价值	债券利息率（%）	股票的 β 系数	无风险收益率（%）	平均风险股票的必要收益率（%）	权益资本成本（%）
400	8	1.4	6	16	A
600	10	1.42	6	B	20.2
800	12	1.6	6	16	C
1000	14	2.0	D	16	26

要求：

（1）填写表 4-21 中用字母表示的空格；

（2）填写表 4-22“公司市场价值与企业加权平均资本成本计算表”（以市场价值为权重）中用字母表示的空格。

表 4-22　三洋公司市场价值与企业加权平均资本成本的计算　　万元

债券市场价值	股票市场价值	公司市场总价值	债券资金比重（%）	股票资金比重（%）	债券资本成本（%）	权益资本成本（%）	加权平均资本成本（%）
400	E	F	G	H	I	J	K
600	2 004.95	2 604.95	23.03	76.97	7.5	20.20	17.27
800	1 718.18	2 518.18	31.77	68.23	9	22	17.87
1000	L	M	N	O	P	Q	R

（3）根据表 4-22 的计算结果，确定该公司最优资本结构。

项目五　项目投资管理

【项目导读】

项目投资是指以特定建设项目为投资对象的一种长期投资行为，是属于直接投资范畴的企业内部投资。项目投资管理是企业财务管理的重要内容之一，对投资项目的可行性分析、财务可行性要素的测算及投资项目的现金流量分析是项目投资管理的基础性、前提性工作，又是本项目的一个重点任务。本项目的另一个重点任务是各种用于项目投资决策的评价指标，如投资回收期、净现值、内部收益率等在项目投资决策中的应用。

【知识目标】

1. 了解项目投资的概念、类型；
2. 理解项目投资决策的程序及应遵循的原则；
3. 理解现金流量的概念及构成内容，并能对各种投资项目的财务可行性要素进行估算；
4. 了解各动态评价指标之间的关系；
5. 掌握各种静态与动态指标的含义、计算方法及评价标准；
6. 掌握项目投资决策评价指标的应用，并能作出项目投资决策。

【能力目标】

1. 通过现金流量测算的学习，提高分析复杂问题的能力；
2. 通过各种投资决策方法的学习，提高项目投资决策的能力。

【引导案例】

东方公司是生产微波炉的中型企业。该公司生产的微波炉质量优良、价格合理，近几年来一直供不应求。为了扩大生产能力，该公司准备新建一条生产线。李强是该公司投资部的工作人员，主要负责投资的具体工作。该公司财务总监要求李强收集建设新生产线的相关资料，写出投资项目的财务评价报告，以供公司领导决策参考。

李强经过半个月的调研，得出以下有关资料。该生产线的初始投资为 57.5 万元，分两年投入。第一年年初投入 40 万元，第二年年初投入 17.5 万元。第二年可完成建设并正式投产。投产后每年可生产微波炉 1 000 台，每台销售价格为 800 元，每年可获得销售收入 80 万元。投资项目预计可使用 5 年，5 年后的残值可忽略不计。在投资项目经营期内需垫支流动资金 15 万元，这笔资金在项目结束时可如数收回。该项目生产的产品年总成本的构成情况为：原材 40 万元；工资费用 8 万元；管理费（不含折旧）7 万元；折旧费 10.5 万元。

李强又对本公司的各种资金来源进行了分析研究，得出该公司加权平均资金成本为8%。该公司所得税税率为25%。

李强根据以上资料计算出该投资项目的营业现金净流量、现金净流量及净现值，并把这些数据资料提供给公司高层领导参加的投资决策会议。

在公司领导会议上，李强对他提供的有关数据作了必要说明。他认为，建设新生产线的净现值大于0，因此这个项目是可行的。

公司领导会议对李强提供的资料进行了研究分析，认为李强在收集资料方面做出了很大的努力，计算方法正确，但却忽略了物价变动问题，这使得李强提供的信息失去了客观性和准确性。

公司财务总监认为，在项目投资和使用期间内，通货膨胀率大约为6%左右。他要求有关负责人认真研究通货膨胀对投资项目各有关方面的影响。

生产部经理认为，由于物价变动的影响，原材料费用每年将增加10%，工资费用也将每年增加8%。财务部经理认为，扣除折旧后的管理费每年将增加4%，折旧费每年仍为10.5万元。销售部经理认为，产品销售价格预计每年可增加8%。公司总经理指出，除了考虑通货膨胀对现金流量的影响以外，还要考虑通货膨胀对货币购买力的影响。

公司领导会议决定，要求李强根据以上各部门的意见，重新计算投资项目的现金流量和净现值，提交下次会议讨论。

任务一　项目投资的现金流量测算

【任务描述】

项目投资的现金流量测算是项目投资的重要环节之一。项目投资的现金流量测算的精确度越高，项目投资决策的准确度也就越高；反之亦然。本任务主要包含单纯固定资产投资项目、完整工业投资项目和更新改造投资项目三种常见的投资项目的现金流量的内容及其现金流量的测算方法。

【背景知识一】

一、项目投资管理概述

（一）投资的含义和种类

1. 投资的含义

投资是指特定经济主体（包括国家、企业和个人）为了在未来可预见的时期内获得收益或使资金增值，在一定时期向一定领域的标的物投放足够数额的资金或实物等货币等价物的经济行为。从特定企业角度看，投资就是企业为获取收益而向一定对象投放资金的行为。

2. 投资的种类

企业投资的内容非常广泛，根据需要可以从不同的角度、按不同的标志分为以下几种类型：

（1）投资按照其与企业生产经营的关系不同，可分为直接投资和间接投资。直接投资是指由投资人直接介入投资行为，即将货币资金直接投入投资项目，形成实物资产或者购买现有企业资产的一种投资。其特点是投资行为可以直接将投资者与投资对象联系在一起。间接投资是指投资者以其资本购买公债、公司债券、金融债券或公司股票等，以预期获取一定收益的投资，也称为证券投资。

（2）投资按照投入的领域不同，可分为生产性投资和非生产性投资。生产性投资是指将资金投入生产、建设等物质生产领域中，并能够形成生产能力或可以产生出生产资料的一种投资，又称为生产资料投资。这种投资的最终成果将形成各种生产性资产，包括固定资产投资、无形资产投资、其他资产投资和流动资金投资。其中，前三项属于垫支资本投资，后者属于周转资本投资。非生产性投资是指将资金投入非物质生产领域中，不能形成生产力，但能形成社会消费或服务能力，满足人民的物质文化生活需要的一种投资。这种投资的最终成果是形成各种非生产性资产。

（3）投资按照其方向不同，分为对内投资和对外投资。从企业的角度来看，对内投资就是项目投资，是指企业将资金投放于为取得供本企业生产经营使用的固定资产、无形资产、其他资产和垫支流动资金而形成的一种投资。对外投资是指企业为购买国家及其他企业发行的有价证券或其他金融产品（包括期货与期权、信托、保险），或以货币资金、实物资产、无形资产向其他企业（如联营企业、子公司等）注入资金而发生的投资。

（4）投资按照其限期的长短不同，可分为短期投资和长期投资。短期投资又称为流动资产投资，是指在1年以内能收回的投资，主要指对货币资金、应收账款、存货、短期有价证券的投资。长期投资是指1年以上才能收回的投资，主要指对厂房、机器设备等固定资产的投资，也包括对无形资产和长期有价证券的投资。由于长期投资中固定资产投资所占的比重最大，所以，长期投资有时专指固定资产投资。

（5）投资按照其内容不同，分为固定资产投资、无形资产投资、其他资产投资、流动资产投资、房地产投资、有价证券投资、期货与期权投资、信托投资和保险投资等多种形式。

（二）投资的原则

企业投资的目的是为了增加利润和企业价值。企业能否实现这一目标，关键在于能否在多变的市场环境下，抓住有利的机会，作出合理的投资决策。为此，企业在投资时要坚持以下原则：

1. 认真地进行市场调查，及时捕捉投资机会

捕捉投资机会是企业投资活动的起点，也是企业投资决策的关键。在市场经济条件下，投资机会不是固定的，而是不断变化的，它受市场需求等诸多因素影响。企业在投资之前，必须认真进行市场调研和分析，寻找最有利的投资机会。市场是不断变化和发展的，对于市场和投资机会的关系，也应从动态的角度加以把握。正是由于市场的不断变化和发展，人们收入水平不断提高，人们对消费的需求也就发生很大的变化，无数的投资机会正是在这种变化中产生的。

2. 建立科学的投资决策程序，认真进行投资项目的可行性分析

在市场经济条件下，企业的投资决策都会面临一定程度的风险。为保证投资决策的正确有效，必须按照科学的投资决策程序，认真进行投资项目的可行性分析。投资项目可行性分析的主要任务是，对投资项目技术上的可行性和经济上的有效性进行论证，运用各种方法计算出有关指标，以便合理确定不同项目的优劣。财务部门是对企业的资金进行规划和控制的部门，财务人员必须参与投资项目的可行性分析。

3. 及时足额筹集资金，保证投资项目的资金供应

企业的投资项目，特别是大型投资项目，建设工期长，所需资金多，一旦开工，一般难以改变。所以企业的后续资金供应就非常重要。否则，会给企业造成很大的损失，有时甚至会动摇企业的根基。

4. 认真分析风险和收益的关系，适当控制企业的投资风险

收益和风险是一对共同体，企业收益的增加是以风险的增大为代价的。企业在进行投资时，必须在考虑收益的同时，认真考虑投资项目的风险，只有在收益和风险达到比较好的均衡时，才有可能不断增加企业价值，实现财务管理的目标。

（三）项目投资的概念

所谓项目投资，是指以特定建设项目为投资对象的一种长期投资行为，是属于直接投资范畴的企业内部投资。

项目投资是一种以特定建设项目为对象，直接与新建项目或更新改造项目有关的长期投资行为。工业企业投资项目主要包括新建项目（含单纯固定资产投资项目和完整工业投资项目）和更新改造项目。单纯固定资产投资项目是指只涉及固定资产投资而不涉及无形资产、其他资产投资和流动资金投资的建设项目。它以新增生产能力、提高生产效率为特征。完整工业投资项目简称新建项目，是以新增工业生产能力为主的投资项目，其投资内容不仅包括固定资产投资，而且还包括流动资金的建设项目。固定资产更新改造项目分为以恢复固定资产生产效率为目的的更新项目和以改善企业经营条件为目的的改造项目两种类型。

（四）项目投资的特点和意义

与其他形式的投资相比，项目投资具有投资内容独特（每个项目都至少涉及一项形成固定资产的投资）、投资数额大、影响时间长（至少1年或一个营业周期以上）、发生频率低、变现能力差和投资风险高的特点。

从宏观角度看，项目投资有以下两方面积极意义：

第一，项目投资是实现社会资本积累功能的主要途径，也是扩大社会再生产的重要手段，有助于促进社会经济的长期可持续发展；

第二，增加项目投资能够为社会提供更多的就业机会，提高社会总供给量，不仅可以满足社会需求的不断增长，而且会最终拉动社会消费的增长。

从微观角度看，项目投资有以下三个方面的积极意义：

第一，增强投资者经济实力。投资者通过项目投资，扩大其资本积累规模，提高其收益能力，增强其抵御风险的能力。

第二，提高投资者创新能力。投资者通过自主研发和购买知识产权，结合投资项目的实施，实现科技成果的商品化和产业化，不仅可以不断地获得技术创新，而且能

够为科技转化为生产力提供更好的业务操作平台。

第三，提升投资者市场竞争能力。市场竞争不仅是人才的竞争、产品的竞争，而且从根本上说是投资项目的竞争。一个不具备核心竞争力的投资项目，是注定要失败的。无论是投资实践的成功经验还是失败的教训，都有助于促进投资者自觉按市场规律办事，不断提升其市场竞争力。

（五）项目投资决策的影响因素

所谓项目投资决策，是指特定投资主体根据其经营战略和方针，由相关管理人员作出的有关投资目标、拟投资方向或投资领域的确定和投资实施方案的选择的过程。

一般而言，项目投资决策主要考虑以下因素：

1. 需求因素

需求情况可以通过考察投资项目建成投产后预计产品的各年营业收入（即预计销售单价与预计销量的乘积）的水平来反映。如果项目的产品不适销对路，或质量不符合要求，或产能不足，都会直接影响其未来的市场销路和价格的水平。其中，产品是否符合市场需求、质量应达到什么标准，取决于对未来市场的需求分析和工艺技术所达到的水平的分析；而产能情况则直接取决于工厂布局是否合理、原材料供应是否有保证，以及对生产能力和运输能力的分析。

2. 时期因素和时间价值因素

（1）时期因素。时期因素是由项目计算期的构成情况决定的。项目计算期是指投资项目从投资建设开始到最终清理结束整个过程的全部时间，包括建设期和运营期（具体又包括投产期和达产期）。其中，建设期是指从项目资金正式投入开始到项目建成投产为止所需要的时间，建设期的第一年年初称为建设起点，建设期的最后一年年末称为投产日。在实践中，通常应参照项目建设的合理工期或项目的建设进度计划合理确定建设期。项目计算期的最后一年年末称为终结点，假定项目最终报废或清理均发生在终结点（但更新改造除外）。从投产日到终结点之间的时间间隔称为运营期，又包括试产期和达产期（完全达到设计生产能力）两个阶段。试产期是指项目投资生产，但生产能力尚未达到设计能力时的过度阶段。达产期是指生产运营达到设计预期水平后的时间。运营期一般应根据项目主要设备的经济使用寿命期确定。

项目计算期、建设期和运营期之间有以下关系成立，即：

项目计算期＝建设期 ＋ 运营期

【例 5-1】 A 企业拟投资新建一个项目，在建设起点开始投资，历经两年后投产。试产期为 1 年，主要固定资产的预计使用寿命为 10 年。

要求：根据上述资料，估算该项目的各项指标。

【实例分析】

由题意可知，建设期为 2 年、运营期为 10 年，可得出：

达产期 ＝ 10 － 1 ＝ 9(年)

项目计算期 ＝ 2 ＋ 10 ＝ 12(年)

（2）时间价值因素。时间价值因素是指根据项目计算期不同时点上价值数据的特征，按照一定的折现率对其进行折算，从而计算出相关的动态项目评价指标。因此，科学地选择适当的折现率，对于正确开展投资决策至关重要。

3. 成本因素

(1) 投入阶段的成本。它是由建设期和运营期初期发生的原始投资所决定的。从项目投资的角度看，原始投资（又称初始投资）等于企业为使该项目完全达到设计生产能力、开展正常经营而投入的全部现实资金，包括建设投资和流动资金投资两项内容。建设投资是指在建设期内按一定生产经营规模和建设内容进行的投资。流量资金投资是指项目投产后分次或一次投放于营运资金项目的投资增加额，又称垫支流动资金或营运资金投资。在财务可行性评价中，原始投资与建设期资本化利息之和为项目总投资，这是一个反映项目投资总体规模的指标。

【例 5-2】 B 企业拟新建一条生产线项目，建设期为 2 年，运营期为 20 年。全部建设投资分别安排在建设起点、建设期第 2 年年初和建设期期末分三次投入，投资额分别为 100 万元、300 万元和 68 万元；全部流动资金投资安排在投产后第一年和第二年年末分两次投入，投资额分别为 15 万元和 5 万元。根据项目筹资方案的安排，建设期资本化借款利息为 22 万元。

要求：根据上述资料，估算该项目各项指标。

【实例分析】 建设投资合计 = 100 + 300 + 68 = 468(万元)

流动资金投资合计 = 15 + 5 = 20(万元)

原始投资 = 468 + 20 = 488(万元)

项目总投资 = 488 + 22 = 510(万元)

(2) 产出阶段的成本。它是由运营期发生的经营成本、营业税金及附加和企业所得税三个因素所决定的。经营成本又称付现的劳动成本（或简称付现成本），是指在运营期内为满足正常生产经营而动用货币资金支付的成本费用。从企业投资者的角度看，营业税金及附加和企业所得税都属于成本费用的范畴，因此，在投资决策中需要考虑这些因素。

严格地说，各项广义成本因素中除所得税因素外，均需综合考虑项目的工艺、技术、生产和财务条件，通过开展相关的专业分析才能予以确定。

4. 投资风险和投资收益因素

投资风险是指由于未来各因素的不确定性，而产生的投入的本金和预期收益或损失减少的可能性。如果进行某项投资，投资者的目的当然是为了获得一定的收益，但其投资结果也可能无法实现其预期目标，这种可能性的存在就已经表明投资风险的存在，而且一般认为这种可能性越大，风险就越大。对企业来说，出于种种原因的影响，其任何投资活动都会处于或大或小的风险之中。

所以，为了将投资决策分析工作建立在科学的基础之上，企业必须对投资风险进行综合性的研究，以便将其对企业投资活动的不利影响控制在最低程度。

同时，由于风险反感（假设两个投资方案的预期投资收益率相同，而一个风险小些，另一个风险大些，投资者肯定愿意选择前者，这种现象称之为风险反感）现象的存在，这就促使投资者在选择高风险项目时的基本条件是必须有足够高的预期收益率。简言之，风险程度越大，要求的投资报酬率越高。因此，在进行投资决策的风险评价中，与风险程度相对应的投资收益便成为衡量投资方案是否可行的一项重要因素。

（六）项目投资的程序

企业项目投资的程序主要包括以下几个步骤：

（1）提出投资领域和投资对象。这需要在把握良好投资机会的情况下，根据企业的长远发展战略、中长期投资计划和投资环境的变化来确定。

（2）评价投资方案的财务可行性。在分析和评价特定投资方案的经济、技术可行性的基础上，需要进一步评价其是否具备财务可行性。

（3）投资方案的比较与选择。在财务可行性评价的基础上，对可供选择的多个方案进行比较和选择。

（4）投资方案的执行。即投资行为的具体实施；

（5）投资方案的再评价。在投资方案的执行过程中，应注意原来作出的投资决策是否合理、正确。一旦出现新的情况，就要根据变化的情况做出新的评价和调整。

（七）项目投资分析的假设条件

（1）项目投资类型假设。假设项目投资只包括单纯固定资产投资项目、完整工业投资项目和更新改造投资项目三种类型。这些项目又可进一步分为不考虑所得税因素和考虑所得税因素的项目。

（2）财务可行性分析假设。假设投资决策是从企业投资者的立场出发，投资决策者确定现金流量就是为了进行项目财务可行性研究，该项目已经具备国民经济可行性和技术可行性。

（3）全投资假设。假设在确定项目的现金流量时，只考虑全部投资的运行情况，而不具体区分自有资金和借入资金等具体形式的现金流量。即使实际存在借入资金也将其作为自有资金对待。

（4）建设期投入全部资金假设。不论项目的原始总投资是一次投入还是分次投入，除个别情况外，假设它们都是在建设期内投入的。

（5）经营期与折旧年限一致假设。假设项目主要固定资产的折旧年限或使用年限与经营期相同。

（6）时点指标假设。为便于利用资金时间价值的形式，不论现金流量具体内容所涉及的价值指标实际上是时点指标还是时期指标，均假设按照年初或年末的时点指标处理。其中，建设投资在建设期内有关年度的年初或年末发生，流动资金投资则在建设期末发生；经营期内各年的收入、成本、折旧、摊销、税金等项目的确认均在年末发生；项目最终报废或清理均发生在终点（但更新改造项目除外）。

（7）确定性假设。假设与项目现金流量有关的价格、产销量、成本水平、所得税税率等因素均为已知常数。

（八）项目投资的可行性研究

可行性是指一项事物可以做到的、现实可行的、有成功把握的可能性。就企业投资项目而言，其可行性就是指对环境的不利影响最小，技术上具有先进性和适应性，产品在市场上能够被容纳或被接受，财务上具有合理性和较强的盈利能力，对国民经济有贡献，能够创造社会效益。

广义的可行性研究是指在现代环境中，组织一个长期投资项目之前，必须进行的有关该项目投资必要性的全面考察和系统分析，以及有关该项目未来在技术、财务乃至国民经济等诸方面能否实现其投资目标的综合论证和科学评价。它是有关决策人（包括宏观投资管理当局与投资当事人）作出正确可靠投资决策的前提与保证。

狭义的可行性研究专指在实施广义可行性研究过程中，与编制相关研究报告相联系的有关工作。

广义的可行性研究包括机会研究、初步可行性研究和最终可行性研究三个阶段，具体又包括环境与市场分析、技术与生产分析和财务可行性评价等主要分析内容。

二、项目投资财务可行性要素估算

财务可行性分析是指在已完成相关环境与市场分析、技术与生产分析的前提下，围绕已具备技术可行性的建设项目而开展的，有关该项目在财务方面是否具有投资可行性的一种专门分析评价。

财务可行性分析评价的重要前提是，按照一定定量分析技术估算所有的财务可行性要素，进而才能计算出有关的财务评价指标。

财务可行性是指在项目的财务可行性评价过程中，计算一系列财务可行性评价指标所必须予以充分考虑的、与项目直接有关的、能够反映项目投入产出关系的各种主要经济因素的统称。

财务可行性要素通常应具备重要性、可计量性、时间特征、效益性、收益性、可预测性和直接相关性等特征。

在进行财务可行性要素估算时必须注意的是，尽管相当多的要素与财务会计的指标在名称上完全相同，但由于可行性研究存在明显的特殊性，导致这些要素与财务会计指标在计量口径和估算方法方面往往大相径庭。因此，千万不能生搬硬套财务会计的现成结论。

从项目投入产出的角度看，可将新建工业投资项目的财务可行性要素划分为投入类和产出类两种类型。

（一）投入类财务可行性要素的估算

投入类财务可行性要素包括以下四项内容：在建设期发生的建设投资；在运营期初期发生的流动资金；在运营期发生的经营成本（付现成本）；在运营期发生的各种税金（包括营业税金及附加和企业所得税）。

1. 建设投资的估算

建设投资是建设期发生的主要投资，可分别按形成资产法和概算法进行估算，本书只介绍第一种估算方法。

形成资产法需要分别按形成固定资产的费用、形成无形资产的费用和形成其他资产投资的费用和预备费四项进行估算，此法是估算精度较高、应用较为广泛的一种估算方法。

（1）形成固定资产费用的估算。形成固定资产的费用是项目直接用于购置或安装固定资产应当发生的投资，具体包括建筑工程费、设备购置费、安装工程费和固定资产其他费用。任何建设项目都至少要包括一项形成固定资产费用的投资。形成固定资产费用的资金投入方式，可根据各项工程的工期安排和建设方式确定。为简化计算，当建设期为0（即取得的固定资产不需要建设和安装）或建设期不到1年，且为自营建造时，可假定预先在建设起点一次投入全部相关资金；当建设期达到或超过1年，且为自营建造时，可假定在建设起点和以后各年年初分次投入相关资金；当建设期超过1年，且为出包建造时，可假定在建设起点和建设期末分次投入相关资金。

（2）形成无形资产费用的估算。形成无形资产的费用是指项目直接用于取得专利权、商标权、非专利技术、土地使用权和特许权等无形资产而应当发生的投资。虽然商誉和著作权也属于无形资产的范畴，但新建项目通常不涉及这些内容，故在进行可行性研究时对其不予考虑。形成无形资产费用的资金投入方式，通常假定在建设期取得时一次投入。

①专利权和商标权的估算。在可行性研究中，应先确定项目是否通过外购或接受投资方式取得上述产权的合法所有权。如果只是短期取得某项专利权或商标的使用权，就不能将其作为无形资产进行评估；若可通过外购方式取得上述产权，则可按预计的取得成本估算；若属于投资转入，则可按约定作价或评估价进行估算。新建项目通常很少发生自创专利权和商标权的情况，若确有发生，可按成本法或市价法进行估算。

②非专利技术的估算。可根据非专利技术的取得方式分别对待。若从外部一次性购入，可按取得成本估算；若作为投资转入，可按市价法或收益法进行估算。

③土地使用权的估算。可按土地使用权的不同取得方式估算。如通过有偿转让方式取得土地使用权，则应按照预计发生的取得成本——土地使用权出让金估算；若属于投资方投资转入的土地使用权，可按投资合同或协议约定的价值，也可按公允价值估算。

按照我国《企业会计准则》的规定，用于企业自行开发建造厂房建筑物的土地使用权，不得列作固定资产价值。

特许权的估算。在项目可行性研究中，对项目有偿取得的永久或长期使用的特许权，按取得成本进行估算。

（3）形成其他资产费用的估算。形成其他资产的费用是指建设投资中除形成固定资产和无形资产的费用以外的部分，包括生产准备费和开办费两项内容。生产准备费的资金投入方式，可假定在建设期末一次投入。开办费的资金投入方式，可假定在建设期内分次投入。

①生产准备费的估算。生产准备费是指新建项目或新增生产能力的企业为确保投产期初期进行必要的生产准备而应发生的费用，包括职工培训费、提前进厂熟悉工艺及设备性能人员的相关费用。生产准备费可按需要培训和预计培训费用标准，以及需要提前进厂的职工人数和相关费用标准进行估算；也可按工程费用和生产准备费率估算。

②开办费的估算。开办费是指在企业筹建期发生的，不能计入固定资产和无形资产，也不属于生产准备费的各项费用。它可按工程费用和开办费率估算。

（4）预备费的估算。预备费又称不可预见费，是指在可行性研究中难以预料的投资支出，包括基本预备费和涨价预备费。预备费的资金投入方式，可假定在建设期末一次投入。

①基本预备费的估算。基本预备费是指由于建设期发生一般自然灾害而带来的工程损失或为防范自然灾害而采取措施所追加的投资，又称工程建设不可预见费。它可按形成固定资产、无形资产和其他资产的费用的合计乘以基本预备费率来估算。

②涨价预备费的估算。涨价预备费是指为应付建设期内可能发生的通货膨胀而预留的投资，又称价格上涨不可预见费。涨价预备费通常要根据工程费用和建设期预计通货膨胀率来估算。

2. 流动资金投资的估算

流动资金投资可分别按分项详细估算法和扩大指标估算法进行估算，本任务只介绍第一种方法。

分项详细估算法是根据投资项目在运营期内主要流动资产和流动负债要素的最低周转天数和预计周转额分别估算每一流动项目的占用额，进而确定各年流动资金投资的一种方法。流动资金投资属于垫付周转金，其资金投入方式也包括一次投入和分次投入两种形式。如果是一次投入，则假定发生在投产第一年年末；如果是分次投入，则假定发生在投产后连续的若干年年末。分项详细估算法的基本公式如下：

某年流到资金投资额（垫支数）＝本年流动资金需用额－截止上年的流动资金投资额

或＝本年流动资金需用额－上年流动资金需用额

本年流动资金需用额＝该年流动资金需用额－该年流动负债需用额

【例 5-3】某企业拟建的生产线项目，预计投产第一年的流动资金需用额为 30 万元，流动负债需用额为 15 万元；预计投产第二年流动资金需用额为 40 万元，流动负债需用额为 20 万元。

要求：根据上述资料，估算该项目的各项指标。

【实例分析】

投产第一年的流动资金需用额 ＝30－15＝15（万元）

第一次流动资金投资额 ＝15－0＝15（万元）

投产第二年的流动资金需用额 ＝40－20＝20（万元）

第二次流动资金投资额 ＝20－15＝5（万元）

流动资金投资合计 ＝15＋5＝20（万元）

（1）流动资产项目的估算。为简化计算，在进行财务可行性评价时假定有下式成立：

某年流动资产需用额 ＝ 该年存货需用额＋该年应收账款需用额＋该年预付账款需用额＋该年现金需用额

① 存货需用额的估算。存货需用额的估算公式如下：

存货需用额 ＝ 外购原材料需用额＋外购燃料动力需用额＋其他材料需用额＋在产品需用额＋产成品需用额

上式中各项的计算公式为：

$$外购原材料需用额=\frac{年外购原材料费用}{外购原材料的最多周转次数}$$

$$外购燃料动力需用额=\frac{年外购燃料动力费用}{外购燃料动力的最多周转次数}$$

$$其他材料需用额=\frac{年外购其他材料费用}{其他材料的最多周转次数}$$

在产品需用额=

$$\frac{年外购原材料费用+年外购燃料动力费用+年职工薪酬+年修理费+年其他制造费用}{在产品的最多周转次数}$$

$$产成品需用额=\frac{年经营成本-年销售费用}{产成品的最多周转次数}$$

上式中，其他制造费用是指从制造费用中扣除了所含原材料、外购燃料动力、职工薪酬、折旧费和修理费后的剩余部分。

②应收账款需用额的估算。应收账款需用额的估算公式为：

$$应收账款需用额=\frac{年经营成本}{应收账款的最多周转次数}$$

③ 预付账款需用额的估算。预付账款需用额的估算公式为：

$$预付账款需用额=\frac{外购商品或服务年费用金额}{预付账款的最多周转次数}$$

④现金需用额的估算。现金需用额的估算公式为：

$$现金需用额=\frac{年职工薪酬+年其他费用}{现金的最多周转次数}$$

上式中，其他费用是指从制造费用、管理费用和销售费用中扣除了所含的折旧费，以及无形资产和其他资产的摊销费、材料费、修理费、职工薪酬以后的剩余部分。其计算公式如下：

其他费用 = 制造费用 + 管理费用 + 销售费用 - 以上三项费用中所含的职工薪酬折旧费、摊销费和修理费用

(2) 流动负债项目的估算。为简化计算，在进行财务可行性评价时假定有下式成立：

流动负债需用额=应付账款需用额+预收账款需用额

应付账款需用额的估算。应付账款需用额的估算公式为：

$$应付账款需用额=\frac{年外购原材料、燃料动力及其他材料费用}{应付账款的最多周转次数}$$

预收账款需用额的估算。预收账款需用额的估算公式为：

$$预收账款需用额=\frac{年预收的营业收入额}{预收账款的最多周转次数}$$

3. 经营成本的估算

不论什么类型的投资项目，在运营期间都要发生经营成本，它的估算与具体的筹资方案无关。经营成本本来属于时期指标，为简化计算，可假定其发生在运营期各年的年末。

经营成本有加法和减法两种估算公式：

某年经营成本＝该年外购原材料燃料和动力费用＋该年职工薪酬＋该年修理费＋该年其他费用

某年经营成本＝该年不包括财务费用的总成本费用－该年折旧额－该年无形资金和其他资产的摊销额

上式中，折旧额和摊销额可根据本项目的固定资产原值、无形资产和其他资产数据，以及这些项目的折旧年限和摊销年限进行测算；不包括财务费用的总成本费用可按照运营期内一个标准年份的正常产销量和预计成本消耗水平进行测算，其计算公式为：

某年不包括财务费用的总成本费用＝该年固定成本（含费用）＋单位变动成本（含费用）×该年预计产销量

上述成本中既不包括固定性的财务费用，也不包括变动性的财务费用。

【例 5-4】 B企业拟建的生产线项目，预计投产后第1年外购原材料、燃料和动力费为48万元，职工薪酬为23.14万元，其他费用为4万元，年折旧费为20万元，无形资产摊销费为5万元，开办费摊销为3万元；第2～5年每年外购原材料、燃料和动力费为60万元，职工薪酬为30万元，其他费用为10万元，每年折旧费为20万元，无形资产摊销费为5万元；第6～20年每年不包括财务费用的总成本费用为160万元，其中，每年外购原材料、燃料和动力费为90万元，每年折旧费为20万元，无形资产摊销费为0。

要求：根据上述资料，估算该项目投产后各年经营成本和不包括财务费用的总成本费用指标。

【实例分析】

投产后第1年的经营成本 ＝48＋23.14＋4＝75.14(万元)

投产后第2～5年每年的经营成本 ＝60＋30＋10＝100(万元)

投产后第6～20年第年的经营成本 ＝160－20－0＝140(万元)

投产后第1年不包括财务费用的总成本费用＝75.14＋（20＋5＋3）
＝103.14（万元）

投产后第2～5年每年不包括财务费用的总成本费用＝100＋（20＋5＋0）
＝125（万元）

（二）产出类财务可行性要素的估算

产出类财务可行性要素包括以下四项内容：在运营期发生的营业收入；在运营期发生的补贴收入；通常在项目计算期末回收的固定资产余值；通常在项目计算期末回收的流动资金。

1. 营业收入的估算

营业收入应按项目在运营期内有关产品的各年预计单价（不含增值税）和预测销售量（假定运营期每期均可以自动实现产销平衡）进行估算。营业收入也属于时期指标，为简化计算，假定营业收入发生于运营期各年的年末。在项目只生产经营一种产品的条件下，营业收入的估算公式为：

年营业收入＝该年产品不含税单价 × 该年产品的产销量

【例 5-5】B企业拟建的生产线项目只生产一种产品，假定该产品的销售单价始终保持为 1 000 元/件的水平，预计投产后各年的产销量数据如下：第 1 年为 1 800 件，第 2～5年每年为 2 000 件，第 6～20 年每年为 3 000 件。

要求：根据上述资料，估算该项目各项指标。

【实例分析】

投产后第 1 年营业收入 = 1 000 × 1 800 = 180(万元)

第 2～5 年每年营业收入 = 1 000 × 2 000 = 200(万元)

第 6～20 年每年营业收入 = 1 000 × 3 000 = 300(万元)

2. 补贴收入的估算

补贴收入是与运营期收益有关的政府补贴，可根据政策退还的增值税、按销售量或工作量分期计算的定额补贴和财政补贴等予以估算。

3. 固定资产余值的估算

在进行财务可行性评价时，假定主要固定资产的折旧年限等于运营期，则终点回收的固定资产余值等于该主要固定资产的原值与其法定净残值率的乘积，或按事先确定的净残值率估算；在运营期内，因更新改造而提前回收的固定资产净损失等于其折余价值与预计可变现净收入的差额。

4. 回收流动资金的估算

当项目处于终结点时，所有垫付的流动资金都将退出周转，因此，在假定运营期内不存在因加速周转而提前回收流动资金的前提下，终结点一次回收的流动资金必然等于各年垫支的流动资金投资额的合计数。

在进行财务可行性评价时，将在终结点回收的固定资产余值和流动资金统称为回收额。

【例 5-6】假定B企业拟建生产线项目的固定资产原值在终结点的预计净残值为 40 万元，全部流动资金 20 万元在终结点一次回收。

要求：根据上述资料，估算该项目各项指标。

【实例分析】

回收的固定资产余值=40（万元）

回收的流动资金=20（万元）

回收额 = 40 + 20 = 60(万元)

三、现金流量

（一）现金流量的含义及构成

1. 现金流量的含义

在项目投资中，现金流量是指投资项目在其计算期内因资本循环而可能或应该发生的各种现金流入量和现金流出量、现金净流量的统称。现金流量是计算项目投资决策评价指标的主要依据之一。

项目投资决策所使用的现金概念，是指广义的现金，它不仅包含各种货币资金，而且还包括项目投入企业拥有的非货币资源的变现价值（或重置成本）。例如，一个项目需要使用原有的厂房、设备和材料等，则相关的现金流量是指它们的变现价值，而不是指其账面成本。

2. 现金流量的构成

投资决策中的现金流量，从时间上看包括以下三个组成部分：

(1) 初始现金流量。初始现金流量是指开始投资时发生的现金流量，一般包括固定资产投资、无形资产投资、开办费投资、流动资金投资和原有固定资产的变价收入等。

(2) 营业现金流量。营业现金流量是指投资项目投入使用后，在其寿命周期内由于生产经营所带来的现金流入和现金流出的数量。

(3) 终结现金流量。终结现金流量是指投资项目完成时所发生的现金流量，主要包括固定资产的残值收入或变价收入、收回垫支的流动资金和停业使用的土地变价收入等。

初始现金流量又可称为建设期现金流量；营业现金流量和终结现金流量又可称为运营期现金流量。

投资决策中的现金流量，从现金流动的方向上看又可分为以下几种：

(1) 现金流入量。现金流入量是指能够使投资方案的现实货币资金增加的项目，简称现金流入。

(2) 现金流出量。现金流出量是指能够使投资方案的现实货币减少或需要动用现金的项目，简称为现金流出。

(3) 现金净流量。现金净流量又称净现金流量，是指在项目计算期内每年现金流入量与同年现金流出量之间的差额所形成的序列指标，是一项重要的投资决策基础数据。

(二) 现金净流量的理论计算公式

某年现金净流量(NCF_t) = 该年现金流入量 − 该年现金流出量

显然，现金净流量具有以下两个特点：第一，无论是在经营期内还是在建设期内都存在净现值这个范畴；第二，由于项目计算期不同阶段上的现金流入和现金流出发生的可能性不同，使得各阶段上的现金净流量在数值上表现出不同的特点，如建设期内的净现金流量一般小于或等于0；在经营期内的现金净流量则多为正值。

净现金流量又包括所得税前净现金流量和所得税后净现金流量两种形式。其中，所得税前净现金流量不受融资方案和所得税政策变化的影响，是全面反映投资项目方案本身财务获利能力的基础数据。计算时，现金流出量的内容中不包括调整所得税因素。所得税后净现金流量则将所得税视为现金流出，可用于评价在考虑融资条件下项目投资对企业价值所作的贡献，可以在所得税前净现金流量的基础上，直接扣除调整所得税求得。

在实务中，企业需要编制项目投资现金流量表（见表5-1），测算相关的项目投资现金净流量的金额。

表 5-1 ×××投资项目现金流量表　　　　元

项目计算期	建设期			运营期							合计
	1	2	…	1	2	3	4	5	6	…	
1. 现金流入											
1.1 营业收入											
1.2 补贴收入											
1.3 回收固定资产余值											
1.4 回收流动资金											
2. 现金流出											
2.1 建设投资											
2.2 流动资金投资											
2.3 经营成本											
2.4 营业税金及附加											
2.5 维持运营投资											
3. 所得税前净现金流量											
4. 累计所得税前净现金流量											
5. 调整所得税											
6. 所得税后净现金流量											
7. 累计所得税后净现金流量											

(三) 现金流量与会计利润的关系

在会计核算时，利润是按照权责发生制确定的，而现金净流量是根据收付实现制确定的，两者既有联系又有区别。在投资决策中，研究的重点是现金流量，而把利润的研究放在次要的地位。

【任务实施】

子任务一　单纯固定资产投资项目的现金流量的测算

不同类型的投资项目，其现金流量的构成内容有一定差异。这里，我们从现金流量方向的角度简要分析不同类型的投资项目的现金流量的内容。在估算每年的现金流量时，从现金流量时间的角度估算各年的现金流量。

一、单纯固定资产投资项目的现金流量的内容

新建项目中的单纯固定资产投资项目简称固定资产项目，是指只涉及固定资产投资而不涉及其他长期投资和流动资金投资的项目。它往往以新增生产能力，提高生产效率为特征。

(一) 现金流入量的内容

现金流入量包括增加的营业收入和回收固定资产余值。

增加的营业收入是指该固定资产投入使用后每年新增的全部销售收入或业务收入；回收固定资产余值是指该固定资产在终结点报废清理时所回收的价值。

(二) 现金流出量的内容

现金流出量包括固定资产投资、新增经营成本和增加的各项税款。新增经营成本是指该固定资产投入使用后每年增加的经营成本；增加的各项税款是指该固定资产投入使用后，因收入的增加而增加的营业税、因应纳税所得额增加而增加的所得税等。

二、单纯固定资产投资项目的现金流量的测算

(一) 建设期净现金流量的测算

若原始投资都在建设期内投入，则建设期的净现金流量可按下式计算：

建设期某年净现金流量＝－投资额

或 $NCF_t=-I_t\ (t=0,1,2,\cdots,s;\ s\geqslant 0)$

式中，I_t 表示第 t 年的原始投资额；s 表示建设期年数。

可见，当建设期不为 0 时，建设期净现金流量的数量特征取决于其投资方式是分次还是一次进行。若建设投资是在建设期一次全部投入的，上述公式中的投资额即为原始投资额；若建设投资是在建设期分次投入的，上述公式中的投资额则为该年的投资额。

(二) 运营期（包括终结点）净现金流量的测算

确定经营期净现金流量一般应考虑所得税的影响，若项目经营期内不再追加投资，则投资项目的经营期净现金流量可按以下简化公式计算：

经营期某年净现金流量＝营业收入－付现成本－所得税＋回收额

＝营业收入－（总成本－年折旧）－所得税＋固定资产残值

＝营业利润＋年折旧－所得税＋固定资产残值

＝净利润＋年折旧＋固定资产残值

【例 5-7】 利伟公司拟建一固定资产，需在建设起点一次投入全部资金 1 000 万元，按直线法计提折旧，使用寿命 10 年，期末有残值 100 万元。建设期 1 年，发生资本化利息 100 万元。设计投产后每年可获得净利 100 万元。

要求：计算该项目每年的税后净现金流量。

【实例分析】

固定资产原值＝固定资产投资＋建设期资本化利息＝1 000＋100＝1 100(万元)

$$\text{年折旧额}=\frac{\text{固定资产原值}-\text{净残值}}{\text{固定资产使用年限}}=\frac{1\ 100-100}{10}=100(\text{万元})$$

项目建设期＝建设期＋运营期＝1＋10＝11(年)

建设期某年净现金流量＝－原始投资额

$NCF_0=-1\ 000$(万元)

$NCF_1 = 0$

运营期某年净现金流量 = 净利润 + 年折旧 + 固定资产残值

$NCF_{2\sim10} = 100 + 100 = 200$(万元)

$NCF_{11} = 100 + 100 + 100 = 300$(万元)

子任务二　完整工业投资项目的现金流量的测算

一、完整工业投资项目的现金流量的内容

完整工业投资项目简称新建项目，是以新增工业生产能力为主的投资项目，其投资涉及的内容比较广泛。

(一) 现金流入量的内容

(1) 营业收入。营业收入是指项目投产后每年实现的全部销售收入或业务收入。它是经营期主要的现金流入量项目。

(2) 回收固定资产余值。它是指投资项目的固定资产在终结点报废清理或中途变价转让处理时所回收的价值。

(3) 回收流动资金。它主要指新建项目在项目计算期完全终止时因不再发生新的替代投资而回收的原垫付的全部流动资金投资额。回收流动资金和回收固定资产余值统称为回收额。

(4) 其他现金流入量。它是指以上三项指标以外的现金流入量项目。

(二) 现金流出量的内容

(1) 建设投资。它是建设期发生的主要现金流出量。

(2) 流动资金投资。

(3) 经营成本。经营成本是指在经营期内为满足正常生产经营而动用现实货币资金支付的成本费用，又被称为付现的营运成本，它是生产经营阶段上最主要的现金流出量项目。

(4) 各项税款。各项税款是指项目投产后依法缴纳的、单独列示的各项税款，包括营业税和所得税等。

(5) 其他现金流出。其他现金流出是指不包括在以上内容中的现金流出项目。

二、完整工业投资项目现金净流量的测算

(一) 建设期现金净流量的测算

若完整工业投资项目的全部原始投资均在建设期投入，则建设期净现金流量可按以下简化公式进行计算：

建设期某年净现金流量 =－该年原始投资额 =－ I_t ($t=0, 1, \cdots, s$；$s\geqslant0$)

式中，I_t 表示第 t 年的原始投资额；s 表示建设期年数。

由上式可见，当建设期 s 不为 0 时，建设期净现金流量的特征取决于其投资方式是一次投入还是分次投入。

上式中的原始投资包含了建设投资，也即项目投资中的固定资产投资、无形资产

投资和其他资产投资。固定资产投资是所有类型的项目投资在建设期必然会发生的现金流出量，应按项目规模和投资计划所确定的各项建筑工程费用、设备购置费用、安装工程费用和其他费用来估算。在估算构成固定资产原值的资本化利息时，可根据长期借款本金、建设期年数和借款利率来计算，并且假定资本化利息只计入固定资产的原值。

（二）运营期现金净流量的测算

1. 流动资金投资的测算

在项目投资决策中，流动资金投资是指在运营期内长期占用并周转使用的营运资金。流动资金可按下式进行估算：

某年流动资金投资额 = 本年流动资金需要数 - 截止上年流动资金投资额

其中：

本年流动资金需要额 = 该年流动资金需要数 - 该年流动负债可用数

上式中，流动资产只考虑存货、现金货币资金、应收账款和预付账款等项内容；流动负债只考虑应付款项和预收账款。

由于流动资金属于垫付周转金，因此，从理论上讲，投资第 1 年所需的流动资金应该在投产前安排，即最晚发生在建设期末。为简化计算，我国有关建设项目评估制度假定流动资金可从投产第 1 年开始安排。

【例 5-8】 大海公司某建设项目投产第 1 年流动资产需用额为 35 万元，流动负债可用额为 20 万元，假定该项投资发生在建设期末；投产第 2 年流动资产需用额为 50 万元，流动负债可用额为 30 万元，假定该项投资发生在投产后第 1 年年末。

要求：

(1) 计算每次发生的流动资金投资额；

(2) 计算终结点回收的流动资金。

【实例分析】

(1) 投产第 1 年流动资金需用额 = 35 - 20 = 15(万元)

第 1 次流动资金投资额 = 15 - 0 = 15(万元)

投产第 2 年流动资金和额 = 50 - 30 = 20(万元)

第 2 次流动资金投资额 = 20 - 15 = 5(万元)

(2) 终结点回收的流动资金 = 15 + 5 = 20(万元)

2. 营业成本的测算

营业成本又称付现的运营成本，简称付现成本，是指在运营期内为满足正常生产经营而动用现实货币资金支付的成本费用。经营成本是所有类型投资项目在运营阶段都要发生的主要现金流出量，它与融资方案无关，其估算公式为：

某年经营成本＝该年外购原材料燃料和动力费＋该年工资及福利费＋该年修理费＋该年其他费用＝该年外购原材料燃料和动力费－该年折旧费－该年无形资产和开办费的摊销额

式中，其他费用是指从制造费用、管理费用和营业费用中扣除了折旧费、材料费、修理费、工资以及福利费以后的剩余部分。

【例 5-9】 大海公司某完整工业项目投产后第 1～5 年每年预计的外购原材料、燃料和动力费为 50 万元，工资及福利费为 20 万元，其他费用为 10 万元，每年折旧费为 15 万元，无形资产摊销费为 5 万元；第 6～10 年每年不包括财务费用的总成本为 150 万元，其中，每年预计的外购原材料、燃料和动力费为 80 万元，折旧费为 20 万元，其他费用为 10 万元，无形资产摊销额为 0 元。

要求：

(1) 计算投产后各年的经营成本；

(2) 计算投产后第 1～5 年每年不包括财务费用的总成本费用。

【实例分析】

(1) 投产后第 1～5 年的经营成本 ＝ 50 ＋ 21 ＋ 10 ＝ 80(万元)

投产后第 6～10 年的经营成本 ＝ 150 － 20 － 0 ＝ 130(万元)

(2) 投产后第 1～5 年每年不包括财务费用的总成本费用 ＝ 80 ＋ 15 ＋ 5 ＝ 100(万元)

3. 运营期（包括终结点）现金净流量的测算

如果项目在运营期内不增加流动资金投资，则建设项目投资的税前及税后净现金流量可分别按以下简化公式计算：

运营期某年所得税前净现金流量＝该年息税前利润＋该年折旧＋该年摊销＋该年回收额－该年维持运营投资

运营期某年所得税后净现金流量＝该年息税前利润×(1－所得税税率）＋该年折旧＋该年摊销额＋该年回收额－该年维持运营投资＝该年自由现金流量

所谓运营期自由现金流量，是指投资者可以用来作为偿还借款利息、本金、分配利润、对外投资等财务活动资金来源的净现金流量。

如果不考虑维持运营投资，并且收额为 0，则运营期所得税后净现金流量又称为经营净现金流量。按照有关回收额均发生在终结点上的假设，经营期内回收额不为 0 时的所得税后净现金流量亦称为终结点所得税后净现金流量。显然，终结点所得税后净现金流量等于终结点那一年的经营净现金流量与该期回额之和。

【例 5-10】 利伟公司某工业项目需要原始投资 1 200 万元，其中，固定资产投资为 1 000 万元，开办费为 50 万元，流动资金投资为 150 万元。建设期为 1 年，假设其发生的与购置固定资产有关的资本化利息为 100 万元。固定资产投资和开办费投资于建设期期初一次投入，流动资金于项目建设完工时一次投入。该项目寿命为 10 年，固定资产按直线法计提折旧，期满有残值为 100 万元。开办费于投产当年一次摊销完毕；流动资金于终结点一次回收。投产后每年可获得息税前利润分别为 100 万元、200 万元、250 万元、300 万元、350 万元、310 万元、330 万元、360 万元、380 万元、400 万元。

要求：计算该项目各年的税前及税后净现金流量。

【实例分析】

有关指标计算如下：

(1) 项目计算期 ＝ 10 ＋ 1 ＝ 11(年)

(2) 固定资产原值 ＝ 1 000 ＋ 100 ＝ 1 100(万元)

$$固定资产年折旧 = \frac{1\,100 - 100}{10} = 100(万元)$$

(3) 建设期净现金流量计算如下：

$NCF_0 = -(1\,000 + 50) = -1\,050$(万元)

$NCF_1 = -150$(万元)

(4) 运营期所得税前净现金流量计算如下：

$NCF_2 = 100 + 100 + 50 + 0 = 250$(万元)

$NCF_3 = 200 + 100 + 0 = 300$(万元)

$NCF_4 = 250 + 100 + 0 = 350$(万元)

$NCF_5 = 300 + 100 + 0 = 400$(万元)

$NCF_6 = 350 + 100 + 0 = 450$(万元)

$NCF_7 = 310 + 100 + 0 = 410$(万元)

$NCF_8 = 330 + 100 + 0 = 430$(万元)

$NCF_9 = 360 + 100 + 0 = 460$(万元)

$NCF_{10} = 380 + 100 + 0 = 480$(万元)

$NCF_{11} = 400 + 100 + 0 + (150 + 100) = 750$(万元)

(5) 运营期所得税后净现金流量计算如下：

$NCF_2 = 100 \times (1 - 25\%) + 100 + 50 + 0 = 225$(万元)

$NCF_3 = 200 \times (1 - 25\%) + 100 + 0 = 250$(万元)

$NCF_4 = 250 \times (1 - 25\%) + 100 + 0 = 287.5$(万元)

$NCF_5 = 300 \times (1 - 25\%) + 100 + 0 = 325$(万元)

$NCF_6 = 350 \times (1 - 25\%) + 100 + 0 = 362.5$(万元)

$NCF_7 = 310 \times (1 - 25\%) + 100 + 0 = 332.5$(万元)

$NCF_8 = 330 \times (1 - 25\%) + 100 + 0 = 347.5$(万元)

$NCF_9 = 360 \times (1 - 25\%) + 100 + 0 = 370$(万元)

$NCF_{10} = 380 \times (1 - 25\%) + 100 + 0 = 385$(万元)

$NCF_{11} = 400 \times (1 - 25\%) + 100 + 0 + (150 + 100) = 650$(万元)

子任务三 更新改造投资项目的现金流量的测算

一、更新改造投资项目现金流量的内容

更新改造投资项目主要是指固定资产更新改造投资项目。

(一) 现金流入量的内容

(1) 增加的营业收入。它是指因使用新固定资产而增加的营业收入。

(2) 回收的固定资产余值。它是指处置旧固定资产的变现净收入。

(3) 新旧固定资产回收余值的差额等。

(二) 现金流出量的内容

(1) 固定资产投资。它是指购置新固定资产的投资。

(2) 新增经营成本。它是指因使用新固定资产而增加的经营成本。

(3) 增加的流动资金投资。

（4）增加的各项税款等。其中，因提前报废旧固定资产所发生的清理净损失而发生的抵减当期所得税税额用负值表示。

二、更新改造投资项目现金流量的测算

（一）建设期现金净流量的测算

建设期某年净现金流量＝－（该年发生的新固定资产投资－旧固定资产的变价净收入）建设期末的净现金流量＝因旧固定资产提前报废发生净损失而抵减的所得税税额

（二）运营期（包括终结点）现金净流量的测算

如果建设期为0，则运营期所得税后净现金流量的简化公式为：

运营期第1年所得税后净现金流量＝该年因更新改造而增加的税后利润＋该年因更新改造而增加的折旧＋因旧固定资产提前报废发生净损失而抵减的所得税税额

运营期其他各年所得税后净现金流量＝该年因更新改造而增加的税后利润＋该年因更新改造而增加的折旧＋该年回收新固定资产净残值超过假定继续使用旧固定资产净残值的差额

在计算运营期第1年所得税后净现金流量的公式中，该年“因更新改造而增加的税后利润”不应当包括“因旧固定资产提前报废发生的净损失”。之所以要单独计算“因旧固定资产提前报废发生的净损失而抵减的所得税税额”，是因为更新改造不仅会影响到项目本身，还会影响到的总体所得税水平，从而形成了抵税效应。如果将“因旧固定资产提前报废发生的净损失”计入“因更新改造而增加的息税前利润”，就会歪曲这种效应的计量结果。

因旧固定资产提前报废发生净损失而抵减的所得税税额的计算公式为：

$$\begin{matrix}\text{因旧固定资产提前报废发生}\\\text{净损失而抵减的所得税税额}\end{matrix}=\begin{matrix}\text{旧固定资产}\\\text{清理净损失}\end{matrix}\times\begin{matrix}\text{适用的所}\\\text{得税税率}\end{matrix}$$

【例5-11】大海公司打算变卖一套尚可使用5年的旧设备，另购置一套新设备来替换它。取得新设备的投资额为150 000元，旧设备的折余价值为60 000元，其变价净收入为50 000元，到第5年年末新设备与继续使用旧设备届时的预计净残值相等。新旧设备的替换将在年内完成（即更新设备的建设期为0）。使用新设备可在第1年增加营业收入60 000元，增加经营成本35 000元；第2～5年每年增加营业收入70 000元，新增加经营成本40 000元。设备采用直线法计提折旧，适用的所得税税率为25%。

要求：计算该更新改造投资项目的项目计算期内各年的差量净现金流量。

【实例分析】

（1）建设期净现金流量＝－(150 000－50 000)＝－100 000(元)

（2）运营期1～5年因更新改造而增加的折旧＝100 000÷5＝20 000(元)

（3）运营期第1年不包括财务费用的总成本费用变动额

＝35 000＋20 000＝55 000（元）

（4）运营期2～5年每年不包括财务费用的总成本费用变动额

＝40 000＋20 000＝60 000（元）

(5) 因旧固定资产提前报废发生净损失而抵减的所得税税额 =(60 000－50 000)×25% = 2 500(元)

⑥ 运营期第 1 年息税前利润的变动额 = 60 000 － 55 000 = 5 000(元)

⑦ 运营期第 2～5 年每年息税前利润变动额 = 70 000 － 60 000 = 10 000(元)

⑧ 建设期差量净现金流量为:

$\Delta NCF_0 = -(150\,000 - 50\,000) = -100\,000$(元)

$\Delta NCF_1 = 5\,000 \times (1 - 25\%) + 20\,000 + 2\,500 = 26\,250$(元)

$\Delta NCF_{2\sim5} = 10\,000 \times (1 - 25\%) + 20\,000 = 27\,500$(元)

任务二　项目投资决策评价指标的计算与运用

【任务描述】

项目投资决策是根据各种评价指标进行的。企业要根据项目投资的目标选择合适的评价指标，通过所选择评价指标的计算与分析，作出正确的投资决策。项目投资决策评价指标主要有投资回收期指标、投资收益率指标、净现值指标、净现值率指标、现值指数指标和内部收益率指标。

【背景知识】

一、投资决策评价指标及其类型

投资决策评价指标是指用于衡量和比较投资项目可行性，以便据以进行方案决策的定量化标准与尺度。从财务评价的角度看，投资决策评价指标主要包括静态投资回收期、投资收益率、净现值、净现值率、获利指数、内部收益率。

投资决策评价指标可以按以下标准进行分类:

(1) 按照是否考虑资金时间价值分类，投资决策评价指标可分为静态评价指标和动态评价指标。前者是指在计算过程中不考虑资金时间价值因素的指标，又称为静态指标或非贴现的评价指标，包括投资收益率和静态投资回收期；后者是指在指标计算过程中充分考虑和利用资金时间价值的指标，又称为动态指标或贴现的评价指标。

(2) 按指标性质不同，投资决策评价指标可分为在一定范围内越大越好的正指标和越小越好的反指标两大类。只有静态投资回收期属于反指标。

(3) 按指标在决策中的重要性分类，投资决策评价指标可分为主要指标、次要指标和辅助指标。净现值、内部收益率等为主要指标；静态投资回收期为次要指标；投资收益率为辅助指标。

二、折现率的确定

在财务可行性评价中，折现率是指计算动态评价指标所依据的一个重要参数，在财务可行性评价中的折现率可以按以下方法确定:

第一，以拟投资项目所在行业(而不是单个投资项目)的权益资本必要收益率作为折现率，适用于资金来源单一的项目；第二，以拟投资项目所在行业（而不是单个投资项目）的加权平均资金成本作为折现率，适用于相关数据齐备的行业；第三，以社会的投资机会成本作为折现率，适用于已经持有投资所需资金的项目；第四，以国家或行业主管部门定期发布的行业基准资金收益率作为折现率，适用于投资项目的财务可行性研究和建设项目评估中的净现值和净现值率指标的计算；第五，完全人为主观确定折现率，适用于按逐次测试法计算内部收益率指标。

本项目中所使用的折现率可按第四种方法或第五种方法确定。

【任务实施】

子任务一　投资回收期指标的计算与运用

投资回收期（简称回收期）是一个静态指标，是指以投资项目经营净现金流量抵偿原始总投资所需要的全部时间。它有包括建设期的投资回收期（记作 PP）和不包括建设期的投资回收期（记作 PP'）两种形式。

确定投资回收期指标可分别采取公式法和列表法。

一、公式法

当某一项目的投资全部发生在建设期内，投产后一定期间内每年经营净现金流量相等，且其合计数额大于或等于原始投资额，可按以下简化公式计算其回收期：

$$不包括建设期的投资回收期(PP')=\frac{原始投资合计}{投产后前若干年相等的净现金流量}$$

$$包括建设期的投资回收期(PP')=不包括建设期的投资回收期+建设期$$

【例 5-12】美达公司有甲、乙两个投资方案。甲方案的项目计算期为 5 年，初始投资 100 万元于建设起点一次投入，建设期为 2 年，前 3 年每年现金流入都是 40 万元，后两年都是 50 万元。乙方案的项目计算期也是 5 年，初始投资 100 万元于建设起点一次投入，假设前 3 年每年现金流入都是 30 万元，第 4 年现金流入 10 万元，第 5 年现金流入 60 万元。

要求：用公式法分别计算甲、乙两个投资方案的回收期。

【实例分析】

甲方案前 3 年的总净现金流量 $=3\times 40=120$(万元) $>$ 初始投资 100 万元

不包括建设期的回收期$(PP')=100\div 40=2.5$(年)

包括建设期的回收期$(PP')=2+2.5=4.5$(年)

乙方案前 3 年的总净现金流量为 90（3×30）万元＜初始投资 100 万元，所以不能用上述简化公式计算。

公式法所要求的应用条件比较特殊，包括项目投产后开头的若干年内的每年的净现金流量必须相等，这些年内的经营净现金流量之和应大于或等于原始总投资。如果不能满足上述条件，则无法采用这种方法，必须采用列表法。

二、列表法

列表法是指通过列表计算累计净现金流量的方式，来确定包括建设期的投资回收期，进而再推算出不包括建设期的投资回收期的方法。在任何情况下，都可以用这种方法来确定静态投资回收期，故此法又称为一般方法。

按照回收期的定义，包括建设期的投资回收期 PP 须满足以下关系式，即：

$$\sum_{t=0}^{pp} NCF_t = 0$$

式中，NCF_t 为第 t 年的净现金流量；PP 为包括建设期的投资回收期。

这表明在现金流量表的“累计净现金流量”一栏中，包括建设期的投资回收期 PP 恰好是累计净现金流量为 0 的年限。

【例 5-13】美达公司某投资项目的投资总额为 100 万元，建设期为 2 年，投产后各年的净现金流量见下表 5-2。

要求：计算累计净现金流量及投资回收期。

表 5-2　美达公司某项目现金流量表　　元

项目计算期	净现金流量	累计净现金流量	项目计算期	净现金流量	累计净现金流量
0	−1 000 000	−1 000 000	4	340 000	−360 000
1	0	−1 000 000	5	350 000	−10 000
2	0	−1 000 000	6	420 000	410 000
3	300 000	−700 000	7	460 000	870 000

【实例分析】

包括建设期的回收期 $\mathrm{PP} = 5 + \dfrac{10\ 000}{420\ 000} = 5.02$（年）

静态投资回收期的优点是能够直观地反映原始总投资的返本期限，易于理解，计算也较简单，可以直接利用回收期之前的净现金流量信息。其缺点是没有考虑资金时间价值因素和回收期满后继续发生的现金流量，不能正确反映投资方式不同对项目的影响。

只有静态投资回收期指标小于或等于基准投资回收期的投资项目才具有财务可行性。

子任务二　投资收益率指标的计算与运用

投资收益率又称投资报酬率（记作 ROI），是指达产期正常年份的年息税前利润或运营期年均息税前利润占项目总投资的百分比。

投资收益率的计算公式为：

$$投资收益率(ROI) = \frac{年息税前利润或年均息税前利润}{项目总投资} \times 100\%$$

【例 5-14】宏伟公司有 A、B 两个投资方案，投资总额均为 10 万元，全部用于购置新的设备，采用直线法计提折旧，使用期限均为 5 年。假定期末无残值，其他有关资料如下表 5—3 所示：

表 5-3　A、B 投资方案的相关资料　　元

项目计算期	A 方案		B 方案	
	息税前利润	现金净流量	息税前利润	现金净流量
0		−100 000		−100 000
1	15 000	35 000	10 000	30 000
2	15 000	35 000	14 000	34 000
3	15 000	35 000	18 000	38 000
4	15 000	35 000	22 000	42 000
5	15 000	35 000	26 000	46 000
合　计	75 000	75 000	90 000	90 000

要求：计算 A、B 两个方案的投资收益率。

【实例分析】

A 方案的投资收益率 ＝ (15 000 ÷ 100 000) × 100% ＝ 15%

B 方案的投资收益率 ＝ (90 000 ÷ 5) ÷ 100 000 × 100% ＝ 18%

投资收益率指标的优点是计算公式简单；其缺点是没有考虑资金的时间价值因素，不能正确反映建设期长短及投资方式不同和回收额的有无对项目的影响，而且无法直接利用净现金流量的信息。

只有投资收益率指标大于或等于基准投资收益率的投资项目才具有财务可行性。

子任务三　净现值指标的计算与运用

净现值（记作 NPV），是指在项目计算期内，按设定折现率或基准收益率计算的各年净现金流量现值的代数和。其计算公式为：

$$\text{净现值}(NPV) = \sum_{t=0}^{n}(\text{第 } t \text{ 年的净现金流量} \times \text{第 } t \text{ 年的复利现值系数})$$

计算净现值指标可通过一般方法、特殊方法和插入函数法三种方法来完成。

一、净现值指标计算的一般方法

（一）公式法

公式法是指根据净现值的定义，直接利用理论计算公式来完成该指标计算的方法。

（二）列表法

列表法是指通过在现金流量表计算净现值指标的方法。即在现金流量表上，根据已知的各年净现金流量，分别乘以各年的复利现值系数，从而计算出各年折现的净现

金流量，最后求出项目计算期内折现的净现金流量的代数和，就是所求的净现值指标。

利用该公式时，可视净现金流量的特征计算净现值，若每年的现金流量不同，可用定义进行计算，若现金流量符合年金的特征，可利用年金现值的方法进行计算。

【例 5-15】 承上例，仍利用表 5-3 中的数据，设该项目设定的收益率为 10%。

要求：计算方案 A 和方案 B 的净现值。

【实例分析】

方案 A 根据净现值的定义计算如下：

$NPV_A = -100\ 000 + (35\ 000 \times 0.909\ 1 + 35\ 000 \times 0.826\ 4 + 35\ 000 \times 0.751\ 3 + 35\ 000 \times 0.683\ 0 + 35\ 000 \times 0.620\ 9) = 32\ 674.5$(元)

也可以利用年金现值进行计算，先查 $i=10\%$、$n=5$ 的年金现值系数表，得

$(P/A, 10\%, 5) = 3.790\ 8$,

$NPV_A = -100\ 000 + 35\ 000 \times 3.790\ 8 = 32\ 678$(元)

注意：差额 3.5（32 678－32 674.5）元系尾差。

方案 B 根据净现值的定义计算如下：

$NPV_B = -100\ 000 + (30\ 000 \times 0.909\ 1 + 34\ 000 \times 0.826\ 4 + 38\ 000 \times 0.751\ 3 + 42\ 000 \times 0.683\ 0 + 46\ 000 \times 0.620\ 9) = 41\ 167.4$(元)

二、净现值指标计算的特殊方法

特殊方法是指在特殊条件下，当项目投产后净现金流量表现为普通年金或递延年金时，可以利用计算年金现值或递延年金现值的技巧直接计算出项目净现值的方法，又称简化方法。

由于项目各年的净现金流量 NCF_t（$t=0, 1, \cdots, n$）属于系列款项，所以当项目的全部原始投资均于建设期投入，运营期不再追加投资，投产后的净现金流量表现为普通年金或递延年金的形式时，就可视情况不同分别按不同的简化公式计算净现值指标。

特殊方法一：当建设期为 0，投产后的净现金流量表现为普通年金形式时，其公式为：

$NPV = NCF_0 + NCF_{1\sim n} \times (P/A, i_c, n)$

例如，某投资项目的所得税前净现金流量如下：NCF_0 为 －100 万元，$NCF_{1\sim 10}$ 为 20 万元；假定该项目的基准折现率为 10%。则按简化方法计算的该项目的净现值（所得税前）如下：

$NPV = -100 + 20 \times (P/A, 10\%, 10) \approx 22.89$(万元)

特殊方法二：当建设期为 0，运营期第 1～n 年每年不含回收额的净现金流量相等，但终结点第 n 年有回收额 R_n（如残值）时，可按两种方法求净现值。

(1) 将运营期 1～（n－1）年每年相等的不含回收额净现金流量视为普通年金，第 n 年净现金流量视为第 n 年终值。其公式如下：

$NPV = NCF_0 + NCF_{1\sim (n-1)} \times (P/A, i_c, n-1) + NCF_n \times (P/A, i_c, n)$

(2) 将运营期 1～n 年每年相等的不含回收额净现金流量视为普通年金，第 n 年发

生的回收额单独作为该年终值。其公式如下：

$NPV=NCF_0+$不含回收额$NCF_{1\sim n}\times(P/A, i_c, n)+NCF_n\times(P/F, i_c, n)$

【例 5-16】 某投资项目的所得税前净现金流量如下：NCF_0 为 −100 万元，$NCF_{1\sim 9}$ 为 19 万元，NCF_{10} 为 29 万元；假定该项目的基准折现率为 10%。

要求：按照简化方法计算该项目的净现值（所得税前）。

$NPV=-100+19\times(P/A, 10\%, 9)+29\times(P/F, 10\%, 10)\approx 20.60$（万元）

或$=-100+19\times(P/A, 10\%, 10)+10\times(P/F, 10\%, 10)\approx 20.60$（万元）

特殊方法三：当建设期不为 0，全部投资在建设起点一次投入，运营期每年净现金流量为递延年金形式时，其公式为：

$NPV=NCF_0+NCF_{(s+1)\sim n}\times[(P/A, i_c, n)-(P/A, i_c, s)]$

$NPV=NCF_0+NCF_{(s+1)\sim n}\times[(P/A, i_c, n-s)\times(P/F, i_c, s)]$

【例 5-17】 某项目的所得税前净现金流量数据如下：NCF_0 为 −100 万元，NCF_1 为 0，$NCF_{2\sim 11}$ 为 20 万元；假定该项目的基准折现率为 10%。

要求：则按简化方法计算该项目净现值（所得税前）。

$NPV=-100+20\times[(P/A, 10\%, 11)-(P/A, 10\%, 1]\approx 11.72$（万元）

或$=-100+20\times(P/A, 10\%, 10)\times(P/A, 10\%, 1)\approx 11.72$（万元）

特殊方法四：当建设期不为 0，全部投资在建设起点分次投入，投产后每年净现金流量为递延年金形式时，公式为：

$NPV=NCF_0+NCF_1\times(P/F, i_c, 1)+\cdots+NCF_s\times(P/F, i_c, s)+NCF_{(s+1)}\times[(P/A, i_c, n)-(P/A, i_c, s)]$

【例 5-18】 某项目的所得税前净现金流量数据如下：$NCF_{0\sim 1}$ 为 −100 万元，$NCF_{2\sim 11}$ 为 20 万元；假定该项目的基准折现率为 10%。

要求：则按简化方法计算该项目净现值（所得税前）。

$NPV=-50-50\times(P/F, 10\%, 1)+20\times[(P/A, 10\%, 11)-(P/A, 10\%, 1)]\approx 16.26$（万元）

三、净现值指标计算的插入函数法

插入函数法是指在 EXECL 环境下，通过插入财务函数 NPV，并根据计算机系统的提示正确地输入已知的基准折现率和电子表格中的净现金流量，来直接求得净现值指标的方法。

插入函数法的应用程序如下：

（1）将已知的各年净现金流量的数值输入 EXECL 电子表格的任意一行。

（2）在该电子表格的另外一个单元格中插入财务函数 NPV，并根据该函数的提示输入折现率 i_c 和净现金流量 NCF_t 的参数；并将该函数的表达式修改为："$=NPV(i_c, NCF_1:NCF_n)+NCF_0$"。

上式中，i_c 为已知的数据；NCF_1 为第一期净现金流量所在的单元格参数；NCF_n 为最后一期净现金流量所在的单元格参数；NCF_0 为第 0 期净现金流量所在的单元格参数。

（3）回车，NPV 函数所在单元格显示的数值即为所求的净现值。

在上述介绍的各种计算方法中，按公式法展开计算的过程太麻烦，列表法相对要简单一些；特殊方法虽然比一般方法简单，但要求的前提条件比较苛刻，需要记忆的公式也比较多；在计算机环境下插入函数法计算精确度最高。

净现值的优点是综合考虑了资金时间价值、项目计算期内的全部净现金流量和投资风险；其缺点是净现值指标是一个绝对值指标，无法直接反映投资项目的实际收益率水平，因为有可能出现这样的情况，即两个项目的投资额不同，而净现值有可能相同；而且计算较为烦琐。

只有净现值指标大于或等于0的投资项目才具有财务可行性。

子任务四　净现值率指标的计算与运用

净现值率（记作 *NPVR*）是指项目的净现值占原始投资现值的比率，反映单位原始投资的现值所创造的净现值。其计算公式为：

$$净现值率 = \frac{项目的净现值}{原始投资的现值合计}$$

【例 5-19】 承例 5-15。

要求：计算 A、B 两个方案的净现值率。

【实例分析】

$NPVR_A = 32674.5 \div 100\,000 \approx 0.327$

$NPVR_B = 4167.4 \div 100\,000 \approx 0.417$

净现值率指标是一个相对值指标，其优点在于可以从动态的角度反映投资项目的资金投入和净产出之间的关系，还可以使不同投资方案具有共同的可比基础，具有较广泛的适用性；其缺点在于无法直接反映投资项目的实际收益水平，且必须以已知净现值为前提。

只有净现值率大于或等于0的投资项目才具有财务可行性。

子任务五　现值指数指标的计算与运用

现值指数（*PI*）又称获利指数，是指投产后按行业基准折现率或设定折现率计算的各年净现金流量的现值与原始投资的现值合计之比。

$$现值指数 = \frac{\sum 投产后各年净现金流量的现值}{\sum 原始投资的现值}$$

【例 5-20】 承例 5—15，计算 A、B 两个方案的现值指数。

【实例分析】

$PI_A = 132\,674.5 \div 100\,000 \approx 1.327$

$PI_B = 141\,167.4 \div 100\,000 \approx 1.412$

现值指数也是一个相对值指标，具有和净现值率相同的特征。净现值率和现值指数都可以看作是净现值指标的衍生指标。事实上，从净现值率和现值指数的定义，可直接推导出二者之间的如下关系：

现值指数(PI) = 净现值率($NPVR$) + 1

只有现值指数大于 1 的投资项目才具有财务可行性。

子任务六　内部收益率指标的计算与运用

内部收益率（记作 *IRR*），是指项目投资实际可望达到的收益率，也就是指投资项目在项目计算期内各年现金净流量现值合计数等于 0 时的贴现率，即能使投资项目的净现值等于 0 的贴现率。*IRR* 满足下列等式：

$$\sum_{t=0}^{n} \mid NCF_t \times \left(\frac{P}{F}\right), IRR, t \mid = 0$$

式中，n 为项目计算期；NCF_t 为第 t 年的现金净流量；*IRR* 为内部收益率。

计算内部收益率指标可以通过特殊方法、一般方法来完成。

一、内部收益率指标计算的特殊方法

该方法是指当项目投产后的净现值流量表现为普通年金的形式时，可以直接利用年金现值系数计算内部收益率的方法，又称为简便算法。

该方法所要求的充分而必要条件是，项目的全部投资均于建设起点一次投入，建设期为 0，建设起点第 0 期净现金流量等于原始投资的负值，投产后每年净现金流量相等，第 1 至第 n 期每期净现金流量取得了普通年金的形式。

应用本法的条件十分苛刻，只有当项目投产后的净现金流量表现为普通年金的形式时，才可以直接利用年金现值系数计算内部收益率。在此法下，内部收益率 *IRR* 可按下式确定：

$$(P/A, IRR, n) = \frac{I}{NCF}$$

式中，I 为在建设起点一次投入的原始投资；

（P/A，*IRR*，n）为 N 期、设定折现率为 *IRR* 的年金现值系数；

NCF 为投产后第 1 至第 n 年每年相等的净现金流量（$NCF_1 = NCF_2 = NCF_3 = \cdots = NCF_n = NCF$，*NCF* 为一常数，$NCF \geqslant 0$）。

特殊方法的具体程序如下：

（1）按上式计算（P/A，*IRR*，n）的值，假定该值为 C，则 C 值必然等于该方案不包括建设期的回收期；

（2）根据计算出来的年金现值系数 C，查 n 年的年金现值系数表；

（3）若在 n 年系数表上恰好能找到等于上述数值 C 的年金现值系数（P/A，r_m，n），则该系数所对应的折现率 r_m 即为所求的内部收益率 *IRR*；

（4）若在系数表上找不到事先计算出来的系数值 C，则需要找到系数表上同期略大于和略小于该数值的两个临界值 C_m 和 C_{m+1} 及相对应的两个折现率 r_m 和 r_{m+1}，然后用内插值法计算近似的内部收益率。即如果以下关系成立：

（P/A，r_m，n）$=C_m>C$

（P/A，r_{m+1}，n）$=C_{m+1}<C$

则按下列具体公式计算内部收益率 *IRR*：

$$IRR = r_m + \frac{C_m - C}{C_m - C_{m+1}} \times (r_{m+1} - r_m)$$

为了缩小误差，按照有关规定，r_m 与 r_{m+1} 之间的差不得大于5%。

【例 5-21】某投资项目在建设起点一次性投资254 580元，当年完工并投产，投产后每年可获净现金流量50 000元，经营期为15年。

要求：

(1) 判断能否按特殊方法计算该项目的内部收益率；

(2) 如果可以，试计算该指标。

【实例分析】

(1) 因为 $NCF_0 = -I, NCF_{1\sim15} = 50\,000$，所以，此题可采用特殊方法计算该项目的内部收益率 IRR。

(2) $(P/A, IRR, 15) = 254\,580 \div 50\,000 = 5.091\,6$

查15年的年金现值系数表可得出：

$(P/A, 18\%, 15) = 5.091\,6$

所以，$IRR = 18\%$

【例 5-22】承上例。

要求：

(1) 判断能否按特殊方法计算该项目的内部收益率；

(2) 如果可以，计算该指标。

【实例分析】

(1) 因为 $NCF_0 = -100$(万元)，$NCF_{1\sim10} = 20$(万元)，所以，此题可采用特殊方法计算该项目的内部收益率 IRR。

(2) $(P/A, IRR, 10) = 100 \div 20 = 5$

查10年的年金现值系数表可得出：

$(P/A, 14\%, 10) = 5.216\,1 > 5$

$(P/A, 16\%, 10) = 4.833\,2 < 5$

因为 $14\% < IRR < 16\%$，所以应采用内插值法计算，可得出：

$$IRR = 14\% + \frac{5.216\,1 - 5}{5.216\,1 - 4.833\,2} \times (16\% - 14\%) = 15.13\%$$

二、内部收益率指标计算的一般方法

该法是指通过计算项目不同设定折现率的净现值，然后根据内部收益率的定义所提示的净现值与设定折现率的关系，采用一定技巧，最终设法找到能使净现值等于0的折现率，即内部收益率 IRR 的方法，又称为逐次测试逼近法（简称逐次测试法）。若项目不符合直接应用简便算法的条件，必须按此法计算内部收益率。

一般方法的具体计算步骤如下：

(1) 先自行设定一个折现率 r_1，代入计算净现值的公式，求出按 r_1 为折现率的净现值与设定折现率的净现值 NPV_1，并进行下面的判断。

(2) 若净现值 $NPV_1 = 0$，则内部收益率 $IRR = r_1$，计算结束；若净现值 $NPV_1 >$

0，则内部收益率 $IRR > r_1$，应重新设定 $r_2 > r_1$，再将 r_2 代入有关计算净现值的公式，求出净现值 NPV_2，继续进行下一轮的判断；若净现值 $NPV_1 < 0$，则内部收益率 $IRR < r_1$，应重新设定 $r_2 < r_1$，再将 r_2 代入有关计算净现值的公式，求出 r_2 为折现率的净现值 NPV_2，继续进行下一轮的判断。

(3) 经过逐次测试判断，有可能找到内部收益率 IRR。每一轮判断的原则相同。若设 r_i 为第 i 次测试的折现率，NPV 为按 r_i 计算的净现值，则有：

当 $NPV_i > 0$ 时，$IRR > r_i$，继续测试；

当 $NPV_i < 0$ 时，$IRR < r_i$，继续测试；

当 $NPV_i = 0$ 时，$IRR = r_i$，测试完成。

(4) 若经过有限次测试已无法继续利用有关货币时间价值系数表，仍未求得内部收益率 IRR，则可利用归为接近 0 的两个净现值正负临界值 NPV_m 和 NPV_{m+1} 及相应的折现率 r_m 和 r_{m+1}，运用内插值法计算近似的内部收益率。即如果以下关系成立：$NPV_m > 0$，$NPV_{m+1} < 0$；$r_m < r_{m+1}$，$r_{m+1} - r_m \leqslant d$ $(2\% \leqslant d < 5\%)$

则可以按下列具体公式计算内部收益率 IRR：

$$IRR = r_m + \frac{NPV_m - 0}{NPV_m - NPV_{m+1}} \times (r_{m+1} - r_m)$$

【例 5-23】某投资项目只能用一般方法计算内部收益率。按照逐次测试逼近法的要求，自行设定折现率并计算净现值，据此判断调整折现率。经过 5 次测试，得到以下数据（见表 5-4，计算过程略）：

表 5-4 逐次测试逼近法 %

测试次数 j	设定折现率 r_j	净现值 NPV_j（按 r_j 计算）
1	10	918.383 9
2	30	−192.799 1
3	20	217.312 8
4	24	39.317 7
5	26	−30.190 7

要求：计算该项目的内部收益率。

【实例分析】

因为 $NPV_4 = 389.3177 > NPV_5 = -30.1907$

$r_4 = 24\% < r_5 = 26\%$

$26\% - 24\% = 2\% < 5\%$

所以，$24\% < IRR < 26\%$

采用内插值法，该项目的内部收益率为：

$$IRR = 24\% + \frac{39.3177 - 0}{39.3177 - (-30.1907)} \times (26\% - 24\%) \approx 25.13\%$$

【例 5-24】天利公司拟投资建设一条生产线，行业基准折现率为 10%，现有六个方案可供选择，相关的净现金流量数据如下表 5-5 所示：

表 5-5　天利公司净现金流量分析表　　万元

方　案	t	0	1	2	3	4	5	…	9	10	11	合　计
A	NCF_t	−1 050	−50	500	450	400	350	…	150	100	50	1 650
B	NCF_t	−1 100	0	50	100	150	200	…	400	450	500	1 650
C	NCF_t	−1 100	0	275	275	275	275	…	275	275	275	1 650
D	NCF_t	−1 100	275	275	275	275	275	…	275	275	0	1 650
E	NCF_t	−550	−550	275	275	275	275	…	275	275	275	1 650
F	NCF_t	0	−1 100	275	275	275	275	…	275	275	275	1 650

相关的时间价值系数如下：

t	$(P/F,\ 10\%,\ t)$	$(P/A,\ 10\%,\ t)$	$(P/A,\ 20\%,\ t)$	$(P/A,\ 24\%,\ t)$
1	0.909 1	0.909 1	0.833 3	0.806 5
10	0.385 5	6.144 6	4.192 5	3.681 9

要求：

(1) 根据表 5-5 数据，分别确定下列数据：

①A 方案和 B 方案的建设期；

②C 方案和 D 方案的运营期；

③E 方案和 F 方案的项目计算期。

(2) 根据表 5-5 中的数据，说明 A 方案和 D 方案的资金投入方式。

(3) 计算 A 方案包括建设期的静态投资回收期指标。

(4) 利用简化方法计算 E 方案不包括建设期的静态投资回收期指标。

(5) 利润简化方法计算 C 方案净现值指标。

(6) 利用简化方法计算 D 方案内部收益率指标。

【实例分析】

(1) ①A 方案和 B 方案的建设期均为 1 年；

②C 方案和 D 方案的运营期均为 10 年；

③E 方案和 F 方案的项目计算期均为 11 年。

(2) A 方案的资金投入方式为分次投入，D 方案的资金投入方式为一次投入。

(3) A 方案包括建设期的静态投资回收期 $= 3 + 150 \div 400 \approx 3.38$(年)

(4) E 方案不包括建设期的静态投资回收期指标 $= 1\,100 \div 275 = 4$(年)

(5) C 方案净现值指标 $= 275 \times (P/A,\ 10\%,\ 10) \times (P/F,\ 10\%,\ 1) - 1\,100 = 275 \times 6.144\,6 \times 0.909\,1 - 1\,100 = 436.17$（万元）

(6) $275 \times (P/A,\ IRR,\ 10) = 1\,100$

即 $(P/A,\ IRR,\ 10) = 4$，根据 $(P/A,\ 20\%,\ 10) = 4.192\,5$，$(P/A,\ 24\%,\ 10) = 3.681\,9$，利用内插值法，可得：

$$IRR=24\%-\frac{3.6819-4}{3.6819-4.1925}\times(24\%-20\%)=21.51\%$$

上面介绍的计算内部收益率的两种方法中，都涉及内插值法的应用技巧，尽管具体应用条件不同，公式也存在差别，但该基本原理是一致的，即假定自变量在较小区间内，它与因变量之间的关系可以用线性模型来表示，因而可以采用近似计算的方法进行处理。

值得注意的是，例 5-16 题中使用的内插值法与前文中公式表示的计算方法略有不同。

内含报酬率是一个动态相对量正指标，是企业进行项目投资决策时常用的主要指标。它既考虑了资金时间价值，又能从动态的角度直接反映投资项目的实际报酬率，且不受设定的贴现率高低的影响，比较客观。但该指标的计算过程比较复杂。有时可能导致计算出多个内部收益率（因为从数学的角度看，一元多次方程可能有多个解），从而影响该指标作为项目投资决策主要指标的可用性。

只有内部收益率指标大于或等于基准收益率或资金成本的投资项目才具有财务可行性。

【知识链接】动态指标之间的关系

净现值 *NPV*、净现值率 *NPVR*、现值指数 *PI* 和内部收益率 *IRR* 指标之间存在以下数量关系：

当 $NPV>0$ 时，$NPVR>0$，$PI>1$，$IRR>i_c$；

当 $NPV=0$ 时，$NPVR=0$，$PI=1$，$IRR=i_c$；

当 $NPV<0$ 时，$NPVR<0$，$PI<1$，$IRR<i_c$。

此外，净现值率 *NPVR* 的计算需要在已知净现值 *NPV* 的基础上进行，内部收益率 *IRR* 的计算也需要利用净现值 *NPV*，这些指标都会受到建设期的长短、投资方式（一次还是多次投入），以及各年净现金流量的数量特征的影响。所不同的是 *NPV* 为绝对量指标，其余为相对量指标，计算净现值 *NPV*、净现值率 *NPVR* 和获利指数 *PI* 所依据的折现率都是事先已知的 i_c，而内部收益率 *IRR* 的计算本身与 i_c 的高低无关。

任务三　项目投资决策评价的方法及应用

【任务描述】

在项目投资决策的实践中，通常是对某个具体的投资项目制订多个备选的投资方案，从中选出最优的备选投资方案。本任务的内容就是说明如何判断备选方案的性质，如何对不同的备选方案进行财务可行性评价并作出投资决策。

【背景知识】

项目投资决策的关键就是合理选择适当的决策方法，利用投资决策评价指标作为决策的标准，作出最终的投资决策。在项目投资决策的实践中，通常将投资方案分为独立方案、互斥方案和组合（或排队）方案三种。

一、独立方案

在财务管理中，将一组互相分离、互不排斥的方案称为独立方案。在独立方案中，选择某一个方案并不排斥选择另一个方案。就一组完全独立的方案而言，其存在的前提条件是：①投资资金来源无限制；②投资资金无优先使用的排列；③各投资方案所需的人力、物力均能得到满足；④不考虑地区、行业之间的相互关系及其影响；⑤每一投资方案是否可行，仅取决于本方案的经济效益，与其他方案无关。

符合上述前提条件的方案即为独立方案。例如，某企业拟进行几项投资活动。这一组投资方案有：扩建某生产转车间；购置一辆运输汽车；新建办公楼等。这一组投资方案中各个方案之间没有什么关联，互相独立，并不存在相互比较和选择的问题。企业既可以全部不接受，也可以接受其中一个、多个或全部接受。

二、互斥方案

互斥方案是指互相关联、互相排斥的方案，即一组方案中的各个方案彼此可以相互代替，采纳方案组中的某一方案，就会自动排斥这组方案中的其他方案。因此，互斥方案具有排他性。

在对多个互斥议案进行比较时，要在每一个人选方案已具备财务可行性的前提下，首选选择特定议价指标作为决策标准或依据，再利用具体决策方法比较各个方案的优劣，最后从各个方案中最终选择一个最优方案。

三、组合或排队方案

如果一组方案中既不属于相互独立，又不属于相互排斥，而是可以实现任意组合或排队，则这些方案被称作组合或排队方案，其中又包括先决方案、互补方案和不完全互斥方案等形式。在这种方案决策中，除了要求首选评价所有方案的财务可行性，淘汰不具备财务可行性的方案外，在接下来的决策中需要反复衡量和比较不同组合条件下的有关评价指标的大小，从而作出最终决策。

【任务实施】

子任务一　独立方案决策评价的方法及运用

一、独立方案的财务可行性与投资决策的关系

对于独立方案而言，评价其财务可行性也就是对其作出最终决策的过程。因为对于一组独立方案的任何一个方案，都存在着“接受”或“拒绝”的选择。只有完全具备或基本具备财务可行性的方案，才可以接受；完全不具备或基本不具备财务可行性的方案，只能选择“拒绝”，从而“拒绝”本身也是一种方案，一般称之为0方案。因此，任何一个独立方案都要与0方案进行比较决策。

二、评价方案财务可行性的要点

评价方案的财务可行性应掌握以下要点，即方案是否完全具备、完全不具备、基

本具备和基本不具备财务可行性的条件。

（一）判断方案是否完全具备财务可行性的条件

如果某一投资方案的所有评价指标均处于可行区间，即同时满足以下条件时，则可以断定该投资方案无论从哪个方面看都具备财务可行性，或完全具备可行性。这些条件是：① 净现值 $NPV \geqslant 0$；② 净现值率 $NPVR \geqslant 0$；③ 获利指数 $PI \geqslant 1$；④ 内部收益率 $IRR \geqslant$ 基准折现率 i_c；⑤ 包括建设期的静态投资回收期 $PP \leqslant \frac{n}{2}$（即项目计算期的一半）；⑥ 不包括建设期的静态投资回收期 $PP' \leqslant \frac{p}{2}$（即项目运营期的一半）；⑦ 投资收益率 $ROI \geqslant$ 基准投资收益率 i（事先给定）。

（二）判断方案是否完全不具备财务可行性的条件

如果某一投资项目的评价指标均处于不可行区间，即同时满足以下条件时，则可以断定该投资项目无论从哪个方面看都不具备财务可行性，或者完全不具备可行性，应当彻底放弃该投资方案。这些条件是：① 净现值 $NPV < 0$；② 净现值率 $NPVR < 0$；③ 获利指数 $PI < 1$；④ 内部收益率 $IRR <$ 基准折现率 i_c；⑤ 包括建设期的静态投资回收期 $PP > \frac{n}{2}$（即项目计算期的一半）；⑥ 不包括建设期的静态投资回收期 $PP' > \frac{p}{2}$（即项目运营期的一半）；⑦ 投资收益率 $ROI <$ 基准投资收益率 i。

（三）判断方案是否基本具备财务可行性的条件

如果在评价过程中发现某项目的主要指标处于可行区间（如 $NPV \geqslant 0$，$NPVR \geqslant 0$，$PI \geqslant 1$，$IRR \geqslant i_c$），但次要或辅助指标处于不可行区间（$PP > \frac{n}{2}, PP' > \frac{p}{2}$ 或 $ROI < i$），则可以断定该项目基本上具有财务可行性。

（四）判断方案是否基本不具备财务可行性的条件

如果在评价过程中发现某项目出现 $NPV < 0$，$NPVR < 0$，$PI < 1$，$IRR < i_c$ 的情况，即使有 $PP \leqslant \frac{n}{2}, PP' \leqslant \frac{p}{2}$ 或 $ROI \geqslant i$ 发生，也可断定该项目基本上不具有财务可行性。

（五）其他应注意的问题

在对独立方案进行财务可行性评价过程中，除了要熟练掌握和运用上述判定条件外，还必须明确以下两点：

1. 主要评价指标在评价财务可行性的过程中起主导作用

在对独立项目进行财务可行性评价和投资决策的过程中，当静态投资回收期（次要指标）或投资收益率（辅助指标）的评价结论与净现值等主要指标的评价结论发生矛盾时，应当以主要指标的结论为准。

2. 利用动态指标对同一个投资项目进行评价和决策，会得出完全相同的结论

在对同一个投资项目进行财务可行性评价时，净现值、净现值率、获利指数和内部收益率指标的评价结论是一致的。

【例 5-25】某固定资产投资项目只有一个方案，其原始投资为 1 000 万元，项目计

算期为 1 年（其中生产经营期为 10 年），基准投资收益率为 9.5%，行业基准折现率为 10%。

有关投资决策议价指标如下：$ROI=10\%$，$PP=6$ 年，$PP'=5$ 年，$NPV=162.5$ 万元，$NPVR=17.04\%$，$PI=1.1704$，$IRR=12.73\%$。

要求：评价该项目的财务可行性。

【实例分析】 因为 $ROI=10\% > i=9.5\%$，$PP=5$ 年 $=\frac{p}{2}$，$NPV=162.65$ 万元 >0

$NPVR=17.04\%>0$，$PI=1.1704>1$，$IRR=12.73\%>i_c=10\%$

所以，该方案基本上具有财务可行性（尽管 $PP=6$ 年 $>\frac{n}{2}=5.5$ 年，超过基准回收期）。

因为该方案各项主要评价指标均达到或超过相应标准，所以基本上具有财务可行性，只是包括建设期的投资回收期较长，有一定风险。如果条件允许，可实施投资。

子任务二　互斥方案决策评价的方法及运用

项目投资互斥方案比较决策的方法是指利用特定评价指标作为决策标准或依据的各种方法的统称。它主要包括净现值法、净现值率法、差额投资内部收益率法、年等额净回收额法和计算期统一法等具体方法。

一、净现值法

所谓净现值法，是指通过比较所有已具备财务可行性方案的净现值指标的大小来选择最优方案的方法。该法适用于原始投资相同且项目计算期相等的多方案比较决策。

在此法下，净现值最大的方案为优。

【例 5-26】 某个固定资产投资项目需要原始投资 100 万元，有 A、B、C、D 四个相互排斥的备选方案可供选择，各方案的净现值指标分别为 230 万元、120 万元、200 万元和 170 万元。

要求：

(1) 评价每一方案的财务可行性；

(2) 按净现值法进行比较决策。

【实例分析】

(1) 评价各方案的财务可行性。

因为，A、B、C、D 每个备选方案的 NPV 均大于 0，所以，这些方案均具有财务可行性。

(2) 按净现值法进行比较决策。因为 $230 > 200 > 170 > 120$，所以，A 方案最优，其次为 C 方案，再次为 D 方案，最差为 B 方案。

二、净现值率法

所谓净现值率法，是指通过比较所有已具备财务可行性投资方案的净现值率指标的大小来选择最优方案的方法。在此法下，净现值率最大的方案为优。

在投资额相同的互斥方案比较决策中，采用净现值率法会与净现值法得到完全相同的结论；但投资额不相同时，情况就不同了。

【例 5-27】 A 项目与 B 项目为互斥方案，它们的项目计算期相同。A 项目原始投资的现值为 150 万元，净现值为 29.97 万元；B 项目原始投资的现值为 100 万元，净现值为 24 万元。

要求：

(1) 分别计算两个项目的净现值率指标；

(2) 讨论能否运用净现值法或净现值率法在 A 项目和 B 项目之间作出比较决策。

【实例分析】(1) 计算净现值率。

A 项目的净现值率 $= 29.97 \div 150 \approx 0.20$

B 项目的净现值率 $= 24 \div 100 = 0.24$

(2) 在净现值法下：

因为 $29.97 > 24$，所以，A 项目优于 B 项目。

在净现值率法下：

因为 $0.24 > 0.20$，所以 B 项目优于 A 项目。

由于两个项目的原始投资不相同，导致两种方法的决策结论相互矛盾，似乎无法据此作出相应的比较决策。但是，使用净现值指标作为决策依据的出发点是相对合理的资金成本，使用净现值率指标作为决策依据的出发点是希望投资项目有一个相对较高的内含报酬（高于净现值法的资金成本）。如果考虑到两者在项目投资上的意图的区别，净现值法将更具合理性。另外，从原始投资的角度考虑，因为 A、B 为两互斥方案，如果选择 B 项目，则将有 50 万元的资金处于闲置状态，选择 B 项目有较大的机会成本。

三、差额投资内部收益率法

所谓差额投资内部收益率法，是指在两个原始投资方案的差量净现金流量（记作 ΔNCF）的基础上，计算出差额内部收益率（记作 ΔIRR），并据与基准折现率或设定折现率进行比较，进而判断方案孰优孰劣的方法。差额投资内部收益率 ΔIRR 的计算过程和计算技巧同内部收益率 IRR 完全一样，只是其所依据的是 ΔNCF。

该法适用于两个原始投资不相同，但项目计算期相同的多方案比较决策。当差额内部收益率指标大于或等于基准收益率或设定折现率时，原始投资大的方案较优；反之，则投资少的方案为优。

该法经常被用于更新改造项目的投资决策中，当该项目的差额内部收益率指标大于或等于基准折现率或设定折现率时，应当进行更新改造；反之，就不应当进行此项更新改造。

【例 5-28】 承例 5-27，A 项目原始投资的现值为 150 万元，1～10 年的净现金流量为 29.29 万元；B 项目的原始投资额为 100 万元，1～10 年的净现金流量为 20.18 万元。行业基准折现率为 10%。

要求：

(1) 计算差量净现金流量 ΔNCF；

(2) 计算差额内部收益率 ΔIRR；

(3) 用差额内部收益率法作出投资决策。

【实例分析】

(1) 差量净现金流量为：

$\Delta NCF_0 = -150 - (-100) = -50$(万元)

$\Delta NCF_{1\sim10} = 29.29 - 20.18 = 9.11$(万元)

(2) 差额内部收益率 ΔIRR 为：

$(P/A, \Delta IRR, 10) = 50 \div 9.11 \approx 5.4885$

因为 $(P/A, 12\%, 10) = 5.6502 > 5.4885$，$(P/A, 14\%, 10) = 5.2161 < 5.4885$

所以，$12\% < \Delta IRR < 14\%$，运用内插值法可得出：

$$\Delta IRR = 12\% + \frac{5.6502 - 5.4885}{5.6502 - 5.2161} \times (14\% - 12\%) \approx 12.74\%$$

(3) 用差额投资内部收益率法进行投资决策。

因为 $\Delta IRR = 12.74\% > i_c = 10\%$

所以，应当投资A项目。

四、年等额净回收额法

所谓年等额净回收额法，是指通过比较所有投资方案的年等额净回收额（记作 NA）指标的大小来选择最优方案的决策方法。该法适用于原始投资不相同，特别是项目计算期不同的多方案比较决策。

在此法下，年等额净回收额最大的方案为优。

某方案的年等额净回收额等于该方案净现值与相关回收系数（或年金现值系数倒数）的乘积。其计算公式如下：

某方案年等额净回收额＝该方案净现值×回收系数

$$或 = 该方案净现值 \times \frac{1}{年金现值系数}$$

【例 5-29】 宏达公司拟投资建设一条新生产线，现有三个方案可供选择。A方案的原始投资为1 250万元，项目计算期为11年，净现值为958.7万元；B方案的原始投资为1 100万元，项目计算期为10年，净现值为920万元；C方案的净现值为－12.5万元。行业基准折现率为10%。

要求：

(1) 判断每个方案的财务可行性；

(2) 用年等额净回收额法作出最终的投资决策。

【实例分析】

(1) 判断方案的财务可行性。

因为A方案和B方案的净现值均大于0，所以，这两个方案具有财务可行性。而C方案的净现值小于0，所以，C方案不具有财务可行性。

(2) 进行投资决策。

$$A方案的年等额净回收额 = A方案的净现值 \times \frac{1}{(P/A,10\%,11)}$$

$$= 958.7 \times \frac{1}{6.4951} = 147.6(万元)$$

$$B方案的年等额净回收额 = B方案的净现值 \times \frac{1}{(P/A,10\%,10)}$$

$$= 920 \times \frac{1}{6.1446}$$

$$= 149.7(万元)$$

因为 $149.7 > 147.6$，所以B方案优于A方案。

五、计算期统一法

计算期统一法是指通过对计算期不相等的多个互斥方案选定一个共同的计算分析期，以满足时间可比性要求，进而根据调整后的评价指标来选择最优方案的方法。

该法包括方案重复法和最短计算期法两种具体处理方法。

（一）方案重复法

方案重复法也称计算期最小公倍数法，是将各方案计算期的最小公倍数作为比较方案的计算期，进而调整有关指标，并据此进行多方案比较决策的一种方法。应用此法，可采取以下两种方式：

第一种方式，首先，将各方案计算期的各年净现金流量或费用流量进行重复计算，直到与最小公倍数计算期相等；然后，计算净现值、净现值率、差额内部收益率或费用现值等评价指标；最后，根据调整后的评价指标进行方案的比较决策。

第二种方式，首先，直接计算每个方案项目原计算期内的评价指标（主要指净现值）；其次，按照最小公倍数原理分别对其折现，并求代数和；最后，根据调整后的净现值指标进行方案的比较决策。

【例 5-30】 A、B两个方案均在年末投资，它们的计算期分别为10年和15年，有关资料如下表5-6所示。基准折现率为12%。

要求：采用计算期统一法中的方案重复法作出最终的投资决策。

表 5-6　A、B两个方案净现金流量的资料　　万元

项目＼年份	1	2	3	4～9	10	11～14	15	净现值
A	－700	－700	480	600	0	0	0	756.48
B	－1 500	－1 700	－800	900	900	900	1 400	795.54

【实例分析】

依题意，A方案的项目计算期为10年，B方案的项目计算机为15年，两个方案计算期的最小公倍数为30年。

在此期间，A方案重复两次，而B方案只重复一次，则调整后的净现值指标为：

$NPV'_A = 756.48 + 756.48 \times (P/F,12\%,10) + 756.48 \times (P/F,12\%,20) = 1\,078.47$(万元)

$NPV'_B = 795.54 + 795.54 \times (P/F,12\%,15) = 940.88$(万元)

因为 $NPV'_A = 1\,078.47$ 万元 $> NPV'_B = 940.88$ 万元，

所以，A 方案优于 B 方案。

由于有些方案的计算期相差很大，按最小公倍数所确定的计算期往往很长。假定有四个互斥方案的计算期分别为 15、25、30、50 年，那么它们的最小公倍数就是 150 年，显然考虑这么长时间内的重复计算既复杂又没必要。为了克服方案重复法的缺点，人们设计了最短计算期法。

（二）最短计算期法

最短计算期法又称最短寿命期法，是指在将所有方案的净现值均还原为等额年回收额的基础上，再按照最短的计算期来计算出相应净现值，进而根据调整后的净现值指标进行多方案比较决策的一种方法。

【例 5-31】 承例 5-30 的资料。

要求：用最小计算期法作出最终的投资决策。

【实例分析】 依题意，A、B 两个方案中最短的计算期为 10 年，则调整后的净现值指标为：

$NPV''_A = NPV_A = 756.48$(万元)

$NPV''_B = NPV_B \times (A/P_A,12\%,15) \times (P_A/A,12\%,10)$

$= 795.94 \times (A/P_A,12\%,15) \times (P_A/A,12\%,10)$

$= 718.07$(万元)

因为 $NPV''_A = 756.48$ 万元 $> NPV''_B = 718.07$ 万元，所以，A 方案优于 B 方案。

子任务三　组合（或排队）投资决策评价的方法及运用

多方案组合排队投资决策通常分资金总量不受限制和资金总量受限制两种情况讨论：

一、资金总量不受限制情况下的决策

在资金总量不受限制的情况下，可按每一项目的净现值 NPV 大小排队，确定优先考虑的项目顺序。

二、资金总量受限制情况下的决策

在资金问题受到限制时，须按净现值率或获利指数的大小，结合净现值进行各种排队，从中选出净现值之和最大的最优组合。

在进行这类投资决策时，总的决策原则是：在主要考虑投资效益的条件下，多方案比较决策的主要依据，在能够保证充分利用资金的前提下，获得尽可能多的净现值总量。其具体程序如下：

(1) 以各方案的净现值率高低为序，逐项计算累计投资额，并与限定投资总额进行比较。

(2) 当截止到某项投资项目（假定为第 j 项）的累计投资额恰好达到限定的投资

总额时，则第 1 至第 j 项的项目组合为最优的投资组合。

(3) 若在排序过程中未能直接找到最优组合，必须按下列方法进行必要的修正。

首先，当排序中发现第 j 项的累计投资额首次超过限定投资额，而删除该项后，按顺延的项目计算的累计投资额却小于或等于限定投资额时，可将第 j 项与第 $j+1$ 项交换位置，继续计算累计投资额。这种交换可以连续进行。

其次，当排序中发出第 j 项的累计投资额首次超过限定投资额，又无法与下一项进行交换，可将第 j 项与第 $j-1$ 项交换位置，继续计算累计投资额。这种交换也可以连续进行。

最后，若经过反复交换，已不能再进行交换，仍未找到能使累计投资额恰好等于限定投资额的项目组合时，可按最后一次交换后的项目组合作为最优组合。

【例 5-32】 A、B、C、D、E 五个投资项目为非互斥方案，有关原始投资、净现值、和现值指数数据如下表 5-7 所示。

表 5-7　多方案组合排队投资决策的资料（一）　万元

项　目	原始投资	净现值	现值指数
A	3 000	1 200	1.40
B	2 000	400	1.20
C	2 000	1 000	1.50
D	1 000	220	1.22
E	1 000	300	1.30

要求：分别就以下不相关情况作出多方案组合决策。

(1) 投资总额不受限制；

(2) 投资总额受到限制，分别为 2 000、3 000、4 000、4 500、5 000、6 000、7 000、8 000和 9 000 万元。

【实例分析】

按各方案现值指数的大小排序，并计算累计原始投资和累计净现值数据。其结果如下表 5-8 所示。

表 5-8　多方案组合排队投资决策的资料（二）　万元

项　目	原始投资	累计原始投资	净现值	累计净现值
C	2 000	2 000	1 000	1 000
A	3 000	5 000	1 200	2 200
E	1 000	6 000	300	2 500
D	1 000	7 000	220	2 720
B	2 000	9 000	400	3 120

根据上表中数据按投资组合决策原则作如下决策：

（1）如果投资总额不受限制，则所有五个方案净现值均大于0，且现值指数均大于1，均为可入选方案，最优投资组合为A＋B＋C＋D＋E。

（2）当限定投资总额为2 000万元时，只能上C项目，可获得1 000万元净现值，比其他组合E＋D和B的净现值都多。

（3）当限定投资总额为3 000万元时，最优投资组合为C＋E（因为A和E可进行交换），净现值为1 300万元，比其他组合A、C＋D、E＋B和D＋B的净现值都多。

（4）当限定投资总额为4 000万元时，最优投资组合为C＋E＋D（因为A和E、D分别交换一次），净现值为1 520万元，比其他组合A＋E、A＋D、C＋B、E＋D＋B的净现值都多。

（5）当限定投资额为4 500万元时，最优组合仍为C＋E＋D，此时累计投资总额为4 000（2 000 ＋ 1 000 ＋ 1 000）万元小于4 500万元，但实现的净现值仍比所有其他组合的多。

（6）当限定投资总额为5 000万元、6 000万元和7 000万元时，最优投资组合分别为C＋A、C＋A＋E、C＋A＋E＋D。

（7）当限定投资总额为8 000万元时，最优投资组合为C＋A＋E＋B（因为D和B可进行交换），净现值为2 900万元，比组合C＋A＋D＋B的净现值2 820万元要多。

课后实训

一、单项选择题

1. 按照现金流量估算的时点指标假设，发生在建设期期末和经营期期初的现金流量是（　　）。

A. 固定资产投资　B. 无形资产投资　C. 流动资产投资　D. 付现成本

2. 在财务管理中，将企业为使项目达到设计生产能力、开展正常经营而投入的全部现实资金称为（　）。

A. 投资总额　B. 现金流量　C. 建设投资　D. 原始投资

3. 计算投资方案的现金流量时，须考虑的项目是（　　）。

A. 沉没成本　B. 原始成本　C. 变现价值　D. 账面价值

4. 一个投资方案的年销售收入为300万元，年销售成本为200万元，其中折旧80万元，所得税税率为25%。则该方案年现金净流量为（　）万元。

A. 100　B. 155　C. 180　D. 75

5. 包括建设期的静态投资回收期是（　　）。

A. 净现值为0的年限　B. 现金净流量为0的年限

C. 累计净现值为0的年限　D. 累计现金净流量为0的年限

6. 下列表述中不正确的是（　　）。

A. 净现值是未来报酬的总现值与初始投资额的现值之差

B. 当净现值等于0时，此时贴现率为内含报酬率

C. 当净现值大于0时，现值指数小于1

D. 当净现值大于0时，说明该投资方案可行

7. 已知某投资项目按16%的折现率计算的净现值大于0，按18%的折现率计算的净现值小于0，则该项目的内含报酬率肯定（　　）。

A. 大于16%，小于18%　　B. 小于16%

C. 等于17%　　D. 大于18%

8. 如果其他因素不变，一旦折现率提高，则下列指标中其数值将会变小的是（　　）。

A. 现值指数　　B. 投资报酬率

C. 内含报酬率　　D. 静态投资回收期

9. 下列项目投资评价决策指标中，其数值越小越好的指标是（　　）。

A. 内含报酬率　　B. 静态投资回收期

C. 现值指数　　D. 投资报酬率

10. 某投资项目原始投资额为100万元，使用寿命10年，已知该项目第10年的经营净现金流量为20万元，期满处置固定资产残值收入及回收流动资金共12万元。则该投资项目第10年的现金净流量为（　　）万元。

A. 12　　B. 20　　C. 32　　D. 43

11. 项目投资决策中，完整的项目计算期是指（　　）

A. 建设期　　B. 经营期

C. 建设期和达产期　　D. 建设期和经营期

12. 下列项目中不能引起现金流出的是（　　）。

A. 支付工资　　B. 计提折旧

C. 支付材料价款　　D. 垫支流动资金

13. 年等额净回收额法是指通过比较所有投资方案的年等额净回收额指标的大小来选择最优方案的决策方法。在此方法下，年等额净回收额（　　）的方案为优。

A. 最小　　B. 最大　　C. 大于0　　D. 小于0

14. 假定某项目的原始投资在建设期期初全部投入，其预计的净现值率为13.8%。则该项目的现值指数是（　　）。

A. 5.69　　B. 1.138　　C. 1.38　　D. 1.125

15. 下列指标的计算中，没有直接利用现金净流量的是（　　）。

A. 内部收益率　　B. 投资利润率　　C. 净现值率　　D. 现值指数

16. 已知某建设项目的现金净流量如下：$NCF_0=-120$ 万元，$NCF_{1\sim6}=30$ 万元，$NCF_{7\sim12}=40$ 万元，据此计算的静态投资回收期为（　　）年。

A. 3　　B. 4　　C. 5　　D. 6

17. 某投资项目年营业收入140万元，年付现成本70万元，年折旧额30万元，所得税税率25%，则该方案年经营现金净流量为（　　）万元。

A. 54　　B. 60　　C. 72　　D. 46

18. 存在所得税的情况下，以“利润＋折旧”估计经营期现金净流量时，“利润”

是指（　　）。

A. 利润总额　　B. 净利润

C. 营业利润　　D. 息税前利润

19. 下列关于投资项目经营现金净流量预计的各种说法中，不正确的是（　　）。

A. 营业现金净流量等于税后净利润加上折旧

B. 营业现金净流量等于营业收入减去付现成本和所得税

C. 营业现金净流量等于税后收入减去税后成本加折旧抵税额

D. 营业现金净流量等于营业收入减去营业成本再减去所得税

20. 下列投资项目指标中，不受建设期长短、投资回收时间先后及现金流量大小影响的评价指标是（　　）。

A. 投资回收期　　B. 投资收益率　　C. 净现值率　　D. 内部收益率

二、多项选择题

1. 若建设期不为0，则建设期内各年的现金净流量可能会（　　）。

A. 等于1　　B. 大于1　　C. 小于0　　D. 等于0

2. 下列各项中，属于现金流入量的项目有（　　）。

A. 回收的流动资金　　B. 固定资产残值收入

C. 经营收入　　D. 折旧额

3. 下列各项指标中，属于正指标的是（　　）。

A. 净现值　　B. 现值指数　　C. 内部收益率　　D. 静态回收期

4. 影响项目内部收益率的因素包括（　　）。

A. 投资项目的有效年限　　B. 投资项目的现金流量

C. 企业最低报酬率　　D. 投资项目建设期

5. 净现值法的优点有（　　）。

A. 考虑了时间价值　　B. 考虑了投资风险

C. 考虑了项目计算期全部现金净流量　　D. 可以反映项目实际投资收益率

6. 下列各项指标中，不能直接反映投资项目的实际收益水平的是（　　）。

A. 净现值　　B. 现值指数　　C. 内部收益率　　D. 净现值率

7. 下列各项指标中，属于折现的相对量评价指标的是（　　）。

A. 净现值率　　B. 现值指数　　C. 投资利润率　　D. 内部收益率

8. 下列指标在计算时，不需要基准折现率的有（　　）。

A. 净现值　　B. 回收期　　C. 投资利润率　　D. 内部收益率

9. 原始投资不同的互斥方案的选优可采用（　　）。

A. 净现值法　　B. 净现值率法

C. 年等额净回收额法　　D. 差额内部收益率法

10. 若某投资方案以内部收益率作为评价指标，保证投资方案可行的要求是内部收益率（　　）。

A. 大于0　　B. 大于1　　C. 大于资本成本　　D. 大于基准贴现率

11. 下列属于计算现金流量假设的有（　　）。

A. 所有投资均为自有资金　　　　　B. 所有现金流量指标均为时期指标

C. 影响现金流量的因素均为常数　　D. 所有投资均发生在建设期

12. 某单纯固定资产投资项目的资金来源为银行借款，按照全投资假设和简化公式计算经营期某年的现金流量时，需要考虑的因素有（　　）。

A. 因使用该固定资产新增的净利润　B. 支付的相关借款利息

C. 因使用该固定资产新增的折旧　　D. 偿还的相关借款本金

13. 现金流出是指投资项目所引起的企业现金支出的增加额，包括（　　）。

A. 建设投资　　B. 付现成本　　C. 年折旧额　　D. 所得税

14. 采用净现值法评价投资项目可行性时，所采用的贴现率通常有（　　）。

A. 投资项目的资金成本率　　　　B. 投资项目的机会成本率

C. 行业平均资金收益率　　　　　D. 投资项目的内含报酬率

15. 某投资项目的现值指数为 1.35，则下列表述中正确的有（　　）。

A. 项目净现值大于 0

B. 内含报酬率大于计算现值指数时设定的折现率

C. 净现值率等于 0.35

D. 项目投资回收期大于设定的基准投资回收期

三、判断题

1. 投资决策中现金流量所指的"现金"不仅包括各种货币资金，而且包括投资项目所需要的有关非货币资产的变现价值。（　　）

2. 现金流量是按照收付实现制计算的，而在投资决策时，应该以按权责发生制计算的营业利润作为评价项目可行性的基础。（　　）

3. 归还借款本息导致现金流出企业，所以如果投资项目的资金包括借款，则计算其现金流量时应扣除还本付息支出。（　　）

4. 固定资产原值等于固定资产投资。（　　）

5. 在不考虑所得税因素的情况下，同一投资方案分别采用加速折旧法、直线法计算折旧不会影响经营期各年的现金流量。（　　）

6. 投资回收期既考虑了资金的时间价值，又考虑了回收期满后的现金流量情况。（　　）

7. 净现值法考虑了资金的时间价值，能够反映各种投资方案的净收益，但不能揭示各方案本身可能达到的投资报酬率。（　　）

8. 投资项目评价所运用的内含报酬率指标的计算与项目所设定的贴现率高低有直接关系。（　　）

9. 在评价投资项目的财务可行性时，如果投资回收期或投资报酬的评价结论与净现值指标的评价结论发生矛盾，应当以净现值指标的结论为准。（　　）

10. 对多个方案进行组合或排队决策，在资金总量受到限制时，需要按照净现值的大小排队，从中选出能够使净现值合计最大的最优组合。（　　）

11. 一定投资方案项目计算期内任何一年的净现金流量等于该年的利润、折旧额、摊销额和回收额之和。（　　）

12. 经营期节约的经营成本计入现金流入项目，而不计入现金流出项目。 ( )

13. 投资项目建设期内一般没有现金流入量，所以也不会存在净现金流量。( )

14. 在整个项目计算期内，任何一年的现金净流量都可以通过“利润 ＋ 折旧”的简化公式来确定。 ( )

15. 运营期自由现金流量，是指投资者可以作为偿还借款利息、借款本金、分配利润、对外投资等财务活动资金来源的净现金流量。 ( )

16. 在项目的评价指标中，静态投资回收期属于辅助指标，投资利润率属于次要指标。 ( )

17. 凡是在建设期发生的投资统称为建设投资。 ( )

18. 现金净流量是指一定期间现金流入量和现金流出量的差额。 ( )

19. 投资利润率是受建设期长短、投资回收时间先后及现金流量大小影响的评价指标。 ( )

20. 包括建设期的静态投资回收期是累计净现值为 0 的年限。 ( )

四、计算题

1. 某投资项目投资总额为 100 万元，建设期为 2 年，投产后第 1 至第 8 年每年现金净流量为 25 万元，第 9、第 10 年每年现金净流量为 20 万元。

要求：计算该项目的投资回收期。

2. 某项目原始投资为 10 万元，建设期为 1 年，建设期发生的资本化利息为 1 万元，该项目寿命为 10 年，预计每年净利润为 1.5 万元，该企业采用直线法计提折旧。行业基准折现率为 12%。

要求：

(1) 计算该项目每年的净现金流量；

(2) 计算该项目的净现值；

(3) 计算该项目的内部收益率。

3. 已知宏达公司拟于 2×10 年年初用自有资金购置设备一台，需一次性投资 100 万元。经测算，该设备使用寿命为 5 年（税法亦允许按 5 年折旧）；设备投入运营后每年可新增息税前营业利润 20 万元。假定该设备按直线法折旧，预计的净残值率为 5%；已知（P/A，10%，5）＝3.790 8，（P/F，10%，5）＝0.620 9。不考虑建设安装期和公司所得税。

要求：

(1) 计算使用期内各年的净现金流量；

(2) 计算该设备的静态投资回收期；

(3) 计算该项目的投资收益率；

(4) 如果以 10%作为折现率，计算其净现值。

4. 假设某公司计划开发一种新产品，该产品的寿命期为 5 年，开发新产品的成本及预计收入为：需投资固定资产 240 000 元，需垫支流动资金 200 000 元，5 年后可收回固定资产残值 30 000 元，用直线法提折旧。投产后，预计每年的销售收入可达 240 000元，每年需支付直接材料、直接人工等变动成本 128 000 元，每年的设备维修费为 10 000 元。该公司预计的加权平均资金成本为 10%，适用的所得税税率为 25%。

要求：请用净现值法和内含报酬率法对是否开发该项新产品作出分析评价。

5. 宏伟公司原有设备一台，账面折余价值为 11.561 万元，目前出售可获得收入 7.5 万元，预计可使用 10 年，已使用 5 年，预计净残值为 0.75 万元。现在该公司拟购买新设备替换原设备，建设期为 0，新设备购置成本为 40 万元，使用年限为 5 年，预计净残值与使用旧设备的净残值一致，新、旧设备均采用直线法计提折旧。该公司第 1 年销售额从 150 万元上升到 160 万元，经营成本从 110 万元上升到 112 万元；第 2 年至第 5 年，销售额从 150 万元上升到 165 万元，经营成本从 110 万元上升到 115 万元。该企业的所得税税率为 25%，资金成本为 10%。已知（P/A，11%，5）＝3.696，（P/A，12%，5）＝3.605

要求：

（1）计算更新改造增加的年折旧额；

（2）计算更新改造增加的各年净利润（保留小数点后 3 位）；

（3）计算旧设备变价净损失的抵税金额；

（4）计算更新改造增加的各年净现金流量；

（5）利用内插法计算更新改造方案的差额内部收益率，并作出是否进行更新改造的决策（保留小数点后 3 位）。

五、技能训练

1. 宏达公司有四个可供选择的项目 A、B、C、D，其中 A、D 是互斥项目，详细情况如下表 5—9 所示。

表 5-9　项目 A、B、C、D 投资组合排队决策方案的资料　　万元

项　目	原始投资	净现值	净现值率（%）
A	120 000	67 000	56
B	150 000	79 500	53
C	300 000	111 000	37
D	160 000	80 000	50

要求：

（1）确定投资总额不受限制时的投资组合；

（2）如果投资总额限定为 50 万元时，作出投资组合决策。

2. 和平公司计划进行某项投资活动，有甲、乙两个备选的互斥投资方案的资料。

（1）甲方案原始投资 150 万元，其中固定资产投资 100 万元，流动资金投资 50 万元，全部资金于建设起点一次投入，建设期为 0，经营期为 5 年，到期净残值收入 5 万元，预计投产后年营业收入 90 万元，年总成本 60 万元。

（2）乙方案原始投资额 200 万元，其中，固定资产投资 120 万元，流动资金投资 80 万元。建设期 2 年，经营期 5 年，建设期资本化利息 10 万元，固定资产投资于建设

期起点投入，流动资金投资于建设期结束时投入，固定资产净残值收入 10 万元，项目投产后，年营业收入 170 万元，年经营成本 80 万元，经营期每年归还利息 5 万元。固定资产按直线法折旧，全部流动资金于终结点收回。企业所得税税率为 30%。该公司所在行业的基准折现率为 10%。

要求：

(1) 计算甲、乙方案各年的净现金流量；

(2) 计算甲、乙方案包括建设期的静态投资回收期；

(3) 计算甲、乙方案的净现值；

(4) 计算甲、乙两个方案的年等额净回收额，并比较两个方案的优劣；

(5) 利用方案重复法比较两个方案的优劣；

(6) 利用最短计算期法比较两个方案的优劣。

项目六　营运资金管理

【项目导读】

营运资金是指一个企业维持日常经营所需的资金，是流动资产减去流动负债后的差额。企业的营运资金在全部资产中占有相当大的比重，而且周转时间短，形态易变，是企业财务管理工作的一项重要内容。营运资金管理主要包括现金的管理、应收账款的管理、存货的管理和流动负债的管理。

【知识目标】

1. 了解持有现金的动机、应收账款的功能、存货的功能；
2. 理解营运资金的含义，熟悉现金、应收账款及存货的日常管理内容；
3. 掌握持有现金的成本、应收账款的成本和存货的成本；
4. 掌握现金最佳持有量的确定方法、信用政策的制订和存货经济订货量的基本模型；
5. 了解短期借款的种类，熟悉短期借款的信用条件，掌握短期借款筹资的优、缺点；
6. 掌握商业信用的形式和商业信用筹资的优、缺点。

【能力目标】

1. 能够确定现金最佳持有量；
2. 掌握信用政策的制订；
3. 能够确定存货经济进货批量。

【引导案例】

东方公司的信用政策分析

东方公司是一个商业企业。由于目前的收账政策过于严厉，不利于扩大销售，而且收账费用较高。2012 年 5 月，东方公司正在着手研究修改现行的信用政策。现有甲、乙两个放宽信用政策的备选方案，有关数据如下表 6-1 所示：

表 6-1　东方公司甲、乙两个方案的资料　　万元

项　目	现行收账政策	甲方案	乙方案
年销售额	2 400	2 600	2 700
年收账费用	40	20	10
平均收账期	2 个月	3 个月	4 个月
坏账损失率（%）	2	2.5	3

已知东方公司的销售毛利率为20%，应收账款投资要求的最低报酬率为15%。坏账损失率是指预计年度坏账损失占销售额的百分比。假定不考虑所得税的影响。

请分析：东方公司能否改变现行的信用政策？如果要改变，应选择甲方案还是乙方案？

任务一 现金管理

【任务描述】

营运资金管理是财务人员的日常基础工作，是保证企业持续正常经营的关键。而现金是营运资金中流动性最强的流动资产，可以用来满足生产经营开支的各种需要，也是还本付息和履行纳税义务的保证，所以现金管理尤为重要。现金管理任务的重点是现金最佳持有量的确定以及现金的日常管理。

【背景知识】

一、营运资金概述

(一) 营运资金的含义

营运资金又称循环资本，是指一个企业维持日常经营活动所需的资金，通常是指流动资产减去流动负债后的余额。其用公式表示为：

营运资金＝流动资产总额－流动负债总额

在企业的流动资产中，来源于流动负债的部分由于面临债权人的短期求索权而无法供企业较长期限内自由使用，只有扣除短期负债后的剩余流动资产，即营运资金才是企业较长时期内自由使用的资金。营运资金作为流动资产的一部分，是企业日常生产经营活动的润滑剂，是衡量企业短期偿债能力的重要指标。

(二) 营运资金的特点

为了有效地管理企业的营运资金，必须研究营运资金的特点，以便有针对性地进行管理。营运资金一般有如下特点：

1. 营运资金的周转具有短期性

企业占用在流动资产上的资金周转一次所需的时间较短，通常会在1年或一个营运周期内收回，对企业影响的时间较短，根据这一特点，营运资金可以用商业信用、银行短期借款等短期筹资方式来加以解决。

2. 营运资金的数量具有波动性

流动资产的数量会随企业内外条件的变化而变化，时高时低，波动很大。季节性企业如此，非季节性企业也如此。随着流动资产数量的变动，流动负债的数量也会相应发生变动。

3. 营运资金的实物形态具有变动性和易变现性

由于企业的生产活动持续不断地进行，营运资金的实物形态是经常发生变化的，按供、产、销过程的顺序相继转换，并且在空间上又是同时存在的。流动资金的每次循环都要经过采购、生产、销售过程，并表现为现金、材料、在产品、产成品、库存商品、应收账款、现金等具体形态。为此，在进行流动资产管理时，必须在各项流动资产上合理配置资金数额，以促进资金周转顺利进行。此外，应收账款、存货等流动资产一般具有较强的变现能力，如果遇到意外情况，企业出现资金周转不灵、现金短缺时，可迅速变卖这些资产，以获取现金。

4. 营运资金的来源具有灵活多样性

企业筹集营运资金的方式较为灵活多样，通常有银行短期借款、商业信用、应交税费、应交利润、应付工资、应付费用、预收货款、票据贴现等。

（三）营运资金的管理原则

企业进行营运资金管理必须遵循以下原则：

1. 合理确定并控制营运资金的需要量

企业营运资金的需要量与企业生产经营活动有着直接关系，当企业产销两旺时，流动资产会不断增加，流动负债也会相应增加；而当企业产销量不断减少时，流动资产和流动负债也会相应减少。因此，企业财务人员应认真分析生产经营状况，采用一定的方法预测营运资金的需要量，以便合理使用营运资金。

2. 合理确定流动资金的来源构成

企业应选择合适的筹资渠道及方式，力求以最小的代价谋求最大的经济利益，并使筹资与日后的偿债能力等合理配合。合理安排流动资产与流动负债的比例关系，保持流动资产结构与流动负债结构的适配性，保证企业有足够的短期偿债能力，是营运资金管理工作的重要原则之一。

3. 加速营运资金周转，提高资金的利用效率

营运资金周转是指企业的营运资金从现金投入生产经营开始，最终转化为现金的过程。在其他因素不变的情况下，加速营运资金的周转，也就相应提高了资金的利用效果。因此，企业要千方百计地加速存货、应收账款等流动资产的周转，以便用有限的资金取得最优的经济效益。

二、现金管理概述

（一）现金的含义

现金是指在生产过程中暂时停留在货币形态的资金，包括库存现金、银行存款、银行本票和银行汇票等。现金有广义、狭义之分。广义的现金包括企业库存现金、银行存款和其他货币资金，是指以货币形态占用项目的总称；狭义的现金仅指库存现金。我们所讲的现金是指广义的现金。

（二）现金管理的目标

作为流动性和支付能力最强的资产，现金是满足日常经营支付、偿还债务本息、履行纳税义务的重要保证，因此，企业能否保持足够的现金余额，对于降低或避免经营风险和财务风险具有十分重要的意义。同时，现金又是一种非盈利性资产，持有量过多，势必给企业造成较大的机会损失，降低资产的获利能力；但是现金太少，又可能会出现现金短缺，影响生产经营活动。因此，对现金的管理主要围绕以下两个目标

来进行：一是保证企业生产经营对现金的需要；二是尽量减少企业闲置现金的数量，提高资金报酬率。

（三）企业持有现金的动机

企业持有现金的动机主要有以下三个方面：

1. 交易动机

交易动机是指企业持有现金以满足日常支付的需要，如用于购买原材料、支付工资、缴纳税款、支付股利等。企业每天的现金收入和现金支出很少同时等额发生，保留一定的现金余额可使企业在现金支出大于现金收入时，不致中断交易。交易动机所需的现金数量取决于企业规模、现金管理体制和管理人员的偏好。企业规模越大，交易性需求的现金数量就越多，反之则越低；采取现金集中管理，建立内部银行的企业，交易性需求的现金数量比采取分散管理的企业要少；愿意承担风险的管理者，其交易性需求的现金数量较少，反之则较多。

2. 预防动机

预防动机是指企业持有现金以应付意外事件对现金的需求。企业预计的现金需要量一般是指正常情况下的需要量，但由于市场行情的瞬息万变和其他各种不测因素的存在，企业有时会出现料想不到的开支，如自然灾害、生产事故、主要顾客未能及时付款等，从而影响企业的现金收支计划，使现金收支出现不平衡。因此，在正常业务活动现金需要量的基础上，追加一定数量的现金余额以应付未来现金流入和流出的随机波动，是企业在确定必要现金持有量时应当考虑的因素。预防动机所需要现金的多少取决于以下三个方面：一是企业对现金流量预测的可靠程度；二是企业临时举债能力的强弱；三是企业愿意承担风险的程度。通常情况下，现金收支预测的准确性程度越小，预防性需求所需持有的现金数额就越大，反之则越小；如果企业临时借款能力强，则预防性需求所需持有的现金数额较小，反之则较大；如果企业不愿意承担缺少现金的风险，则预防性需求所需的持有现金的数额较大，反之则较少。

3. 投机动机

投机动机是指企业持有现金以便抓住各种瞬息即逝的市场机会，获取较大的利益。如利用证券市场大幅度跌落之时购入有价证券，以期在价格反弹时卖出证券获得高额资本利得（价差收入）等。投机动机只是企业确定现金余额时所需要考虑的次要因素之一，其持有量的大小往往与企业在金融市场的投资机会及企业对待风险的态度有关。一般情况下，除了金融和投资公司外，其他企业专门为投机性需要而特别置存现金的不多。大部分企业在遇到不寻常的购买机会时，常设法临时筹集资金。

（四）现金的持有成本

企业拥有任何资产都有成本，现金的成本通常由以下四个部分组成：

1. 机会成本

现金的机会成本是指因持有现金而放弃其他投资机会所失去的收益。例如，某企业持有现金 50 万元，如果投资于有价证券，可以获得 10％的收益率，即可以收益 5 万元；但正是因为持有这 50 万元现金，没有投资于有价证券，那么失去的 5 万元的投资收益就成了持有 50 万元现金的机会成本。值得注意的是，放弃的再投资收益即机会成本属于变动成本，它与现金的持有量存在正比例关系，即现金持有量越大，机会成本越高；反之则越小。

2. 管理成本

管理成本是指为保管现金而支付的各种费用，如管理人员的工资支出，安全防盗措施的建造费用等。管理成本是一种固定成本，在一定范围内，一般不随现金持有量的变动而变动。

3. 转换成本

转换成本是指企业用现金购入有价证券以及转让有价证券换取现金时付出的交易费用，即现金同有价证券之间相互转换的成本，如委托买卖佣金、委托手续费、证券过户费、实物交割手续费等。严格地讲，转换成本并不都是固定费用，有的具有变动成本的性质，如委托买卖佣金、委托手续费等。这些费用通常是按照委托成交金额计算的。在证券总额既定的条件下，无论变现次数怎样变动，所需支付的委托成交金额是相同的。因此，那些依据委托成交金额计算的转换成本与证券变现次数关系不大，属于决策无关成本。这样与证券变现次数密切相关的转换成本便只包括其中的固定性交易费用，如委托手续费等。这时，转换成本与证券转换次数呈线性关系，即：

转换成本总额=证券转换次数×每次的转换成本

证券转换成本与现金持有量的关系是，在一定时期内现金需要量既定的前提下，现金持有量越少，证券转换次数越多，相应的转换成本就越大；反之，现金持有量越多，证券转换次数越少，相应的转换成本就越小。

4. 短缺成本

现金短缺成本是指在现金持有量不足无法及时通过有价证券变现加以补充而给企业造成的损失，包括直接损失与间接损失。直接损失是由于现金的短缺使企业的生产经营或投资受到影响而造成的损失。例如，由于现金短缺而无法购进急需的原材料，使得企业的生产经营中断而给企业造成的损失。间接损失是指由于现金的短缺而给企业带来的无形损失。例如，由于现金短缺而不能按期支付货款或不能按期归还贷款，从而给企业的信用和形象造成的损害。现金的短缺成本与现金持有量成反方向变动关系，即现金的短缺成本随现金持有量的增加而下降，随现金持有量的减少而上升。

【任务实施】

子任务一　最佳现金持有量决策

基于前述交易、预防、投机等动机的需要，企业必须保持一定数量的现金余额，但现金持有太多或太少都对企业不利。因此，企业确定最佳现金持有量具有重要的意义。最佳现金持有量是指使有关成本之和最小的现金持有数额。在西方财务管理中，确定最佳现金持有量的方法有很多，现结合我国实际情况，介绍几种常用的方法。

一、成本分析模式

成本模型强调持有现金是有成本的，最佳的现金持有量是使得现金持有成本最小化的持有量。通过分析现金的机会成本、管理成本和短期成本，以三种成本之和最低时的现金持有量作为目标现金余额。

在实际工作中，成本分析模式下的最佳现金持有量可通过编制现金持有成本分析表来确定，运用该模式确定最佳现金持有量的具体步骤为：

(1) 根据不同现金持有量测算并确定有关成本数值。

(2) 按照不同现金持有量及其有关成本资料编制现金持有成本分析表。

(3) 在分析表中找出相关总成本最低时的现金持有量，即最佳现金持有量。

【例 6-1】 某企业现有甲、乙、丙、丁四种现金持有方案，有关成本资料见下表 6-2：

表 6-2 现金持有量备选方案 元

项 目	甲	乙	丙	丁
现金持有量	100 000	200 000	300 000	400 000
机会成本率（%）	10	10	10	10
短缺成本	48 000	25 000	10 000	5 000

要求：采用成本分析模式确定该企业的最佳现金持有量。

【实例分析】

根据表 6-2，采用成本分析模式编制该企业现金持有成本分析表，见表 6-3：

表 6-3 现金持有成本分析表 元

项 目	甲	乙	丙	丁
现金持有量	100 000	200 000	300 000	400 000
机会成本	10 000	20 000	30 000	40 000
短缺成本	48 000	25 000	10 000	5 000
相关总成本	58 000	45 000	40 000	45 000

比较表 6-3 中各个方案的相关总成本可知，丙方案的相关总成本最低，故 300 000 元是该企业的最佳现金持有量。

二、随机模式

随机模式又称米勒—奥尔模型，是在现金需求量难以预知的情况下，对现金持有量进行控制的方法。对企业来讲，现金需求量往往波动大且难以预知，但企业可以根据历史经验和现实需要，测算出一个现金持有量的控制范围，即制订出现金持有量的上限和下限，将现金持有量控制在上、下限之内。当现金达到控制上限时，用现金购入有价证券，使现金持有量下降；当现金量降到控制下限时，则抛售有价证券换回现金，使现金持有量回升。若现金持有量在控制的上、下限之间时，便不必进行现金与有价证券的转换，保持它们各自的现有存量。随机模式建立在企业的现金未来需求总量和收支不可预测的前提下，因此计算出来的现金持有量比较保守。

这种对现金持有量的控制，如图 6-1 所示。

图 6-1 中，虚线 H 为现金存量的上限，虚线 L 为现金存量的下限，实线 R 为最优现金返回线，也叫现金回归线。从图中可以看出，企业的现金存量（表现为现金每日

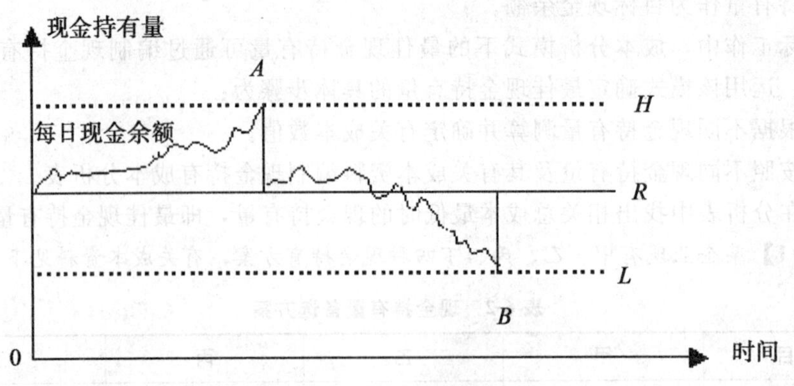

图 6-1　随机模式

余额）是随机波动的，当其达到 A 点时，即达到了现金控制的上限，企业应用现金购买有价证券，使现金量回落到现金返回线（R 线）的水平；当现金存量降至 B 点时，即达到了现金控制的下限，企业则应转让有价证券换回现金，使其存量回升至现金返回线的水平。现金存量在上、下限之间的波动属于控制范围内的变化，是合理的，不予理会。

随机模式是通过现金波动的最高限额和最低限额和现金回归线进行现金控制。上图中的上限 H、现金返回线 R 可按下列公式计算：

$$R=\sqrt[3]{\frac{3b\delta^2}{4i}}+L$$

$$H=3R-2L$$

公式中，b 为每次有价证券的固定转换成本；i 为有价证券的日利息率；δ 为预期每日现金余额变化的标准差（可根据历史资料测算）。

而下限 L 的确定，则要受到企业每日的最低现金需要、管理人员的风险承受倾向等因素的影响。

【例 6-2】 东方公司有价证券的年利率为 9%，每次买入或卖出有价证券的转换成本为 500 元，公司认为任何时候其银行活期存款及现金余额均不能低于 30 000 元，又根据以往经验测算出现金余额波动的标准差为 1 500 元。

要求：计算最优现金返回线 R、现金控制上限 H。

【实例分析】

有价证券日利率＝9%÷360＝0.025%

最优现金返回线

$$R=\sqrt[3]{\frac{3\times 500\times 1\ 500^2}{4\times 0.025\%}}+30\ 000=45\ 000(\text{元})$$

$$H=3R-2L=3\times 45\ 000-2\times 30\ 000=75\ 000\ (\text{元})$$

以上计算说明，当公司的现金余额达到 75 000 元时，即应以 30 000（75 000－45 000）元的现金去投资于有价证券，使现金持有量回落为 45 000 元；当公司的现金余额降至 30 000 元时则应转让 15 000（45 000－35 000）元的有价证券，使现金持有量回升为 45 000 元。

三、存货模式

存货模式又称鲍曼模型（Baumol model），是由美国经济学家 William. J. Baumol 首先提出的。他认为企业现金持有量在许多方面与存货相似，存货经济进货批量模型可用于确定目标现金持有量，并以此为出发点，建立了鲍曼模型。

运用存货模式确定最佳现金持有量，是以下列假设为前提的：

（1）企业在一定时期内现金需要总量可以预测。

（2）企业所需要的现金可以通过证券变现取得，且证券变现的不确定性很小。

（3）现金的支出过程比较稳定、波动小，而且每当现金余额降至 0 时，均可以通过证券变现得以补足。

（4）证券的利率或报酬率以及每次的固定性交易费用可以知悉。

（5）不会发生短缺成本。

利用存货模式计算现金最佳持有量时，需要考虑现金的机会成本和转换成本。现金持有量增加，持有现金的机会成本增加，所以现金的机会成本与现金持有量的变动成正比；而现金的转换成本随着现金持有量的增加而减少，转换成本随着现金转换次数的增加而增加，与现金的转换次数成正比。在现金需要总量已定的情况下，现金的每次转换量（最佳持有量）与转换次数、转换成本成反比。这就要求企业必须对现金和有价证券的分割比例进行合理安排，从而使机会成本与转换成本保持最佳组合。换言之，能够使持有现金的机会成本与转换成本之和保持最低的现金持有量，即为最佳现金持有量。

设 T 为一个周期内现金总需求量；F 为每次转换有价证券的固定成本；Q 为最佳现金持有量（每次证券变现的数量）；K 为有价证券利息率（机会成本）；TC 为现金管理总成本，则有：

现金管理总成本＝持有现金的机会成本＋转换成本

即：

$$TC = \frac{Q}{2} \times K + \frac{T}{Q} \times F$$

根据数学原理，在机会成本与转换成本相等的情况下，TC 最低。因此，让机会成本与转换成本相等，即：

$$\frac{Q}{2} \times K = \frac{T}{Q} \times F$$

可推出公式如下：

$$Q = \sqrt{\frac{2TF}{K}}$$

将上式中的 Q 代入现金管理总成本的公式可得到，此时的最低相关总成本为：

$$TC = \sqrt{2TFK}$$

【例 6-3】 东方公司的现金收支状况比较稳定，预计全年（按 360 天计算）需要现金200万元，现金与有价证券的转换成本为每次800元，有价证券的年利息率为8%。

要求：

(1) 确定最佳现金持有量；

(2) 最低现金管理成本；

(3) 转换成本；

(4) 持有现金的机会成本；

(5) 有价证券的交易次数；

(6) 有价证券的交易间隔期。

【实例分析】

(1) 最佳现金持有量$=\sqrt{\frac{2\times 2\ 000\ 000\times 800}{8\%}}=200\ 000$(元)

(2) 最低现金管理成本$=\sqrt{2\times 2\ 000\ 000\times 800\times 8\%}=16\ 000$(元)

(3) 转换成本$=\frac{2\ 000\ 000}{200\ 000}\times 800=8\ 000$(元)

(4) 持有现金的机会成本$=\frac{200\ 000}{2}\times 8\%=8\ 000$(元)

(5) 有价证券的交易次数$=\frac{2\ 000\ 000}{200\ 000}=10$(次)

(6) 有价证券的交易间隔期$=\frac{360}{10}=36$(天)

子任务二　现金的日常管理

企业不仅应该确定最佳现金持有量，以确保企业在具有足够现金支付能力的基础上，使现金的相关总成本最低，而且应该采取各种措施加强现金的日常管理，以确保现金的安全性、流动性和收益性，最大限度地发挥现金的效用。现金的日常管理主要包括以下几个方面：

一、严格执行国家现金管理的规定

(一) 严格遵守国家关于库存现金使用范围的管理规定

按照我国有关规定，企业可以在下列范围内使用库存现金：

(1) 职工工资、津贴；

(2) 个人劳务报酬；

(3) 根据国家规定颁发给个人的科学技术、文化艺术、体育等各种奖金；

(4) 各种劳保、福利费用以及国家规定的对个人的其他支出；

(5) 向个人收购农副产品和其他物资的价款；

(6) 出差人员必须随身携带的差旅费；

(7) 结算起点（1 000元）以下的零星支出；

(8) 中国人民银行规定需要现金支付的其他支出。

（二）严格遵守国家关于库存现金限额的管理规定

按照现行财务制度的规定，企业持有的库存现金不能超过一定的限额。其限额一般由其开户银行根据该企业 3～5 天日常零星开支所需要的现金确定，远离银行或交通不便的企业可以放宽条件，但最多不能超过其 15 天的日常零星开支需要量。企业超过库存现金限额的现金，应该存入银行，由银行统一管理。

（三）严格遵守银行的管理规定

按照银行的规定，企业不得坐支现金，不得出租、出借银行账户，不得签发空头支票、远期支票，不得套用银行信用，不得保存账外公款等。

二、加速现金收款

为了加快现金的周转，企业应尽量缩短应收账款的回收时间。一般来说，企业应收账款需要经过四个阶段，即客户开出付款票据、企业收到票据、票据交存银行、银行将款项划给企业才能收回。在这四个阶段中，都需要一定的时间，其中重点是缩短前面两个阶段的时间，这两个阶段所需的时间不仅与客户、企业、银行之间的距离有关，而且与收款的效率有关。在实际工作中，企业可以采取邮政信箱法、集中银行法来缩短这两个阶段所需的时间。

（一）邮政信箱法

邮政信箱法又称为锁箱法，是西方企业加速现金流转的一种常用方法。它是通过在各主要客户所在地租用专门的邮政信箱，并开立分行存款账户，授权当地银行每日开启信箱，在取得客户支票后立即予以结算，并通过电汇再将货款拨给企业所在地银行。

采用邮政信箱法不仅缩短了支票的邮寄时间，而且消除了企业处理支票所需的时间。但采用邮政信箱法需要支付额外的费用。一般来说，这种费用支出与存入的支票张数成正比。所以，这种方式适用于汇款数额较大的支票。

（二）集中银行法

集中银行法是指通过设立多个收款中心来加快现金流转的方法。在这种方法下，企业往往指定一个主要开户银行为集中银行，并在收款额较集中的若干地区设立若干个收款中心，客户首先将款项交给较近的收款中心，然后由收款中心将款项交给集中银行。

1. 集中银行法的具体做法

集中银行法的具体做法如下：

(1) 企业以服务地区和各销售地区的账单数量为依据，设立若干收款中心，并指定一个收款中心（通常是总部所在地收款中心）为集中银行。

(2) 企业通知客户将货款送到最近的收款中心而不必送到企业总部。

(3) 收款中心将当天收到的货款存入当地银行，当地银行在进行票据交换后，立即将款项转给集中银行。

2. 设立集中银行的优点

(1) 账单和货款邮寄时间可大大缩短。账单由收款中心寄发给该地区客户，与由总部寄发相比，客户能较早收到。客户付款时，货款邮寄到最近的收款中心，通常也较直接邮寄给企业所需的时间短。

(2) 支票兑现的时间可以缩短。收款中心收到客户汇来的支票存入该地区的地方银行，而支票的付款银行通常也在该地区内，因而支票兑现较方便。

3. 设立集中银行的缺点

(1) 每个收款中心的地方银行都要求有一定的补偿余额，而补偿余额是一种闲置的不能使用的资金。开设的中心越多，补偿余额也越多，闲置的资金也较多。

(2) 设立收款中心需要一定的人力和物力，费用较高。因此，企业应在权衡利弊得失的基础上，作出是否采用集中银行法的决策。这需要计算分散收账收益净额，如果分散收账收益净额大于0，则可以采用集中银行法。

分散收账收益净额＝（分散收账前应收账款平均余额－分散收账后应收账款平均余额）×企业综合资金成本率—因增设收账中心每年增加的费用

【例 6-4】 东方公司目前应收账款年平均余额为 300 万元，若采用集中银行法，则可使应收账款平均余额降为 260 万元。但是企业增加收款中心预计每年会增加费用 3 万元，企业持有应收账款的年资金成本为 10%。

问企业应否采用集中银行法？

【实例分析】

该企业分散收账收益净额＝（300－260）×10%—3＝4—3＝1（万元）

所以，该公司应该采用集中银行法。

三、控制现金支出

控制现金的支出主要是在合理合法的前提下，尽可能延缓现金的支出时间。可采用以下方法：

（一）制订严格完善的现金支付审批程序

对于现金支付必须建立一套完善的授权审批制度和相互牵制制度，并定期对现金进行核查，防患于未然。现金的内部牵制制度主要是采取钱账分管制度，同时加强财务印章的管理。即在现金管理中，实行出纳管钱，会计管账，财务主管管印章的相互牵制制度。

（二）合理使用现金浮游量

企业账簿上的现金数字往往并不能代表企业在银行中的可用现金。实际上，企业在银行里的可用现金，通常要大于企业账簿上的现金余额。企业的银行存款余额同它的账面现金余额之差，即是现金浮游量。使用现金浮游量可以减少企业现金持有量，从而提高企业的现金使用效率。但是，使用现金浮游量时也有一定的风险，一方面，可能会出现支付不及时的情况，破坏企业之间的信用关系；另一方面，可能会出现银行存款的透支现象。所以在使用现金浮游量时，必须注意控制好使用的额度和使用的时间。

（三）尽量推迟支付应付账款的时间

企业可以在不影响信誉的情况下，尽量推迟应付账款的支付时间。例如，如果供货方提供的现金折扣条件是“2/10，N/30”，则购货方若想得到现金折扣，就应该在发票开出后的第10天付款，否则，就应该在第30天付款，这两个付款时间对购货方最有利。

（四）力争现金流出与现金流入同步

一般情况下，企业的现金流出与现金流入不同步。但是企业财务人员必须想办法，尽量使企业的现金流出与现金流入同步。这样，可以将企业的交易性现金持有量降到最低水平，从而提高企业现金的利用效率。

（五）适当进行证券投资

由于企业持有库存现金没有任何收益，银行存款的利率也比较低。因此，当企业持有较多暂时不用的现金时，可以将其投资于国库券、企业债券、普通股股票等有价证券，这样既可以获得较多的投资收益，又可以在企业急需现金时转换成现金。

任务二 应收账款管理

【任务描述】

随着社会主义市场经济的建立与完善，企业与企业之间相互提供商业信用已成为一种越来越普遍的现象，因此应收账款数额越来越多。应收账款管理已经成为企业流动资产管理的重要组成部分。应收账款管理的重要任务是信用政策的制订和选择。

【背景知识】

一、应收账款的定义及其管理目标

（一）应收账款的定义

应收账款是指企业因对外销售产品、材料及供应劳务等业务而应向购货方、接受劳务的单位或个人收取的款项。

（二）应收账款管理的基本目标

企业采取赊销方式对外提供商业信用，会使企业应收账款的数额大量增加，现金的回收时间延长，甚至会使企业遭受不能收回应收账款的危险。但是，赊销可以扩大销售，增加企业的市场占有率。因此，应收账款管理的基本目标就是在充分发挥应收账款功能的基础上，权衡应收账款投资所产生的收益、成本、风险，并作出有利于企业的决策。

二、应收账款的功能

应收账款的功能是指它在生产经营中所具有的作用。它主要有以下几个方面：

（一）促进销售

企业销售产品有现销和赊销两种方式。在销售顺畅无阻的情况下，任何企业都喜欢采用现销的方式，这样既能收到货款，又能避免坏账损失。然而，在竞争激烈的市场经济条件下，单纯依靠现销方式已不大可能。在赊销方式下，企业在销售产品的同时，向买方提供了可以在一定时期内无偿使用的资金，其数额包括商品的售价和增值税销项税额，这对于客户而言具有巨大的吸引力。虽然赊销仅仅是影响销售量的因素之一，但在银根紧缩、市场疲软、资金匮乏的情况下，赊销的促销作用是十分明显的。特别是企业销售新产品开拓新市场时，赊销更具有重要的意义。

（二）减少存货

由于赊销方式能增加销售，从而降低了存货中的产成品数额，使存货转化成应收账款。这有助于缩短产成品的库存时间，降低产成品存货的管理费用、仓储费用和保险费用等支出。因此，当产成品存货较多时，企业可采用较为优惠的信用条件进行赊销，以减少存货，节约贮存存货的各项支出。

三、应收账款的成本

企业采取赊销方式促进销售的同时，会因持有应收账款而付出一定的代价，这种代价就是应收账款的成本。它包括应收账款的机会成本、管理成本、坏账成本等。

（一）机会成本

应收账款的机会成本是指由于应收账款占用资金而放弃其他投资机会所丧失的投资收益，如投资于有价证券便会有利息收入。这一成本的大小通常与企业的赊销额、平均收现期、变动成本率、资金成本率等因素有关。其计算公式为（一年按 360 天计算）：

应收账款机会成本＝应收账款占用资金×资本成本率

应收账款占用资金＝应收账款平均余额×变动成本率

应收账款平均余额＝日赊销收入平均余额×应收账款周转期（平均收现期）

$$日赊销收入平均余额=\frac{年赊销收入净额}{360}$$

$$应收账款周转期（平均收现期）=\frac{360}{应收账款周转率}$$

综合以上计算公式，可得出：

$$应收账款的机会成本=\frac{年赊销收入净额}{360}\times 平均收现期\times 变动成本率\times 资金成本率$$

【例 6-5】 东方公司 2010 年赊销收入净额 2 700 000 元，应收账款周转期 40 天，变动成本率为 60%，资金成本率为 10%。

要求：试计算该公司应收账款的机会成本。

【实例分析】

$$应收账款的平均余额=\frac{2\ 700\ 000}{360}\times 40=300\ 000（元）$$

应收账款的占用的资金＝300 000×60%＝180 000（元）

应收账款的机会成本＝180 000×10%＝18 000（元）

（二）管理成本

应收账款的管理成本是指企业因管理应收账款而发生的各种费用，主要包括对客户的资信调查费用，应收账款的账簿记录费用、收账费用，以及其他费用，其中主要的是收账费用。

（三）坏账成本

坏账成本是指应收账款基于某种原因不能收回而给企业造成的损失，这一成本一般与企业的应收账款的数量成正比，即应收账款越多，坏账成本越大。发生坏账对企业十分不利，所以企业应尽量防范其发生。

（四）现金折扣成本

现金折扣是指为了鼓励对方早日付款而给予对方付款数额方面的优惠。企业为了及时回笼资金而提供现金折扣条件，如果购货方享受现金折扣，企业收到的资金就相应地减少，减少的部分就是现金折扣成本。

【任务实施】

子任务一　信用政策决策

信用政策即应收账款的管理政策，是企业财务政策的一个重要组成部分。企业要想管好用好应收账款，必须事先制订合理的信用政策。信用政策包括信用标准、信用条件和收账政策三项内容。

一、信用标准

信用标准是指客户获得企业商业信用所应具备的最低条件，通常以预期的坏账损失率作为判别标准。如果企业的信用标准定得过高，虽然可以降低违约风险，减少坏账损失和收账费用，但会有许多客户因达不到信用标准而不能享受企业的信用政策，从而不利于企业市场竞争能力的提高和销售收入的扩大；反之，如果信用标准定得过低，虽然会增加销售，提高市场竞争力和占有率，但同时也会导致坏账损失风险加大和收账费用的增加。企业应根据具体情况进行权衡。

一般来讲，企业在制订或选择信用标准时应考虑三个基本因素。

1. 同行业竞争对手的情况

面对竞争对手，企业首先应考虑的是如何在竞争中处于优势地位，保持并不断扩大市场占有率。如果对手实力很强，企业可考虑采取较低的信用标准以吸引客户，扩大销售；反之，其信用标准可以定得相应较高些。

2. 企业承担违约风险的能力

当企业具有较强的违约风险承担能力时，就可以以较低的信用标准提高竞争力，争取客户，扩大销售；反之，如果企业承担违约风险的能力较弱，就只能选择严格的信用标准以尽可能降低违约风险的程度。

3. 客户的资信程度

客户资信程度的高低，通常通过“5C”系统来评估。所谓“5C”系统，是指评估客户信用品质的五个方面，即品质（character）、能力（capacity）、资本（capital）、抵押（collateral）、条件（condition）。因其第一个字母都是“C”，所以称之为信用的“5C”系统。

（1）品质。品质是指客户的信誉，指客户过去履行偿债义务的态度。这是评价客户信用品质的首要因素。企业必须设法了解客户过去的付款记录，看其是否有按期如数付款的一贯做法，从而对客户的履约品德做到心中有数。

(2) 能力。能力是指客户偿债的财务能力。客户偿债能力取决于其资产特别是流动资产的数量和质量以及流动负债的比例。一般来说，企业的流动资产数量越多，质量越好，流动比率越高，偿债的能力就越强；反之，就越弱。应注意客户是否存货过多、过时或质量下降，影响其变现能力和支付能力。

(3) 资本。资本是指客户的经济实力和财务状况，表明客户可能偿还债务的背景。该指标主要是根据有关的财务比例来测定客户净资产的大小及其获利的可能性。

(4) 抵押。抵押是指客户拒付或无力付款时能被用作抵押的资产。这对于不明底细或信用状况有争议的客户尤为重要。如果这些客户能够提供足够的抵押，就可以考虑向他们提供相应的信用。一旦收不到这些客户的款项，便以抵押品抵补。

(5) 条件。条件是指可能影响客户付款能力的经济环境，包括一般经济发展趋势和某些地区的特殊发展情况。例如，万一出现经济不景气，会对客户的付款产生什么影响，客户会如何做等，这需要了解客户过去困难时期的付款历史。

上述各种信息资料主要通过下列渠道取得：第一，委托往来银行信用部门向与客户有关联业务的银行索取信用资料；第二，商业代理机构或资信调查机构所提供的客户信息资料及信用等级标准资料；第三，企业间证明，与和同一客户有信用关系的其他企业相互交换该客户的信用资料；第四，客户的财务报告资料。

二、信用条件

信用标准是企业评价客户等级，决定给予或拒绝客户信用的依据。一旦企业决定给予客户信用优惠时，就需要考虑具体的优惠条件。信用条件是指企业要求客户支付赊销款项的条件，主要包括信用期限、折扣期限和现金折扣率。

(一) 信用期限

信用期限是指企业允许客户从购货日到付款日之间的时间间隔，或者说是企业为客户规定的最长付款时间，如30天内付款、50天内付款等。信用期过短，不足以吸引客户，不利于扩大销售；信用期过长，对销售额的增加有利，但同时机会成本、管理成本和坏账成本也相应增加。因此，企业必须慎重研究，确定恰当的信用期。

信用期的确定，主要是分析改变信用期后对收入和成本的影响。延长信用期，不仅有可能使原有客户的购买量增加，而且可能吸引新客户。但是延长信用期也会使企业平均应收账款收账期延长，增加应收账款平均资金占用和可能的坏账损失。因此，企业是否给客户延长信用期限，应根据延长信用期后所增加的收益是否大于由此而增加的成本和费用来判断。

其决策步骤如下：

(1) 信用成本前收益＝销售净额－变动成本

(2) 信用成本＝应收账款的机会成本＋坏账成本＋收账成本

(3) 信用成本后收益＝信用成本前收益－信用成本

其决策原则是选择信用成本后收益最大的方案。

【例 6-6】 东方公司现在采用30天按发票金额付款的信用政策，拟将信用期放宽至

45 天，仍按发票金额付款，即不给予折扣，该公司的投资最低报酬率为 15%，变动成本为 70%，其他有关数据见表 6-4：

表 6-4　信用期限的备选方案　　元

项　目	30 天	45 天
销售量（万件）	200 000	250 000
销售额（单价 6 元）	1 200 000	1 500 000
销售成本		
变动成本	840 000	1 050 000
固定成本	100 000	100 000
收账费用	6 000	9 000
坏账损失	10 000	15 000

要求：根据以上资料，分析该企业是否应改变信用期。

【实例分析】

(1) 信用期由 30 天延长到 45 天。

增加的收益＝（1 500 000－1 050 000）—（1 200 000—840 000）

＝90 000（元）

应收账款的机会成本＝应收账款占用资金×资金成本率

应收账款占用资金＝应收账款平均余额×变动成本率

应收账款平均余额＝日赊销收入平均余额×平均收现期

则：

$$增加的应收账款机会成本=\frac{1\,500\,000}{360}\times 45\times 70\%\times 15\%-\frac{1\,200\,000}{360}\times 30\times 70\%\times 15\%$$

＝19 687.5－10 500

＝9 187.5（元）

增加的收账费用＝9 000—6 000＝3 000（元）

增加的坏账损失＝15 000—10 000＝5 000（元）

(5) 改变信用期的净损益＝增加的收益—增加的成本费用

＝90 000—（9 187.5＋3 000＋5 000）

＝90 000—17 187.5

＝72 812.5（元）

结论：由于增加的收益大于增加的成本，故应改用 45 天的信用期。

（二）现金折扣和折扣期限

延长信用期限会增加应收账款的占用和收账期，从而增加机会成本、管理成本和坏账成本。企业为了既能扩大销售，又能及时收回货款，往往在给客户信用期限的同时推出现金折扣条款。现金折扣是企业给予客户的一项优惠政策，即在规定的时期内提前付款的客户可享受一定比率的现金折扣。信用条件的一般形式如“2/10，*N*/30”，其中的“10”表示折扣期限为 10 天，表示若客户在 10 天内付款，则可享受 2%的折扣；其中的“30”表示信用期限为30天，若客户超过10天，在10～30天内付款，不能享受现金折扣，但也得付款；超过30天付款，客户的行为构成违约。2%是现金折扣，可以是销售收入的2%，也可以是销售收入和销项税合计数的2%，关键要看双方签订的合同上是如何规定的。除上述表述的信用条件外，企业还可以根据需要，采取阶段性的现金折扣期与不同的现金折扣率，如“2/10，1/20，N/30”，其含义是，给予客户30天的信用期限，客户若能在开票后的10天内付款，则可以享受2%的现金折扣；若超过10天但在20天内付款，便可以享受1%的现金折扣；若超过20天但在30天内付款，则不享受折扣，需要全额付款。例如，某企业为了加速应收账款的收回，决定将赊销条件改为“2/15，1/30，N/60”，企业估计将有60%的客户会利用2%的现金折扣，10%的客户会利用1%的现金折扣，在这种情况下则有：

应收账款的周转期＝60%×15＋10%×30＋30%×60＝30（天）

企业提供一个什么样的折扣期限和现金折扣，应该着重考虑的是提供折扣后所得的收益是否大于现金折扣的成本。

企业在选择信用条件时，必须将信用期限及加速收款所得到的收益与付出的现金折扣成本结合起来考虑。即比较不同的信用条件的销售收入及相关成本，最后计算出各自的净收益，并选择净收益最大的信用条件。

考虑到现金折扣，其决策步骤如下：

(1) 信用成本前收益＝销售净额－变动成本－现金折扣成本

(2) 信用成本＝应收账款的机会成本＋坏账成本＋收账成本

(3) 信用成本后收益＝信用成本前收益—信用成本

其决策原则是选择信用成本后收益最大的方案。

【例6-7】 东方公司目前的年赊销收入为5 500万元，总成本为4 850万元（其中，固定成本1 000万元），信用条件为“N/30”，资金成本率为10%。该公司为扩大销售，拟定了甲、乙两个信用条件方案。

甲方案：将信用条件放宽到“N/60”，预计坏账损失率为4%，收账费用为80万元。预计赊销收入会增加10%。

乙方案：将信用条件放宽到“2/10，1/20，N/60”，预计赊销收入会增加20%，估计约有70%的客户（按赊销额计算）会利用2%的现金折扣，10%的客户会利用1%的现金折扣，平均坏账损失率为3%，收账费用为60万元。

要求：计算甲、乙两个方案的信用成本前的收益和信用成本后的收益，并确定该公司应选择何种信用条件方案（保留两位小数）。

【实例分析】

变动成本率＝（4 850—1 000）÷5 500＝70%

(1) 采用甲方案时：

赊销收入＝5 500×(1＋10%）＝6 050（万元）

变动成本＝6 050×70%＝4 235（万元）

现金折扣成本＝0

信用成本前的收益＝6 050－4 235＝1 815（万元）

信用成本计算如下：

应收账款的机会成本＝（6 050÷360）×60×70%×10%＝70.58（万元）

坏账成本＝6 050×4%＝242（万元）

收账费用＝80（万元）

信用成本合计＝70.58＋242＋80＝392.58（万元）

信用成本后的收益＝1 815－392.58＝1 422.42（万元）

（2）采用乙方案时：

乙方案的平均收账天数＝10×70%＋20×10%＋60×20%＝21（天）

赊销收入＝5 500×（1＋20%）＝6 600（万元）

变动成本＝6 600×70%＝4 620（万元）

现金折扣成本＝6 600×2%×70%＋6 600×1%×10%＝99（万元）

信用成本前的收益＝6 600－4 620－99＝1 881（万元）

信用成本计算如下：

应收账款机会成本＝（6 600÷360）×21×70%×10%＝26.95（万元）

坏账成本＝6 600×3%＝198（万元）

收账费用＝60 万元）

信用成本合计＝26.95＋198＋60＝284.95（万元）

信用成本后的收益＝1 881－284.95＝1 596.05（万元）

比较甲、乙两个方案的净收益，乙方案的净收益大于甲方案，所以，东方公司应采用乙方案。

上述分析的方法是比较简略的，可以满足要求制订一般信用政策的需要。如有必要，也可以进行更细致的分析，如进一步考虑销货增加引起存货增加而多占用的资金等。

三、收账政策

收账政策是指客户违反信用条件，拖欠甚至拒付账款时企业所采取的收账策略。当账款被拖欠或拒付时，首先，应该调查并分析其原因，是企业本身的信用标准、信用审批制度或对客户的信用等级评定存在问题，还是客户方面出现了问题。如果是由于企业的信用标准及信用审批制度出现问题，则应立即加以改进，防止此类情况的再次发生；如果是信息收集有误或对客户的最近信息收集不全而导致对客户的信用等级评定有问题，则应重新收集最新的相关信息并重新评定其信用等级；如果是客户方面的问题，则应调查客户是一时资金周转不灵不能还款，还是有钱故意不还或是客户出现了意外等。其次，企业针对客户拖欠的具体情况应采取以下对应的收账措施：

（1）信函。当账款刚过期时，可以寄发信件或者发电子邮件提醒对方。

（2）电话。当信件或电子邮件不起作用时，给客户打电话进行催收。

（3）派人催款。在打电话也不起作用的情况下，可以派人亲自到对方单位催款。

（4）在派人催款无效果的情况下，可以考虑聘请专业的代理收款机构帮助收款，但这类机构通常收费较高。

（5）法律程序。如果款项足够大，公司可以采取法律行动起诉债务人。

无论采取何种方式进行催收账款，都需要付出一定的代价，即收账费用。企业采取积极的收账政策，可能会减少应收账款的坏账损失，减少应收账款占用资金，但是会增加收账费用；企业采取消极的收账政策，可能会增加坏账损失，增加应收账款占用资金，但是会减少收账费用。一般而言，收账费用支出越多，坏账损失越少，但两者并不一定存在线性关系。

因此，企业在制订收账政策时，应权衡增加收账费用与减少坏账损失、减少应收账款机会成本之间的得失。若前者小于后者，则说明制订的收账政策是可取的。

【例 6-8】东方公司不同收账条件下的有关资料如表 6-5 所示：

表 6-5　东方公司不同收账条件下的有关资料　　元

项　目	现行收账政策	建议收账政策
年收账费用	10 000	15 000
应收账款平均收现期（天）	60	30
坏账损失率（%）	4	2

该公司当年赊销额为 1 200 000 元，不考虑收账政策对销售收入的影响，应收账款的机会成本为 10%，变动成本率为 60%。

要求：该公司能否采用建议的收账政策。

【实例分析】

根据以上资料可列表计算如下（见表 6-6）：

表 6-6　东方公司收账政策决策分析表　　元

项　目	现行收账政策	建议收账政策
年赊销收入	1 200 000	1 200 000
平均收现期（天）	60	30
应收账款占用资金	120 000	60 000
应收账款的机会成本	12 000	6 000
坏账损失	48 000	24 000
收账费用	10 000	15 000
与现行相比，收账费用增加	5 000	
与现行相比，应收账款的机会成本和坏账损失减少	30 000	

虽然与现行的收账政策相比，建议的收账政策中收账费用增加了 5 000 元，但应收账款的机会成本和坏账损失减少的合计数为 30 000 元，所以，应采用建议的收账政策。

子任务二　应收账款的日常管理

应收账款是企业对外提供商业信用的结果，对于大多数企业来说，应收账款的存在很正常，有些企业应收账款的余额还比较大。因此，企业必须加强对应收账款的日常管理，采用有效的措施进行分析、控制，及时发现问题、解决问题。它主要包括以下几种措施：

一、应收账款追踪分析

一般来说，客户大多不愿意以损失市场信誉为代价而拖欠赊销企业的账款，但是，如果客户现金匮乏，现金的可调剂程度低下，或者客户信用品质不佳，那么，赊销企业的账款被拖欠也就在所难免。应收账款一旦被客户所欠，赊销企业就必须考虑如何按期足额收回的问题，要达到这一目的，赊销企业就有必要在收账之前，对该项应收账款的运行过程进行追踪分析。当然，赊销企业不可能也没必要对全部的应收账款都实施追踪分析。通常情况下，赊销企业主要以那些金额大或信用品质较差的客户的欠款作为考察的重点，如果有必要并且可能的话，赊销企业也可以对客户的信用品质与偿债能力进行延伸性调查和分析。

二、应收账款账龄分析

应收账款的账龄分析就是考察研究应收账款的账龄结构。所谓应收账款的账龄，是指未收回的应收账款从产生到目前的时间长短。账龄结构是指各类不同账龄的应收账款的余额占应收账款总计余额的比重。企业已发生的应收账款时间有长有短，有的尚未超过收款期，有的则超过了收款期。一般来讲，拖欠时间越长，款项收回的可能性越小，形成坏账的可能性越大。对此，企业应实施严密的监督，随时掌握回收情况，实施对应收账款回收情况的监督，可以通过编制账龄分析表来进行，这是提高应收账款收现效率的重要环节。

账龄分析表的格式见下表 6-7：

表 6-7 应收账款的账龄分析表 万元

应收账款账龄	账户数量（户）	金额	比重（%）
信用期内	200	110	55
超过信用期 1 个月内	100	30	15
超过信用期 2 个月内	50	22	11
超过信用期 3 个月内	35	16	8
超过信用期 4 个月内	20	8	4
超过信用期 5 个月内	12	5	2.5
超过信用期 6 个月内	8	6	3
超过信用期 6 月以上	10	3	1.5
合 计	435	200	100

表 6-7 表明该企业应收账款总计为 200 万元，其中在信用期内的有 110 万元，占全部应收账款的 55%。超过信用期的应收账款为 90 万元，占全部应收账款款的 45%，其中逾期在 1、2、3、4、5、6 个月内的，分别为 15%、11%、8%、4%、2.5%、3%，另有 1.5%的应收账款已经逾期半年以上。

根据账龄分析表，企业应分析逾期账款具体属于哪些客户，这些客户是否经常发生拖欠情况，以及发生拖欠的原因。一般来说，账款的逾期时间越短，回收的可能性越大，亦即发生坏账损失的程度相对越小；对可能发生的坏账损失，则应提前做出准备，充分估计这一因素对企业损益的影响。对尚未到期的应收账款，也不能放松管理与监督，以防发生新的拖欠。

通过应收账款账龄分析，不仅提示财务管理人员应把逾期款项视为工作重点，而且对企业进一步研究与制订新的信用政策具有重要意义。

三、建立坏账准备金制度

在市场经济条件下，坏账损失难以避免。按照现行会计准则的规定，企业应根据谨慎性原则的要求，在期末或年终对应收账款进行检查，合理预计可能发生的损失，计提坏账准备，以减少企业的风险。

四、应收账款内部监控制度

完善应收账款的内部监控制度是控制坏账的基本前提，其内容包括建立销售合同责任制，即对每项销售都应签订销售合同，并在合同中对有关付款条件作出明确的说明；设立赊销审批的职能权限，规定业务员、业务主管能够批准的赊销额度；建立货款回笼责任制，可采取谁销售谁负责收款，并据以考核其工作绩效。总之，企业应针对应收账款在赊销业务中的每个环节，健全应收账款的内部监控制度，努力形成一套规范化的应收账款的事前、事中、事后的控制程序。

任务三　存货管理

【任务描述】

存货在流动资产中所占的比重较大，一般约为40%～60%。存货管理水平的高低对企业生产经营的顺利与否具有直接的影响，并且最终会影响到企业的收益、风险和流动性的综合水平。因此，存货管理在整个流动资产中具有重要的地位。进行存货管理的主要任务是控制存货水平，在存货的功能与成本之间进行权衡，在充分发挥存货功能的同时，尽可能降低存货成本，增加收益。

【背景知识】

一、存货的含义和功能

（一）存货的含义

存货是指企业在生产经营过程中为销售或耗用而储备的物资，包括各类材料、在产品、半成品、产成品、商品等。存货在流动资产中所占的比重较大，一般约为40%～60%。

（二）存货的功能

存货的功能是指存货在企业生产经营中的作用，主要表现在以下几个方面：

1. 防止停工待料，保证生产经营活动的正常进行

适当地储备一些原材料和在产品、半成品是企业生产正常进行的前提和保障。虽然当前物流发展速度很快，有些企业正在推出“零库存”，但从目前的情况看，要真正做到这一点并非易事。这不仅因为有时会出现某种材料的市场断档，还因为企业距离供货方较远而需要必要的途中运输及可能出现的运输故障，一旦物资短缺，就会导致企业经营中断，给企业造成经济损失，因此，适量的存货可以防止停工待料，保证生产正常进行。

2. 适应市场变化

适量的产成品存货能有效地供应市场，满足客户的需要。如果某种畅销产品库存不足，将会坐失目前的或未来的推销良机，甚至可能会因此失去客户。另外，在通货膨胀时，适当地储存原材料存货，能使企业获得因市场物价上涨而带来的好处。因此，存货储备能增强企业在生产和销售方面的机动性及适应市场变化的能力。

3. 降低进货成本

许多企业为了扩大销售规模，往往给购货方提供较优惠的商业折扣。所以，企业采取批量集中进货，可以降低单位物资的买价。同时，由于采购总量一定，采购批量较大时，采购次数会相应减少，从而降低采购费用的支出。虽然存货能增加储存成本，但仍有不少企业采用大批量的购货方式，原因在于这种方式可使企业降低进货成本，只要进货成本的降低额大于因存货而增加的各种储存费用便是可行的。

4. 便于组织均衡生产，降低产品成本

有的企业生产的产品属于季节性产品，有的企业产品需求很不稳定。如果根据需求状况时高时低地进行生产，有时生产能力可能达不到充分利用，有时又会出现超负荷生产，这些情况都会使生产成本提高。因而，储备一定的产成品存货，同时相应地保持一定的原材料存货，可以降低生产成本，实行均衡生产。

二、存货成本

为充分发挥存货的固有功能，企业必须储备一定的存货，但也会由此而发生各项支出，这就是存货成本。与储备存货有关的成本包括以下三种：

(一) 取得成本

取得成本是指取得某种存货而支出的成本，通常用 TC_a 表示。它主要包括订货成本和购置成本两部分。

1. 订货成本

订货成本即进货费用，是指企业为组织进货而发生的有关费用，如采购人员的办公费、差旅费、邮资、电报电话费、运输费、检验费、入库搬运费等支出。订货成本中有一部分与订货次数无关，如常设采购机构的基本开支等，称为订货的固定成本，用 F_1 表示，属于决策的无关成本；另一部分与订货次数有关，如采购人员的差旅费、邮资、电话电报等费用，称为订货的变动成本，与订货次数呈正比例变动，这类成本属于决策的相关成本。如果每次订货的变动成本用 K 表示，每次进货量用 Q 表示，存货的年需要量用 D 表示，则订货次数等于存货年需要量 D 与每次进货量 Q 之比。订货

成本的计算公式为：

$$订货成本 = F_1 + \frac{D}{Q}K$$

2. 购置成本

购置成本是指存货本身的价值，经常用数量与单价的乘积来确定。在一定时期的进货总量既定、物价不变且无采购数量折扣的条件下，无论企业采购次数如何变动，存货的购置成本通常是保持相对稳定的，因而属于决策的无关成本。年需要量用 D 表示，单价用 U 表示，则购置成本为 DU。

订货成本加上购置成本，就等于存货的取得成本。其公式表达为：

取得成本＝订货成本＋购置成本＝订货的固定成本＋订货的变动成本＋购置成本

即：

$$TC_a = F_1 + \frac{D}{Q}K + DU$$

（二）储存成本

储存成本是指为保存存货而发生的成本，包括存货资金占用费（以贷款购买存货的利息成本）或机会成本（以现金购买存货而同时损失的证券投资收益等）、仓储费用、保险费用、存货破损和变质损失等，通常用 TC_c 表示。

储存成本也可以分为固定成本和变动成本。固定成本与存货数量的多少无关，如仓库折旧费、仓库职工的固定月工资等，常用 F_2 表示。这类成本属于决策的无关成本。变动成本与存货的数量有关，如存货占用资金的应计利息、存货残损和变质损失、存货的保险费用等。变动的储存成本随着平均存货的增加而增加。这类成本属于决策的相关成本。若存货的年单位储存成本用 C 来表示，储存成本的计算用公式可表示为：

储存成本＝储存的固定成本＋储存的变动成本

即：

$$TC_c = F_2 + \frac{Q}{2}C$$

（三）缺货成本

缺货成本是指由于存货不足而给企业造成的损失，包括材料供应中断造成的停工损失、产成品库存缺货造成延误发货的信誉损失和丧失销售机会的损失等。如果生产企业已紧急采购待用材料解决库存材料中断之急，那么缺货成本表现为紧急额外购入成本。缺货成本用 TC_s 表示，其能否作为决策的相关成本，应视企业是否出现存货短缺的不同情形而定。若允许缺货，则缺货成本随着平均存货的减少而增加，属于决策的相关成本；若企业不允许发生缺货情形，此时缺货成本为0，也就无须加以考虑。

如果以 TC 来表示储备存货的总成本，其计算公式为：

$$TC = TC_a + TC_c + TC_s = F_1 + \frac{D}{Q}K + DU + F_2 + \frac{Q}{2}C + TC_s$$

【任务实施】

子任务一　存货经济批量决策

存货经济进货批量是指能够使一定时期内存货的相关总成本达到最低点的进货数量。通过上述对存货成本的分析可知，决定存货经济批量的成本因素主要包括订货变动成本、储存变动成本，以及允许缺货时的缺货成本。经济批量决策就是要权衡这些成本和费用，使得它们的总和最低。

一、经济进货批量的基本模型

经济进货批量模型有很多形式，但各种形式的模型都是在基本经济进货模型的基础上发展起来的。经济进货批量基本模型的确定是以以下假设为前提的：

(1) 企业一定时期的进货总量 D 可以较为准确地进行预测。

(2) 每次能集中到货，而不是陆续入库。

(3) 存货的耗用或者销售比较均衡。

(4) 存货的价格稳定，不存在数量折扣。

(5) 企业现金充足，不会因现金短缺而影响进货。

(6) 不允许出现缺货情形，即缺货成本为 0。

(7) 所需存货市场供应充足，不会因买不到需要的存货而影响其他方面。

在满足以上假设的前提下，存货的购置成本和短缺成本都不是决策的相关成本，所以经济进货批量考虑的仅仅是使订货变动成本（可简称订货成本）和储存变动成本（可简称储存成本）之和最低。此时，经济进货批量下的存货总成本的计算公式为：

存货相关总成本＝相关订货成本＋相关储存成本

$$TC(Q) = \frac{D}{Q}K + \frac{Q}{2}C$$

$TC(Q)$ 为经济进货批量为 Q 时的存货总成本。

存货的经济批量就是使上式中 TC 为最小的进货量 Q。为了求出 TC 的最小值，对自变量 Q 求导数，即变动性订货成本与变动性储存成本相等。

当 $\frac{D}{Q}K = \frac{Q}{2}C$ 时，可得出：

$$Q = \sqrt{\frac{2KD}{C}}$$

经济进货批量的存货相关总成本 $TC(Q) = \sqrt{2KDC}$

与经济进货批量相关的最佳进货次数为 N，最佳进货周期为 T，存货平均占用资金为 I，可以通过下列公式求得：

$$N = \frac{D}{Q}$$

$$T = \frac{360}{N}$$

$$I = \frac{Q}{2}U$$

【例 6-9】东方公司每年需耗用乙材料 36 000 千克，该材料的单位采购成本为 200 元，单位材料年储存成本为 16 元，平均每次订货成本为 25 元。

要求：

(1) 计算本年度乙材料的经济进货批量。

(2) 计算本年度乙材料经济进货批量下的相关总成本。

(3) 计算本年度乙材料经济进货批量下的平均资金占用额。

(4) 计算本年度乙材料的最佳进货次数。

(5) 计算本年度乙材料的最佳进货周期。

【实例分析】

(1) 乙材料的经济进货批量 $Q=\sqrt{\frac{2KD}{C}}=\sqrt{\frac{2\times 36\ 000\times 20}{16}}=300$（千克）

(2) 乙材料经济进货批量下的相关总成本 $TC(Q)=\sqrt{2KDC}=\sqrt{2\times 36\ 000\times 20\times 16}=4800$（元）

(3) 乙材料经济进货批量下的平均资金占用额 $I=\frac{Q}{2}U=\frac{300}{2}\times 200=30\ 000$（元）

(4) 乙材料的最佳进货次数 $N=\frac{D}{Q}=\frac{36\ 000}{300}=120$（次）

(5) 乙材料的最佳进货周期 $T=\frac{360}{N}=\frac{360}{120}=3$（天）

二、实行数量折扣条件下的经济进货模型

在例 6-9 的计算中，没有考虑商业折扣的情况。实际工作中，为了鼓励客户购买更多的商品，销售企业通常会给予不同程度的价格优惠，即实行商业折扣或者称价格折扣。购买越多，企业可获得的价格优惠越大。因此，在存在商业折扣的条件下，计算经济进货批量时，除了考虑存货的订货成本和储存成本，还应考虑存货的购置成本。因为此时的存货进价成本已经与进货数量的多少有了直接的联系，属于决策的相关成本。此时存货相关总成本可按下式计算：

存货相关成本＝存货购置成本＋相关订货成本＋相关储存成本

即：

$$TC=DU+\frac{D}{Q}K+\frac{Q}{2}C$$

实行数量折扣条件下经济进货批量模型计算的基本步骤如下：

(1) 按照基本模型确定出无数量折扣情况下的经济进货批量，并按计算结果计算这种情况下的相关总成本。

(2) 计算按给予数量折扣的进货批量进货时的存货相关总成本。

(3) 比较不同进货批量的存货相关总成本，最低存货相关总成本对应的进货批量，就是实行数量折扣的最佳经济进货批量。

【例 6-10】东方公司甲材料年需要量为 20 000 千克，每千克单价为 30 元。销售方规定，客户每批购买量达 1 000 千克时价格可优惠 2%；每批购买量达 2 000 千克时价

格可优惠2.5%。已知每批订货成本为160元，单位材料的年储存成本为10元。

要求：计算最佳的经济进货批量。

【实例分析】

(1) 按经济进货批量基本模式计算的经济进货批量为：

$$Q=\sqrt{\frac{2KD}{C}}=\sqrt{\frac{2\times 20\,000\times 160}{10}}=800\text{（千克）}$$

每次进货800千克时的存货相关总成本为：

$$TC=DU+\frac{D}{Q}K+\frac{Q}{2}C$$

$$=20\quad 000\times 30+\frac{20\,000}{800}\times 160+\frac{800}{2}\times 10$$

$$=608\,000\text{（元）}$$

(2) 每次进货1 000千克时的存货相关总成本为：

$$TC=DU+\frac{D}{Q}K+\frac{Q}{2}C$$

$$=20\,000\times 30\times(1-2\%)+\frac{20\,000}{1\,000}\times 160+\frac{1\,000}{2}\times 10$$

$$=596\,200\text{（元）}$$

(3) 每次进货2 000千克时的存货相关总成本为：

$$TC=DU+\frac{D}{Q}K+\frac{Q}{2}C$$

$$=20\,000\times 30\times(1-2.5\%)+\frac{20\,000}{2\,000}\times 160+\frac{2\,000}{2}\times 10$$

$$=596\,600\text{（元）}$$

通过以上结果比较可知，每次进货1 000千克时的存货相关总成本最低，所以最佳经济进货批量为1 000千克。

这个结论也是建立在经济进货批量基本模型其他各种假设条件均具备的前提上的。

三、考虑再订货点、保险储备量的经济进货批量模型

经济进货批量的基本模型是假设企业的存货能够随时补充，即每当存货数量降为0时，企业及时订货，下一批存货就能马上一次到位。而实际上，即使在市场存货非常充足的情况下，存货从开始进货到到货也通常需要一段时间，所以一般情况下，任何企业都不会等到库存为0时才再去采购。在开始进货与到货分离的情况下，企业再次开始进货时尚有存货的库存量称为再订货点。

再订货点通常用R表示，其数量等于交货时间（L）与每日平均耗用量（d）的乘积。即：$R=Ld$

如果甲材料从开始进货到到货的时间为10天，甲材料每日耗用量为8千克，甲材料的再订货点为：

$R=10\times 8=80$（千克）

即甲材料尚有80千克时，企业就应当发出订单开始进货，等到所进的甲材料到货

时，库存的甲材料刚好用完。此时，有关存货的每次进货批量、进货次数、进货间隔期等并无变化，与存货基本模型相同。

前面的讨论是假定存货的供需稳定且确知，即每日需求量不变，交货时间也固定不变。实际上，每日需求量可能变化，交货时间也可能变化。按照某一进货批量和再订货点组织进货后，如果需求增大或送货延迟，就会发生缺货或供货中断。为防止由此造成的损失，就需要多储备一些存货以备应急之需，称为保险储备，通常用 B 表示。这些存货在正常情况下不运用，只有当存货过量使用或送货延迟时才动用。考虑保险储备时的再订货点、存货平均占用资金的计算公式为：

再订货点＝平均每日需要量×交货天数＋保险储备量

即：

$R = Ld + B$

存货平均占用资金＝$\dfrac{Q}{2}U + BU$

【例 6-11】

东方公司每年需要乙材料 6 000 件，每次订货成本为 150 元，每件乙材料的年储存成本为 5 元，该种材料的采购单价为 20 元，一次订货量在 2 000 件以上时可获 2%的折扣，在 3 000 件以上时可获 5%的折扣。

要求：

(1) 公司每次采购多少时成本最低？

(2) 公司建立的保险储备量为 60 件，假定每天乙材料正常耗用 24 件，订货提前期为 5 天，公司的再订货点应为多少？

(3) 考虑保险储备的情况下，公司存货平均资金占用为多少？

【实例分析】

(1) 若不享受折扣：

$Q = \sqrt{\dfrac{2KD}{C}} = \sqrt{\dfrac{2 \times 6\,000 \times 150}{5}} = 600$（件）

相关总成本＝$6\,000 \times 20 + \sqrt{2 \times 6\,000 \times 150 \times 5} = 123\,000$（元）

若享受折扣：

订货量为 2 000 件时：

相关总成本＝$6\,000 \times 20 \times (1 - 2\%) + \dfrac{6\,000}{2\,000} \times 150 + \dfrac{2\,000}{2} \times 5 = 123\,050$（元）

订货量为 3 000 件时：

相关总成本＝$6\,000 \times 20 \times (1 - 5\%) + \dfrac{6\,000}{3\,000} \times 150 + \dfrac{3\,000}{2} \times 5 = 121\,800$（元）

所以，公司每次采购 3 000 件的成本最低。

(2) 再订货点 $R = Ld + B = 5 \times 24 + 60 = 180$（件）

(3) 存货平均资金占用＝$\dfrac{3\,000}{2} \times 20 \times (1 - 5\%) + 60 \times 20 \times (1 - 5\%) = 29\,640$（元）

子任务二 存货的日常管理

存货的日常管理是指企业在日常生产经营过程中，对存货的采购、使用、库存和周转情况进行组织、调节和监督等活动。存货管理水平的高低对企业生产经营的顺利与否具有直接的影响，并且最终会影响到企业的收益、风险和流动性的综合水平。因此，存货管理在整个流动资产中具有重要的地位。进行存货管理的主要目的是为了控制存货水平，在存货的功能与成本之间进行权衡，在充分发挥存货功能的同时，尽可能降低存货成本，增加收益。

一、存货的归口分级管理

存货的归口分级管理是加强存货日常管理的重要方法。它是在厂长经理的领导下，以财务部门为核心，将存货的定额和计划指标，按各职能部门所涉及的业务归口管理，然后各归口的职能部门再根据具体情况将资金计划指标进行分解，落实到车间、班组及个人，实行分级管理。其基本原则是“谁使用谁管理，谁管理谁负责。”这一管理方法这主要包括以下内容：

（一）财务部门对存货资金进行统一管理

这主要包括以下几个方面：

（1）根据国家财务制度和财经法规，结合企业的具体情况，制订存货资金管理制度。

（2）认真测算企业存货资金需要量，并及时足额筹措资金。

（3）对存货资金运用情况进行检查和分析，及时分析问题、处理问题，并按照已制订的资金管理制度对相关部门进行考核评估。

（二）实行存货资金的归口管理

根据使用资金和管理资金相结合的原则，存货资金谁使用谁管理。具体而言，存货资金归口管理的分工一般如下：

（1）原材料、燃料、包装物等资金归供应部门管理。

（2）在产品和自制半成品资金归生产部门管理。

（3）产成品资金归销售部门管理。

（4）工具用具占用的资金归工具部门管理。

（5）修理用备件占用的资金归设备动力部门管理。

（三）实行存货资金的分级管理

存货资金的分级管理是在存货资金归口管理的前提下，各归口管理部门根据具体情况进一步对各存货资金计划指标进行分解，分配给所属班组或个人，层层落实，实行分级管理。具体而言，可按下列方式进行分解。

（1）原材料资金计划指标可分配给供应计划、材料采购、仓库保管、整理准备各业务组管理。

（2）在产品资金计划指标可分配给各车间、半成品库管理。

（3）产成品资金计划指标可分配给销售、仓库保管、产成品发运等各业务组管理。

二、零库存管理系统

零库存管理系统最早是由丰田公司提出并将其应用于实践的，是指制造企业事先与供应商和客户协调好，只有当制造企业在生产过程中需要原材料或零件时，供应商才将原材料或零件送来；而每当产品生产出来就被客户拉走，这样，制造企业的库存持有水平就可以大大下降。显然，零库存管理系统需要的是稳定而标准的生产程序以及供应商的诚信，否则，任何一环出现差错将导致整个生产线的停工。目前，已有越来越多的公司利用零库存管理系统减少甚至消除对库存的需求，比如，沃尔玛、海尔等。零库存管理系统进一步的发展被应用于企业整个生产管理过程中，集开发、生产、库存和分销与一体，大大提高了企业运营管理效率。

三、存货的ABC分类管理

（一）ABC分类管理法的一般原则

企业存货品种繁多，特别是大型企业往往会有成千上万种存货项目。在这些项目中，有的单位价值大，但数量少；有的单位价值小，但数量多。如果不分主次，面面俱到，对每一种存货都进行周密的规划、严格的控制，就会使存货管理工作变得复杂，在有限的人力、物力、财力条件下，结果只能是顾此失彼，不仅不能管好存货，还会增加无谓的管理成本。

ABC分类管理就是按照一定的标准，将企业的存货划分为A、B、C三类，然后按照各类存货的重要程度分别采取不同的方法进行管理。这样，企业就可以分清主次，突出管理重点，提高存货管理的整体效率。

ABC分类管理法下，存货的划分标准主要有两个，一是存货的金额；二是存货的品种数量，以存货的金额为主。其中：

(1) A类存货标准是存货金额很大，存货的品种数量很少。

(2) B类存货标准是存货金额较大，存货的品种数量较多。

(3) C类存货标准是存货金额较小，存货的品种数量繁多。

虽然每个企业的生产特点不同，每个企业存货的具体划分标准各不相同。一般来说，存货的划分标准大体如下：

(1) A类存货的金额占整个存货金额的比重为60%～80%，而品种数量占整个存货品种数量的5%～20%。

(2) B类存货的金额占整个存货金额的比重为15%～30%，而品种数量占整个存货品种数量的20%～30%。

(3) C类存货的金额占整个存货金额的比重为5%～15%，而品种数量占整个存货品种数量的60%～70%。

将存货划分为A、B、C三类，目的是对存货占用资金进行有效的管理。A类存货品种数量虽少，但占用的资金比例大，应集中主要精力进行管理，对其经济批量要认真规划，尽量缩短采购期和生产周期，增加采购次数以减少储存量；B类存货品种数量较多，虽然资金占用比例不大，亦应引起重视，加强管理，但不必像A类存货那样进行非常严格的控制；C类存货种类繁多，但资金占用比例很小，不必耗费大量的人力、物力、财力去管，可适当增加这类存货每次的采购批量，适当增加储存量，以简化存货管理工作。

(二) ABC分类管理法的步骤

ABC分类管理法就是将每一种存货的年需要量乘以单价，然后按价值大小排列而成。下面通过一个实例来说明如何进一步实施ABC分类管理法。

【例6-12】东方公司一个仓库的存货为11个品种，存货的年需要量和单价如下表6-8所示。

【实例分析】

(1) 计算每一种存货在一定时期内的资金占用额。

表6-8　库存存货一览表　　元

库存品种	(1) 年需要量（件）	(2) 单价	(1)×(2) 库存资金
A—10	500	30	15 000
A—15	400	10	4 000
B—4	60	5 000	300 000
B—10	2 600	5	13 000
B—15	1 000	4	4 000
C—5	600	15	9 000
C—20	30	1 000	30 000
C—25	1 000	1	1 000
D—50	800	4	3 200
E—8	1 000	40	40 000
F—10	2 000	0.4	800

(2) 计算每一种存货资金占用额占全部资金占用额的百分比，并按大小顺序排列，编制成表格，如表6-9所示。

表6-9　ABC分类一览表　　元

库存品种	库存资金	占总库存资金的百分比（%）
B—4	300 000	71.4
E—8	40 000	9.5
C—20	30 000	7.1
A—10	15 000	3.5
B—10	13 000	3.1
C—5	9 000	2.4
A—15	4 000	0.95
B—15	4 000	0.95
D—15	3 200	0.75
C—25	1 000	0.20
F—10	800	0.15
小　计	420 000	100

(3) 根据事先确定的标准，将存货分成 A、B、C 三类，如下表 6-10 所示。

表 6-10　ABC 分类一览表　　元

类　别	库存品种	库存资金	占总库存资金（%）	资金累计百分数（%）	品种累计百分数（%）
A	B—4	300 000	71.4	71.4	9
B	E—8	40 000	9.5	16.6	18
	C—20	30 000	7.1		
C	A—10	15 000	3.5	12.0	73
	B—10	13 000	3.1		
	C—5	9 000	2.4		
	A—15	4 000	0.95		
	B—15	4 000	0.95		
	D—15	3 200	0.75		
	C—25	1 000	0.20		
	F—10	800	0.15		
小　计		420 000	100	100	100

(4) 分出 ABC 三种类型的存货后，采用相应的管理方法进行管理。一般来说，A 类存货属于消耗量大，比较贵重，且占地面积比较多的物资。这类存货品种不多，而占用资金较多，应定位为存货管理的重点对象，一般应进行严格的连续控制方式。这包括应有完整、精确的记录，最高的作业优先权，管理人员应经常检查，小心精确地制订订货量和订货点等，对来料期限、库存盘点、领发料等要严格要求。

B 类存货的特点和重要程度介于 A 类和 C 类存货之间，企业应根据库存管理的能力和水平，采用不同方法对其实施正常控制，包括良好的记录和常规检查，订购批量和安全库存量可根据历史数据和经验来确定，进出库要有记录。

C 类存货由于占用的资金不多，但品种繁多，一般采用比较粗放和简单的定量控制方式进行管理，可加大订购批量和安全库存。

任务四　流动负债管理

【任务描述】

流动负债的来源不同，其获取的速度、灵活性、成本和风险也不同。流动负债管理的主要任务的是合理利用短期借款和商业信用来规划企业的营运资金。

【任务实施】

子任务一　短期借款管理

短期借款是指企业向银行和其他非银行类金融机构借入的期限在1年以内（含1年）的借款。

一、短期借款的种类

短期借款主要有生产周转借款、临时借款、结算借款等。按照国际通行做法，短期借款有以下分类标准：

(1) 按照偿还方式的不同，分为一次性偿还借款和分期偿还借款。

(2) 按照利息支付方式的不同，分为收款法借款、贴现法借款和加息法借款。

(3) 按照有无担保，分为抵押借款和信用借款。

二、短期借款的信用条件

根据国际惯例，银行发放贷款时，一般会带有一些信用条款，主要有：

（一）信贷额度

信贷额度即贷款限额，是银行与借款企业在协议中规定的无担保贷款的最高限额，信贷额度的有效性通常为1年，但根据具体情况也可延期1年。通常在信用额度内，企业可随时按需要使用银行借款，但是银行并不承担必须提供全部信贷限额的义务；如果企业超过规定限额继续向银行借款，银行将停止办理；此外，如果企业信誉恶化，即使银行曾同意过按信贷限额提供贷款，企业也可能得不到借款。这时，银行不会承担法律责任。

（二）周转信贷协定

周转信贷协定是指银行具有法律义务承诺提供不超过某一次最高限额的贷款协定。在协定的有效期内，只要企业借款总额未超过最高限额，银行必须满足企业任何时候提出的借款要求。

企业享用周转协定，通常要对贷款限额的未使用部分付给银行一笔承诺费。承诺费是银行向企业提供周转信贷的一种附加条件。

承诺费的一般计算公式为：

承诺费＝未使用金额×承诺费率

【例6-13】 某企业与银行商定的周转信贷额为4 000万元，承诺费率为1%，若借款企业年度内使用了3 000万元。余额为1 000万元。

要求：计算该借款企业应向银行支付承诺费的金额。

【实例分析】

借款企业向银行支付的承诺费＝1 000×1%＝10（万元）

周转信贷协定的有效期通常超过1年，但实际上贷款每几个月发放一次，所以这种信贷有短期和长期的双重特点。

（三）补偿性余额

补偿性余额是指银行要求借款人在银行中保持按贷款限额或实际借款额的一定百

分比（通常为10%～20%）计算的最低存款余额。补偿性余额有助于银行降低贷款风险，补偿其可能遭受的损失；但对于企业来说，补偿性余额则提高了借款的实际利率。加重了企业的利息负担。存在补偿性余额条件下的实际利率的计算公式为：

$$实际利率 = \frac{名义利率}{1 - 补偿性余额比率} \times 100\%$$

【例 6-14】东方公司按年利率9%向银行借入资金1 000万元，银行要求企业保留10%的补偿性余额。

要求：计算该笔借款的实际利率。

【实例分析】

$$实际利率=\frac{名义利率}{1-补偿性余额比率}\times100\%=\frac{9\%}{1-10\%}\times100\%=10\%$$

（四）借款抵押

银行向财务风险大、信誉度低的企业贷款时，有时需要有抵押品担保，以减少自己蒙受损失的风险。短期借款的抵押品经常是借款企业的应收账款、存货、股票、债券等。银行收到抵押品后一般按抵押品价值的30%～50%决定贷款金额。抵押借款的资金成本通常高于非抵押借款，这是因为银行主要向信誉好的客户提供非抵押贷款，而将抵押贷款看成是一种风险投资，从而收取较高的利息；此外，银行管理抵押借款比管理非抵押借款更为困难，为此往往另外收取手续费。企业取得抵押借款会限制其抵押财产的使用和将来的借款能力。

（五）偿还条件

借款都有还款期限，借款到期后仍无力偿还的，视为逾期借款，银行要照章加收逾期罚息。借款的偿还有到期一次偿还和在借款期内定期等额偿还两种方式。

（六）以实际交易为借款条件

当企业发生经营性临时资金需求需要借款时，银行则以企业将要进行的实际交易为借款基础单独立项，单独审批，并确定借款的相应条件和信誉保证。

三、借款利息的支付方式

（一）利随本清法

利随本清法又称收款法，是在借款到期时向银行支付利息的方法。采用这种方法，借款的名义利率等于其实际利率。

（二）贴现法

贴现法是银行向企业发放贷款时．先从本金中扣除利息部分，在贷款到期时，贷款企业再偿还全部本金的一种计息方法。采用这种方法，企业可利用的贷款额只有本金扣除利息后的差额部分，因此，其实际利率高于名义利率。贴现法的实际贷款利率的计算公式为：

$$贴息贷款实际利率=\frac{利息}{贷款金额-利息}\times100\%=\frac{名义利率}{1-名义利率}\times100\%$$

【例 6-15】某企业从银行取得贷款500万元，期限1年，名义利率12%，利息60万元，采用贴现法付息。

要求：计算该贷款的实际利率。

【实例分析】

$$\text{贴息贷款实际利率}=\frac{\text{利息}}{\text{贷款金额}-\text{利息}}\times 100\%=\frac{60}{500-60}\times 100\%=13.64\%$$

四、短期借款筹资的优、缺点

(一) 短期借款筹资的优点

(1) 筹资速度快。企业获得短期借款所需的时间要比长期借款短得多。因为银行发放长期借款前，通常要对企业进行比较全面的调查分析，花费的时间较长。

(2) 筹资弹性大。短期借款数额及借款时间弹性较大，企业可在需要资金时借入。在资金充裕时还款，便于企业灵活安排。

(二) 短期借款筹资的缺点

(1) 筹资风险大。短期借款的偿还期短，在筹资数额较大的情况下，如企业资金调度不周，就有可能无力按期偿付本金和利息，甚至被迫破产。

(2) 与其他短期筹资方式相比，资金成本较高。尤其是在补偿性余额和附加利率情况下，实际利率通常高于名义利率。

子任务二 商业信用管理

商业信用是指商品交易中以延期付款或预收货款进行购销活动而形成的借贷关系。它是企业之间的一种直接信用关系。商业信用是商品交易中钱与货在时间和空间上的分离。它的表现形式主要是先取货、后付款和先付款、后取货两种，是自然性融资。它在一些发达国家中被广泛运用，90%的商品销售方式是商业信用。在我国，随着商品经济的发展，商业信用也正逐步推广，成为企业筹集短期资金的一种方式。

一、商业信用的主要形式

(一) 应付账款

应付账款是指企业购买货物暂未付款而欠对方的款项，即卖方允许买方在购货后的一定时期内支付货款的一种形式，应付账款由赊购商品形成的，是一种最典型、最常见的商业信用形式。卖方利用这种方式促销，而对买方来说，延期付款则等于向卖方借用资金购进商品，可以满足短期的资金需要。

(二) 应付票据

应付票据是指企业根据购销合同进行延期付款的商品交易时，开出的反映债权债务关系的票据。根据承兑人的不同，商业汇票可以分为商业承兑汇票和银行承兑汇票。商业承兑汇票是指由收款人开出，经付款人承兑，或由付款人开出并承兑的汇票；银行承兑汇票是指由收款人或承兑申请人开出，由银行审查同意承兑的汇票。商业汇票支付期限最长不超过 6 个月。应付票据可以带息，也可以不带息。应付票据的利率一般比银行借款的利率低，且不用保持相应的补偿性余额和支付协议费，所以应付票据的筹资成本低于银行借款成本，但是应付票据到期必须归还，如若延期便要支付罚金，因而风险较大。

（三）预收货款

它是指企业在交付货物之前向买方预先收取部分或全部货款的信用形式。在这种形式下，对卖方来讲，相当于向买方借用资金后用货物抵偿。预收账款一般用于生产周期长、资金需要量大的货物销售，如轮船、飞机大型机械设备等。

二、现金折扣成本计算

卖方为了促使买方早日付款，往往规定信用条件，对早日付款的买方给予现金折扣。通常现金折扣的表示方式为“2/10、1/20、*N*/30”。分别表示买方10天内付款，享受2%的折扣；10天后至20天内付款，享受1%的折扣；20天后至30天内付款则不享受折扣。如果卖方提供现金折扣而买方没有利用，这时买方由于放弃折扣而产生的机会成本即为现金折扣成本。放弃现金折扣成本的计算公式为：

$$放弃现金折扣的成本=\frac{现金折扣百分比}{1-现金折扣百分比}\times\frac{360}{付款期-折扣期}$$

在这种情况下，应付账款可分为以下三种信用形式。

（1）免费信用。它是指企业在规定的折扣期内享受现金折扣而获得的商业信用。对于这种应付账款，企业没有因为享受信用而付出代价。免费信用额为货款扣除现金折扣后的金额。

（2）有代价信用。它是指企业因故放弃现金折扣而付出代价所获得的商业信用。

（3）展期信用。它是指企业在规定的信用期限届满后，推迟付款而强制取得的信用。

利用现金折扣进行决策的原则如下：

（1）放弃现金折扣的成本＞企业筹资成本（或银行利率），则选择享受折扣。

（2）放弃现金折扣的成本＜企业筹资成本（或银行利率），则选择放弃折扣。

（3）当选择享受折扣时，则放弃现金折扣的成本越高越好。

（4）如果面对两家以上提供不同信用条件的卖方，应通过衡量放弃现金折扣成本的大小，选择信用成本最小（或所获利益最大）的一家。

【例6-16】A公司从B公司购进材料一批，货款100 000元，信用条件为“1/10，*N*/30”。

要求：对A公司的付款情况进行分析。

【实例分析】

（1）如果A公司在10天内付款，获得最长10天的免费信用，并可取的得折扣为：

现金折扣额100 000×1%＝1 000（元）

A公司在10天内付款，取得10天免费信用额99 000元（即100 000元的货款只付99 000元）。如能以低于放弃现金折扣成本的利率借入资金，就应在现金折扣期内用借入的资金支付货款，享受现金折扣；反之，企业应放弃现金折扣。

（2）如果A公司放弃这笔现金折扣，在30天内付款，该公司将承受一种机会成本。这种不享受折扣的成本也就是隐含的利息成本，其计算公式如下：

$$放弃现金折扣的成本=\frac{现金折扣百分比}{1-现金折扣百分比}\times\frac{360}{付款期-折扣期}$$

按上述信用条件，该公司的商业信用成本为：

$$放弃现金折扣的成本=\frac{1\%}{1-1\%}\times\frac{360}{30-10}=18.18\%$$

A公司在第30天内付款，承担了18.18%的商业信用成本，取得30天有代价的信用100 000元。如果在折扣期内将应付账款用于短期投资，所得的投资收益高于放弃现金折扣的成本，则应放弃现金折扣而去追求更高的收益。

(3) 如果A公司放弃这笔现金折扣，在第40天内付款，计算其商业信用成本如下：

$$放弃现金折扣的成本=\frac{1\%}{1-1\%}\times\frac{360}{40-10}=12.12\%$$

A公司在第40天付款，承担了12.12%的商业信用成本，取得了40天展期信用100 000元。如企业因缺乏资金而要展延付款期，则须在降低了的放弃现金折扣成本与展延付款期带来的损失之间作出选择。展延付款带来的损失主要是因企业信誉恶化而丧失供应商乃至其他贷款人的信用，或日后招致苛刻的信用条件。

三、商业信用筹资的优、缺点

(一) 商业信用筹资的优点

(1) 筹资方便。商业信用随商品交易自然产生，属于自然性筹资，不需办理各种复杂的筹资手续，方便灵活。

(2) 限制条件少。商业信用相对于银行借款一类的筹资方式，无须抵押担保，限制条件较少。

(3) 筹资成本低，甚至不发生筹资成本。如果没有现金折扣，或者公司不放弃现金折扣，则利用商业信用筹资不会发生筹资成本。

(二) 商业信用筹资的缺点

(1) 商业信用的时间一般较短，尤其是应付账款，时间更短。

(2) 有一定的风险。付款方如果到期不支付货款，长时间拖延支付货款，势必影响公司的信誉，发生信用危机。另外，因存在现金折扣，若放弃现金折扣，则将负担较高的机会成本。

课后实训

一、单项选择题

1. 现金作为一种资产，它的（　）。

A. 流动性差，盈利性差　　B. 流动性差，盈利性强

C. 流动性强，盈利性差　　D. 流动性强，盈利性强

2. 某企业现金收支状况比较稳定，全年的现金需要量为300 000元，每次转换有价证券的固定成本为600元，有价证券的年利率为10%，则全年固定性转换成本

是(　　)元。

A. 1 000　　B. 2 000　　C. 3 000　　D. 4 000

3. 不属于存货的储存变动成本的是(　　)。

A. 存货资金的应计利息　　B. 代替材料紧急购入的额外成本

C. 存货的残损和变质损失　　D. 存货的保险费

4. 决定是否给予客户信用的首要因素是(　　)。

A. 信用品质　B. 偿付能力　C. 资金和抵押品　D. 经济状况

5. 在企业现金未来需要量和现金流量不可知的情况下，预测最佳现金持有量应采用(　　)。

A. 成本分析模式　　B. 随机模式

C. 存货模式　　D. 资本资产模式

6. 某企业预测的年赊销额为1200万元，应收账款平均收账期为30天，变动成本率为60%，资本成本率为10%，则应收账款的机会成本为(　　)万元。

A. 10　　B. 6　　C. 5　　D. 9

7. 在对存货采用ABC分类管理法进行控制时，应重点控制的是(　　)。

A. 数量少的存货　　B. 数量大的存货

C. 占用资金多的存货　　D. 品种多的存货

8. 存货ABC分类控制法中对存货最基本的分类标准为(　　)。

A. 金额标准　　B. 品种数量标准

C. 重量标准　　D. 金额与数量标准

9. 在其他因素不变的情况下，企业采用积极的收账政策，可能导致的后果是(　　)。

A. 坏账损失增加　　B. 应收账款投资增加

C. 收账费用增加　　D. 平均收账期延长

10. 下列各项中，不属于应收账款成本构成要素的是(　　)。

A. 机会成本　B. 管理成本　C. 坏账成本　D. 短缺成本

11. 信用条件为"2/20，N/45"时，预计有60%的客户选择现金折扣优惠，则平均收账期为(　　)天。

A. 20　　B. 45　　C. 32　　D. 30

12. (　　)就是在增加的收账费用与减少的坏账损失．减少的机会成本之间进行权衡。

A. 确定信用标准　　B. 选择信用条件

C. 制订收账政策　　D. "C"评估法

13. 企业采用贴现法从银行贷款，年利率10%，则该项贷款的实际利率为(　　)。

A. 9%　　B. 10%　　C. 约11%　　D. 12%

14. 某企业购入20万元商品，卖方提供的信用条件为"2/10，N/30"，若企业由于资金紧张，延至第50天付款，则企业放弃折扣的成本是(　　)。

A. 36.7%　　B. 36.4%　　C. 18.37%　　D. 23.26%

15. 某企业按年利率5.8%向银行借款1000万元，银行要求保留15%的补偿性余额，则该项借款的实际利率约为（　　）。

A. 5.8%　　B. 6.4%　　C. 6.8%　　D. 7.3%

二、多项选择题

1. 运用成本分析模式确定最佳现金持有量时，持有现金的相关成本包括（　　）。

A. 机会成本　　B. 转换成本

C. 短缺成本　　D. 管理成本

2. 用存货模式计算最佳现金持有量时，一般考虑的相关成本有（　　）。

A. 现金短缺成本　　B. 固定性转换成本

C. 现金管理成本　　D. 持有现金的机会成本

3. 采用随机模式，计算现金返回线的有关因素包括（　　）。

A. 预期每日现金余额变化的标准差

B. 有价证券的日利息率

C. 每次有价证券的固定转换成本

D. 现金存量的下限

4. 在无数量折扣的情况下，决定存货经济批量的成本因素包括（　　）。

A. 购置成本　　B. 变动性订货成本

C. 变动性储存成本　　D. 缺货成本

5. 下列各项中，属于建立存货经济进货批量基本模型假设前提的有（　　）。

A. 一定时期的进货总量可以较为准确地预测力争现金流入与流出同步

B. 允许出现缺货

C. 存货的耗用或者销售比较均衡

D. 存货的价格稳定

6. 现金折扣政策的目的在于（　　）。

A. 吸引顾客为享受优惠而提前付款

B. 扩大销售量

C. 缩短企业平均收款期

D. 减轻企业税负

7. 企业在对客户进行资信评估时，应当考虑的因素主要有（　　）

A. 信用品质　B. 偿付能力　　C. 资本和抵押品　　D. 经济环境

8. 下列各项因素中，影响经济进货批量大小的有（　　）。

A. 仓库折旧费　　B. 存货资金的应计利息

C. 保险储备量　　D. 存货的年需求量

9. 确定建立保险储备量时的再订货点，需要考虑的因素有（　　）。

A. 交货天数　　B. 平均库存量

C. 平均每日需要量　　D. 保险储备量

10. 商业信用筹资的优点主要表现在（　　）

A. 筹资风险小　　B. 筹资成本低

C. 限制条件少　　D. 筹资方便

三、判断题

1. 企业现金持有量过多会降低企业的收益水平。 （ ）

2. 企业之所以持有一定数量的现金，主要是出于交易动机、预防动机和投机动机。 （ ）

3. 现金折扣是企业为了鼓励客户多买商品而给予的价格优惠，每次购买的数量越多，价格越便宜。 （ ）

4. 赊销是扩大销售的有力手段之一，企业应尽可能放宽信用条件，增加赊销量。 （ ）

5. 在年需要量确定的情况下，经济订货批量越大，进货间隔期越长。 （ ）

6. 在存货模式下，持有现金的机会成本与现金固定性转换成本相等时，此时的现金持有量为最佳现金持有量。 （ ）

7. 用贴现法付息时，企业实际可用的贷款额会增加，所以其实际利率会高于名义利率。 （ ）

8. 补偿性余额的约束有助于银行降低贷款风险，但同时也减少了企业实际可动用的借款额，提高了借款的实际利率。 （ ）

9. 某企业按年利率10%向银行借款，银行要求维持借款额的15%作为补偿性余额，则该项借款的实际利率为12.5%。 （ ）

10. 进行正常的短期投资活动所需要的现金属于正常交易动机所需现金。 （ ）

四、计算题

1. 东方公司有价证券的年利率为9%，每次固定转换成本为50元，企业认为任何时候其银行活期存款及现金余额均不低于1 000元，又根据以往经验测算出现金余额波动的标准差为800元。

要求：计算最优现金返回线 R 和现金的控制上限 H。

2. 某企业现金收支状况比较稳定，预计全年（按360天计算）需要现金810万元，现金与有价证券的每次转换成本为800元，有价证券的年利率为10%。

要求：

(1) 计算最佳现金持有量；

(2) 计算最低现金管理相关总成本；

(3) 计算持有现金的机会成本；

(4) 计算现金的转换成本；

(5) 计算有价证券转换次数；

(6) 计算有价证券交易的间隔期。

3. 某企业全年需从外购入某种零件1 200件，每批进货费用400元，单位零件的年储存成本6元，该零件每件进价10元。销售企业规定，客户每批量购买不足600件，按标准价格计算，每批购买量超过600件，价格优惠3%。

要求：

(1) 计算该企业进货批量为多少时，才是有利的？

(2) 计算该企业最佳的进货次数。

(3) 计算该企业最佳的进货间隔期。

(4) 计算该企业经济进货批量的平均占用资金。

4. 某企业每年需耗用甲材料 45 000 件，单位材料年储存成本 20 元，平均每次进货费用为 180 元，甲材料全年平均单价为 240 元。假定不存在数量折扣，不会出现陆续到货和缺货的现象。

要求：

(1) 计算甲材料的经济进货批量。

(2) 计算甲材料的年度最佳进货次数。

(3) 计算甲材料的相关进货成本。

(4) 计算甲材料的相关存储成本。

(5) 计算甲材料的经济进货批量平均占用资金。

五、技能训练

某公司是一家商业企业，由于目前的信用政策过于严厉，不利于扩大销售，且收账费用较高，该公司正在研究修改现行的信用政策。现有甲和乙两个放宽信用政策的备选方案，有关数据如下表 6－11 所示：

表 6-11 某公司信用政策有关资料

万元

项　目	现行收账政策	甲方案	乙方案
年赊销额	2 400	2 600	2 700
信用条件	*N*/60	*N*/90	*N*/60，*N*/180
年收账费用	40	20	10
平均收账期	2 个月	3 个月	估计 50％的客户会先享受折扣
坏账损失率（％）	2	2.5	3

已知该公司的变动成本率为 80％，应收账款投资要求的最低报酬率为 15％。

假设不考虑所得税的影响。

要求：

通过计算分析回答，该公司是否应改变现行的信用政策？如果要改变，应选择甲方案还是乙方案？

项目七　收益与分配管理

【项目导读】

收益与分配管理是对企业收益与分配的主要活动及其形成的财务关系的组织与调节，是企业将一定时期内所创造的经营成果合理地在企业内、外部各利益相关者之间进行有效分配的过程。企业通过经营活动取得收入后，要按照补偿成本、缴纳所得税、提取公积金、向投资者分配利润等顺序进行收益分配。对于企业来说，收益分配不仅是资产保值、保证简单再生产的手段，同时也是资产增值、实现扩大再生产的工具。收益分配可以满足国家政治职能与组织经济职能的需要，是处理所有者、经营者等各方面物质利益关系的基本手段。本项目主要包括收入管理、成本费用管理和利润分配管理等任务。

【知识目标】

1. 了解收益分配管理的意义、原则、内容；
2. 熟悉股利政策及其影响因素、股利支付形式；
3. 掌握成本性态分析，标准成本、责任成本的管理；
4. 掌握销售预测的方法和销售定价管理。

【能力目标】

1. 掌握成本性态分析的基本方法；
2. 掌握销售预测的方法和销售定价管理；
3. 掌握各种股利政策的优、缺点及企业在各种情况下适用的股利政策。

【引导案例】

FPL 公司：***在股利与成长中做取舍***

FPL 为美国佛罗里达州最大、全美第四大信誉良好的电力公司。

1994 年，面对电力市场日益加剧的竞争环境，FPL 公司决定继续采用扩张战略，并制订了未来 5 年 39 亿的投资计划。但公司感到需要减少非投资方面的现金流出，增强财务能力和流动性，保持 A 级以上的资信等级，降低财务风险，增加留存收益和内部融资能力。而公司近期的发展并不能立即大幅度提升每股收益，继续维持高的现金红利支付率的经营压力很大。为以积极主动的态度来应对日益变化的竞争环境，保证公司长远发展目标，1994 年 5 月初，FPL 公司考虑在其季报中宣布削减 30%的现金红利，此举可以使公司减少 1.5 亿美元的现金支出。

但大幅度削减现金红利不可避免地导致公司股票价格大幅下跌，动摇投资者的信心，进而影响公司与投资者的关系。历史经验也证实了这种负面影响。大多数投资银行分析家也预期 FPL 公司将削减 30%的现金红利。因此，相继调低了对公司股票评级。投资分析家的这些言论确实导致FPL公司尚未宣布红利政策，股票价格已下跌了6%。FPL公司1994年5月中旬公布了最终的分红方案，把该季度现金红利削减了32.3%。公司同时宣布了在以后3年内回购1 000万股普通股计划，并且承诺以后每年的现金红利增长率不会低于5%。

尽管在宣布削减红利的同时，FPL公司在给股东的信中说明了调低现金红利的原因，并且作出回购和现金红利增长的承诺，但股票市场仍然视削减现金红利为利空信号。当天公司股价下跌了14%。反映了股票市场对FPL公司前景很不乐观的预期。但几个月后，股价随大势上涨回升并超过了宣布削减现金红利以前的价格。

1994年以来，FPL公司扩张战略奏效，EPS和DPS继续保持了增长势头，基本上兑现了当初给股东的诺言。公司股价大幅度增长，最高时比1994年翻了近5倍。

股利政策的变动可能产生哪些不利影响？FPL公司股利政策变更取得成功的关键点何在？从FPL公司对股利政策的把握案例中你得到了什么启示？

任务一 收入管理

【任务描述】

收入是企业收益分配的首要对象。企业的收入多种多样，其中，销售收入是企业在日常经营活动中，由于销售产品、提供劳务等所形成的货币收入。这是企业收入的主要构成部分，是企业能够持续经营的基本条件。销售收入的制约因素主要是销量与价格。所以，销售预测分析与销售定价管理便构成了收入管理的主要内容。

【背景知识】

企业的收益分配有广义和狭义两种概念。广义的收益分配是指对企业的收入和净利润进行分配，包含两个层次的内容。第一层次是对企业收入的分配；第二层次是对企业净利润的分配。狭义的收益分配则仅仅是指对企业净利润的分配。本章所指收益分配采用广义的收益分配概念。

一、收益分配管理的意义

收益与分配管理作为现代企业财务管理的重要内容之一，对于维护企业与各相关利益主体的财务管理、提升企业价值具有重要意义。具体而言，企业收益与分配管理的意义表现在以下三个方面：

(一) 收益分配集中体现了企业所有者、经营者与职工之间的利益关系

企业所有者是企业权益资金的提供者，按照“谁出资、谁受益”的原则，其应得的投资收益须通过企业的收益分配来实现预期的收益，提高企业的信誉程度，有利于增强企业未来融通资金的能力。

企业的债权人在向企业投入资金的同时也承担了一定的风险，企业的收益分配应体现出对债权人利益的充分保护。通过收益分配，投资者除了按时支付到期本金、利息外，企业在进行收益分配时也要考虑债权人未偿付本金的保障程度，否则将在一定

程度上削弱企业的偿债能力，从而降低企业的财务弹性。

职工是企业价值的创造者，是企业收入和利润的源泉。通过薪资的支付以及各种福利的提供，可以提高职工的工作热情，为企业创造更多价值。

因此，为了正确、合理地处理好企业各方利益相关者的需求，就必须对企业所实现的收益进行合理分配。

（二）收益分配是企业再生产的条件以及优化资本结构的重要措施

企业在生产经营过程中所投入的各类资金，随着生产经营活动的进行，不断地发生消耗和转移，形成成本费用，最终构成商品价值的一部分。销售收入的取得，为企业成本费用的补偿提供了前提，为企业简单再生产的正常进行创造了条件。通过收益分配，企业能形成一部分自行安排的资金，可以增强企业生产经营的财力，有利于企业适应市场需要扩大再生产。

此外，留存收益是企业重要的权益资金来源，收益分配的多少，影响企业积累的多少，从而影响权益与负债的比例，即资本结构。企业价值最大化的目标要求企业的资本结构最优，因而收益分配便成了优化资本结构、降低资本成本的重要措施。

（三）收益分配是国家建设资金的重要来源之一

在企业正常的生产经营活动中，职工不仅为自己创造了价值，还为社会创造了一定的价值，即利润。利润代表企业的新创财富，是企业收入的重要构成部分。除了满足企业自身的生产经营性积累外，通过收益分配，国家财政也能够集中一部分企业利润，由国家有计划地分配使用，实现国家政治职能和经济职能，发展能源、交通和原材料基础工业，为社会经济的发展创造良好条件。

二、收益分配的原则

收益分配作为一项重要的财务活动，应当遵循以下原则：

（一）依法分配原则

企业的收益分配必须依法进行。为了规范企业的收益分配行为，维护各利益相关者的合法权益，国家颁布了相关法规。这些法规规定了企业收益分配的基本要求、一般程序和重要比例，企业应当认真执行，不得违反。

（二）分配与积累并重原则

企业的收益分配必须坚持积累与分配并重的原则。企业通过经营活动赚取收益，既要保证企业简单再生产的持续进行，又要不断积累企业扩大再生产的财力基础。恰当处理分配与积累之间的关系，留存一部分净收益以供未来分配之需，能够增强企业抵抗风险的能力，同时，也可以提高企业经营的稳定性与安全性。

（三）兼顾各方利益原则

企业的收益分配必须兼顾各方面的利益。企业是经济社会的基本单元，企业的收益分配涉及国家、企业股东、债权人、职工等多方面的利益。正确处理它们之间的关系，协调其矛盾，对企业的生存、发展是至关重要的。企业在进行收益分配时，应当统筹兼顾，维护各利益相关者的合法权益。

（四）投资与收益对等原则

企业进行收益分配应当体现“谁投资、谁受益”、收益大小与投资比例相对等的原则。这是正确处理投资者利益关系的关键。企业在向投资者分配收益时，应本着平等一致的原则，按照投资者投资额的比例进行分配，不允许任何一方随意多分多占，从根本上实现收益分配中的公开、公平和公正，以保护投资者的利益。

三、收益与分配管理的内容

企业通过销售产品、提供劳务、转让资产使用权等活动取得收入，而这些收入的去向主要是两个方面，一是弥补成本费用，即为取得收入而发生的资源耗费；二是形成利润，即收入匹配成本费用后的余额。收入、成本费用和利润三者之间的关系可以简单表述为：

收入－成本费用＝利润

可以看出，广义的收益分配首先是对企业收入的分配，即对成本费用进行弥补，进而形成利润的过程，然后对其余额（即利润）按照一定的程序进行再分配。显然，收入的取得、成本费用的发生以及利润的形成与流向便构成了收益分配的主要内容。因此，收益分配管理包括了收入管理、成本费用管理和利润分配管理三个部分。

【任务实施】

子任务一　销售预测分析

销售预测分析是指通过市场调查，以有关的历史资料和各种信息为基础，运用科学的预测方法或管理人员的实际经验，对企业产品在计划期间的销售量或销售额做出预计或估量的过程。企业在进行销售预测时，应充分研究和分析企业产品销售的相关资料，如产品价格、产品质量、售后服务、推销方法等。此外，对企业所处的市场环境、物价指数、市场占有率及经济发展趋势等情况也应进行研究分析。

销售预测的方法有很多种，主要包括定性分析法和定量分析法。

一、销售预测的定性分析法

定性分析法即非数量分析法，是指由专业人员根据实际经验，对预测对象的未来情况及发展趋势作出预测的一种分析方法。它一般适用于预测对象的历史资料不完备或无法进行定量分析时，主要包括推销员判断法、专家判断法和产品寿命周期分析法。

（一）推销员判断法

推销员判断法又称意见汇集法，是由企业熟悉市场情况及相关变化信息的经营管理人员对由推销员调查得来的结果进行综合分析，从而作出较为正确预测的方法。这种方法用时短、耗费小，比较实用。在市场发生变化的情况下，能很快地对预测结果进行修正。

（二）专家判断法

专家判断法是由专家根据他们的经验和判断能力对特定产品的未来销售量进行判断和预测的方法，主要有以下三种不同形式：

(1) 个别专家意见汇集法。即分别向每位专家征求对本企业产品未来销售情况的个人意见，然后将这些意见再加以综合分析，确定预测值。

（2）专家小组法。即将专家分成小组，运用专家们的集体智慧进行判断预测的方法。此方法的缺陷是预测小组中专家意见可能受权威专家的影响，客观性较德尔菲法差。

（3）德尔菲法。德尔菲法又称函询调查法，是采用函询的方式，征求各方面专家的意见，各专家在互不通气的情况下，根据自己的观点和方法进行预测，然后由企业将各个专家的意见汇集在一起，通过不记名方式反馈给各位专家，请他们参考别人的意见修正本人原来的判断，如此反复数次，最终确定预测结果。

（三）产品寿命周期分析法

产品寿命周期分析法就是利用产品销售量在不同寿命周期阶段上的变化趋势，进行销售预测的一种定性分析方法，它是对其他预测分析方法的补充。产品寿命周期是指产品从投入市场到退出市场所经历的时间，一般要经过萌芽期、成长期、成熟期和衰退期四个阶段。判断产品所处的寿命周期阶段，可根据销售增长率指标进行。一般地，萌芽期增长率不稳定，成长期增长率最大，成熟期增长率稳定，衰退期增长率为负数。

二、销售预测的定量分析法

定量分析法也称数量分析法，是指在预测对象有关资料完备的基础上，运用一定的数学方法，建立预测模型作出预测。它一般包括趋势预测分析法和因果预测分析法两大类。

（一）趋势预测分析法

趋势预测分析法主要包括算术平均法、加权平均法、移动平均法和指数平滑法等。

1. 算术平均法

即将若干历史时期的实际销售量或销售额作为样本值，求出其算术平均数，并将该平均数作为下期销售量的预测值。其计算公式为：

销售量预测数＝各期销售量之和÷期数

或：

$$S_{n+1}=\frac{\sum_{t=1}^{n}S_t}{n}$$

其中，S_{n+1} 表示预测期的销售量；S_t 表示第 t 期的实际销售量，t 从 1 到 n 期；n 表示考察的实际期数。

算术平均法适用于每月销售量波动不大的产品的销售预测。

【例 7-1】 某公司 2×05—2×12 年的产品销售量资料如下表 7-1 所示：

表 7-1 某公司的产品销售量资料

年　度	2×05	2×06	2×07	2×08	2×09	2×10	2×11	2×12
销售量（吨）	3 250	3 300	3 150	3 350	3 450	3 500	3 400	3 600

要求：采用算术平均法预测该公司 2013 年的销售量。

【实例分析】

根据算术平均法的计算公式，公司 2×13 年的预测销售量为：

预测销售量＝（3 250＋3 300＋3 150＋3 350＋3 450＋3 500＋3 400＋3 600）÷8＝3 375（吨）

2. 加权平均法

同样是将若干历史时期的实际销售量或销售额作为样本值，将各个样本值按照一定的权数计算得出加权平均数，并将该平均数作为下期销售量的预测值。一般地，由于市场变化较大，离预测期越近的样本值对其影响越大，而离预测期越远的则影响越小，所以权数的选取应遵循"近大远小"的原则。其计算公式为：

销售量预测数＝各期销售量×各期权数

或

$$S_{n+1} = \sum_{t=1}^{n} S_t \times \omega_t$$

其中，S_{n+1} 表示预测期的销售量；S_t 表示第 t 期的实际销售量，t 从 1 到 n 期；n 表示考察的实际期数；ω_t 表示第 t 期的销售量的权数。

加权平均法较算术平均法更为合理，计算也较方便，因而在实践中应用得较多。

【例 7-2】沿用例 7-1 中的资料，假设 2×05—2×12 年各期数据的权数分别如下表 7-2 所示：

表 7-2　某公司各期数据及权数

年　度	2×05	2×06	2×07	2×08	2×09	2×10	2×11	2×12
销售量（吨）	3 250	3 300	3 150	3 350	3 450	3 500	3 400	3 600
权数	0.04	0.06	0.08	0.12	0.14	0.16	0.18	0.22

要求：采用加权平均法预测该公司 2×13 年的销售量。

【实例分析】

根据加权平均法的计算公式，公司 2×13 年的预测销售量为：

预测销售量＝3 250×0.04＋3 300×0.06＋…＋3 400×0.18＋3 600×0.22＝3 429（吨）

3. 移动平均法

移动平均法是从 n 期的时间数列销售量中选取 m 期（m 数值固定，且 $m < n/2$）数据作为样本值，求其 m 期的算术平均数，并不断向后移动计算观测期平均值，以最后一个 m 期的平均数作为未来第 $n+1$ 期销售预测值的一种方法。这种方法假设预测值主要受最近 m 期销售量的影响。其计算公式为：

$$Y_{n+1} = \frac{X_{n-(m-1)} + X_{n-(m-2)} + \cdots + X_{n-1} + X_n}{m}$$

为了使预测值更能反映销售量变化的趋势，可以对上述结果按趋势值进行修正，其计算公式为：

$$\overline{Y}_{n+1} = Y_{n+1} + (Y_{n+1} - Y_n)$$

由于移动平均法只选用了 n 期数据中的最后 m 期作为计算依据，故而代表性较差。此法适用于销售量略有波动的产品预测。

【例 7-3】 沿用例 7-1 中的资料，假定公司预测前期（即 2×12 年）的预测销售量为 3 475 吨。

要求：分别用移动平均法和修正的移动平均法预测公司 2×13 年的销售量（假设样本期为 3 期）。

【实例分析】

根据有关资料，分析计算如下：

(1) 根据移动平均法的计算公式，公司 2×13 年的预测销售量为：

预测销售量＝（3 500＋3 600＋3 400）÷3＝3 500（吨）

(2) 根据修正的移动平均法计算公式，公司 2×13 年的预测销售量为：

修正后的预测销售量＝3 500＋（3 500－3 475）＝3 525（吨）

4. 指数平滑法

指数平滑法实质上是一种加权平均法，是以事先确定的平滑指数 a 及 $1-a$ 作为权数进行加权计算，进而预测销售量的一种方法。其计算公式为：

$$Y_{n+1} = aX_n + (1-a)Y_n$$

式中，Y_{n+1} 为未来第 $n+1$ 期的预测值；Y_n 为第 n 期预测值，即预测前期的预测值；X_n 为第 n 期的实际销售量，即预测前期的实际销售量；a 为平滑指数；n 为期数。

一般地，平滑指数的取值通常在 0.3～0.7 之间，其取值大小决定了前期实际值与预测值对本期预测值的影响。采用较大的平滑指数，预测值可以反映样本值新近的变化趋势；采用较小的平滑指数，则反映了样本值变动的长期趋势。因此，在销售量波动较大或进行短期预测时，可选择较大的平滑指数；在销售量波动较小或进行长期预测时，可选择较小的平滑指数。

该方法运用得比较灵活，适用范围较广，但在平滑指数的选择上具有一定的主观随意性。

【例 7-4】 沿用例 7-1 中的资料，2×12 年实际销售量为 3 600 吨，原预测销售量为 3 475 吨，平滑指数 a＝0.5。

要求：用指数平滑法预测公司 2×13 年的销售量。

【实例分析】

根据指数平滑法的计算公式，公司 2×13 年的预测销售量为：

预测销售量＝0.5×3 600＋（1－0.5）×3 475＝3 537.5（吨）

（二）因果预测分析法

因果预测分析法是指通过影响产品销售量（因变量）的相关因素（自变量）以及它们之间的函数关系，并利用这种函数关系进行产品销售预测的方法。因果预测分析法最常用的是回归分析法，本章主要介绍回归直线法。

回归直线法也称一元回归分析法。它假定影响预测对象销售量的因素只有一个，根据直线方程 $y=a+bx$，按照最小二乘法原理，来确定一条误差最小的、能正确反映

自变量 x 和因变量 y 之间关系的直线，其常数项 a 和 b 系数的计算公式为：

$$b=\frac{n\sum xy-\sum x\sum y}{n\sum x^2-(\sum x)^2}$$

$$a=\frac{\sum x^2\sum y-\sum x\sum xy}{n\sum x^2-(\sum x)^2}$$

待求出 a、b 的值后，代入 $y=a+bx$，结合自变量 x 的取值，即可求得预测对象 y 的预测销售量或销售额。

【例 7-5】沿用例 7-1 中的资料，假定产品销售量只受广告费支出大小的影响，2×13年度预计广告费支出为 155 万元，以往年度的广告费支出资料如下表 7-3 所示：

表 7-3　某公司广告费支出情况

年　度	2×05	2×06	2×07	2×08	2×09	2×10	2×11	2×12
销售量（吨）	3 250	3 300	3 150	3 350	3 450	3 500	3 400	3 600
广告费	100	105	0.08	90	125	140	140	150

要求：采用回归直线法预测该公司 2×13 年的销售量。

【实例分析】根据上述资料，用回归直线法预测公司 2×13 年的产品销售量如下表 7-4 所示：

表 7-4　某公司 2013 年产品销售量　　万元

年　度	广告费支出 x	销售量 y（吨）	xy	x^2	y^2
2×05	100	3 250	325 000	10 000	10 562 500
2×06	105	3 300	346 500	11 025	10 890 000
2×07	90	3 150	283 500	8 100	9 922 500
2×08	125	3 350	418 750	15 625	11 222 500
2×09	135	3 450	465 750	18 225	11 902 500
2×10	140	3 500	490 000	19 600	12 250 000
2×11	140	3 400	476 000	19 600	11 560 000
2×12	150	3 600	540 000	22 500	12 960 000
$n=8$	$\sum x=985$	$\sum y=27\,000$	$\sum xy=3\,345\,500$	$\sum x^2=124\,675$	$\sum y^2=91\,270\,000$

【实例分析】根据公式，可有：

$$b=\frac{n\sum xy-\sum x\sum y}{n\sum x^2-(\sum x)^2}=\frac{8\times 3\,345\,500-985\times 27\,000}{8\times 124\,675-985^2}=6.22$$

$$a=\frac{\sum x^2y-\sum x\sum xy}{n\sum x^2-(\sum x)^2}=\frac{124\ 675-985\times 3\ 345\ 500}{8\times 124\ 675-985^2}=2\ 609.16$$

$$Y=a+bx=2\ 609.16+6.22\times 155=3\ 573.26（万元）$$

子任务二　销售定价管理

销售定价不仅影响产品的边际贡献，而且影响产品的销售数量与市场地位，从而对企业收入产生复杂而直接的影响。正确制订销售定价策略，直接关系到企业的生存和发展，加强销售定价管理是企业财务管理的重要内容。

一、销售定价管理的含义

销售定价管理是指在调查分析的基础上，选用合适的产品定价方法，为销售的产品制订最为恰当的售价，并根据具体情况运用不同价格策略，以实现经济效益最大化的过程。

企业销售各种产品都必须确定合理的产品销售价格。产品价格的高低直接影响到销售量的大小，进而影响到企业的盈利水平。单价水平过高，导致销售量降低，如果达不到保本点，企业就会亏损；单价水平过低，虽然会起到促销作用，但单位毛利降低，使企业的盈利水平下降。因此，产品销售价格的高低，价格策略运用的恰当与否，都会影响到企业正常的生产经营活动，甚至影响到企业的生存和发展。进行良好的销售定价管理，可以使企业的产品更具有吸引力，扩大市场占有率，改善企业的相对竞争地位。

二、影响产品价格的因素

影响产品价格的因素非常复杂，主要包括以下几个方面：

（一）价值因素

价格是价值的货币体现，价值的大小决定着价格的高低，而价值量的大小又是由生产产品的社会必要劳动时间决定的。因此，提高社会劳动生产率，缩短生产产品的社会必要劳动时间，可以相对地降低产品价格。

（二）成本因素

成本是影响定价的基本因素。企业必须获得可以弥补已发生成本费用的足够多的收入，才能长期生存发展下去。虽然短期内的产品价格有可能会低于其成本，但从长期来看，产品价格应等于总成本加上合理的利润，否则企业无利可图，难以长久生存。

（三）市场供求因素

市场供求变动对价格的变动具有重大影响。当一种产品的市场供应大于需求时，就会对其价格产生向下的压力；而当其供应小于需求时，则会推动价格的提升。市场供求关系是永远矛盾着的两个方面，因此，产品价格也会不断地波动。

（四）竞争因素

产品竞争程度不同，对定价的影响也不同。竞争越激烈，对价格的影响也越大。在完全竞争的市场，企业几乎没有定价的主动权；在不完全竞争的市场，竞争的强度主要取决于产品生产的难易和供求形势。为了作好定价决策，企业必须充分了解竞争者的情况，最重要的是竞争对手的定价策略。

（五）政策法规因素

各个国家对市场物价的高低和变动都有限制和法律规定，同时国家会通过生产市场、货币金融等手段间接调控价格。企业在制订定价策略时一定要很好地了解本国及所在国有关方面的政策和法规。

三、产品定价方法

产品定价方法主要包括以成本为基础的定价方法和以市场需求为基础的定价方法两大类。

（一）以成本为基础的定价方法

企业的成本范畴基本上有三种成本可以作为定价基础，即变动成本、制造成本和完全成本。

变动成本是指其总额会随业务量的变动而变动的成本。变动成本可以作为增量产量的定价依据，但不能作为一般产品的定价依据。

制造成本是指企业为生产产品或提供劳务等发生的直接费用支出，一般包括直接材料、直接人工和制造费用。由于它不包括各种期间费用，因此不能正确反映企业产品的真实价值消耗和转移。利用制造成本定价不利于企业简单再生产的继续进行。

完全成本是指企业为生产、销售一定种类和数量的产品所发生的费用总额，包括制造成本和管理费用、销售费用及财务费用等各种期间费用。在完全成本基础上制订价格，既可以保证企业简单再生产的正常进行，又可以使劳动者为社会劳动所创造的价值得以全部实现。因此，当前产品定价的基础仍然是产品的完全成本。

1. 完全成本加成定价法

它是在完全成本的基础上，加合理利润来定价。合理利润的确定，在工业企业一般是根据成本利润率，而在商业企业一般是根据销售利润率。在考虑税金的情况下，其有关计算公式为：

(1) 成本利润率定价。

成本利润率＝预测利润总额÷预测成本总额×100％

单位产品价格＝单位成本×(1＋成本利润率) ÷ (1－适用税率)

(2) 销售利润率定价。

销售利润率＝预测利润总额÷预测销售总额×100％

单位产品价格＝单位成本÷ (1－销售利润率－适用税率) ×100％

上述公式中，单位成本是指单位完全成本，可以用单位制造成本加上单位产品负担的期间费用来确定。

【例 7-6】某企业生产甲产品，预计单位产品的制造成本为 100 元，计划销售 10 000 件，计划期的期间费用总额为 900 000 元，该产品适用的消费税税率为 5％，成本利润率必须达到 20％。

要求：根据上述资料，运用完全成本加成定价法测算单位甲产品的价格。

【实例分析】

单位甲产品价格＝240（元）

完全成本加成定价法可以保证全部生产耗费得到补偿，但它很难适应市场需求的变化，往往导致定价过高或过低。并且，当企业生产多种产品时，间接费用难以准确分摊，从而会导致定价不准确。

2. 保本点定价法

保本点又称盈亏平衡点，是指企业在经营活动中既不盈利也不亏损的销售水平，在此水平上利润等于0。在这种方法下，成本需按其性态，即随产量变动而变动的关系，分为固定成本和变动成本。保本点定价法的基本原理就是根据产品销售量计划数和一定时期的成本水平、适用税率来确定产品的销售价格。采用这一方法确定的价格是最低销售价格。其计算公式为：

单位产品价格＝（单位固定成本＋单位变动成本）÷（1－适用税率）

＝单位完全成本÷（1－适用税率）

【例7-7】某企业生产乙产品，本期计划销售量为10 000件，应负担的固定成本总额为250 000元，单位产品变动成本为70元，适用的消费税税率为5%。

要求：根据上述资料，运用保本点定价法测算单位乙产品的价格。

【实例分析】

单位乙产品价格＝［（250 000÷10 000）＋70］÷（1－5%）＝100（元）

3. 目标利润定价法

目标利润是指企业在预定时期内应实现的利润水平。目标利润定价法是根据预期目标利润和产品销售量、产品成本、适用税率等因素来确定产品销售价格的方法。其计算公式为：

$$单位产品价格=\frac{目标利润总额+完全成本总额}{产品销量\times(1-适用税率)}$$

$$或：=\frac{单位目标利润+单位完全成本}{1-适用税率}$$

【例7-8】某企业生产丙产品，本期计划销售量为10 000件，目标利润总额为240 000元，完全成本总额为520 000元，适用的消费税税率为5%。

要求：根据上述资料，运用目标利润法测算单位丙产品的价格。

【实例分析】

$$单位丙产品价格=\frac{240\ 000+520\ 000}{10\ 000\times(1-5\%)}=80（元）$$

4. 变动成本定价法

变动成本是指企业在生产能力有剩余的情况下增加生产一定数量的产品所应分担的成本。这些增加的产品可以不负担企业的固定成本，只负担变动成本。在确定价格时产品成本仅以变动成本计算。此处所指变动成本是指完全变动成本，包括变动制造成本和变动期间费用。其计算公式为：

单位产品价格＝单位变动成本×（1＋成本利润率）÷（1－适用税率）

【例7-9】某企业生产丁产品，设计生产能力为12 000件，计划生产10 000件，预计单位产品的变动成本为190元，计划期内的固定成本费用总额为950 000元，该产品适用的消费税税率为5%，成本利润率必须达到20%。假定本年度接到一份额外订单，订购1 000件丁产品，单价300元。

要求：计算该企业计划内丁产品的单位价格。判断是否应接受这一额外订单。

【实例分析】

根据上述资料，企业计划内生产的丁产品价格为：

计划内单位丁产品价格＝（950 000÷10 000＋190）×（1＋20%）÷（1－5%）＝360（万元）

追加生产1 000件的变动成本为190元，则：

计划外单位丁产品价格＝190×（1＋20%）÷（1－5%）＝240（元）

因为额外订单单价高于其按变动成本计算的价格，故应接受这一额外订单。

（二）以市场需求为基础的定价方法

以成本为基础的定价方法，主要关注企业的成本状况而不考虑市场需求状况，因而这种方法所制订的产品价格不一定满足企业销售收入或利润最大化的要求。最优价格应是企业取得最大销售收入或利润时的价格。以市场需求为基础的定价方法可以契合这一要求，主要有需求价格弹性系数定价法和边际分析定价法等。

1. 需求价格弹性系数定价法

产品在市场上的供求变动关系，实质上体现在价格的刺激和制约作用上。需求增大导致价格上升，刺激企业生产；而需求减小，则会引起价格下降，从而制约了企业的生产规模。从另一个角度看，企业也可以根据这种关系，通过价格的升降来作用于市场需求。在其他条件不变的情况下，某种产品的需求量随其价格的升降而变动的程度，就是需求价格弹性系数。其计算公式为：

$$E=\frac{\Delta Q/Q_0}{\Delta P/P_0}$$

式中，E为某种产品的需求价格弹性系数；ΔP为价格变动量；ΔQ为需求变动量；P_0为基期单位产品价格；Q_0为基期需求量。

运用需求价格弹性系数确定产品的销售价格时，其基本计算公式为：

$$p=\frac{P_0 Q_0^{(1/|E|)}}{Q^{(1/|E|)}}$$

式中，P_0为基期单位产品价格；Q_0为基期销售数量；E为需求价格弹性系数；p为单位产品价格；Q为预计销售数量。

2. 边际分析定价法

边际分析定价法是指基于微分极值原理，通过分析不同价格与销售量组合下的产品边际收入、边际成本和边际利润之间的关系，进行定价决策的一种定量分析方法。

边际是指每增加或减少一个单位所带来的差异。那么，产品边际收入、边际成本和边际利润就是指销售量每增加或减少一个单位所形成的收入、成本和利润的差额。按照微分极值原理，如果利润函数的一阶导数等于0，即边际利润等于0，边际收入等于边际成本，那么，利润将达到最大值，此时的价格就是最优销售价格。

当收入函数和成本函数均可微时，直接对利润函数求一阶导数，即可得到最优售价；当收入函数或成本函数为离散型函数时，可以通过列表法，分别计算各种价格与销售量组合下的边际利润，那么，在边际利润大于或等于 0 的组合中，边际利润最小时的价格就是最优售价。

四、价格运用策略

企业之间的竞争在很大程度上表现为企业产品在市场上的竞争。市场占有率的大小是衡量产品市场竞争能力的主要指标。除了提升产品质量之外，根据具体情况合理运用不同的价格策略，可以有效地提高产品的市场占有率和企业的竞争能力。其中，主要的价格运用策略有以下几种：

（一）折让定价策略

折让定价策略是指在一定条件下，以降低产品的销售价格来刺激购买者，从而达到扩大产品销售量的目的。价格的折让主要表现的是折扣，一般表现为单位折扣、数量折扣、现金折扣、推广折扣和季节性折扣等形式。单价折扣是指给予所有购买者以价格折扣，而不管其购买数量的多少。数量折扣即按照购买者购买数量的多少所给予的价格折扣。购买数量越多，则折扣越大；反之，则越小。现金折扣即按照购买者付款期限的长短所给予的价格折扣，其目的是鼓励购买者尽早偿还货款，以加速资金周转。推广折扣是指企业为了鼓励中间商帮助推销本企业产品而给予的价格优惠。季节折扣即企业为鼓励购买者购买季节性商品所给予的价格优惠。这样可以鼓励购买者提早采购，减轻企业的仓储压力，加速资金周转。

（二）心理定价策略

心理定价策略是指针对购买者的心理特点而采取的一种定价策略，主要有声望定价、尾数定价、双位定价和高位定价等。声望定价是指企业按照其产品在市场上的知名度和消费者中的信任程度来制订产品价格的一种方法。一般地，声望越高，价格越高，这就是产品的“名牌效应”。尾数定价即在制订产品价格时，价格的尾数取接近整数的小数（如 199.9 元）或带有一定谐音的数（如 158 元）等。它一般只适用于价值较小的中低档日用消费品定价。双位定价是指在向市场以挂牌价格销售时，采用两种不同的标价来促销的一种定价方法。例如，某产品标明“原价 158 元，现促销价 99 元”。这种策略适用于市场接受程度较低或销路不太好的产品。高位定价即根据消费者价高质优的心理特点实行高标价促销的方法。但高位定价必须是优质产品，不能弄虚作假。

（三）组合定价策略

组合定价策略是针对相关产品组合所采取的一种方法。它根据相关产品在市场竞争中的不同情况，使互补产品价格有高有低，或使组合售价优惠。对于具有互补关系的相关产品，可以采取降低部分产品价格而提高互补产品价格，以促进销售，提高整体利润，如便宜的整车与高价的配件等。对于具有配套关系的相关产品，可以对组合购买进行优惠，比如，西服套装中的上衣和裤子等。组合定价策略可以扩大销售量，节约流通费用，有利于企业整体效益的提高。

（四）寿命周期定价策略

寿命周期定价策略是根据产品从进入市场到退出市场的生命周期，分阶段确定不同价格的定价策略。产品在市场中的寿命周期一般分为推广期、成长期、成熟期和衰退期。推广期产品需要获得消费者的认同，进一步占有市场，应采取低价促销策略；成长期的产品有了一定的知名度，销售量稳步上升，可以采用中等价格；成熟期的产品市场知名度处于最佳状态，可以采用高价促销，但由于市场需求接近饱和，竞争激烈，定价时必须考虑竞争者的情况，以保持现有市场销售量；衰退期的产品市场竞争力下降，销售量下滑，应该降价促销或维持现价并辅之以折扣等其他手段。同时，企业应积极开发新产品，以保持企业的市场竞争优势。

任务二　成本费用管理

【任务描述】

成本费用是衡量企业内部运行效率的重要指标，在收入一定的情况下，它直接决定了公司的盈利水平。成本费用管理是指企业对在生产经营过程中全部费用的发生和产品成本的形成所进行的计划、控制、核算、分析和考核等一系列科学管理工作的总称。加强成本费用管理既是企业提高经营管理水平的重要因素，也是企业增加盈利的要求，并且为企业抵抗内外压力、求得生存发展提供了可靠保障。主要的成本费用管理模式有标准成本管理和责任成本管理。

【任务实施】

子任务一　标准成本管理

一、标准成本管理及相关概念

标准成本是指通过调查分析、运用技术测定等方法制订的，在有效经营条件下所能达到的目标成本。标准成本主要用来控制成本开支，衡量实际工作效率。

标准成本管理又称标准成本控制，是以标准成本为基础，将实际成本与标准成本进行对比，揭示成本差异形成的原因和责任，进而采取措施，对成本进行有效控制的管理方法。标准成本管理以标准成本的确定作为起点，通过差异的计算、分析等得出结论性报告，然后据以采取有效措施，巩固成绩或克服不足。

二、标准成本的确定

企业在确定标准成本时，可以根据自身的技术条件和经营水平，在以下类型中进行选择：

一是理想标准成本。这是一种理论标准，是指在现有条件下所能达到的最优成本水平，即在生产过程无浪费、机器无故障、人员无闲置、产品无废品的假设条件下制订的成本标准。

二是正常标准成本。它是指在正常情况下，企业经过努力可以达到的成本标准，这一标准考虑了生产过程中不可避免的损失、故障和偏差等。

通常来说，正常标准成本大于理想标准成本。由于理想标准成本要求异常严格，一般很难达到，而正常标准成本具有客观性、现实性和激励性等特点，所以，正常标准成本在实践中得到了广泛应用。

产品成本由直接材料、直接人工和制造费用三个项目组成。无论是确定哪一个项目的标准成本，都需要分别确定其用量标准和价格标准，两者的乘积就是每一成本项目的标准成本，将各项目的标准成本汇总，即得到单位产品的标准成本。其计算公式为：

单位产品的标准成本＝直接材料标准成本＋直接人工标准成本＋制造费用标准成本

$$=\sum(\text{价格标准}\times\text{用量标准})$$

（一）直接材料标准成本的制订

单位产品耗用的直接材料的标准成本是由材料的价格标准和用量标准来确定的。

材料的价格标准通常采用企业编制的计划价格，它通常是以订货合同的价格为基础，并考虑到未来物价、供求等各种变动因素后按材料种类分别计算的。一般由财务部门和采购部门等共同制订。

材料的用量标准是指在现有生产技术条件下，生产单位产品所需的材料数量。它包括构成产品实体的材料和有助于产品形成的材料，以及生产过程中必要的损耗和难以避免的损失所耗用的材料。材料的用量标准一般应根据科学的统计调查，以技术分析为基础计算确定。

在制订直接材料标准成本时，其基本程序是，首先，区分直接材料的种类；其次，逐一确定它们在单位产品中的标准用量和标准价格；再次，按照种类分别计算各种直接材料的标准成本；最后，汇总得出单位产品的直接材料标准成本。其计算公式是：

直接材料标准成本＝直接材料标准消耗量×直接材料价格标准

【例 7-10】假定某企业生产 A 产品耗用甲、乙、丙三种直接材料，其直接材料标准成本的计算如下表 7-5 所示。

表 7-5　A 产品直接材料的标准成本　　元

项　目	标　准		
	甲材料	乙材料	丙材料
价格标准（元/千克）①	45	15	30
用量标准（千克/件）②	3	6	9
成本标准（元/件）③＝①×②	135	90	270
单位产品直接材料标准成本	495		

（二）直接人工标准成本的制订

直接人工是由直接人工的价格和直接人工用量两项标准决定的。

直接人工的价格标准就是标准工资率，通常由劳动工资部门根据用工情况制订。当采用计时工资时，标准工资率就是单位标准工资率，是由标准工资总额与标准总工时的商来确定的，即：

标准工资率＝标准工资总额÷标准总工时

人工用量标准即工时用量标准，是指在现有的生产技术条件下，生产单位产品所耗用的必要工作时间，包括对产品直接加工工时，必要的间歇或停工工时以及不可避免的废次品所耗用的工时等。一般由生产技术部门、劳动工资部门等运用特定的技术测定方法和分析统计资料后确定。

直接人工标准成本＝标准工资率×工时用量标准

【例 7-11】沿用例 7-10 中的资料，A 产品的直接人工标准成本的计算如下表 7-6 所示。

表 7-6 A 产品直接人工标准成本 元

项目	标准
月标准总工时 ①	15 600 小时
月标准总工资 ②	168 480
标准工资率 ③＝②÷①	10.8 元/小时
单位产品工时用量标准 ④	5 小时/件
直接人工标准成本 ⑤＝③×④	16.2 元/件

（三）制造费用标准成本的制订

制造费用的标准成本是由制造费用价格标准和制造费用用量标准两项因素决定的。

制造费用价格标准即制造费用的分配率标准。

制造费用的用量标准即工时用量标准，其含义与直接人工用量标准相同。

其计算公式为：

制造费用标准成本＝制造费用分配率标准×工时用量标准

成本按照其性态分为变动成本和固定成本。前者随着产量的变动而变动；后者相对固定，不随产量波动。所以，制订费用标准时，也应分别制订变动制造费用和固定制造费用的成本标准。

【例 7-12】沿用例 7-10 中的资料，甲产品制造费用的标准成本的计算如下表 7-7 所示。

表 7-7 甲产品制造费用的标准成本 元

项目		标准
工时	月标准总工时 ①	15 600 小时
	单位产品工时标准 ②	1.5 小时/件
变动制造费用	标准变动制造费用总额 ③	56 160
	标准变动制造费用分配率 ④＝③÷①	3.6 小时/件
	变动制造费用标准成本 ⑤＝②×④	5.4 元/件

（续表）

固定制造费用	标准固定制造费用总额 ⑥	187 200
	标准固定制造费用分配率 ⑦＝⑥÷①	12元/小时
	固定制造费用标准成本 ⑧＝②×⑦	18元/件
单位产品制造费用标准成本 ⑨＝⑤＋⑧		23.4

三、成本差异的计算及分析

在标准成本管理模式下，成本差异是指一定时期生产一定数量的产品所发生的实际成本与相关的标准成本之间的差额。凡实际成本大于标准成本的称为超支差异；凡实际成本小于标准成本的则称为节约差异。

从标准成本的制订过程可以看出，任何一项费用的标准成本都是由用量标准和价格标准两个因素决定的，因此，差异分析就应该从这两个方面进行。实际产量下的总差异的计算公式为：

总差异＝实际价格×实际用量－标准价格×标准用量

＝(实际价格×实际用量－标准价格×实际用量）＋（标准价格×实际用量－标准价格×标准用量)

＝（实际价格－标准价格）×实际用量＋标准价格×(实际用量－标准用量)

＝价格差异＋用量差异

其中：

价格差异＝（实际价格－标准价格）×实际用量

用量差异＝标准价格×(实际用量－标准用量)

(一）直接材料成本差异的计算分析

直接材料成本差异是指直接材料的实际总成本与实际产量下标准总成本之间的差异。它可进一步分解为直接材料价格差异和直接材料用量差异两部分。其有关计算公式如下：

直接材料成本差异＝实际产量下实际成本－实际产量下标准成本

＝实际价格×实际用量－标准价格×标准用量

＝直接材料价格差异＋直接材料用量差异

直接材料价格差异＝（实际价格－标准价格）×实际用量

直接材料用量差异＝标准价格×(实际用量－实际产量下标准用量)

材料价格差异的形成受各种主客观因素的影响，较为复杂，如市场价格、供货厂商、运输方式、采购批量等等的变动，都可以导致材料的价格差异。但由于它与采购部门的关系更为密切，所以其差异应主要由采购部门承担责任。

直接材料的用量差异形成的原因是多方面的，有生产部门原因，也有非生产部门原因。如产品设计结构、原料质量、工人的技术熟练程度、废品率的高低等等都会导致材料用量的差异。材料用量差异的责任需要通过具体分析才能确定，但主要往往应由生产部门承担。

【例 7-13】 沿用例 7-10 中的资料，A 产品甲材料的标准价格为 45 元/千克，用量标准为 3 千克/件。假定企业本月投产 A 产品 8 000 件，领用甲材料 32 000 千克，其实际价格为 40 元/千克。

要求：计算其直接材料成本差异。

【实例分析】

直接材料的成本差异＝40×32 000－45×3×8 000＝200 000（元）（超支）

其中：

材料价格差异＝（40－45）×32 000＝－160 000（元）（节约）

材料用量差异＝45×(32 000－8 000×3)＝360 000（元）（超支）

通过以上计算可以看出，A 产品本月耗用甲材料发生 200 000 元超支差异。由于生产部门耗用材料超过标准，导致超支 360 000 元，应该查明材料用量超标的具体原因，以便改进工作，节约材料。从材料价格方面看，由于材料价格降低节约了 160 000 元，从而抵消了一部分由于材料超标耗用而形成的成本超支。这是材料采购部门的工作成绩，也应查明原因，巩固和发扬成绩。

(二) 直接人工成本差异的计算分析

直接人工成本差异是指直接人工的实际总成本与实际产量下标准总成本之间的差异。它可分为直接人工工资率差异和直接人工效率差异两部分。其有关计算公式如下：

直接人工成本差异＝实际总成本－实际产量下标准成本

＝实际工资率×实际人工工时－标准工资率×标准人工工时

＝直接人工工资差异率＋直接人工效率差异

直接人工工资率差异＝（实际工资率－标准工资率）×实际人工工时

直接人工效率差异＝标准工资率×(实际人工工时－实际产量下标准人工工时)

工资率差异是价格差异，其形成原因比较复杂，工资制度的变动、工人的升降级、加班或临时工的增减等都将导致工资率差异。一般地，这种差异的责任不在生产部门，劳动人事部门更应对其承担责任。

直接人工效率差异是效率差异，其形成原因也是多方面的，工人技术状况、工作环境和设备条件的好坏等，都会影响效率的高低，但其主要责任还是在生产部门。

【例 7-14】 沿用例 7-11 中的资料，A 产品标准工资率为 10.8 元/小时，工时标准为 1.5 小时/件，工资标准为 16.2 元/件。假定企业本月实际生产 A 产品 8 000 件，用工 10 000 小时，实际应付直接人工工资 110 000 元。

要求：计算其直接人工成本差异。

【实例分析】

直接人工成本差异＝110 000－16.2×8 000＝－19 600（元）（节约）

其中：

直接人工工资率差异＝（110 000÷10 000－10.8）×10 000＝2 000（元）（超支）

直接人工效率差异＝10.8×(10 000－1.5×8 000)＝－ 21 600（元）（节约）

通过以上计算可以看出，该产品的直接人工成本总体上节约了19 600元。其中，人工效率差异节约了21 600元，但工资率差异超支2 000元。工资率超过标准，可能是为了提高产品质量，调用了一部分技术等级和工资级别较高的工人，使小时工资率增加了0.2（110 000÷10 000－10.8）元。但也因此在提高产品质量的同时，扩大了销路，使工时的耗用由标准的12 000（8 000×1.5）小时降低为10 000小时，节约工时2 000小时，从而导致了最终的成本节约。可见生产部门在生产组织上的成绩是值得肯定的。

（三）变动制造费用成本差异的计算和分析

变动制造费用成本差异是指实际发生的变动制造费用总额与实际产量下标准变动费用总额之间的差异。它可以分解为耗费差异和效率差异两部分。其计算公式如下：

变动制造费用成本差异＝实际总变动制造费用－实际产量下标准变动制造费用

＝实际变动制造费用分配率×实际工时－标准变动制造费用分配率×标准工时

＝变动制造费用耗费差异＋变动制造费用效率差异

变动制造费用耗费差异＝（实际分配率－标准分配率）×实际工时

变动制造费用效率差异＝变动制造费用标准分配率×（实际工时－实际产量下标准工时）

其中，耗费差异属于价格差异，效率差异是用量差异。变动制造费用效率差异的形成原因与直接人工效率差异的形成原因基本相同。

【例7-15】沿用例7-12中的资料，A产品标准变动费用分配率为3.6元/小时，工时标准为1.5小时/件。假定企业本月实际生产A产品8 000件，用工10 000小时，实际发生变动制造费用40 000元。

要求：计算其变动制造费用成本差异如下。

【实例分析】

变动制造费用成本差异＝40 000－3.6×1.5×8 000＝－3 200（元）（节约）

其中：

变动制造费用耗费差异＝（40 000÷10 000－3.6）×10 000＝4 000（元）（超支）

变动制造费用效率差异＝3.6×（10 000－1.5×8 000）＝－7 200（元）（节约）

通过以上计算可以看出，A产品变动制造费用节约了3 200元，这是由于提高效率后，工时由12 000（1.5×8 000）小时降为10 000小时的结果。由于费用分配率由3.6元提高到4（40 000÷10 000）元，使变动制造费用发生超支，从而抵消了一部分变动制造费用的节约额。应该查明费用分配率提高的具体原因。

（四）固定制造费用成本差异的计算分析

固定制造费用成本差异是指实际发生的固定制造费用与实际产量下标准固定制造费用的差异。其计算公式为：

固定制造费用成本差异＝实际产量下实际固定制造费用－实际产量下标准固定制造费用

＝实际分配率×实际工时－标准分配率×实际产量下标准工时

其中：

标准分配率＝固定制造费用预算总额÷预算产量下标准总工时

由于固定制造费用相对固定，实际产量与预算产量的差异会对单位产品所应承担的固定制造费用产生影响，所以，固定制造费用成本差异的分析有其特殊性，分为两差异分析法和三差异分析法。

1. 两差异分析法

它是指将总差异分为耗费差异和能量差异两部分，计算公式如下：

耗费差异＝实际固定制造费用－预算产量下标准固定制造费用

＝实际固定制造费用－标准分配率×工时标准×预算产量

＝实际固定制造费用－标准分配率×预算产量下标准工时

能量差异＝预算产量下标准固定制造费用－实际产量下固定制造费用

＝标准分配率×(预算产量下标准工时－实际产量下标准工时)

【例 7-16】 沿用例 7-12 中的资料，A 产品固定制造费用标准分配率为 12 元/小时，工时标准为 1.5 小时/件。假定企业 A 产品预算产量为 10 400 件，实际生产 A 产品 8 000件，用工 10 000 小时，实际发生固定制造费用 190 000 元。

要求：计算其固定制造费用的成本差异。

【实例分析】

固定制造费用成本差异＝190 000－12×105×8 000＝46 000（元）（超支）

其中：

耗费差异＝19 000－12×1.5×10 400＝2 800（元）（超支）

能量差异＝12×(1.5×10 400－1.5×8 000) ＝43 200（元）（超支）

通过以上计算可以看出，该企业 A 产品固定制造费用超支了 46 000 元，主要是由于生产能力不足，实际产量小于预算产量所致。

2. 三差异分析法

它是将两差异分析法下的能量差异进一步分解为产量差异和效率差异，即将固定制造费用成本差异分为耗费差异、产量差异和效率差异三个部分。其中耗费差异的概念和计算与两差异分析法下一致。其相关计算公式为：

耗费差异＝实际固定制造费用－预算产量下标准固定制造费用

＝实际固定制造费用－标准分配率×工时标准×预算产量

＝实际固定制造费用－标准分配率×预算产量下标准工时

产量差异＝标准分配率×(预算产量下标准工时－实际产量下实际工时)

效率差异＝标准分配率×(实际产量下实际工时－实际产量下标准工时)

【例 7-17】 沿用例 7-16 中的资料。

要求：计算其固定制造费用的成本差异。

【实例分析】

固定制造费用成本差异＝190 000－12×1.5×8 000＝46 000（元）（超支）

其中：

耗费差异＝19 000－12×1.5×10 400＝2 800（元）（超支）

产量差异＝12×（1.5×10 400－10 000）＝67 200（元）（超支）

效率差异＝12×（10 000－1.5×8 000）＝－24 000（元）（节约）

通过以上计算可以看出，采用三差异分析法能够更好地说明生产能力利用程度和生产效率高低所导致的成本差异情况，便于分清责任。

四、分析结果的反馈

标准成本差异分析是企业规划与控制的重要手段。通过差异分析，企业管理人员可以进一步揭示实际执行结果与标准不同的深层次原因。差异分析的结果可以更好地凸显实际生产经营活动中存在的不足或在必要时修改成本标准，这对企业成本的持续降低、责任的明确划分以及经营效率的提高具有十分重要的意义。

子任务二　责任成本管理

一、责任成本管理的内容

责任成本管理是指将企业内部划分成不同的责任中心，以明确责任成本，并根据各责任中心的权、责、利关系来考核其工作业绩的一种成本管理模式。其中，责任中心也叫责任单位，是指企业内部具有一定权利并承担相应工作责任的部门或管理层次。

二、责任中心及其考核

按照企业内部责任中心的权责范围以及业务活动的不同特点，责任中心一般可以划分为成本中心、利润中心和投资中心三类。每一类责任中心均对应着不同的决策权力及不同的业绩评价指标。

（一）成本中心

成本中心是指有权发生并控制成本的单位。成本中心一般不会产生收入，通常只计量考核发生的成本。成本中心是责任中心中应用得最为广泛的一种形式，只要是对成本的发生负有责任的单位或个人都可以成为成本中心。例如，负责生产产品的车间、工段、班组等生产部门或确定费用标准的管理部门等。成本中心具有以下特点：

（1）成本中心不考核收益，只考核成本。一般情况下，成本中心不能形成真正意义上的收入，故只需衡量投入，而不衡量产出，这是成本中心的首要特点。

（2）成本中心只对可控成本负责，不负责不可控成本。可控成本是指成本中心可以控制的各种耗费。它应具备三个条件。第一，该成本的发生是成本中心可以预见的；第二，该成本是成本中心可以计量的；第三，该成本是成本中心可以调节和控制的。

凡不符合上述三个条件的成本都是不可控成本。可控成本和不可控成本的划分是相对的。它们与成本中心所处的管理层级别、管理权限与控制范围大小有关。对于一个独立企业而言，几乎所有的成本都是可控的。

（3）责任成本是成本中心考核和控制的主要内容。成本中心当期发生的所有可控成本之和就是其责任成本。

成本中心考核和控制主要使用的指标包括预算成本节约额和预算成本节约率。其计算公式为：

预算成本节约额＝预算责任成本－实际责任成本

预算成本节约率＝预算成本节约额÷预算成本×100％

【例 7-18】 某企业内部某车间为成本中心，生产甲产品，预算产量 3 500 件，单位成本 150 元，实际产量 4 000 件，成本 145.5 元。

要求：计算该成本中心的考核指标。

【实例分析】

预算成本节约额＝150×4 000－145.5×4 000＝18 000（元）

预算成本节约率＝18 000÷（150×4 000）×100％＝3％

结果表明，该成本中心的成本节约额为 18 000 元，节约率为 3％。

（二）利润中心

利润中心是指既能控制成本又能控制收入和利润的责任单位。它不但有成本发生，而且还有收入发生。因此，它要同时对成本、收入，即以收入、成本的差额即利润负责。利润中心有两种形式，一是自然利润中心，它是自然形成的，直接对外提供劳务或销售产品以取得收入的责任中心；二是人为利润中心，它是人为设定的，通过企业内部各责任中心之间使用内部结算价格，结算半成品内部销售收入的责任中心。利润中心往往处于企业内部的较高层次，如分店或分厂等。利润中心与成本中心相比，其权利和责任相对较大，它不仅要降低绝对成本，还要寻求收入的增长使之超过成本，即更要强调相对成本的降低。

通常情况下，利润中心采用利润作为业绩考核指标，分为边际贡献、可控边际贡献和部门边际贡献。其相关公式为：

边际贡献＝销售收入总额－变动成本总额

可控边际贡献＝边际贡献－该中心负责人可控固定成本

部门边际贡献＝可控边际贡献－该中心负责人不可控固定成本

其中，边际贡献是将收入减去变动成本总额，反映了该利润中心的盈利能力。

可控边际贡献也称部门经理边际贡献，衡量了部门经理有效运用其控制下的资源的能力，是评价利润中心管理者业绩的理想指标。但是，该指标一个很大的局限就是难以区分可控和不可控与生产能力相关的成本。如果该中心有权处置固定资产，那么相关的折旧费是可控成本；反之，相关的折旧费用就是不可控成本。可控边际贡献忽略了应追溯但又不可控的生产能力成本，不能全面反映该利润中心对整个公司所作的经济贡献。

部门边际贡献又称部门毛利，它扣除了利润中心管理者不可控的间接成本，因为对于公司最高层来说，所有成本都是可控的。部门边际贡献反映了部门为企业利润和弥补与生产能力有关的成本所作的贡献，它更多的用于评价部门业绩而不是利润中心管理者的业绩。

【例 7-19】 某企业内部乙车间是人为利润中心，本期实现内部销售收入 200 万元，销售变动成本为 120 万元，该中心负责人可控固定成本为 20 万元，不可控但应由该中心负担的固定成本10万元。

要求：计算该利润中心的考核指标。

【实例分析】

边际贡献＝200－120＝80（万元）

可控边际贡献＝80－20＝60（万元）

部门边际贡献＝60－10＝50（万元）

（三）投资中心

投资中心是指既对成本、收入和利润负责，又对投资及其投资收益负责的责任单位。它本质上也是一种利润中心，但它拥有最大程度的决策权，同时承担最大程度的经济责任，属于企业中最高层次的责任中心，如事业部、子公司等。从组织形式上看，投资中心一般具有独立法人资格，而成本中心和利润中心往往是内部组织，不具有独立法人地位。

对投资中心的业绩进行评价时，不仅要使用利润指标，还需要计算、分析利润与投资的关系，主要有投资报酬率和剩余收益等指标。

1. 投资报酬率

投资报酬率是投资中心获得的利润与投资额的比率，其计算公式为：

投资报酬率＝营业利润÷平均营业资产

平均营业资产＝（期初营业资产＋期末营业资产）÷2

其中，营业利润是指扣减利息和所得税之前的利润，即息税前利润。由于利润是整个期间内实现并累积形成的，属于期间指标，而营业资产属于时点指标，故取其平均数。

投资报酬率主要说明了投资中心运用公司的每单位资产对公司整体利润贡献的大小。它能够反映投资中心的综合获利能力，并具有横向可比性，因此，可以促使经理人员关注营业资产运用效率，并有利于资产存量的调整，优化资源配置。然而，过于关注投资利润率也会引起短期行为的产生，追求局部利益最大化而损害整体利益最大化目标，导致经理人员为眼前利益而牺牲长远利益。

2. 剩余收益

剩余收益是指投资中心的营业收益扣减营业资产按要求的最低投资报酬率计算的收益额之后的余额。其计算公式为：

剩余收益＝经营利润－（经营资产×最低投资报酬率）

公式中的最低投资报酬率是根据资本成本来确定的。它一般等于或大于资本成本，通常可以采用企业整体的最低期望投资报酬率，也可以是企业为该投资中心单独规定的最低投资报酬率。

剩余收益指标弥补了投资报酬率指标会使局部利益与整体利益相冲突的不足，但由于它是一个绝对指标，故而难以在不同规模的投资中心之间进行业绩比较。另外，剩余收益同样仅反映当期业绩，单纯使用这一指标也会导致投资中心管理者的短期行为。

【例7-20】某公司的投资报酬率如下表7-8所示：

表 7-8　某公司的投资报酬率

投资中心	利　润	投资额	投资报酬率（%）
A	280	2 000	14%
B	80	1 000	8%
合　计	360	3 000	12%

假定 A 投资中心面临一个投资额为 1 000 万元的投资机会，可获利润 131 万元，投资报酬率为 13.1%，假定公司整体的预期最低投资报酬率为 12%。

若 A 投资中心接受该投资，则 A、B 投资中心相关数据的计算如表 7-9 所示：

表 7-9　A、B 投资中心相关数据的计算

投资中心	利　润	投资额	投资报酬率（%）
A	411	3 000	13.7
B	80	1 000	8
合　计	491	4 000	12.275

【实例分析】

(1) 用投资报酬率指标衡量业绩。

就全公司而言，接受投资后，投资报酬率增加了 0.275%，应接受这项投资。然而，由于 A 投资中心的投资报酬率下降了 3%，该投资中心可能不会接受这一投资。

(2) 用剩余收益指标来衡量业绩。

A 投资中心接受新投资前的剩余收益＝280－2 000×12%＝40（万元）

A 投资中心接受新投资后的剩余收益＝411－3 000×12%＝51（万元）

所以如果用剩余收益指标来衡量投资中心的业绩，则 A 投资中心应该接受这项投资。

三、内部转移价格的制订

内部转移价格是指企业内部有关责任单位之间提供产品或劳务的结算价格。内部转移价格直接关系到不同责任中心的获利水平，其制订可以有效地防止成本转移引起的责任中心之间的责任转嫁，使每个责任中心都能够作为单独的组织单位进行业绩评价，并且可以作为一种价格信号引导下级采取正确决策，保证局部利益和整体利益的一致。

内部转移价格的制订可以参照以下几种类型：

(1) 市场价格。即根据产品或劳务的市场现行价格作为计价基础。市场价格具有客观真实的特点，能够同时满足分部和公司的整体利益，但是它要求产品或劳务有完全竞争的外部市场，以取得市价依据。

(2) 协商价格。即内部责任中心之间以正常的市场价格为基础，并建立定期协商机制，共同确定双方都能接受的价格作为计价标准。采用该价格的前提是中间有非竞

争性的市场可以交易，在该市场内双方有权决定是否买卖这种产品。协商价格的上限是市场价格，下限则是单位变动成本。当双方协商僵持时，会导致公司高层的行政干预。

(3) 双重价格。即由内部责任中心的交易双方采用不同的内部转移价格作为计价基础。采用双重价格，买卖双方可以选择不同的市场价格或协商价格，能够较好地满足企业内部交易双方在不同方面的管理需要。

(4) 以成本为基础的转移定价。这是指所有的内部交易均以某种形式的成本价格进行结算。它适用于内部转移的产品或劳务没有市价的情况，包括完全成本、完全成本加成、变动成本以及变动成本加固定制造费用四种形式。以成本为基础的转移定价方法具有简便、客观的特点，但存在信息和激励方面的问题。例如，采用完全成本作为计价基础，对于中间产品的“买方”有利，而“卖方”得不到任何利润，虽然采用完全成本加成可以解决这个问题，但加成比例的确定又容易产生代理问题。同样，变动成本和变动成本加固定制造费用的计价方法也存在类似的问题。

任务三　利润分配管理

【任务描述】

利润分配是收益分配第二层次的内容，也是狭义的收益分配。利润是收入弥补成本费用后的余额。由于成本费用包括的内容与表现的形式不同，利润所包含的内容与形式也有一定的区别。若成本费用不包括利息和所得税，则利润表现为息税前利润；若成本费用包括利息而不包括所得税，则利润表现为利润总额；若成本费用包括了利息和所得税，则利润表现为净利润。本任务所指利润分配是指对净利润的分配。企业利润分配的主要任务是选择合适的利润分配政策。

【背景知识】

一、公司净利润的分配顺序

公司净利润的分配应按照下列顺序进行：

(一) 弥补以前年度亏损

企业在提取法定公积金之前，应先用当年利润弥补亏损。企业年度亏损可以用以后年度的税前利润弥补，下一年度不足弥补的，可以在5年之内用税前利润连续弥补，连续5年未弥补的亏损则用税后利润弥补。其中，税后利润弥补亏损可以用当年实现的净利润，也可以用盈余公积转入。

(二) 提取法定盈余公积金

根据《公司法》的规定，法定盈余公积金的提取比例为当年税后利润（弥补亏损后）的10%。当年法定盈余公积的累积额已达注册资本的50%时，可以不再提取。法定盈余公积金经提取后，根据企业的需要，可用于弥补亏损或转增资本，但企业用盈余公积金转增资本后，法定盈余公积金的余额不得低于转增前公司注册资本的25%。

提取法定盈余公积金的目的是为了增加企业内部积累，以利于企业扩大再生产。

（三）提取任意盈余公积金

根据《公司法》的规定，公司从税后利润中提取法定公积金后，经股东会或股东大会决议，还可以从税后利润中提取任意盈余公积。这是为了满足企业经营管理的需要，控制向投资者分配利润的水平，以及调整各年度利润分配的波动。

（四）向股东（投资者）分配股利（利润）

根据《公司法》的规定，公司弥补亏损和提取公积金后所余税后利润，可以向股东（投资者）分配股利（利润）。其中，有限责任公司股东按照实缴的出资比例分取红利，全体股东约定不按照出资比例分取红利的除外；股份有限公司按照股东持有的股份比例分配，但股份有限公司章程规定不按照持股比例分配的除外。

二、利润分配的制约因素

企业的利润分配涉及企业相关各方的切身利益，受众多不确定因素的影响，在确定分配政策时，应当考虑各种相关因素的影响，主要包括法律、公司、股东及其他因素。

（一）法律因素

为了保护债权人和股东的利益，法律规定就公司的利润分配作出如下规定：

（1）资本保全约束。规定公司不能用资本（包括实收资本或股本和资本公积）发放股利，目的在于维持企业资本的完整性，保护企业完整的产权基础，保障债权人的利益。

（2）资本积累约束。规定公司必须按照一定的比例和基数提取各种公积金，股利只能从企业的可供分配利润中支付。可供分配利润包含公司当期的净利润按照规定提取各种公积金后的余额和以前累积的未分配利润。另外，在进行利润分配时，一般应当贯彻“无利不分”的原则，即当企业出现年度亏损时，一般不进行利润分配。

（3）超额累积利润约束。由于资本利得与股利收入的税率不一致，如果公司为了避税而使得盈余的保留大大超过公司目前及未来的投资需要时，将被加征额外的税款。

（4）偿债能力约束。要求公司考虑现金股利分配对偿债能力的影响，确定在分配后仍能保持较强的偿债能力，以维持公司的信誉和借贷能力，从而保证公司的正常资金周转。

（二）公司因素

公司基于短期经营和长期发展的考虑，在确定利润分配政策时，需要关注以下因素：

（1）现金流量。由于会计规范的要求和核算方法的选择，公司盈余与现金流量并非完全同步，净收益的增加不一定意味着可供分配的现金流量的增加。公司在进行利润分配时，要保证正常的经营活动对现金的需求，以维持资金的正常周转，使生产经营得以有序进行。

（2）资产的流动性。企业现金股利的支付会减少其现金持有量，降低资产的流动性，而保持一定的资产流动性是企业正常运转的必要条件。

(3) 盈余的稳定性。一般来讲，公司的盈余越稳定，其股利支付水平也就越高。

(4) 投资机会。如果公司的投资机会多，对资金的需求量大，那么它就很可能会考虑采用低股利支付水平的分配政策；相反，如果公司的投资机会少，对资金的需求量小，那么它就很可能倾向于采用较高的股利支付水平。此外，如果公司将留存收益用于再投资所得的报酬低于股东个人单独将股利收入投资于其他投资机会所得的报酬时，公司就不应多留存收益，而应多发股利，这样有利于股东价值的最大化。

(5) 筹资因素。如果公司具有较强的筹资能力，随时能筹集到所需资金，那么它会具有较强的股利支付能力。另外，留存收益是企业内部筹资的一种重要方式，它同发行新股或举债相比，不需花费筹资费用，同时增加了公司权益资本的比重，降低了财务风险，便于低成本取得债务资本。

(6) 其他因素。由于股利的信号传递作用，公司不宜经常改变其利润分配政策，应保持一定的连续性和稳定性。此外，利润分配政策还会受到其他公司的影响，比如，不同发展阶段、不同行业的公司股利支付比例会有差异，这就要求公司在进行政策选择时要考虑发展阶段以及所处行业的状况。

(三) 股东因素

股东在控制权、收入和税赋方面的考虑也会对公司的利润分配政策产生影响。

(1) 控制权。现有股东往往将股利政策作为维持其控制地位的工具。企业支付较高的股利导致留存收益的减少，当企业为有利可图的投资机会筹集所需资金时，发行新股的可能性增大，新股东的加入必然稀释公司的控制权。所以，股东会倾向于较低的股利支付水平，以便从内部的留存收益中取得所需资金。

(2) 稳定的收入。如果股东以现金股利维持生活，他们往往要求企业能够支付稳定的股利，而反对过多地留存收益。

(3) 避税。由于股利收入的税率要高于资本利得的税率，一些高股利收入的股东处于避税的考虑而往往倾向于较低的股利支付水平。

(四) 其他因素

(1) 债务契约。一般来说，股利支付水平越高，留存收益越少，企业的破产风险加大，就越有可能损害到债权人的利益。因此，为了保证自己的利益不受侵害，债权人通常都会在债务契约、租赁合同中加入关于借款企业股利政策的限制条款。

(2) 通货膨胀。通货膨胀会带来货币购买力水平下降，导致固定资产重置资金不足，此时，企业往往不得不考虑留用一定的利润，以便弥补由于购买力下降而造成的固定资产重置资金缺口。因此，在通货膨胀时期，企业一般会采取偏紧的利润分配政策。

【任务实施】

子任务一　股利分配政策的选择

股利政策是指在法律允许的范围内，企业是否发放股利、发放多少股利以及何时发放股利的方针及对策。股利政策的最终目标是使公司价值最大化。股利政策往往可以向市场传递一些信息，如股利发放的多少、是否稳定、是否增长等，这往往是大多数投资者据以推测公司经营状况、发展前景优劣的依据。因此，股利政策关系到一个公司在市场上、在投资者中的形象，成功的股利政策有利于提高公司的市场价值。

股利政策由企业在不违反国家有关法律、法规的前提下，根据本企业具体情况制订。股利政策既要保持相对稳定，又要符合公司财务目标和发展目标。在实际工作中，通常有以下几种股利政策可供选择：

一、剩余股利政策

剩余股利政策是指公司在有良好的投资机会时，根据目标资本结构，测算出投资所需的权益资本额，先从盈余中留用，然后将剩余的盈余作为股利来分配，即净利润首先满足公司的资金需求，如果还有剩余，就派发股利；如果没有，则不派发股利。剩余股利政策的理论依据是MM股利无关理论。根据MM无关理论，在完全理想状态下的资本市场中，公司的股利政策与普通股每股市价无关，故而股利政策只需随着公司投资、融资方案的制订而自然确定。因此，采用剩余股利政策时，公司要遵循以下四个步骤：

(1) 设定目标资本结构，在此资本结构下，公司的加权平均资本将达到最低水平；

(2) 确定公司的最佳资本预算，并根据公司的目标资本结构预计资金需求中所需增加的权益资本数额；

(3) 最大限度地使用留存收益来满足资金需求中所需增加的权益资本数额；

(4) 留存收益在满足公司权益资本增加的需求后，若还有剩余再用来发放股利。

【例7-21】 某公司2012年税后净利润为1 000万元，2013年的投资计划需要资金1 200万元，公司的目标资本结构为权益资本占60%，债务资本占40%。

要求：

(1) 按照公司目标资本结构的要求，计算可以发放的股利数额。

(2) 假设该公司当年流通在外的普通股为1 000万股，计算该公司的每股股利。

【实例分析】

(1) 按照目标资本结构的要求，公司投资方案所需的权益资本数额为720（1 200×60%）万元。公司当年全部可用于分派的盈利为1 000万元，除了满足上述投资方案所需的权益资本数额外，还有剩余可用于发放股利。

2012年公司可以发放的股利数额＝1 000－720＝280（万元）

(2) 每股股利＝280÷1 000＝0.28（元/股）

剩余股利政策的优点是，留存收益优先保证再投资的需要，有助于降低再投资的资金成本，保持最佳的资本结构，实现企业价值的长期最大化。

剩余股利政策的缺陷是，若完全遵照执行剩余股利政策，股利发放额就会每年随着投资机会和盈利水平的波动而波动。在盈利水平不变的前提下，股利发放额与投资机会的多寡呈反方向变动；而在投资机会维持不变的情况下，股利发放额将与公司盈利呈同方向波动。剩余股利政策不利于投资者安排收入与支出，也不利于公司树立良好的形象，一般适用于公司初创阶段。

二、固定或稳定增长的股利政策

固定或稳定增长的股利政策是指公司将每年派发的股利额固定在某一特定水平或是在此基础上维持某一固定比率逐年稳定增长。公司只有在确信未来盈余不会发生逆转时才会宣布实施固定或稳定增长的股利政策。在这一政策下，应首先确定股利分配额，而且该分配额一般不随资金需求的波动而波动。

固定或稳定增长股利政策的优点有以下几个：

(1) 由于股利政策本身的信息含量，稳定的股利向市场传递着公司正常发展的信息，有利于树立公司的良好形象，增强投资者对公司的信心，稳定股票的价格。

(2) 稳定的股利额有助于投资者安排股利收入和支出，有利于吸引那些打算进行长期投资并对股利有很高依赖性的股东。

(3) 稳定的股利政策可能会不符合剩余股利理论，但考虑到股票市场会受多种因素影响（包括股东的心理状态和其他要求），为了将股利维持在稳定的水平上，即使推迟某些投资方案或暂时偏离目标资本结构，也可能比降低股利或股利增长率更为有利。

固定或稳定增长股利政策的缺点有：股利的支付与企业的盈利相脱节，即不论公司盈利多少，均要支付固定的或按固定比率增长的股利，这可能会导致企业资金紧缺，财务状况恶化。此外，在企业无利可分的情况下，若依然实施固定或稳定增长的股利政策，也违反了《公司法》的行为。

因此，采用固定或稳定增长的股利政策，要求公司对未来的盈利和支付能力能作出准确的判断。一般来说，公司确定的固定股利额不宜太高，以免陷入无力支付的被动局面。固定或稳定增长的股利政策通常适用于经营比较稳定或正处于成长期的企业，且很难被长期采用。

三、固定股利支付率政策

固定股利支付率政策是指公司将每年净利润的某一固定百分比作为股利分派给股东。这一百分比通常称为股利支付率，股利支付率一经确定，一般不得随意变更。在这一股利政策下，只要公司的税后利润一经计算确定，所派发的股利也就相应确定了。固定股利支付率越高，公司留存的净利润越少。

固定股利支付率的优点有以下几个：

(1) 采用固定股利支付率政策，股利与公司盈余紧密地配合，体现了“多盈多分、少盈少分、无盈不分”的股利分配原则。

(2) 由于公司的获利能力在年度间是经常变动的，因此，每年的股利也应当随着公司收益的变动而变动。采用固定股利支付率政策，公司每年按固定的比例从税后利润中支付现金股利，从企业的支付能力的角度看，这是一种稳定的股利政策。

固定股利支付率的缺点有以下几个：

(1) 大多数公司每年的收益很难保持稳定不变，导致年度间的股利额波动较大，由于股利的信号传递作用，波动的股利很容易给投资者带来经营状况不稳定、投资风险较大的不良印象，称为公司的不利因素。

(2) 容易使公司面临较大的财务压力。这是因为公司实现的盈利多，并不能代表公司有足够的现金流用来支付较多的股利额。

(3) 合适的固定股利支付率的确定难度比较大。

由于公司每年面临的投资机会、筹资渠道都不同，而这些都可以影响到公司的股利分派，所以，一成不变地奉行固定股利支付率政策的公司在实际中并不多见，固定股利支付率政策只是比较适用于那些处于稳定发展且财务状况也较稳定的公司。

【例 7-22】 某公司长期以来用固定股利支付率政策进行股利分配，确定的股利支付率为 30%。2012 年税后净利润为 1 500 万元。假设仍然继续执行固定股利支付率政策。

要求：计算该公司本年度将要支付的股利。

【实例分析】

该公司本年度将支付的股利＝1 500×30%＝450（万元）

假设该公司下一年度有较大的投资需求，因此，准备本年度采用剩余股利政策。如果公司下一年度的投资预算为 2 000 万元，目标资本结构为权益资本占 60%。按照目标资本结构的要求，公司投资方案所需的权益资本额为 1 200（2 000×60%）万元。

该公司 2012 年度可以发放的股利＝1 500－1 200＝300（万元）

四、低正常股利加额外股利政策

低正常股利加额外股利政策是指公司事先设定一个较低的正常股利额，每年除了按正常股利额向股东发放股利外，还在公司盈余较多、资金较为充裕的年份向股东发放额外股利。但是，额外股利并不固定化，也并不意味着公司永久地提高了股利支付率。它可以用以下公式表示：

$Y = A + BX$

其中，Y 为每股股利；X 为每股收益；A 为正常股利；B 为股利支付比率。

低正常股利加额外股利政策的优点是：①赋予公司较大的灵活性，使公司在股利发放上留有余地，并具有较大的财务弹性。公司可根据每年的具体情况，选择不同的股利发放水平，以稳定和提高股价，进而实现公司价值的最大化。②使那些依靠股利度日的股东每年至少可以得到虽然较低但比较稳定的股利收入，从而吸引住这部分股东。

低正常股利加额外股利政策的缺点有以下几个：

(1) 由于年份之间公司盈利的波动使得额外股利不断变化，造成分派的股利不同，容易给投资者收益不稳定的感觉。

(2) 当公司在较长时间持续发放额外股利后，可能会被股东误认为“正常股利”，一旦取消，传递出的信号可能会使股东认为这是公司财务状况恶化的表现，进而导致股价下跌。

相对来说，对于那些盈利随着经济周期而波动较大的公司，或者当盈利与现金流量很不稳定时，低正常股利加额外股利政策也许是一种不错的选择。

子任务二　股利分配方案的制订

股利分配方案的制订涉及选择股利政策、确定股利支付水平及确定股利支付形式等环节。财务管理人员应在确定收益分配政策的前提下，结合企业实际情况制订出股利分配方案。

一、股利支付程序

公司股利的发放必须遵守相关的要求，按照日程安排来进行。一般情况下，先由董事会提出分配预案，然后提交股东大会决议通过才能进行分配。股东大会决议通过分配预案后，要向股东宣布发放股利的方案，并确定股权登记日、除息日和股利发放日。

（一）股利宣告日

即股东大会决议通过并由董事会将股利支付情况予以公告的日期。公告中将宣布每股应支付的股利、股权登记日、除息日以及股利支付日。

（二）股权登记日

即有权领取本期股利的股东资格登记截止日期。凡是在此指定日期收盘之前取得公司股票，成为公司在册股东的投资者都可以作为股东享受公司分派的股利。在这一天之后取得股票的股东则无权领取本次分派的股利。

（三）除息日

即领取股利的权利与股票分离的日期。在除息日之前购买的股票才能领取本次股利，而在除息日当天或是以后购买的股票，则不能领取本次股利。由于失去了“付息”的权利，除息日的股票价格会下跌。

（四）股利发放日

即公司按照公布的分红方案向股权登记日在册的股东实际支付股利的日期。

二、股利支付形式

股利支付形式可以分为不同的种类，主要有以下四种：

（一）现金股利

现金股利是以现金支付的股利，它是股利支付最常见的方式。公司选择发放现金股利除了要有足够的留存收益外，还要有足够的现金，而现金充足与否往往会成为公司发放现金股利的主要制约因素。

（二）财产股利

财产股利是以现金以外的其他资产支付的股利，主要是以公司所拥有的其他公司的有价证券，如债券、股票等，作为股利支付给股东。

（三）负债股利

负债股利是以负债方式支付的股利，通常以公司的应付票据支付给股东，有时也以发放公司债券的方式支付股利。

财产股利和负债股利实际上是现金股利的替代，但这两种股利支付形式在我国公司实务中很少使用。

(四) 股票权利

股票权利是公司以增发股票的方式所支付的股利，我国实务中通常也称其为红股。股票股利对公司来说，并没有现金流出企业，也不会导致公司的财产减少，而只是将公司的留存收益转化为股本。但股票权利会增加流通在外的股票数量，同时降低股票的每股价值。它不改变公司股东权益总额，但会改变股东权益的构成。

【例 7-21】 某上市公司在 2012 年发放股票股利前，其资产负债表上的股东权益账户情况如表 7-10 所示。

表 7-10 某上市公司股东权益账户情况 万元

项目	金额
普通股（面值 1 元，发行在外 2 000 万股）	2 000
资本公积	3 000
盈余公积	2 000
未分配利润	3 000
股东权益合计	10 000

【实例分析】

假设该公司宣布发放 10％的股票股利，现有股东每持有 10 股，即可获赠 1 股普通股。若该股票当时市价为 5 元，那么随着股票股利的发放，需从“未分配利润”项目划转出的资金为：2 000×10％×5＝1 000（万元）

由于股票面值（1 元）不变，发放 200 万股，“普通股”项目只应增加 200 万元，其余的 800（1 000－200）万元应作为股票溢价转至“资本公积”项目，而公司的股东权益总额并未发生改变，仍是 10 000 万元，股票股利发放后的资产负债表上的股东权益部分如表 7-11 所示。

表 7-11 股票股利发放后资产负债表上的股东权益 万元

项目	金额
普通股（面值 1 元，发行在外 2 200 万股）	2 200
资本公积	3 800
盈余公积	2 000
未分配利润	2 000
股东权益合计	10 000

假设某股东在股权比例＝公司派发股票股利之前持有公司的普通股 10 万股，那么，他所拥有的股权比例为：

股利比例＝10÷2 000×100％＝0.5％

派发股利之后，他所拥有的股票数量和股份比例为：

股票数量＝10×（1＋10％）＝11（万股）

股份比例＝11÷2 200×100％＝0.5％

可见，发放股票股利不会对公司股东权益总额产生影响，但会引起资金在各股东权益项目间的再分配。而股票股利派发前后每一位股东的持股比例也不会发生变化。需要说明的是，课堂训练中股票股利以市价计算价格的做法，是很多西方国家所通行的，但在我国，股票股利价格则是按照股票面值来计算的。

发放股票股利虽不直接增加股东的财富，也不增加公司的价值，但对股东和公司都有特殊意义。

对股东来讲，股票股利的优点主要有以下几个：

（1）派发股票股利后，理论上每股市价会成比例下降，但实务中这并非必然结果。因为市场和投资者普遍认为，发放股票股利往往预示着公司会有较大的发展和成长，这样的信息传递会稳定股价或使股价下降比例减少甚至不降反升，股东便可以获得股票价值相对上升的好处。

（2）由于股利收入和资本利得税率的差异，如果股东将股票股利出售，还会给他带来资本利得纳税上的好处。

对公司来讲，股票股利的优点主要有以下几个：

（1）发放股票股利不需要向股东支付现金，在再投资机会较多的情况下，公司就可以为再投资提供成本较低的资金，从而有助于公司的发展。

（2）发放股票股利可以降低公司股票的市场价格，既有利于促进股票的交易和流通，又有利于吸引更多的投资者成为公司股东，进而使股权更为分散，有效地防止公司被恶意控制。

（3）股票股利的发放可以传递公司未来发展前景良好的信息，从而增强投资者的信心，在一定程度上可以稳定股票价格。

课后实训

一、单项选择题

1. 下列收益分配的基本原则中，能正确处理投资者利益关系的关键是（　　）。

A. 依法分配原则　　B. 兼顾各方面利益原则

C. 分配与积累并重原则　　D. 投资与收益对等原则

2. 以下属于变动成本的是（　　）。

A. 广告费用　　B. 职工培训费　　C. 直接材料　　D. 房屋租金

3. 在两差异法下，固定制造费用的差异可以分解为（　　）。

A. 价格差异和产量差异　　B. 耗费差异和效率差异

C. 能量差异和效率差异　　D. 耗费差异和能量差异

4. 在股利政策中，灵活性较大、对企业和投资者都较有利的方式是（　　）。

A. 剩余政策　　B. 固定股利政策

C. 固定股利比例政策　　D. 正常股利加额外股利政策

5. 某公司近年来经营业务不断拓展，目前处于成长阶段，预计现有的生产经营能力能够满足未来10年稳定增长的需要，公司希望其股利与公司盈余紧密配合。基于以上条件，最为适宜该公司的股利政策是（　　）。

A. 剩余股利政策　　　　B. 固定股利政策

C. 固定股利支付率政策　　　　D. 低正常股利加额外股利政策

二、多项选择题

1. 以下属于企业收益与分配意义的是（　　）。

A. 收益分配集中体现了企业所有者、经营者与劳动者之间的关系

B. 收益分配是企业再生产的条件以及优化资本结构的重要措施

C. 收益分配是国家建设资金的重要来源之一

D. 收益分配是企业扩大再生产的条件以及优化资本结构的重要措施

2. 法定盈余公积可用于（　　）。

A. 弥补亏损　　　　B. 扩大公司生产经营

C. 转增资本　　　　D. 职工集体福利

3. 销售预测的定量分析方法包括（　　）。

A. 德尔菲法　　　　B. 产品寿命周期分析法

C. 趋势预测分析法　　　　D. 回归分析法

4. 企业所处的成长和发展阶段不同，相应采用的股利分配政策也不同，下列说法中正确的有（　　）。

A. 剩余股利政策一般适用于公司初创阶段和衰退阶段

B. 固定或持续增长的股利政策一般适用于公司的成熟阶段

C. 低正常股利加额外股利政策一般适用于公司的高速发展阶段

D. 固定股利支付率政策一般适用于公司的高速发展阶段

5. 采用固定或稳定增长的股利政策，对公司不利的方面表现在（　　）。

A. 容易造成公司不稳定的印象　　　　B. 有利于稳定公司股价

C. 难以保持较低的资金成本　　　　D. 可能会给公司造成较大的财务压力

6. 有利于公司树立良好的形象，增强投资者信心，稳定公司股价的股利政策有（　　）。

A. 剩余股利政策　　　　B. 固定或稳定增长的股利政策

C. 固定股利支付率政策　　　　D. 低正常股利加额外股利政策

三、判断题

1. 根据《公司法》的规定，法定盈余公积的提取比例为当年税后利润的10%。（　　）

2. 在变动成本费用的基础上制订价格，既可以保证企业简单再生产的正常进行，又可以使劳动者为社会劳动所创造的价值得以全部实现。（　　）

3. 固定成本是指其总额不直接受业务量变动的影响而保持固定不变的成本。（　　）

4. 能量差异指的是固定制造费用的实际金额与固定制造费用预算金额之间的差额。（　　）

5. 成本中心当期发生的所有可控成本之和是该责任中心考核和控制的主要内容。（　　）

6. 采用固定或稳定增长股利政策的公司的财务压力较小，有利于股票价格的稳定与上涨。（　）

7. 剩余股利政策能保持理想的资本结构，使企业价值长期最大化。（　）

8. 股权登记日在除息日之前。（　）

四、计算题

1. 某公司 2×05～2×12 年的产品销售量资料及各期数据的权数如下表 7-12 所示：

表 7-12　某公司 2×05～2×12 年的产品销售量资料及各期数据的权数

年　度	2×05	2×06	2×07	2×08	2×09	2×10	2×11	2×12
销售量（吨）	3 200	3 400	3 250	3 350	3 500	3 450	3 300	3 600
权数	0.04	0.06	0.08	0.12	0.14	0.16	0.18	0.22

已知预测前期的预测销售量为 3475 吨，平滑指数为 0.4。

要求：

（1）根据加权平均法计算该公司 2×13 年的预测销售量；

（2）根据移动平均法计算该公司 2×13 年的预测销售量（假设样本期为 3 期）；

（3）根据指数平滑法计算该公司 2×13 年的预测销售量。

2. 某企业对各项产品均建立标准成本制度，本年度男式衬衫每件的标准成本及实际成本的资料如下表 7-13 和表 7-14 所示：

表 7-13　某企业男式衬衫每件标准成本的资料　　元

成本项目	价格标准	用量标准	标准成本
直接材料	2.1 元/米	4 米	8.4
直接人工	4.5 元/工时	1.6 工时	7.2
变动性制造费用	1.8 元/工时	1.6 工时	2.88
合　计	—	—	18.48

表 7-14　某企业男式衬衫每件实际成本的资料　　元

成本项目	实际单价	实际用量	实际成本
直接材料	2 元/米	4.4 米	8.8
直接人工	4.85 元/工时	1.4 工时	6.79
变动性制造费用	2.15 元/工时	1.4 工时	3.01
合　计	—	—	18.60

假定该厂在本会计期间共生产衬衫 4 800 件。

要求：

（1）计算本会计期间的直接材料成本差异并分析差异的构成情况；

(2) 计算本会计期间的直接人工成本差异并分析差异的构成情况；

(3) 计算变动制造费用成本差异并分析差异构成情况；

(4) 计算成本差异总额。

五、技能训练

华南机械厂最近获取10 000件某种精密机械零件的订货。该种零件的精密度要求极高，废品在生产过程中难以被发现，直到最后完工步骤才能确定。预计该种零件的废品率为20%，因此生产10 000件合格产品必须投产12 500件。

华南机械厂采用标准成本系统进行内部成本控制，经过工程技术人员及财会和有关部门的分析确定，每件产品需要直接材料1.7千克，正常的边角废料平均每件为0.3千克，直接材料的标准价格每千克为8.5元，另外每千克运费和处理费用为0.5元。该零件需要熟练工人加工，每件需要直接加工工时4小时，每小时工资率为20元。直接加工人工每周按40小时支付工资，其中32小时为直接加工工时，另外8小时包括必要的停工和休息时间。基本工资之外另支付每小时奖金4元，工薪税（个人所得税）按基本工资的10%缴纳。

要求：根据上述资料，计算确定该精密机械零件每件合格品所耗用的直接材料标准成本和直接人工标准成本。

项目八　财务分析

【项目导读】

财务报表能够全面反映企业的财务状况、经营成果和现金流量情况，但是单纯从财务报表上的数据还不能直接或全面说明企业的财务情况，特别是不能说明企业经营状况的好坏和经营成果的高低，只有将企业的财务指标与有关的数据进行比较才能说明企业财务情况所处的地位，因此要进行财务报表分析。

做好财务报表分析工作，可以正确评价企业的财务状况、经营成果和现金流量情况，揭示企业未来的报酬和风险；可以检查企业预算完成情况，考核经营管理人员的业绩，为建立健全合理的激励机制提供帮助。本项目包括财务报表单项指标分析和综合指标分析。

【知识目标】

1. 了解财务分析的基本概念；
2. 理解各个财务指标的含义及其相关内容；
3. 掌握财务分析体系的核心公式、分析方法。

【能力目标】

1. 能够掌握各种单项财务指标的含义、公式、计算和分析；
2. 能够运用财务分析知识对企业财务状况进行综合分析。

【引导案例】

中金黄金股份有限公司成立于2000年6月23日，由中国黄金集团公司（原中国黄金总公司）、中信国安黄金有限责任公司、河南豫光金铅集团有限责任公司、西藏自治区矿业开发总公司、山东莱州黄金（集团）有限责任公司、天津天保控股有限公司和天津市宝银号贵金属有限公司7家企业共同发起设立。2003年8月14日，公司发行人民币普通股1亿股在上海证券交易所挂牌交易，成为“中国黄金第一股”。公司股票简称“中金黄金”，代码“600 489”。

公司经营范围：黄金、有色金属的地质勘查、采选、冶炼的投资与管理；黄金生产的副产品加工、销售；黄金生产所需原材料、燃料、设备的仓储、销售；黄金生产技术的研究开发、咨询服务；高纯度黄金制品的生产、加工、批发；进出口业务；商品展销。公司生产有高纯金、标准金、电解银、电解铜和硫酸等多种产品，是集黄金采、选、冶、加工综合配套能力的大型黄金企业。

至2009年12月31日，公司总资产为125.5亿元，是公司成立时6.47亿元的19.4倍；2009年实现净利润5.21亿元，是公司成立时3 044.55万元的17.11倍，显示出良好的成长性。2009年度，公司累计生产精炼金82 308.05千克，矿产金16

982.11 千克，冶炼金 13 647.03 千克，均排在我国黄金生产企业的第一位。作为中国第一家专业从事黄金生产的上市公司，中金黄金股份有限公司希望不断借助资本市场平台，扩大黄金等矿产资源的占有率，通过逐步完善和创新经营机制，着力提高核心竞争力，实现跨越式发展，打造中国黄金业的第一品牌。

请思考：如何评价"中金黄金"的财务状况和经营成果？怎样对其财务报表进行分析？

"中金黄金"2008－2009 年的财务报表见表 8-1～表 8-3。

表 8-1 中金黄金 2008－2009 年度资产负债表

编制单位：中金黄金股份有限公司　　元

项　目	20081231	20091231	项　目	20081231	20091231
流动资产			流动负债		
货币资金	920 834 000	1 948 760 000	短期借款	1 314 590 000	2 089 370 000
应收票据	3 532 830	6 394 980	应付票据	0	0
应收账款	125 957 000	100 919 000	应付账款	562 306 000	637 737 000
预付款项	508 817 000	296 487 000	预收款项	92 684 100	42 854 000
应收股利	3 659 680	0	应付职工薪酬	109 229 000	172 888 000
其他应收款	155 260 000	163 684 000	应交税费	207 097 000	248 980 000
应收出口退税	0	0	应付利息	2 131 890	43 434 200
应收补贴款	0	0	应付股利	105 004 000	0
存货	1 151 670 000	1 564 350 000	其他应付款	267 420 000	474 144 000
待摊费用	0	0	预提费用	0	0
待处理流动资产损益	0	0	一年内到期的非流动负债	27 150 000	400 068 000
一年内到期的非流动资产	0	0	其他流动负债	134 221 000	128 270 000
其他流动资产	0	3 659 680	流动负债合计	2 821 830 000	4 237 750 000
流动资产合计	2 869 730 000	4 084 250 000	非流动负债		
非流动资产			长期借款	255 512 000	1 696 640 000
可供出售金融资产	0	0	应付债券	0	1 200 000 000
持有至到期投资	0	0	长期应付款	18 046 200	11 109 700
长期股权投资	45 974 900	50 865 900	专项应付款	0	2 660 000
投资性房地产	38 678 800	45 742 400	预计非流动负债	0	2 873 400
固定资产原值	3 566 050 000	5 566 140 000	递延所得税负债	368 977 000	576 286 000
累计折旧	1 579 790 000	2 328 510 000	其他非流动负债	0	173 703 000
固定资产净值	1 986 260 000	3 237 630 000	非流动负债合计	642 535 000	3 663 280 000
固定资产减值准备	6 608 270	52 317 500	负债合计	3 464 370 000	7 901 020 000
固定资产净额	1 979 650 000	3 185 310 000	所有者权益		

（续表）

项　目	20081231	20091231	项　目	20081231	20091231
在建工程	733 559 000	1 258 080 000	实收资本（或股本）	359 366 000	790 606 000
工程物资	20 348 100	30 062 100	资本公积	2 777 860 000	1 786 800 000
无形资产	1 923 160 000	3 118 890 000	专项储备	0	14 464 100
商誉	305 850 000	526 356 000	盈余公积	141 245 000	169 906 000
长期待摊费用	117 430 000	199 757 000	未分配利润	663 229 000	1 150 790 000
递延所得税资产	42 106 300	53 273 300	归属于母公司股东权益合计	3 941 700 000	3 912 560 000
其他非流动资产	0	0	少数股东权益	670 426 000	739 009 000
非流动资产合计	5 206 760 000	8 468 340 000	所有者权益（或股东权益）合计	4 612 120 000	4 651 570 000
资产总计	8 076 490 000	12 552 600 000	负债和所有者权益（或股东权益）总计	8 076 490 000	12 552 600 000

表 8-2　中金黄金 2008—2009 年度利润表

编制单位：中金黄金股份有限公司　　　　元

项　目	20081231	20091231
一、营业总收入	14 502 900 000	18 712 100 000
营业收入	14 502 900 000	18 712 100 000
二、营业总成本	13 647 100 000	17 686 100 000
营业成本	12 839 000 000	16 690 000 000
营业税金及附加	33 717 500	30 877 300
销售费用	47 602 700	62 736 500
管理费用	647 628 000	777 285 000
财务费用	66 681 700	101 964 000
资产减值损失	12 456 200	23 251 500
公允价值变动收益	0	0
投资收益	312 214	9 240 200
其中：对联营企业和合营企业的投资收益	0	7 854 970
三、营业利润	856 125 000	1 035 270 000
营业外收入	90 409 600	60 862 000
营业外支出	59 795 900	67 178 600
其中：非流动资产处置损失	12 952 800	19 214 300

（续表）

项　目	20081231	20091231
利润总额	886 739 000	1 028 950 000
所得税费用	202 361 000	280 074 000
未确认投资损失	0	0
四、净利润	684 378 000	748 881 000
归属于母公司所有者的净利润	478 957 000	521 426 000
少数股东损益	205 421 000	227 455 000
五、每股收益		
基本每股收益	1.35	0.66
稀释每股收益	1.35	0.66
六、其他综合收益	0	0
七、综合收益总额	0	748 881 000
归属于母公司所有者的综合收益总额	0	521 426 000
归属于少数股东的综合收益总额	0	227 455 000

表 8-3　中金黄金 2008—2009 年度现金流量表

编制单位：中金黄金股份有限公司　　元

项　目	20081231	20091231
一、经营活动产生的现金流量：		
销售商品、提供劳务收到的现金	14 351 400 000	17 895 700 000
收到的税费返还	2 027 180	7 170.3
收到的其他与经营活动有关的现金	2 907 710 000	2 172 560 000
经营活动现金流入小计	17 261 100 000	20 068 300 000
购买商品、接受劳务支付的现金	12 462 800 000	15 947 500 000
支付给职工以及为职工支付的现金	565 840 000	828 715 000
支付的各项税费	568 172 000	524 491 000
支付的其他与经营活动有关的现金	3 557 970 000	1 956 620 000
经营活动现金流出小计	17 154 800 000	19 257 300 000
经营活动产生的现金流量净额	106 340 000	810 946 000
二、投资活动产生的现金流量：		
收回投资所收到的现金	4 000 460	312 481 000
取得投资收益所收到的现金	0	3 323 960

（续表）

项　目	20081231	20091231
处置固定资产、无形资产和其他长期资产所收回的现金净额	2 041 050	7 760 410
处置子公司及其他营业单位收到的现金净额	2 770 900	50 000 000
投资活动现金流入小计	8 812 410	373 566 000
购建固定资产、无形资产和其他长期资产所支付的现金	851 743 000	1 500 870 000
投资所支付的现金	401 844 000	410 000 000
取得子公司及其他营业单位支付的现金净额	1 289 100 000	1 564 510 000
投资活动现金流出小计	2 542 680 000	3 475 380 000
投资活动产生的现金流量净额	−2 533 870 000	−3 101 810 000
三、筹资活动产生的现金流量：		
吸收投资收到的现金	1 935 180 000	3 914 000
其中：子公司吸收少数股东投资收到的现金	2 242 000	3 914 000
取得借款收到的现金	2 001 490 000	5 074 680 000
筹资活动现金流入小计	3 936 670 000	5 078 600 000
偿还债务支付的现金	1 816 030 000	1 500 970 000
分配股利、利润或偿付利息所支付的现金	277 338 000	370 223 000
支付其他与筹资活动有关的现金	7 420 000	3 600 000
筹资活动现金流出小计	2 100 790 000	1 874 790 000
筹资活动产生的现金流量净额	1 835 880 000	3 203 810 000
四、汇率变动对现金及现金等价物的影响	0	0
五、现金及现金等价物净增加额	−591 651 000	912 939 000
期初现金及现金等价物余额	1 512 480 000	1 035 820 000
六、期末现金及现金等价物余额	920 834 000	1 948 760 000

任务一　财务报表单项指标分析

【任务描述】

单项指标分析是财务分析的基础。通过对单项指标进行计算，将得到的单项指标按照时间序列进行纵向对比，或与行业内其他类似企业进行横向对比，可以对企业的偿债能力、营运能力、盈利能力、发展能力等进行初步的判断，探寻其发展趋势和所处地位，并为财务报表综合分析打下基础。

【背景知识】

一、财务分析的基本概念及意义

(一) 财务分析的概念

财务分析是指以财务报表和相关资料为依据和起点，采用专门方法，系统分析和评价企业过去和现在的经营成果、财务状况及其变动，目的是了解过去、评价现在、预测未来，帮助报表使用人改善决策。

(二) 财务分析的意义

1. 对经营管理人员的意义

企业财务管理的目标是追求企业价值最大化，为实现这一目标，企业经营管理者必须全面了解企业的财务状况和经营成果，正确分析和评估企业的盈利能力、偿债能力、营运能力及发展能力，并依此规划和调整市场定位的策略与行为目标。全面的财务分析可以帮助经营管理者了解有用信息，为正确决策提供帮助。

2. 对债权人的意义

债权人与企业之间存在着借贷关系，他们希望企业能够到期还本付息，因此对企业的经营情况也是十分关心。而且，债权人可以随时根据企业财务发展的实际情况，决定是否给企业贷款或随时收回贷款，这就必须进行以全面考察企业的盈利能力和偿债能力为目的的财务分析。

3. 对投资者的意义

投资者的投资目的往往是获利，他们必然高度关心其投入资产的保值增值状况，即注重企业的投资回报率水平。而潜在投资者进行投资与否的判断依据也往往是企业的经营情况和发展前景。因此，恰当评估企业的投资风险和投资前景，作出正确的投资决策，对企业投资者及潜在投资者有着重要意义。

4. 对其他利益相关者的意义

其他利益相关者主要包括政府、供应商、中介机构、客户、员工等。政府要通过分析来了解企业纳税情况、遵守政府法规和市场秩序情况以及职工收入和就业情况；供应商要通过分析来看企业是否能长期合作，了解企业信用水平如何，是否应对企业延长付款期；中介机构通过财务分析，则向各类报表使用者提供相关信息；客户为决定是否建立长期合作关系，须要分析企业持续供货能力和售后服务能力；员工为决定职业发展规划，须要分析企业的持续经营能力和盈利能力。

二、财务分析的内容

在现代企业中，企业经营者及不同的投资者对财务分析有着不同的要求。概括起来说，财务分析的内容主要包括以下几个方面：

(一) 偿债能力分析

偿债能力是指企业对债务的清偿能力或保证程度。清偿能力的分析是判断企业财务状况稳定与否的重要内容。企业偿债能力强，说明企业可以通过举债筹集资金来获取利益；反之，偿债能力差，说明企业资金紧张，难以偿还到期债务，甚至危及企业生存。

(二) 资产营运能力分析

资产营运能力是指企业使用资产的效率。运用资产是否有效是决定企业经营水平的前提。资产的多少可以表现出企业经营能力的大小，有效地经营可以提高资产利用效率，使企业增加收入，加速资金周转。因此，判断企业经营理财水平怎样，只有分析企业是否有效地运用了各种资产。资产营运能力的大小对企业获利能力的持续增长与偿债能力的不断提高有着决定性影响。

(三) 盈利能力分析

盈利能力是指企业赚取利润和使企业的资金增值的能力。它通常体现为企业收益数额的大小与水平的高低。盈利是企业经营理财的核心，盈利能力的大小是衡量企业经营好坏的重要标志。一般来说，经营良好、管理有方的企业就有较强的盈利能力。

(四) 发展能力分析

发展能力是指企业依靠自身积累资金或向外界筹集资金来扩大其经营规模的能力。企业为了生存和发展，就需要不断发展，在发展中壮大自身实力。一般情况下，企业的获利能力越大，其发展潜力就越大。

(五) 财务状况的综合分析

财务状况的综合分析是通过观察企业资产变动、负债增减、资本筹集状况、经营规模和经营成果等情况，并对偿债能力、营运能力和盈利能力等诸方面进行综合分析，从而评价与判断企业的经营效益及未来发展趋势、企业重大筹资或资金流动性等方面的问题，为相应的投资、贷款或决策提供依据。目前，常见的分析方法有杜邦分析法、沃尔分析法等。

三、财务分析的方法

财务分析的内容很多。不同的分析对象，出于不同的目的，就会使用不同的财务分析方法。而作为财务报表的分析方法主要有比较分析法、因素分析法、比率分析法和趋势分析法四种。

(一) 比较分析法

没有比较，财务分析就无法进行。财务报表的比较分析法，就是对两个或者两个以上的相关可比数据进行对比，揭示企业财务状况和经营成果的一种分析方法。在实际工作中，它又可以分为以下几个方面的比较：

1. 实际指标与计划指标对比

实际指标是指企业财务管理的实际发生数，而计划指标是企业财务管理的未来目标，是在分析影响财务指标的客观因素的基础上制订的。通过实际与计划的对比，可以说明企业计划的完成情况和程度。在企业实际财务指标和计划指标发生差异时，应进行具体分析以便查找原因。

2. 同一指标纵向对比

同一指标纵向对比是同一指标在不同时点上的对比，一般是用本期实际指标与历史指标对比。在财务分析工作中，历史指标的具体运用方式有三种，即期末与期初对比；与历史同期对比；与历史最好水平对比。采用历史标准有利于揭示企业财务状况和经营成果的变化趋势及存在的差距。

3. 同一指标横向对比

同一指标横向对比是同一指标在不同条件下的对比，一般是用本企业与同类型或与行业企业相比，有利于揭示本企业与同行业的差距。

（二）因素分析法

因素分析法也称连环替代法，是将一项综合性的指标分解为若干构成因素，顺序将各项因素的实际数替换基数，分析各项因素对这一综合指标影响程度的一种方法。该种方法的计算程序是，一是分解某项综合指标的各项构成因素；二是确定各项因素的排列顺序；三是按排列的顺序和各项因素的基数进行计算；四是按照顺序将前面那项因素的基数替换成实际数，计算出替换后的结果，与前一次替换后的计算结果进行比较，计算出影响程度，直至替换完毕；五是计算出各项因素影响程度之和，与该项综合性指标的差异总额进行比较，核对是否相符。

因素分析法在进行成本、费用分析时经常采用。应注意的是，确定各项因素的排列顺序时一般应遵循下列原则：如果既有数量因素，又有质量因素，数量因素排列在先，质量因素排列在后；如果既有实物数量因素，又有价值数量因素，实物数量因素排列在先，价值数量因素排列在后；如果都是数量因素，或者都是质量因素，那么应区分主要因素和次要因素，主要因素排列在先，次要因素排列在后。

在具体的分析中，因素分析法可以采用以下的分析方法：

（1）差额分析法。差额分析法是利用各个因素的比较值与基准值之间的差额，来计算各因素对分析指标的影响的一种分析方法。

（2）指标分解法。指标分解法是将一项综合性的指标分解为各项构成因素，并分析各个构成因素对这一综合指标影响程度的一种方法。

（三）比率分析法

比率分析法是指利用财务报表中两项相关数值的比率揭示企业财务状况和经营成果的一种分析方法。在财务分析中，比率分析法应用得比较广泛，因为只采用有关数值的绝对数对比，不能深入揭示事物的内在矛盾，而比率分析是从财务现象到财务本质的一种深化，与比较分析法相比，更具科学性、可比性。根据分析的目的和要求的不同，比率分析法主要有以下三种：

1. 构成比率

构成比率又称结构比率，是指某个经济指标的各个组成部分与总体的比率，反映部分与总体的关系。其计算公式为：

$$构成比率 = \frac{某个组成部分数额}{总体数额}$$

利用构成比率可以考察总体中某个部分的形成和安排是否合理，以便协调各项财务活动。

2. 相关比率

相关比率是根据经济活动客观存在的相互依存、相互联系的关系，以某个项目和与其有关但又不同的项目加以对比所得到的比率，反映有关经济活动的相互关系。利用相关比率指标，可以考察有联系的相关业务安排得是否合理，以保障企业运营活动能够顺畅进行。如将流动资产与流动负债加以对比，计算出流动比率，据以判断企业的短期偿债能力。

3. 效率比率

效率比率是某项经济活动中所费与所得的比率，反映投入与产出的关系。利用效率比率指标，可以进行得失比较，考察经营成果，评价经济效益。如将利润项目与销售成本、销售收入、资本等项目加以对比，可计算出成本利润率、销售利润率以及资本利润率指标，可以从不同角度比较企业获利能力的高低及增减变化情况。

比率分析法的优点是计算简便，计算结果容易判断，而且可以使某些指标在不同规模的企业之间进行比较，甚至也能在一定程度上超越行业间的差别进行比较。但采用这一方法时，对比率指标的使用应该注意以下两点：

第一，对比项目的相关性。计算比率的子项和母项必须具有相关性，把不相关的项目进行对比是没有意义的。在构成比率指标中，部分指标必须是总体指标这个大系统中的一个小系统；在效率比率指标中，投入与产出必须有因果关系；在相关比率指标中，两个对比指标也要有内在联系，才能评价有关经济活动之间是否协调均衡，安排是否合理。

第二，对比口径的一致性。计算比率的子项和母项必须在计算时间、计算范围、计算价格、计量单位方面保持口径一致，这样才具有可比性。

(四) 趋势分析法

趋势分析法是将两期或连续若干期财务报告中的相同指标进行对比，确定其增减变动的方向、数额和幅度，以说明企业财务状况和经营成果变动趋势的一种方法。采用这种方法，可以分析引起变动的主要原因、变动的性质，并预测企业未来的发展前景。

在以上几种分析方法中，都要广泛应用各种财务比率指标。财务比率指标是根据资产负债表、利润表和现金流量表等报表的相关项目计算的。

【任务实施】

子任务一　偿债能力分析

一、短期偿债能力分析

短期偿债能力分析是指企业偿还流动负债的能力，或者说是指企业在短期债务到期时可以变成现金用于偿还流动负债的能力。在现代环境下，企业作为一个经济实体，能否偿还到期债务直接影响到其信誉、形象和在融资能力，甚至可能导致企业破产清算。所以企业利益相关者对短期偿债能力进行分析尤为重要。通过短期偿债能力分析有利于判断企业的财务风险水平，便于进行决策判断，同时也成为企业了解自身财务状况和再融资能力的重要途径。

一个企业的短期偿债能力大小，要看流动资产和流动负债的多少和质量状况。流动资产的质量是指其流动性，即转换成现金的能力。一般来说，企业的所有债务都是要偿还的，但是并非所有债务都需要在到期时立即偿还，债务偿还的强制程度和紧迫性被视为负债的质量。企业流动资产的数量和质量超过流动负债的程度，就是企业的短期偿债能力。

(一) 流动比率

流动比率是流动资产除以流动负债的结果。其计算公式为：

$$流动比率=\frac{流动资产}{流动负债}$$

流动比率越高，企业的短期偿债能力越强；流动比率下降，短期偿债能力则下降。西方传统研究认为，流动比率保持在 2 比较好，但这也要首先根据行业不同区别对待，只有同行业内部水平的流动比率相比后才能得出一个正确的结论。其次，与该企业历史的流动比率进行比较，能够得知在当前情况下该企业的流动比率是高还是低。同时要找出流动比率高或低的原因，通过分析指标计算流动资产和流动负债的内容，一般主要分析存货和应收账款。因为存货和应收账款的变现能力大，流动比率的潜力大，偿债能力可以高估；反之，存货和应收账款的变现能力小，流动比率指标下的偿债能力会小。最后，看其营业周期的长短，营业周期越短，正常的流动比率也越低；反之，营业周期越长，正常的流动比率也就越高。

(二) 速动比率

速动比率与流动比率的不同之处就是在流动资产与流动负债比较时，从流动资产中扣除存货。这是因为存货的变现速度相对其他短期资产要慢，存货也有可能过时，部分存货还有可能已抵押给某个债权人。存货还存在着成本与合理市价相差悬殊的问题，如果把全部存货的价值都用来计算流动比率，显然夸大了企业流动资产的变现能力。一般债权人不期望企业用变卖存货来偿还债务，但又想了解该企业的变现能力，因而要把存货从流动资产中扣除，计算出速动比率。其计算公式为：

$$速动比率=\frac{速动资产}{流动负债}=\frac{流动资产-存货}{流动负债}$$

通常认为正常的速动比率是 1。这个比率主要用在企业不同会计年度之间、不同企业之间以及企业与行业平均数之间进行对比。但是，某些行业的速动比率允许低于 1，而有些行业必须保持高于 1 的速动比率。例如，只做现金销售的商店没有应收账款，因此允许保持一个大大低于 1 的速动比率，这对其正常营业不会有不良的影响。

通常影响速动比率可信度的重要因素是应收账款的变现能力，如果企业的应收账款中，有较大部分不易收回，可能会成为坏账，那么速动比率就不能真实地反映企业的偿债能力。用流动资产扣除存货来计算速动资产只是一种粗略的计算，严格地讲，不仅要扣除存货，还应扣除预付账款、1 年内到期的非流动资产和其他流动资产等变现能力较差的项目。这样速动资产就只包括货币资金、交易性金融资产、应收票据、应收账款、应收利息、应收股利和其他应收款。

(三) 现金比率

现金比率是在企业应收款项和存货的变现能力都存在问题的情况下，如应收账款收回的可能性很小，存货不能变卖或已抵押出去，只能采取极端保守的态度来计算现金比率。这也是衡量短期偿债能力的一个指标。

现金比率是企业的现金类资产与流动负债的比值。现金类资产包括库存现金、随时可用于支付的存款和现金等价物，即现金流量表中所反映的现金及现金等价物。其计算公式为：

$$现金比率=\frac{现金+现金等价物}{流动负债}$$

由于偿还债务最可靠的保障是现金，而企业的流动资产中，现金及短期有价证券（即资产负债表中的短期投资）的变现能力最强，因此现金比率反映的企业短期偿债能力最为可靠。现实中不少企业虽然盈利颇丰，因为资金被存货及应收账款、应收票据占压过多，或者投资不当，筹资能力又差，支付能力很弱，就容易导致财务危机。而有的企业虽然亏损或微利，由于不良资产较少，且现金资产较充足，偿债能力就较强。

现金比率越高，说明企业的短期偿债能力越强。但该比率也不是越高越好，太高则表明企业拥有过多的不能盈利的现金，流动负债不能得到很好的运用，增加了持有现金的机会成本。一般来说，现金比率在20%以上为好。适度的现金比率既能保证短期债务的及时偿还，又能使流动负债得到合理的运用，以降低过多持有现金的机会成本。

二、长期偿债能力分析

长期偿债能力是指企业偿还长期债务的能力。企业对一笔债务有到期偿还本金和利息的义务，分析某企业的长期偿债能力，主要是为了确定该企业偿还债务的本金和利息的能力。长期偿债能力分析主要是通过财务报表所示数据来分析权益和资产间的关系及权益间的内在关系，通过计算出一系列比率，来分析企业的资本结构是否合理，以便评价企业的长期偿债能力。

（一）资产负债率

资产负债率是负债总额与资产总额的比率，即1元资产所承担的负债数额。它是衡量负债偿还保证的指标。换而言之，该比率反映在总资产中有多少是通过举债获得的，同时也是衡量企业在清算时保护债权人利益程度的指标。其计算公式为：

$$资产负债率=\frac{负债总额}{资产总额}$$

公式中的负债总额不仅包括长期负债，还包括短期负债。资产总额是扣除累计折旧后的净额。

资产负债率反映总资产中有多少资产是通过负债获得的。它有以下几个方面的含义：①从债权人的角度看，他们关注的是借出资金的安全程度，即能否按期收回本金和利息。如果股东提供的资金与企业资金总额相比，只占较小的比例，则表明企业的风险将主要由债权人负担，对债权人不利，因此债权人希望企业负债比率越低越好。②从股东的角度看，由于企业借入资金与股东提供的资金在生产经营中发挥同样的作用，所以他们关心的是全部资金利润率是否超过借入资金的利息率。如果资金利润率超过借款利息率，不仅会使股东利润增加，还可以在付出有限代价的条件下保持对企业的控制权；相反，如果资金利润率低于借款利息率，则对股东不利，因为借入资金的利息要用股东所得的利润来弥补。因此，对股东而言，在全部资金利润率高于借款利息率时，负债比率越大越好；反之亦然。③从经营者的角度看，如果负债比率很高，超出债权人的心理承受程度，会导致企业筹资困难。如果负债比率过低，则说明企业畏缩不前，利用负债资金进行经营活动的能力差。因此，经营者在进行负债比率决策时，应当根据需要和可能充分估计预期利润和风险，并在两者之间进行权衡。

(二) 产权比率

产权比率是衡量企业长期偿债能力的一个重要指标，是资产负债率的另外一种表现形式。产权比率是指企业负债总额与股东权益总额之比。它反映了债权人提供的资本与股东提供的资本的比例关系，是企业财务结构稳健的标志，说明了债权人投入资本受到股东权益保障的程度。其计算公式为：

$$产权比率=\frac{负债总额}{股东权益总额}$$

公式中的股东权益即所有者权益。

该项指标反映企业基本财务结构是否稳定。一般而言，产权比率高是高风险、高报酬的财务结构；产权比率低是低风险、低报酬的财务结构。

产权比率小说明股东权益较大，尽管这能够使得企业的长期偿债能力提高，但可直接影响企业负债的财务杠杆效应。在评价负债与股东权益比率时，除应考虑偿债能力外，也要注重其获利能力，即在保障债务偿还能力的情况下，注意提高其获利能力。

该指标同时也表明债权人的资本受到股东权益保障的程度，或者说是企业清算时对债权人利益的保障程度。因为只有在债权人被清偿后，股东或者企业所有者才能获得清偿。

(三) 利息保障倍数

利息保障倍数又称已获利息倍数，是指企业一定时期内息税前利润与债务利息之比。它是企业偿付借款利息的承担能力和保证程度的指标，可以用这个指标估算债权人投入资本的风险。其计算公式为：

$$利息保障倍数=\frac{息税前利润}{利息费用}=\frac{净利润+利息费用+所得税费用}{利息费用}$$

公式中的息税前利润是指损益表中未扣除利息费用和所得税之前的利润。它可以用利润总额加上利息费用来计算。由于我国现行的利润表中利息费用没有单列，而是在财务费用之中，外部报表使用者只好用利润总额加上财务费用来估计。公式中的分母利息费用是指本期发生的全部应付利息，精确的算法不仅包括财务费用中的利息费用，还应包括计入固定资产成本的资本化利息。通常，可以用财务费用金额作为利息费用，也可以根据报表附注确定更准确的利息费用金额。

已获利息倍数不仅反映企业获利能力的大小，而且反映获利能力对偿还到期债务的保障程度。它既是企业举债经营的前提条件，也是衡量企业长期偿债能力大小的重要标志。要使企业维持正常的偿债能力，已获利息倍数至少应大于1，而且比值越高，企业长期偿债能力一般也就越强。如果已获利息倍数小于1，企业将面临亏损、偿债的安全性与稳定性下降的风险。一般应根据企业往年经验结合行业特点进行对其已获利息倍数评价。

(四) 现金流量利息保障倍数

现金流量利息保障倍数是指经营现金流量为利息费用的倍数。其计算公式为：

$$现金流量利息保障倍数=\frac{经营现金流量}{利息费用}$$

该公式中的利息费用通常可用财务报表中的财务费用代替，该倍数表明 1 元的利息有多少元的经营现金流量作为保障。实际上，现金流量利息保障倍数指标比前面所讲的利息保障倍数更加可靠，因为实际用以支付利息的是现金，而不是收益。

（五）现金流量债务比

现金流量债务比是指经营活动所产生的现金净流量与债务总额的比率。其计算公式为：

$$现金流量债务比=\frac{经营现金净流量}{债务总额}$$

现金流量债务比表明企业用经营活动所产生的现金净流量偿付全部债务的能力。该比率越高，表明企业承担债务总额的能力越强。

【例 8-1】 请结合引导案例中“中金黄金”2008 年、2009 年的财务报表，对其偿债能力进行分析。

【实例分析】

1. 流动比率

根据表 8-1 中“中金黄金”的流动资产和流动负债 2008 年和 2009 年的年末数，该公司的流动比率为：

2008 年的流动比率＝2 869 730 000÷2 821 830 000＝1.02

2009 年的流动比率＝4 084 250 000÷4 237 750 000＝0.96

由此可知，“中金黄金”的流动比率由 2008 年的 1.02 下降到 2009 年的 0.96，企业的短期偿债能力有所下降。

2. 速动比率

根据表 8-1 中“中金黄金”的速动资产和流动负债 2008 年和 2009 年的年末数，该公司的速动比率为：

2008 年的速动比率＝（2 869 730 000－1 151 670 000）÷2 821 830 000＝0.61

2009 年的速动比率＝（4 084 250 000－1 564 350 000）÷4 237 750 000＝0.59

由此可知，“中金黄金”的速动比率由 2008 年的 0.61 下降到 2009 年的 0.59，企业的短期偿债能力有所下降。而 2008－2009 年我国国务院国资委发布的企业绩效评价标准值中，有色金属冶炼业的企业的速动比率平均值为 0.54，可见“中金黄金”的短期偿债能力仍优于平均值。

3. 现金比率

根据表 8-1 和表 8-3 中“中金黄金”2008 年和 2009 年的相关数据，该公司的现金比率为：

2008 年的现金比率＝920 834 000÷2 869 730 000＝0.32

2009 年的现金比率＝1 948 760 000÷4 084 250 000＝0.48

由此可知，“中金黄金”的现金比率由 2008 年的 0.32 提高到 2009 年的 0.48，而有色金属冶炼业的企业的该指标的平均值为 0.098，“中金黄金”大大高于行业平均水平，公司现金偿债能力很强。但现金持有过多并不一定是件好事，如果该公司没有好的投资项目，对现金就造成了一种浪费。

4. 资产负债率

根据“中金黄金”的财务报表中的数据可知，其资产负债率为：

2008 年的资产负债率＝3 464 370 000÷8 076 490 000＝42.89％

2009 年的资产负债率＝7 901 020 000÷12 552 600 000＝62.94％

由以上计算可知，“中金黄金”的资产负债率由 2008 年的 0.43 大幅提高到 2009 年的 0.63，负债偿还保障程度有所下降。究其原因，主要是由于其负债的大幅度增加而造成的。2009 年，世界黄金等贵金属价格暴涨，“中金黄金”抓住此机会增加负债扩大生产，应该是其负债大幅度提高的合理原因。但结合前面的现金比率分析，发现企业大量的负债并没有进行投资，而是还停留在现金账户中，故其对资金的利用效率有待商榷。

5. 产权比率

根据“中金黄金”2008－2009 年的相关财务报告，可以得到其产权比率为：

2008 年的产权比率＝3 464 370 000÷4 612 120 000＝0.75

2009 年的产权比率＝7 901 020 000÷4 651 570 000＝1.70

由以上计算可知，其产权比率由 2008 年的 0.75 大幅提高到 2009 年的 1.70，主要原因是企业大量负债造成的。公司应当注意负债给企业带来的财务风险。

6. 利息保障倍数

根据“中金黄金”2008－2009 年的相关财务报告，可以得到其利息保障倍数为：

2008 年的利息保障倍数＝（684 378 000＋66 681 700＋202 361 000）÷66 681 700＝14.30

2009 年的利息保障倍数＝（748 881 000＋101 964 000＋280 074 000）÷101 964 000＝11.09

由以上计算可知，该企业的利息保障倍数由 2008 年的 14.30 下降为 2009 年的 11.09，主要是由负债大量增加造成的利息增加而造成的。

7. 现金流量利息保障倍数

根据“中金黄金”2008－2009 年的财务报告，可以得到其现金流量利息保障倍数为：

2008 年的现金流量利息保障倍数＝106 340 000÷66 681 700＝1.59

2009 年的现金流量利息保障倍数＝810 946 000÷101 964 000＝1.53

由以上计算可知，“中金黄金”2008－2009 年现金流量利息保障倍数基本维持不变，其可以用于利息保障的经营现金流量充足。

8. 现金流量债务比

根据“中金黄金”2008－2009 年财务报表数据可知，其现金流量债务比分别为：

2008 年的现金流量债务比＝106 340 000÷3 464 370 000＝0.030 7

2009 年的现金流量债务比＝810 946 000÷7 901 020 000＝0.102 6

由以上计算可知，“中金黄金”2008－2009 年现金流量债务比有所提高，承担债务总额的能力有所增强。

子任务二　营运能力分析

营运能力分析比率是衡量公司资产管理效率的重要财务指标，常用的指标包括存货周转率、应收账款周转率、流动资产周转率、非流动资产周转率和总资产周转率等。

一、存货周转率

在流动资产中，存货占有很大的比重，要对资产管理的效率进行分析，必然要对流动资产中这部分内容加以分析。可以说，存货周转率是衡量和评价企业购入存货、生产、销售、收回现金等各个环节管理状况的综合性指标。它是营业成本与存货之比，反映在一定时期内企业存货资产的周转次数。用时间表示的存货周转率就是存货周转天数。其计算公式为：

$$存货周转率=\frac{营业成本}{存货}$$

$$存货周转期=\frac{存货\times 计算期天数}{营业成本}$$

当存货周转速度偏低时，可能由以下原因引起：经营不善，产品滞销；预测存货将升值，而故意囤积居奇，以等待时机获取重利；企业销售政策发生变化等。

但存货周转速度偏高，也不一定代表企业的经营出色，当企业为了扩大销售而降价促销或大量赊销时，则营业利润还会受到影响或产生大量的应收账款。应特别注意的是，不同行业企业的存货周转率往往差别很大，对比分析时只能参考同行业的平均水平。

公式中的营业收入数据来自利润表。根据需要，存货可以是来自资产负债表中的“期初存货”、“期末存货”或“期初存货”和“期末存货”的平均数，但最好采用平均数，以减少偶然因素的影响。

二、应收账款周转率

应收账款和存货一样，也是流动资产中的重要组成部分，及时收回应收账款，可以增强企业的短期偿债能力，也能反映出应收账款管理方面的效率。反映应收账款速度的指标是应收账款周转率，即年度内应收账款转为现金的平均次数。用时间表示的周转速度是应收账款周转天数，也称为平均收现期，表示企业从赊销产品到收回款项，转化为现金所需要的时间。应收账款周转率是指赊销收入净额与应收账款平均余额之比。其计算公式为：

$$应收账款周转率(次)=\frac{赊销收入净额}{应收账款平均余额}$$

一般来说，应收账款周转率越高越好，表明公司收账速度快，平均收账期短，坏账损失少，资产流动快，偿债能力强。与之相对应，应收账款周转天数则是越短越好。如果公司实际收回账款的天数越过了公司规定的应收账款天数，则说明债务人拖欠时间长，资信度低，增大了发生坏账损失的风险；同时也说明公司催收账款不力，使资产形成了呆账甚至坏账，造成了流动资产不流动，这对公司正常的生产经营是很不利的。但从另一方面来说，如果公司的应收账款周转天数太短，则表明公司奉行较紧的信用政策，付款条件过于苛刻，这样会限制企业销售量的扩大，特别是当这种限制的代价（机会收益）大于赊销成本时，会影响企业的盈利水平。

反映应收账款周转速度的另一个指标是应收账款周转天数，也称为应收账款账龄或应收账款平均收账期。其计算公式为：

$$应收账款周转期=\frac{计算期天数}{应收账款周转率}=\frac{应收账款平均余额\times 计算期天数}{赊销收入净额}$$

三、流动资产周转率

流动资产周转率是指企业一定时期内营业收入净额同平均流动资产总额的比率。流动资产周转率是评价企业资产利用率的另一重要指标。流动资产周转率有两种表示的方法。

(一) 周转次数

其计算公式为：

$$流动资产周转率(次)=\frac{营业收入净额}{平均流动资产总额}$$

营业收入净额是指企业当期销售产品、商品、提供劳务等主要经营活动取得的收入减去折扣与折让后的数额，其数值取自利润表；平均流动资产总额是指企业流动资产总额的年初数与年末数的平均值，其数值取自企业资产负债表。

$$平均流动资产总额=\frac{(流动资产年初数+流动资产年末数)}{2}$$

(二) 周转天数

其计算公式为：

$$流动资产周转期=\frac{平均流动资产总额\times 计算期天数}{营业收入}$$

流动资产周转率反映了企业流动资产的周转速度，是从企业全部资产中流动性最强的流动资产角度对企业资产的利用效率进行分析，以进一步揭示影响企业资产质量的主要因素。要实现该指标的良性变动，应以营业收入增幅高于流动资产增幅作保证。通过该指标的对比分析，可以促进企业加强内部管理，充分有效地利用流动资产，如降低成本、调动暂时闲置的货币资金用于短期投资创造收益等，还可以促进企业采取措施扩大销售，提高流动资产的综合使用效率。

在一定时期内，流动资产周转次数越多，表明以相同的流动资产完成的周转额越多，流动资产利用的效果越好。流动资产周转率用周转天数表示时，便于比较不同时期的流动资产周转率，应用得较为普遍。

为了计算方便，式中流动资产平均余额也可以用流动资产年末余额代替。

四、总资产周转率

总资产周转率是指企业一定时期内营业收入与平均资产总额的比值。它说明企业的总资产在一定的时期内周转的次数。总资产周转率是综合评价资产管理或资本利用效率的重要指标。其计算公式为：

$$总资产周转率=\frac{营业收入}{平均资产总额}$$

企业的资金循环包括短期资金循环和长期资金循环，长期资金循环必须依赖短期资金循环。因此，流动资产周转速度的快慢是决定企业总资产周转速度的关键性因素，下面的分解式能反映出这种关系，也为进行总资产周转率分析、提高总资产周转速度指明了方向。

$$总资产周转率=\frac{营业收入净额}{平均流动资产总额}\times\frac{平均流动资产总额}{平均资产总额}$$

$$=流动资产周转率\times流动资产占总资产的比重$$

上面的分解式表明，总资产周转速度的高低取决于两大因素，一是流动资产周转率。流动资产的周转速度要高于其他类资产的周转速度，加速流动资产周转，就会使总资产周转速度加快；反之，则会使总资产周转速度减慢。二是流动资产占总资产的比重。由于流动资产周转速度快于其他类资产周转速度，所以，企业流动资产所占比例越大，总资产周转速度越快；反之，则越慢。

总资产周转速度也可以用周转天数表示，计算公式为：

$$总资产周转天数=\frac{平均资产总额\times计算期天数}{营业收入净额}$$

营业收入净额是企业当期主要经营活动取得的收入减去销售折扣和折让后的数额，即利润表上列示的营业收入额。平均资产总额一般以期初资产和期末资产的平均数来计算，为了计算方便，也可用总资产期末余额代替。计算期天数取决于营业收入所涵盖的时期长短，最常用的计算期为1年。

总资产周转率综合反映了企业整体资产的营运能力。一般来说，总资产周转次数越多，周转速度越快，说明企业全部资产进行经营利用的效果越好，企业的经营效率越高，营运能力越强，进而使企业的偿债能力和盈利能力得到增强；反之，说明资产的利用效率差，最终会影响企业的盈利水平。

【例8-2】 请结合引导案例“中金黄金”2008年、2009年的财务报表，对其资产管理效率进行分析。

【实例分析】

1. 存货周转率与存货周转天数

根据“中金黄金”2008—2009年财务报表数据可知：

2008年存货周转率=14 502 900 000÷1 151 670 000=12.59（次/年）

2008年存货周转天数=365÷12.59=28.99（次/年）

2009年存货周转率=18 712 100 000÷1 564 350 000=11.96（天）

2009年存货周转天数=365÷11.96=30.52（天）

该公司存货周转率有所下降，从2008年的12.59降低到2009年的11.96，存货周转天数从2008年的28.99天下降到2009年的30.52天。

2. 应收账款周转率和周转天数

根据“中金黄金”2008—2009年财务报告，可以得到其应收账款周转率为：

2008年应收账款周转率=14 502 900 000÷562 306 000=25.79（次/年）

2009年应收账款周转率=18 712 100 000÷637 737 000=29.34（次/年）

2008年应收账款周转天数=365÷25.79=14.15（天）

2009年应收账款周转天数=365÷29.34=12.44（天）

由此可以看出，“中金黄金”的应收账款周转率从 2008 年的 25.79 次/年提高到 2009 年的 29.34 次/年，应收账款周转天数由 2008 年的 14.15 天降低到 2009 年的 12.44 天，企业对应收账款的管理水平有所提高。

3. 流动资产周转率和周转天数

根据“中金黄金”2008—2009 年相关财务报告，可以计算得出：

2008 年流动资产周转率＝14 502 900 000÷2 869 730 000＝5.05（次/年）

2009 年流动资产周转率＝18 712 100 000÷4 084 250 000＝4.58（次/年）

2008 年流动资产周转天数＝365÷5.05＝72.28（天）

2009 年流动资产周转天数＝365÷4.58＝79.69（天）

计算结果表明，“中金黄金”流动资产周转率有所下降，而流动资产周转天数有所增加，其流动资产的周转速度有所下降。

4. 总资产周转率和周转天数

通过“中金黄金”2008—2009 年的资产负债表可以得到以下结论：

2008 年总资产周转率＝14 502 900 000÷8 076 490 000＝1.80（次/年）

2009 年总资产周转率＝18 712 100 000÷12 552 600 000＝1.49（次/年）

2008 年总资产周转天数＝365÷1.80＝202.78（天）

2009 年总资产周转天数＝365÷1.49＝244.97（天）

由此可知，“中金黄金”的总资产周转率有所下降，而总资产周转天数有所上升，总资产的周转速度有所降低。

子任务三　盈利能力分析

盈利能力就是企业赚取利润的能力。不管是投资人、债权人还是企业经营管理人员，都非常重视企业的盈利能力。反映企业盈利能力的指标很多，通常使用的主要有营业净利率、营业毛利率、资产净利率、权益净利率。另外，在上市公司盈利能力分析中经常涉及的指标有每股收益、每股股利、每股净资产和市盈率等。

一、营业净利率

营业净利率是指净利润与营业收入的比值。其计算公式为：

$$营业净利率=\frac{净利润}{营业收入}\times 100\%$$

该指标反映了每 1 元营业收入带来的净利润的多少，表示营业收入的收益水平。从营业净利率的指标关系看，净利润与营业净利率成正比关系，而营业收入额与销售净利率成反比关系。企业在增加营业收入的同时，必须相应地获得更多的净利润，才能使销售净利率保持不变或有所提高。通过分析销售净利率的升降变动，可以促使企业在扩大销售的同时，注意改进经营管理，提高盈利水平。

由此可知，当企业的营业净利率有所下降时，表明其营业收入的收益水平有所下降；反之亦然。

二、营业毛利率

营业毛利率是企业销售毛利与营业收入的比值，它反映企业营业收入的收益水平，可用来评价企业通过销售赚取利润的能力。其计算公式为：

$$营业毛利率=\frac{营业毛利}{营业收入}\times100\%=\frac{(营业收入-营业成本)}{营业收入}\times100\%$$

销售毛利率表示每1元的销售收入扣除销售成本后，有多少可以用于各项期间费用和形成盈利。销售毛利率是企业销售净利率的最初基础，没有足够大的销售毛利率，企业便不能盈利。

三、资产净利率

资产净利率又称投资报酬率，是企业一定时期内的净利润与资产总额的比率，反映了企业总资产的综合利用效率。其计算公式为：

$$资产净利率=\frac{净利润}{总资产}\times100\%$$

公式中的净利润来自利润表，总资产来自资产负债表，根据需要，总资产可以是来自资产负债表中的“期末总资产”项目，但最好是“期初总资产”和“期末总资产”项目的平均数。

将企业一定期间的净利润与企业的平均资产比较，可以看出该企业资产利用的效果。一般来说，资产净利率越高，说明资产利用的效率越高，即企业在增收节支方面取得了很大的效果；反之，则说明资产的利用效率低。

资产净利率可以综合反映企业资产利用效果，企业的净利润的多少与企业资产的多少、资产的结构、管理水平高低直接相关。影响资产净利率高低的主要因素有产品的价格、成本的高低、产销量、固定资产的数量等。为了正确使用该指标，应将其与行业平均水平或先进水平进行比较，或是与本企业的前期水平比较，并分析形成差距的原因，以便加强管理，提高经济效益。

四、权益净利率

权益净利率又称净资产收益率，是企业一定时期内的净利润与股东权益的比率。它反映了投资者投入企业的权益资本及其积累获取净收益的能力，是评价企业资本经营效益的核心指标。其计算公式为：

$$权益净利率=\frac{净利润}{股东权益}\times100\%$$

公式中的净利润来自利润表。股东权益来自资产负债表。根据需要，股东权益可以是来自资产负债表中的“期初股东权益”项目，但最好是“期初股东权益”和“期末股东权益”项目的平均数。

权益净利率是反映企业获利能力的一个重要指标，有很强的综合性。一般来说，权益净利率越高，说明权益性资本的获利能力越强，在运用该指标进行财务分析时，是把所有者权益（净资产）作为一个整体来考察的，一般不单独考察其中的某一部分，以免对指标数值产生不良影响。

五、盈余现金保障倍数

盈余现金保障倍数是企业一定时期经营现金净流量与净利润的比值，反映了企业当前净利润中现金收益的保障程度。其计算公式为：

$$盈余现金保障倍数=\frac{经营现金净流量}{净利润}\times 100\%$$

一般情况下，当企业当期净利润大于0时，盈余现金保障倍数应当大于1。该指标越大，表明企业经营活动产生的净利润对现金的贡献越大。

六、每股收益

每股收益是综合反映企业获利能力的重要指标，可以用来判断和评价管理层的经营业绩。每股收益的计算公式为：

$$每股收益=\frac{归属普通股的净利润}{发行在外的普通股加权平均数}$$

对投资者来说，每股收益是一个综合性的盈利概念，能比较恰当地说明收益的增长或减少。人们一般将每股收益视为企业能否成功地达到其利润目标的计量标志，也可以将其看成是一家企业管理效率、盈利能力和股利来源的标志。

每股收益这一财务指标在不同行业、不同规模的上市公司之间具有相当大的可比性，因而在各上市公司之间的业绩比较中被广泛地运用。此指标越大，表明盈利能力越好，股利分配来源越充足，资产增值能力越强。

七、每股股利

每股股利是企业股利总额与企业流通股股数的比值。其计算公式为：

$$每股股利=\frac{股利总额}{流通股股数}$$

每股股利反映的是上市公司每一普通股获取股利的多少。每股股利越多，则企业股本获利能力就越强；每股股利越少，则企业股本获利能力就越弱。但须注意，上市公司每股股利发放多少，除了受上市公司获利能力大小影响以外，还取决于企业的股利发放政策。如果企业为了增强发展后劲而增加企业的公积金，则当前的每股股利必然会减少；反之，则当前的每股股利会增加。

八、市盈率

市盈率是股票每股市价与每股收益的比率。上市公司的市盈率一直是广大股票投资者进行中长期投资的重要决策指标。其计算公式如下：

$$市盈率=\frac{每股市价}{每股收益}$$

一方面，市盈率越高，意味着企业未来成长的潜力越大，也即投资者对该股票的评价越高；反之，投资者对该股票的评价越低。另一方面，市盈率越高，说明投资于该股票的风险越大；市盈率越低，说明投资于该股票的风险越小。

九、每股净资产

每股净资产又称每股账面价值，是指企业净资产与发行在外的普通股股数之间的比率。它用公式表示为：

$$每股净资产=\frac{股东权益总额}{发行在外的普通股股数}$$

每股净资产显示了发行在外的每一普通股股份所能分配的企业账面净资产的价值。这里所说的账面净资产是指企业账面上的总资产减去负债后的余额，即股东权益总额。每股净资产指标反映了在会计期末每一股份在企业账面上到底值多少钱，它与股票面值、发行价值、市场价值乃至清算价值等往往有较大差距。

利用该指标进行横向和纵向对比，可以衡量上市公司股票的投资价值。如在企业性质相同、股票市价相近的条件下，某一企业股票的每股净资产越高，则企业发展潜力与其股票的投资价值就越大，投资者所承担的投资风险就越小。但是也不能一概而论，在市场投机气氛较浓的情况下，每股净资产指标往往不太受重视。

十、市净率

市净率是每股市价与每股净资产的比率，是投资者用以衡量、分析个股是否具有投资价值的工具之一。市净率的计算公式如下：

$$市净率=\frac{每股市价}{每股净资产}$$

一般来说，市净率较低的股票，其投资价值较高；反之，则投资价值较低。但有时较低市净率反映的可能是投资者对公司前景的不良预期，而较高市净率则相反。因此，在判断某只股票的投资价值时，还要综合考虑当时的市场环境以及公司经营情况、资产质量和盈利能力等因素。

【例 8-3】请结合引导案例中“中金黄金”2008 年、2009 年的财务报表，对其盈利能力进行分析。

【实例分析】

1. 营业净利率

根据“中金黄金”2008—2009 年的财务报表，可以得到：

2008 年营业净利率＝684 378 000÷14 502 900 000×100％＝4.72％

2009 年营业净利率＝748 881 000÷18 712 100 000×100％＝4.00％

2. 营业毛利率

根据“中金黄金”2008—2009 年的财务报告，可知：

2008 年营业毛利率＝（14 502 900 000－13 647 100 000）÷14 502 900 000
＝5.90％

2009 年营业毛利率＝（18 712 100 000－ 17 686 100 000）÷18 712 100 000
＝5.48％

由此可见，该公司的营业毛利率有所下降。

3. 资产净利率

根据“中金黄金”2008—2009年财务报告，可知：

2008年资产净利率＝684 378 000÷8 076 490 000×100％＝8.47％

2009年资产净利率＝748 881 000÷12 552 600 000×100％＝5.97％

由此可见，“中金黄金”的资产净利率由2008年的8.47％降低到2009年的5.97％，总资产的盈利能力有所下降，结合前面的分析，主要原因是企业大量负债造成的企业总资产大幅增加。

4. 权益净利率

由“中金黄金”相关财务报表可知：

2008年权益净利率＝684 378 000÷4 612 120 000×100％＝14.84％

2009年权益净利率＝748 881 000÷4 651 570 000×100％＝16.10％

由此可见，“中金黄金”权益净利率指标由2008年的14.84％提高到2009年的16.10％，权益性资本的获利能力有所提高。

5. 盈余现金保障倍数

根据“中金黄金”相关报表，可知：

2008年盈余现金保障倍数＝106 340 000÷684 378 000＝0.16

2009年盈余现金保障倍数＝810 946 000÷748 881 000＝1.08

由以上计算可知，该指标由2008年的0.16大幅提高到2009年年底的1.08，企业经营活动产生的净利润对现金的贡献大幅提高。

子任务四　发展能力分析

企业发展能力是指企业未来生产经营活动的发展趋势和发展潜能，也可称为增长能力。企业发展能力分析指标主要有股东权益增长率、资产增长率、营业增长率、收益增长率等，分别衡量企业在股东权益、资产、营业收入及收益等方面的发展能力。

一、股东权益增长率

股东权益增长率是指本期股东权益增加额与股东权益期初余额的比率，也叫作资本积累率。其计算公式为：

$$股东权益增长率=\frac{本期股东权益增加额}{股东权益期初余额}\times 100\%$$

股东权益增长率越高，表明企业本期增加的股东权益越多；反之，股东权益增长率越低，表明企业本期股东权益增加得越少。

二、资产增长率

企业要增加销售收入，就需要增加资产投入。为了反映企业在资产投入方面的增长情况，可以利用资产增长率指标。资产增长率是指本期资产增加额与资产期初余额之比。其计算公式如下：

$$资产增长率=\frac{本期资产增加额}{资产期初余额}\times 100\%$$

资产增长率是用来考核企业资产投入增长幅度的财务指标。资产增长率为正数，说明企业本期资产规模增加，资产增长率越大，说明资产规模增长幅度越大；反之，资产增长率为负数，则说明企业本身资产规模缩小，资产出现负增长。

三、营业增长率

市场是企业生存和发展的空间，销售增长是企业增长的源泉。一个企业的销售情况越好，说明其在市场中所占份额越大，企业生存和发展的市场空间也越大，因此可以用销售增长率来反映企业在销售方面的发展能力。营业增长率就是本期营业收入增加额与上期营业收入的比率。其计算公式如下：

$$营业增长率=\frac{本期营业收入增加额}{上期营业收入}\times 100\%$$

需要说明的是，如果上期营业收入为负值，则应取其绝对值代入公式进行计算。该公式反映的是企业整体营业收入增长情况。营业增长率为正数，说明企业本期营业规模扩大，营业增长率越高，说明企业营业收入增长得越快，营业情况越好。

四、收益增长率

企业的价值取决于其未来收益，企业的收益增长是反映企业发展能力的重要方面。由于收益可表现为营业利润、净利润等多种指标，因此相应的收益增长率也具有不同的表现形式。在实际中，通常使用净利润增长率、营业利润增长率这两种比率。

（一）净利润增长率

净利润增长率是本期净利润增加额与上期净利润之比。其计算公式如下：

$$净利润增长率=\frac{本期净利润增加额}{上期净利润}\times 100\%$$

该公式反映了企业净利润的增长情况。净利润增长率为正数，说明企业本期利润增加，净利润增长率越大，说明企业收益增长得越多；净利润增长率为负数，则说明企业本期净利润减少，收益降低。需要说明的是，如果上期净利润为负值，则应取其绝对值代入公式进行计算。

（二）营业利润增长率

如果一个企业营业收入增长，但利润并未增长，那么从长远看，其并没有创造经济价值。同样，一个企业如果营业利润增长，但营业收入并未增长，其利润的增长并非来源于营业收入，这种增长也是不能持续的。随着时间的推移也会消失。因此，利用营业利润增长率这一比率可以较好地考察企业的成长性。

营业利润增长率是本期营业利润增加额与上期营业利润之比。其计算公式如下：

$$营业利润增长率=\frac{本期营业利润增加额}{上期营业利润}\times 100\%$$

该公式反映的是企业营业利润增长情况。营业利润增长率为正数，说明企业本期营业利润增加，营业利润增长率越大，说明企业收益增长得越多；营业利润增长率为负数，则说明企业本期营业利润减少，收益降低。同样，如果上期营业利润为负值，则应取其绝对值代入公式进行计算。

为了更正确地反映企业净利润和营业利润的增长趋势，应将企业连续多期的净利润增长率和营业利润增长率指标进行对比分析。这样可以排除个别时期偶然性或特殊性因素的影响，从而更加全面地揭示企业净利润和营业利润的增长情况。

【例 8-4】请结合引导案例中“中金黄金”2008 年、2009 年的财务报表，计算其发展能力指标。

【实例分析】

根据“中金黄金”2008－2009 年财务报告，可知：

2009 年股东权益增长率＝（4 651 570 000－4 612 120 000）÷4 612 120 000
＝0.86％

2009 年资产增长率＝（12 552 600 000－8 076 490 000）÷8 076 490 000＝55.42％

2009 年营业增长率＝（18 712 100 000－14 502 900 000）÷14 502 900 000
＝29.02％

2009 年净利润增长率＝（7 488 810 000－6 843 780 000）÷6 843 780 000＝9.43％

2009 年营业利润增长率＝（1 035 170 000－856 125 000）÷853 125 000＝20.99％

任务二　财务报表综合指标分析

【任务描述】

单独用任何一类财务指标对企业的财务报表进行分析，都有“管中窥豹”的意味，很难全面评价企业的财务状况和经营成果，只有对各种财务指标进行综合、系统的分析，才能对企业的财务状况作出全面、合理的评价。因此，必须对企业财务报表进行综合的分析。

财务报表综合分析就是对企业的偿债能力、营运能力、盈利能力和发展能力等各个方面的分析纳入一个有机的整体，全面地对企业的经营成果和财务状况进行剖析，对企业经济效益的优劣作出判断。财务报表综合分析的主要方法有杜邦综合财务分析法和沃尔综合评分法两种。

【任务实施】

子任务一　杜邦财务分析法

一、杜邦分析法的原理

企业的财务状况是一个完整的有机整体，内部的各种因素都是相互依存、相互作用的，任何一个因素的变动都会引起企业整体财务状况的改变。因此，财务分析人员在进行财务综合分析时，应深入了解企业财务内部的各项因素及其相互之间的关系，这样才能比较全面地揭示企业财务状况的全貌。

杜邦分析法又称杜邦财务分析体系，简称杜邦体系（The Du Pont System），是利用主要财务比率之间的内在联系，对企业财务状况和经营成果进行综合系统评价的方法。这种方法首先由杜邦公司的财务经理创造出来，故命名为杜邦分析体系。这种分析方法从评价企业绩效最具综合性和代表性的指标——权益净利率出发，以资产净利率和权益乘数为核心，重点揭示企业获利能力及权益乘数对权益净利率的影响以及各相关指标间的相互作用关系。杜邦分析体系将权益净利率（净资产收益率）分解为如图 8-1 所示，其分析关系式为：

权益净利率（净资产收益率）＝营业净利率×总资产周转率×权益乘数

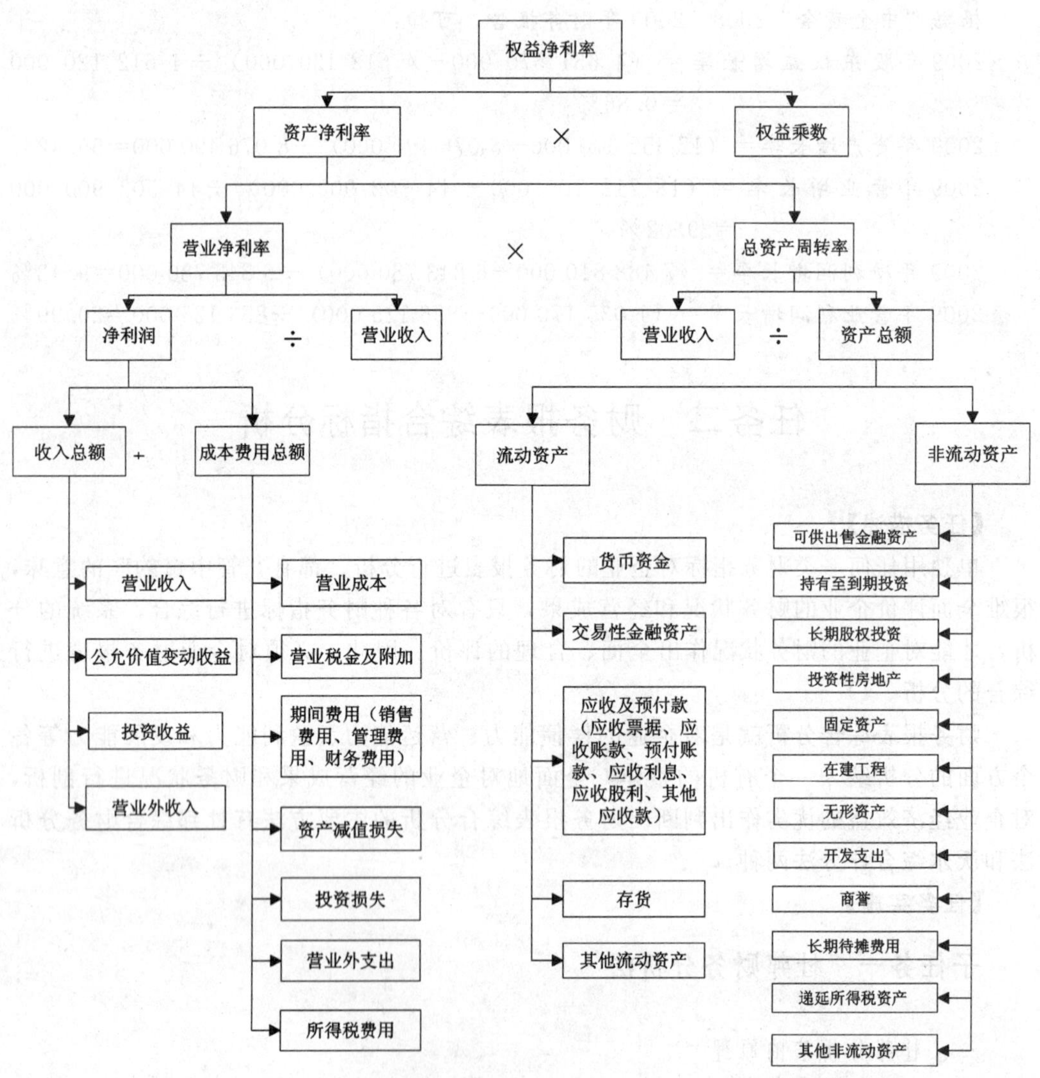

图 8-1　杜邦分析体系基本框架

该体系是一个多层次的财务比率分析体系。各项财务比率可在每个层次上与本企业历史或同行业财务比率进行比较，比较后向下一级进行分解。逐级向下分解，逐步覆盖企业经营活动的每个环节，以实现系统、全面评价企业经营成果和财务状况的目的。

二、运用杜邦分析法需要注意的问题

(一)权益净利率(净资产收益率)是一个综合性最强的财务分析指标,是杜邦分析体系的起点

财务管理的最终目标是实现股东财富的最大化,权益净利率反映了企业所有者投入资本的获利能力,说明了企业筹资、投资、资产运营等各项财务及其管理活动的效率,而不断提高权益净利率是使所有者权益最大化的基本保证。因此,权益净利率这一指标是企业所有者、经营者都十分关注的。

权益净利率在不同企业之间具有很好的可比性,是杜邦分析体系的核心比率。由于资本的逐利性,总是流向投资报酬率高的行业和企业,因此各企业的权益净利率会比较接近。如果一个企业的权益净利率经常高于其他企业,就会引来竞争者,迫使该企业的权益净利率回到平均水平。如果一个企业的权益净利率低于其他企业,就得不到资金,会被市场驱逐,使得幸存企业的权益净利率提升到平均水平。

权益净利率不仅有很好的可比性,而且有很强的综合性。为了提高权益净利率,通过对公式的研究,管理者可以有三种途径。

$$\text{权益净利率}=\frac{\text{净利润}}{\text{所有者权益}}$$

$$=\frac{\text{净利润}}{\text{营业收入}}\times\frac{\text{营业收入}}{\text{总资产}}\times\frac{\text{总资产}}{\text{所有者权益总额}}$$

$$=\text{营业净利率}\times\text{总资产周转率}\times\text{权益乘数}$$

这样就将权益净利率的决定因素分解成了营业净利率、总资产周转率和权益乘数三个部分。无论提高其中哪个比率,权益净利率都会提高。其中,“营业净利率”是利润表的概括,“营业收入”在利润表的第一行,“净利润”在利润表的最后一行,两者相除可以概括全部经营成果;“权益乘数”是资产负债表的概括,表明资产、负债和股东权益的比例关系,可以反映最基本的财务状况;“总资产周转率”把利润表和资产负债表联系起来,使权益净利率可以综合整个企业经营活动和财务活动的业绩。

(二)营业净利率反映了企业净利润与销售收入的关系,它的高低取决于销售收入与总成本的高低

要想提高营业净利率,一是要扩大营业收入;二是要降低成本费用。扩大营业收入既有利于提高营业净利率,又有利于提高总资产周转率;降低成本费用是提高营业净利率的一个重要因素。从杜邦分析图可以看出成本费用的基本结构是否合理,从而找出降低成本费用的途径和加强成本费用控制的办法。

(三)影响总资产周转率的一个重要因素是资产总额

资产总额由流动资产和长期资产组成,他们的结构合理与否将直接影响资产的周转速度。一般来说,流动资产直接体现了企业的偿债能力和变现能力,而长期资产体现了企业的经营规模、发展潜力。流动资产与非流动资产之间应该有一个合理的比例关系。如果发现某项资产比重过大,影响资金周转,就应深入分析其原因。

(四) 权益乘数主要受资产负债率指标的影响

$$\text{权益乘数}=\frac{\text{资产总额}}{\text{所有者权益总额}}$$
$$=\frac{\text{负债总额}+\text{所有者权益总额}}{\text{所有者权益总额}}$$
$$=\frac{1}{(1-\text{资产负债率})}$$

资产负债率越高，权益乘数就越高，说明企业的负债程度比较高，给企业带来了较多的杠杆利益，同时，也带来了较大的风险。如何配置财务杠杆是企业最重要的财务政策。

杜邦分析体系就是对企业财务状况的综合分析。它把不同种类的指标通过某种关系联系起来，建立金字塔形分析体系，对核心指标的变动进行分析，从而全面、直观、系统地反映出了企业的财务状况，可大大提高对财务报表分析的效率。该体系的最大特点就是简洁、操作性强。它把有关指标的内在联系显示出来，通过层层分解，把净资产收益率这一综合指标发生升、降变化的原因具体化，找出企业财务问题的症结之所在。然而，杜邦分析体系更偏重于企业所有者的利益角度。从杜邦指标体系来看，在其他因素不变的情况下，资产负债率越高，净资产收益率就越高。这是因为利用较多负债可以产生财务杠杆作用。但这样的角度没有考虑财务风险的因素，负债越多，财务风险越大，偿债压力就越大。因此，还要结合其他指标进行综合分析。

【例 8-5】 请结合引导案例中"中金黄金"2008—2009 年的财务报表，用杜邦分析法对其进行简单分析。

【实例分析】

根据"中金黄金"2008－2009 年财务报表，可以得到以下财务比率，见下表 8-4：

表 8-4 "中金黄金"2008－2009 年度部分财务比率 %

项 目	基本公式	2008	2009
权益净利率	净利润÷所有者权益	14.84	16.10
资产负债率	负债总额÷资产总额	42.89	62.94
权益乘数	1÷（1－资产负债率）	1.751	2.698 3
资产净利率	净利润÷资产总额	8.47	5.97
营业净利率	净利润÷营业收入	4.718 9	4.002 1
总资产周转率（次）	营业收入÷资产总额	1.795 7	1.490 7

1. 对权益净利率的分析

该企业的权益净利率在 2008 年至 2009 年期间出现了增长，从 2008 年的 14.84％增加至 2009 年的 16.10％。企业的投资者在很大程度上依据权益净利率这一指标来判断是否投资该企业股份。同时，该指标也是考察经营者业绩和决定利润分配的重要数据，对企业的管理者也至关重要。

$$权益净利率=\frac{权益乘数}{资产净利率}$$

2008 年权益净利率＝1.751×8.47％＝14.84％

2009 年权益净利率＝2.6 983×5.97％＝16.10％

通过以上计算可以看出，“中金黄金”在 2009 年权益净利率的变动是资本结构（权益乘数）变动和资产利用效果（资产净利率）共同作用的结果。权益乘数大幅度提高，从 1.751 提高到 2.698 3；而资产净利率出现了较大幅度的下降，从 8.47％降低到 5.97％。

2. 对权益乘数的分析

$$权益乘数=\frac{资产总额}{所有者权益总额}=\frac{1}{(1-资产负债率)}$$

$$2008\ 年权益乘数=\frac{1}{1-42.89\%}=1.751$$

$$2009\ 年权益乘数=\frac{1}{1-62.94\%}=2.698\ 3$$

通过以上计算可知，“中金黄金”的资产负债率由 2008 年的 42.89％增长到了 2009 年的 62.94％，说明企业在 2009 年大量增加负债。这样，一方面使企业股东可以享受财务杠杆带来的收益倍增；但另一方面，企业的财务风险也在增加。因此，无论是投资人还是企业的管理者都应该注意举债给企业带来的风险与机遇。

3. 对资产净利率的分析

资产净利率＝销售净利率×总资产周转率

2008 年资产净利率＝4.718 9％×1.795 7＝8.47％

2009 年资产净利率＝4.002 1％×1.490 7＝5.97％

通过以上计算可以看出，“中金黄金”的资产净利率从 2008 年的 8.47％降低到 2009 年的 5.97％，企业单位资产的盈利能力在降低。这种现象是营业净利率和总资产周转率共同作用的结果。具体降低的原因还需进一步分解后进行分析。

4. 对营业净利率的分析

$$营业净利率=\frac{净利润}{营业收入}$$

$$2008\ 年营业净利率=\frac{684\ 378\ 000}{14\ 502\ 900\ 000}\times 100\%\approx 4.718\ 9\%$$

$$2009\ 年营业净利率=\frac{748\ 881\ 000}{18\ 712\ 100\ 000}\times 100\%\approx 4.002\ 1\%$$

该企业营业收入由 2008 年的 14 502 900 000 元增长到 18 712 100 000 元，增长幅度为 29.02％，净利润由 2008 年的 684 378 000 元增长到 2 009 年的 748 881 000 元，增长幅度为 9.43％。净利润的增长幅度远小于营业收入，其原因在于成本费用总额的大幅度提升。

5. 对成本费用总额的分析

成本费用总额＝营业成本＋营业税金及附加＋期间费用（销售费用，管理费用，财务费用）＋资产减值损失＋营业外支出＋所得税费用

2008 年成本费用总额＝12 839 000 000＋33 717 500＋（47 602 700＋647 628 000＋66 681 700）＋12 456 200＋59 795 900＋202 361 000＝13 909 243 000（元）

2009 所成本费用总额＝16 690 000 000＋30 877 300＋（62 736 500＋777 285 000＋101 964 000）＋23 251 500＋67 178 600＋280 074＝18 033 366 900（元）

由以上计算可以看到，成本费用总额由 2008 年的 13 909 243 000 元提高到 2009 年的 18 033 366 900 元，增长幅度为 29.65%，高于销售收入的增长幅度。因此，导致该企业营业净利率下降的主要原因是成本的大幅度提高。具体来看，影响程度最大的是成本费用总额中营业成本的提高，其增长幅度为 29.99%。经过进一步调查，营业成本的大幅度提高是由于 2009 年能源与原材料涨价对企业造成的不利影响造成的。

6. 对总资产周转率的分析

$$\text{总资产周转率}=\frac{\text{营业收入}}{\text{资产总额}}=\frac{\text{营业收入}}{\text{负债总额}+\text{所有者权益总额}}$$

$$\text{2008 年总资产周转率}=\frac{14\ 502\ 900\ 000}{3\ 464\ 370\ 000+4\ 612\ 120\ 000}\approx 1.795\ 7$$

$$\text{2009 年总资产周转率}=\frac{18\ 712\ 100\ 000}{7\ 901\ 020\ 000+4\ 612\ 120\ 000}\approx 1.490\ 7$$

通过以上分解可以看出，“中金黄金”在 2008 年至 2009 年期间，所有者权益总额并没有变化，而负债总额则由 3 464 370 000 元大幅度提高到 7 901 020 000 元。负债的大幅度提高是总资产周转率降低的原因。

7. 结论

对于“中金黄金”，最为重要的就是要努力降低各项成本，在控制成本上下功夫。同时注意控制自己的负债规模，在合理利用财务杠杆作用的同时，不能忽视财务风险给企业发展带来的不确定性。

子任务二　沃尔综合评分法

一、沃尔综合评分法的原理

企业财务综合分析的先驱者之一是亚历山大·沃尔。他在 20 世纪初出版的《信用晴雨表研究》和《财务报表比率分析》中提出了信用能力指数的概念，他把若干个财务比率用线性关系结合起来，以此来评价企业的信用水平，被称为沃尔评分法。他选择了七种财务比率，分别给定了其在总评价中所占的比重，总和为 100 分；然后，确定标准比率，并与实际比率相比较，评出每项指标的得分，求出总评分。

沃尔评分法从理论上讲，有一个弱点，就是未能证明为什么要选择这七个指标，而不是更多些或更少些，或者选择别的财务比率，以及未能证明每个指标所占比重的合理性。沃尔的分析法从技术上讲有一个问题，就是当某一个指标严重异常时，会对综合指数产生不合逻辑的重大影响。这个缺陷是由相对比率与比重相“乘”而引起的。财务比率提高一倍，其综合指数增加 100%；而财务比率缩小一倍，其综合指数只减少 50%。

现代社会与沃尔的时代相比，已有很大的变化。一般认为，企业财务评价的内容首先是盈利能力，其次是偿债能力，再次是成长能力，它们之间大致可按 5∶3∶2 的比重来分配。盈利能力的主要指标是总资产报酬率、营业净利率和净资产收益率，这三个指标可按 2∶2∶1 的比重来安排。偿债能力有四个常用指标。成长能力有三个常用指标（都是本年增量与上年实际量的比值）。假定仍以 100 分为总评分。

二、沃尔综合评分法的内容

沃尔综合评分分析法的内容包括以下几个方面：

（1）选定评价企业财务状况的财务比率。在选择财务比率时，一是要具有全面性，反映企业财务能力的各大财务比率都应考虑包括在内；二是要具有代表性，即要选择能够说明问题的重要财务比率；三是要具有变化方向的一致性，即当财务比率增大时，表示财务状况的改善，反之，财务比率减小时，表示财务状况的恶化。

（2）根据各项财务比率的重要程度，确定其标准评分值，即重要性系数。各项财务比率的标准评分值之和应该等于 100 分。各项评分比率评分值的确定是财务比率综合评分法的一个重要问题，它直接影响到对企业财务状况的评分多少。对各项财务比率的重要程度的判断，应根据企业的经营活动的性质、生产经营规模、市场形象和分析者的分析目的等因素来确定。

（3）规定各项财务比率评分值的上限和下限，即最高评分值和最低评分值，这主要是为了避免个别财务比率的异常给总分造成不合理的影响。

（4）确定各项财务比率的标准值。财务比率的标准值是各项财务比率在本企业现实条件下最理想的数值，亦即最优值。财务比率的标准值通常可以参照同行业的平均水平，并经过调整后进行确定。

（5）计算企业在一定时期内各项财务比率的实际值。

（6）计算各项财务比率实际值与标准值的比率，即关系比率。关系比率等于财务比率的实际值除以标准值。

（7）计算各项财务比率的实际得分。各项财务比率的实际得分是关系比率和标准评分值的乘积，每项财务比率的得分都不得超过上限或下限，各项财务比率实际得分的合计数就是企业财务状况的综合得分。企业财务状况综合得分的高低反映了企业综合财务状况是否良好。如果综合得分等于或接近于 100 分，说明企业的财务状况是良好的，达到了预先确定的标准；如果综合得分低于 100 分很多，就说明企业的财务状况较差，应当采取适当的措施加以改善；如果综合得分超过 100 分很多，就说明企业的财务状况很理想。

例如，采用沃尔综合评分法对 A 公司 2010 年的财务状况进行综合评价，具体步骤可见表 8-5。从表中可以看到，甲公司财务状况的综合评分为 99.90 分，非常接近 100 分，说明该公司财务状况良好，与选定的标准是基本一致的。

表 8-5　A 公司 2010 年财务比率综合分析表

财务比率	评分值 ①	标准值 ②	实际值 ③	关系比值 ④=③÷②	实际得分 ⑤=①×④
流动比率	10	2	1.98	0.99	9.9
速动比率	10	1.2	1.29	1.08	10.8
资产/负债	12	2.1	2.17	1.03	12.36
存货周转率	10	6.5	6.6	1.02	10.2
应收账款周转率	8	13	12.72	0.98	7.84
总资产周转率	10	2.1	2.05	0.98	9.8
资产报酬率	15	31.50%	30.36%	0.96	14.4
股东权益报酬率	15	58.33%	57.19%	0.98	14.7
销售净利率	10	15%	14.79%	0.99	9.9
	100				99.9

课后实训

一、单项选择题

1. 下列财务比率中，反映企业短期偿债能力的是（　　）。

A. 现金流量比率　B. 资产负债率　C. 偿债保障比率　D. 利息保障倍数

2. 下列财务比率中，反映企业营运能力的是（　　）。

A. 资产负债率　B. 流动比率　C. 存货周转率　D. 资产报酬率

3. 下列指标中属于效率比率的是（　　）。

A. 流动比率　B. 资本利润率

C. 资产负债率　D. 流动资产占全部资产的比重

4. 短期债权人在进行企业财务分析时，最为关心的是（　　）。

A. 企业获利能力　B. 企业支付能力

C. 企业社会贡献能力　D. 企业资产营运能力

5. 反映部分与总体关系的比率为（　　）。

A. 相关比率　B. 效率比率　C. 构成比率　D. 互斥比率

6. 下列选项中，评价企业短期偿债能力强弱的最可信指标是（　　）。

A. 现金比率　B. 已获利息倍数　C. 流动比率　D. 存货周转率

7. 如果企业速动比率很小，下列结论成立的是（　　）。

A. 企业流动资产占用过多　B. 企业短期偿债能力很强

C. 企业短期偿债风险很大　D. 企业资产流动性很强

8. 权益乘数表示企业负债程度，权益乘数越低，则企业的负债程度（　　）。

A. 越高　B. 越低　C. 不确定　D. 为 0

9. 产权比率与权益乘数的关系是（　　）。

A. 产权比率×权益乘数＝1

B. 权益乘数＝1÷（1－产权比率）

C. 权益乘数＝1÷（1－产权比率）÷产权比率

D. 权益乘数＝1＋产权比率

10. 下列指标中，反映企业盈利能力的指标是（　　）。

A. 营业净利率　　B. 已获利息倍数

C. 产权比率　　D. 总资产周转天数

11. 已获利息倍数指标中的利息费用主要是指（　　）。

A. 只包括财务费用中的利息费用，不包括固定资产资本化利息

B. 只包括固定资产资本化利息

C. 只包括银行借款的利息费用

D. 既包括财务费用中的利息费用，又包括计入固定资产的资本化利息

12. 杜邦分析法主要用于（　　）。

A. 企业偿债能力分析　　B. 企业营运能力分析

C. 企业财务状况的趋势分析　　D. 企业财务状况的综合分析

二、多项选择题

1. 如果流动比率过高，意味着企业存在的可能是（　　）。

A. 存在闲置现金　　B. 存在存货积压

C. 应收账款周转缓慢　　D. 偿债能力很差

2. 影响速动比率的因素有（　　）。

A. 应收账款　　B. 存货　　C. 短期借款　　D. 应收票据

3. 分析企业短期偿债能力的比率有（　　）。

A. 流动比率　　B. 负债比率　　C. 速动比率　　D. 权益乘数

4. 分析企业营运能力的比率有（　　）。

A. 速动比率　　B. 利息保障倍数

C. 应收账款平均收账期　　D. 固定资产利用率

5. 若流动比率大于1，则下列结论不一定成立的是（　　）。

A. 速动比率大于1　　B. 营运资金大于0

C. 资产负债率大于1　　D. 短期偿债能力绝对有保障

6. 一般来说，提高存货周转率意味着（　　）

A. 存货变现的速度慢　　B. 资金占用水平低

C. 存货变现的速度快　　D. 周转额大

7. 下列各项指标中，可用于分析企业长期偿债能力的有（　　）。

A. 产权比率　　B. 流动比率　　C. 资产负债率　　D. 长期资产适合率

8. 下列各项中，属于速动资产的有（　　）。

A. 现金　　B. 应收账款　　C. 其他应收款　　D. 存货

9. 从杜邦分析体系可知，提高净资产收益率的途径在于（　　）。

A. 加强负债管理，降低负债比率　　B. 加强成本管理，降低成本费用

C. 加强销售管理，提高营业净利率　　D. 加强资产管理，提高资产周转率

10. 下列各项中，对资产负债率的评价正确的有（　　）。

A. 从债权人角度看，负债比率越大越好

B. 从债权人角度看，负债比率越小越好

C. 从股东角度看，负债比率越高越好

D. 从股东角度看，当全部资本利润率高于债务利息率时，负债比率越高越好

三、判断题

1. 对于企业来说，存货周转率过高，未必就说明存货管理得好。（　　）

2. 应收账款周转率过低或过高对企业都可能是不利的。（　　）

3. 速动比率很低的企业，其流动负债到期绝对不能偿还。（　　）

4. 负债比率越高，说明企业的偿债能力越强。（　　）

5. 股利支付率是每股股利与每股收益的比率。（　　）

6. 相关比率是指某项经济指标的各个组成部分与总体的比率。（　　）

7. 企业投资者在进行财务分析时，最关心的是企业是否有足够的支付能力，以保证其债务本息能够及时、足额地偿还。（　　）

8. 权益净利率是一个综合性极强的财务比率，是杜邦系统的核心。（　　）

9. 尽管流动比率可以反映企业的短期偿债能力，但有的企业流动比率较高，却没有能力支付到期的应付账款。（　　）

10. 计算已获利息倍数时的利息费用，仅指计入财务费用的各项利息。（　　）

11. 产权比率侧重于分析债务偿付安全性的物质保障程度。（　　）

12. 权益乘数越大，则资产负债率越小。（　　）

13. 股东权益比率与负债比率之和等于1。（　　）

14. 一般来说，企业的利息保障倍数应至少大于1，否则将难以按期偿还债务及利息。（　　）

15. 市盈率是评价上市公司获利能力的指标，它反映投资者愿意对公司每股净利润支付的价格。（　　）

四、计算题

1. 某企业2010年营业收入为3 500万元，资产总额年初为680万元，年末为720万元；负债总额年初为300万元，年末为360万元；所得税为165万元，利息支出为50万元，已获利息倍数为11。

要求：

（1）计算本期总资产周转率；

（2）计算本期资产净利率；

（3）计算本期资产负债率；

（4）计算本期营业净利率；

（5）计算本期产权比率。

2. 某股份有限公司本年利润分配及年末股东权益的有关资料见下表8-6：

表 8-6 某股份有限公司本年利润分配及年末股东权益的有关资料 元

净利润	2 100	股本（每股面值 1 元）	3 000
加：年初未分配利润	400	资本公积	2 200
可供分配利润	2 500	盈余公积	1 200
减：提取法定盈余公积金	500	未分配利润	600
可供股东分配的利润	2 000		
减：提取任意盈余公积金	200		
已分配普通股股利	1 200		
未分配利润	600	所有者权益合计	7 000

该公司当前股票市场价格为 10.50 元，流通在外的普通股为 3 000 万股。

要求：

(1) 计算普通股每股利润、每股净资产；

(2) 计算该公司当前的股票市盈率、每股股利及股利支付率；

五、技能训练

已知东方公司有关资料如下表 8-7 所示：

表 8-7 东方公司简化资产负债表

2010 年 12 月 31 日 万元

资 产	年初	年末	负债及所有者权益	年初	年末
流动资产			流动负债合计	1 750	1 500
货币资金	500	450	长期负债合计	2 450	2 000
应收账款	600	900	负债合计	4 200	3 500
存货	920	1 440			
待摊费用	230	360			
流动资产合计	2 250	3 150	所有得权益合计	2 800	3 500
固定资产净值	4 750	3 850			
总 计	7 000	7 000	总 计	7 000	7 000

同时，该公司 2009 年度营业净利率为 16%，总资产周转率为 0.5 次，权益乘数为 2.5，净资产收益率为 20%，2010 年度营业收入为 4 200 万元，净利润为 630 万元。

要求：

(1) 计算 2010 年年末的流动比率、速动比率、资产负债率和权益乘数；

(2) 计算 2010 年总资产周转率、营业净利率和净资产收益率（均按期末数计算）；

(3) 计算 2010 年度股东权益增长率、资产增长率；

(4) 分析营业净利率、总资产周转率和权益乘数变动对净资产收益率的影响（假设按此顺序分析）。

附　录

附表一　复利终值系数表

期数	1%	2%	3%	4%	5%	6%	7%	8%	9%	10%
1	1.010 0	1.020 0	1.030 0	1.040 0	1.050 0	1.060 0	1.070 0	1.080 0	1.090 0	1.100 0
2	1.020 1	1.040 4	1.060 9	1.081 6	1.102 5	1.123 6	1.144 9	1.166 4	1.188 1	1.210 0
3	1.030 3	1.061 2	1.092 7	1.124 9	1.157 6	1.191 0	1.225 0	1.259 7	1.295 0	1.331 0
4	1.040 6	1.082 4	1.125 5	1.169 9	1.215 5	1.262 5	1.310 8	1.360 5	1.411 6	1.464 1
5	1.051 0	1.104 1	1.159 3	1.216 7	1.276 3	1.338 2	1.402 6	1.469 3	1.538 6	1.610 5
6	1.061 5	1.126 2	1.194 1	1.265 3	1.340 1	1.418 5	1.500 7	1.586 9	1.677 1	1.771 6
7	1.072 1	1.148 7	1.229 9	1.315 9	1.407 1	1.503 6	1.605 8	1.713 8	1.828 0	1.948 7
8	1.082 9	1.171 7	1.266 8	1.368 6	1.477 5	1.593 8	1.718 2	1.850 9	1.992 6	2.143 6
9	1.093 7	1.195 1	1.304 8	1.423 3	1.551 3	1.689 5	1.838 5	1.999 0	2.171 9	2.357 9
10	1.104 6	1.219 0	1.343 9	1.480 2	1.628 9	1.790 8	1.967 2	2.158 9	2.367 4	2.593 7
11	1.115 7	1.243 4	1.384 2	1.539 5	1.710 3	1.898 3	2.104 9	2.331 6	2.580 4	2.853 1
12	1.126 8	1.268 2	1.425 8	1.601 0	1.795 9	2.012 2	2.252 2	2.518 2	2.812 7	3.138 4
13	1.138 1	1.293 6	1.468 5	1.665 1	1.885 6	2.132 9	2.409 8	2.719 6	3.065 8	3.452 3
14	1.149 5	1.319 5	1.512 6	1.731 7	1.979 9	2.260 9	2.578 5	2.937 2	3.341 7	3.797 5
15	1.161 0	1.345 9	1.558 0	1.800 9	2.078 9	2.396 6	2.759 0	3.172 2	3.642 5	4.177 2
16	1.172 6	1.372 8	1.604 7	1.873 0	2.182 9	2.540 4	2.952 2	3.425 9	3.970 3	4.595 0
17	1.184 3	1.400 2	1.652 8	1.947 9	2.292 0	2.692 8	3.158 8	3.700 0	4.327 6	5.054 5
18	1.196 1	1.428 2	1.702 4	2.025 8	2.406 6	2.854 3	3.379 9	3.996 0	4.717 1	5.559 9
19	1.208 1	1.456 8	1.753 5	2.106 8	2.527 0	3.025 6	3.616 5	4.315 7	5.141 7	6.115 9
20	1.220 2	1.485 9	1.806 1	2.191 1	2.653 3	3.207 1	8.869 7	4.661 0	5.604 4	6.727 5
21	1.232 4	1.515 7	1.860 3	2.278 8	2.786 0	3.399 6	4.140 6	5.033 8	6.108 8	7.400 2
22	1.244 7	1.546 0	1.916 1	2.369 9	2.925 3	3.603 5	4.430 4	5.436 5	6.658 6	8.140 3
23	1.257 2	1.576 9	1.973 6	2.464 7	3.071 5	3.819 7	4.740 5	5.871 5	7.257 9	8.954 3
24	1.269 7	1.608 4	2.032 8	2.563 3	3.225 1	4.078 9	5.072 4	6.341 2	7.911 1	9.849 7
25	1.282 4	1.640 6	2.093 8	2.665 8	3.386 4	4.291 9	5.427 4	6.848 5	8.623 1	10.83 5
30	1.347 8	1.811 4	2.427 3	3.243 4	4.321 9	5.743 5	7.612 3	10.06 3	13.26 8	17.44 9
40	1.488 9	2.208 0	3.262 0	4.801 0	7.040 0	10.286	14.974	21.725	31.409	45.259
50	1.644 6	2.691 6	4.383 9	7.106 7	11.467	18.420	29.457	46.902	74.358	117.39
60	1.816 7	3.281 0	5.891 6	10.520	18.679	32.988	57.946	101.26	176.03	304.48

（续表）

期数	12%	14%	15%	16%	18%	20%	24%	28%	32%	36%
1	1.120 0	1.140 0	1.150 0	1.160 0	1.180 0	1.200 0	1.240 0	1.280 0	1.320 0	1.360 0
2	1.254 4	1.299 6	1.322 5	1.345 6	1.392 4	1.440 0	1.537 6	1.638 4	1.742 4	1.849 6
3	1.404 9	1.481 5	1.520 9	1.560 9	1.643 0	1.728 0	1.906 6	2.097 2	2.300 0	2.515 5
4	1.573 5	1.689 0	1.749 0	1.810 6	1.938 8	1.073 6	2.364 2	2.684 4	3.036 0	3.421 0
5	1.762 3	1.925 4	2.011 4	2.100 3	2.287 8	2.488 3	2.931 6	3.436 0	4.007 5	4.652 6
6	1.973 8	2.195 0	2.313 1	2.436 4	2.699 6	2.986 0	3.635 2	4.398 0	5.289 9	6.327 5
7	2.210 7	2.502 3	2.660 0	2.826 2	3.185 5	3.583 2	4.507 7	5.629 5	6.982 6	8.605 4
8	2.476 0	2.852 6	3.059 0	3.278 4	3.758 9	4.299 8	5.589 5	7.205 8	9.217 0	11.70 3
9	2.773 1	3.251 9	3.517 9	3.803 0	4.435 5	5.159 8	6.931 0	9.223 4	12.166	15.917
10	3.105 8	3.707 2	4.045 6	4.411 4	5.233 8	6.191 7	8.594 4	11.806	16.060	21.647
11	3.478 5	4.226 2	4.652 4	5.117 3	6.175 9	7.430 1	10.657	15.112	21.199	29.439
12	3.896 0	4.817 9	5.350 3	5.936 0	7.287 6	8.916 1	13.215	19.343	27.983	40.037
13	4.363 5	5.492 4	6.152 8	8.885 8	8.599 4	10.699	16.386	24.759	36.937	54.451
14	4.887 1	6.261 3	7.075 7	7.987 5	10.147	12.839	20.319	31.691	48.757	74.053
15	5.473 6	7.137 9	8.137 1	9.265 5	11.974	15.407	25.196	40.565	64.359	100.71
16	6.130 4	8.137 2	9.357 6	10.748	14.129	18.488	31.243	51.923	84.954	136.97
17	6.866 0	9.276 5	10.761	12.468	16.672	22.186	38.741	66.461	112.14	186.28
18	7.690 0	10.575	12.375	14.463	19.673	26.623	48.039	85.071	148.02	253.34
19	8.612 8	12.056	14.232	16.777	23.214	31.948	59.568	108.89	195.39	344.54
20	9.646 3	13.743	16.367	19.461	27.393	38.338	73.864	139.38	257.92	468.57
21	10.804	15.668	18.822	22.574	32.324	46.005	91.592	178.41	340.45	637.26
22	12.100	17.861	21.645	26.186	38.142	55.206	113.57	228.36	449.39	866.67
23	13.552	20.362	24.891	30.376	45.008	66.247	140.83	292.30	593.20	1 178.7
24	15.179	23.212	28.625	35.236	53.109	79.497	174.63	374.14	783.02	1 603.0
25	17.000	26.462	32.919	40.874	62.669	95.396	216.54	478.90	1 033.6	2 180.1
30	29.960	50.950	66.212	85.850	143.37	237.38	634.82	1 645.5	4 142.1	10 143
40	93.051	188.88	267.86	378.72	750.38	1 469.8	5 455.9	19 427	66 521	*
50	289.00	700.23	1 083.7	1 670.7	3 927.4	9 100.4	46 890	*	*	*
60	897.60	2 595.9	4 384.0	7 370.2	20 555	56 348	*	*	*	*

*＞99 999

附表二　复利现值系数表

期数	1%	2%	3%	4%	5%	6%	7%	8%	9%	10%
1	0.990 1	0.980 4	0.970 9	0.961 5	0.952 4	0.943 4	0.934 6	0.925 9	0.917 4	0.909 1
2	0.980 3	0.961 2	0.942 6	0.924 6	0.907 0	0.890 0	0.873 4	0.857 3	0.841 7	0.826 4
3	0.970 6	0.942 3	0.915 1	0.889 0	0.863 8	0.839 6	0.816 3	0.793 8	0.772 2	0.751 3
4	0.961 0	0.923 8	0.888 5	0.854 8	0.822 7	0.792 1	0.762 9	0.735 0	0.708 4	0.683 0
5	0.951 5	0.905 7	0.862 6	0.821 9	0.783 5	0.747 3	0.713 0	0.680 6	0.649 9	0.620 9
6	0.942 0	0.888 0	0.837 5	0.790 3	0.746 2	0.705 0	0.666 3	0.630 2	0.596 3	0.564 5
7	0.932 7	0.870 6	0.813 1	0.759 9	0.710 7	0.665 1	0.622 7	0.583 5	0.547 0	0.513 2
8	0.923 5	0.853 5	0.789 4	0.730 7	0.676 8	0.627 4	0.592 0	0.540 3	0.501 9	0.466 5
9	0.914 3	0.836 8	0.766 4	0.702 6	0.644 6	0.591 9	0.543 9	0.500 2	0.460 4	0.424 1
10	0.905 3	0.820 3	0.744 1	0.675 6	0.613 9	0.558 4	0.508 3	0.463 2	0.422 4	0.385 5
11	0.896 3	0.804 3	0.722 4	0.649 6	0.584 7	0.526 8	0.475 1	0.428 9	0.387 5	0.350 5
12	0.887 4	0.788 5	0.701 4	0.624 6	0.556 8	0.497 0	0.444 0	0.397 1	0.355 5	0.318 6
13	0.878 7	0.773 0	0.681 0	0.600 6	0.530 3	0.468 8	0.415 0	0.367 7	0.326 2	0.289 7
14	0.870 0	0.757 9	0.661 1	0.577 5	0.505 1	0.442 3	0.387 8	0.340 5	0.299 2	0.263 3
15	0.861 3	0.743 0	0.641 9	0.555 3	0.481 0	0.417 3	0.362 4	0.315 2	0.274 5	0.239 4
16	0.852 8	0.728 4	0.623 2	0.533 9	0.458 1	0.393 6	0.338 7	0.291 9	0.251 9	0.217 6
17	0.844 4	0.714 2	0.605 0	0.513 4	0.436 3	0.371 4	0.316 6	0.270 3	0.231 1	0.197 8
18	0.836 0	0.700 2	0.587 4	0.493 6	0.415 5	0.350 3	0.295 9	0.250 2	0.212 9	0.179 9
19	0.827 7	0.686 4	0.570 3	0.474 6	0.395 7	0.330 5	0.276 5	0.231 7	0.194 5	0.163 5
20	0.819 5	0.673 0	0.553 7	0.456 4	0.376 9	0.311 8	0.258 4	0.214 5	0.178 4	0.148 6
21	0.811 4	0.659 8	0.537 5	0.438 8	0.358 9	0.294 2	0.241 5	0.198 7	0.163 7	0.135 1
22	0.803 4	0.646 8	0.521 9	0.422 0	0.341 8	0.277 5	0.225 7	0.183 9	0.150 2	0.122 8
23	0.795 4	0.634 2	0.506 7	0.405 7	0.325 6	0.261 8	0.210 9	0.170 3	0.137 8	0.111 7
24	0.787 6	0.621 7	0.491 9	0.390 1	0.310 1	0.247 0	0.197 1	0.157 7	0.126 4	0.101 5
25	0.779 8	0.609 5	0.477 6	0.375 1	0.295 3	0.233 0	0.184 2	0.146 0	0.116 0	0.092 3
30	0.741 9	0.552 1	0.412 0	0.308 3	0.231 4	0.174 1	0.131 4	0.099 4	0.075 4	0.057 3
35	0.705 9	0.500 0	0.355 4	0.253 4	0.181 3	0.130 1	0.093 7	0.067 6	0.049 0	0.035 6
40	0.671 7	0.452 9	0.306 6	0.208 3	0.142 0	0.097 2	0.066 8	0.046 0	0.031 8	0.022 1
45	0.639 1	0.410 2	0.264 4	0.171 2	0.111 3	0.72 7	0.476	0.031 3	0.020 7	0.013 7
50	0.608 0	0.371 5	0.228 1	0.140 7	0.087 2	0.054 3	0.033 9	0.021 3	0.013 4	0.008 5
55	0.578 5	0.336 5	0.196 8	0.115 7	0.068 3	0.040 6	0.244 2	0.014 5	0.008 7	0.005 3

(续表)

期数	12%	14%	15%	16%	18%	20%	24%	28%	32%	36%
1	0.892 9	0.877 2	0.869 6	0.862 1	0.847 5	0.833 3	0.806 5	0.781 3	0.757 6	0.735 3
2	0.797 2	0.769 5	0.756 1	0.743 2	0.718 2	0.694 4	0.650 4	0.610 4	0.573 9	0.540 7
3	0.711 8	0.675 0	0.657 5	0.640 7	0.608 6	0.578 7	0.524 5	0.476 8	0.434 8	0.397 5
4	0.635 5	0.592 1	0.571 8	0.552 3	0.515 18	0.482 3	0.423 0	0.372 5	0.329 4	0.292 3
5	0.567 4	0.509 4	0.497 2	0.476 2	0.437 1	0.401 9	0.341 1	0.291 0	0.249 5	0.214 9
6	0.506 6	0.455 6	0.432 3	0.410 4	0.370 4	0.334 9	0.275 1	0.227 4	0.189 0	0.158 0
7	0.452 3	0.399 6	0.375 9	0.353 8	0.313 9	0.279 1	0.221 8	0.177 6	0.143 2	0.116 2
8	0.403 9	0.351 06	0.326 9	0.305 0	0.266 0	0.232 6	0.178 9	0.138 8	0.108 5	0.085 4
9	0.360 6	0.307 5	0.284 3	0.263 0	0.225 5	0.193 8	0.144 3	0.108 4	0.082 2	0.062 8
10	0.322 0	0.269 7	0.247 2	0.226 7	0.191 1	0.161 5	0.116 4	0.084 7	0.062 3	0.046 2
11	0.287 5	0.236 6	0.214 9	0.195 4	0.161 9	0.134 6	0.093 8	0.066 2	0.047 2	0.034 0
12	0.256 7	0.207 6	0.186 9	0.168 5	0.137 3	0.112 2	0.075 7	0.051 7	0.035 7	0.025 0
13	0.229 2	0.182 1	0.162 5	0.145 2	0.116	0.093 5	0.061 0	0.0440 4	0.027 1	0.018 4
14	0.204 6	0.159 7	0.141 3	0.125 2	0.098 5	0.077 9	0.049 2	0.031 6	0.020 5	0.013 5
15	0.182 7	0.140 1	0.122 9	0.107 9	0.083 5	0.064 9	0.039 7	0.024 7	0.015 5	0.009 9
16	0.163 1	0.122 9	0.106 9	0.098 0	0.070 9	0.054 1	0.032 0	0.019 3	0.011 8	0.007 3
17	0.145 6	0.107 8	0.092 9	0.080 2	0.060 0	0.045 1	0.025 9	0.015 0	0.008 9	0.005 4
18	0.130 0	0.094 6	0.080 8	0.069 1	0.050 8	0.037 6	0.020 8	0.011 8	0.006 8	0.003 9
19	0.111 61	0.082 9	0.070 3	0.059 6	0.043 1	0.031 3	0.016 8	0.009 2	0.005 1	0.002 9
20	0.103 7	0.072 8	0.061 1	0.051 4	0.036 5	0.026 1	0.013 5	0.007 2	0.003 9	0.002 1
21	0.092 6	0.063 8	0.053 1	0.044 3	0.030 9	0.021 7	0.010 9	0.005 6	0.002 9	0.001 6
22	0.082 6	0.056 0	0.046 2	0.038 2	0.026 2	0.018 1	0.008 8	0.004 4	0.002 2	0.001 2
23	0.073 8	0.049 1	0.040 2	0.032 9	0.022 2	0.015 1	0.007 1	0.003 4	0.001 7	0.000 8
24	0.065 9	0.043 1	0.034 9	0.028 4	0.018 8	0.012 6	0.005 7	0.002 7	0.001 13	0.000 6
25	0.058 8	0.037 8	0.030 4	0.024 5	0.016 0	0.010 5	0.004 6	0.002 1	0.001 0	0.000 5
26	0.052 5	0.033 1	0.026 4	0.021 1	0.013 5	0.008 7	0.003 7	0.001 6	0.000 7	0.000 3
27	0.046 9	0.029 1	0.023 0	0.018 2	0.011 5	0.007 3	0.003 0	0.001 3	0.000 6	0.000 2
28	0.041 9	0.025 5	0.020 0	0.015 7	0.009 7	0.006 1	0.002 4	0.001 0	0.000 4	0.000 2
29	0.037 4	0.022 4	0.017 4	0.013 5	0.008 2	0.005 1	0.002 0	0.000 8	0.000 3	0.000 1
30	0.033 4	0.019 6	0.015 1	0.011 6	0.007 0	0.004 2	0.001 6	0.000 6	0.000 2	0.000 1
35	0.018 9	0.010 2	0.007 5	0.005 5	0.003 0	0.001 7	0.000 5	0.000 2	0.000 1	0.
40	0.010 7	0.005 3	0.003 7	0.002 6	0.001 3	0.000 7	0.000 2	0.000 1	*	*
45	0.006 1	0.002 7	0.001 9	0.001 3	0.000 6	0.000 3	0.000 1	*	*	*
50	0.003 5	0.001 4	0.000 9	0.000 6	0.000 3	0.000 1	*	*	*	*

*＜0001

附表三 年金终值系数表

期数	1%	2%	3%	4%	5%	6%	7%	8%	9%	10%
1	1.000 0	1.000 0	1.000 0	1.000 0	1.000 0	1.000 0	1.000 0	1.000 0	1.000 0	1.000 0
2	2.010 0	2.020 0	2.030 0	2.040 0	0.050 0	2.060 0	2.070 0	2.080 0	2.090 0	2.100 0
3	3.030 1	3.060 4	3.090 9	3.121 6	3.152 5	3.183 6	3.214 9	3.246 4	3.278 1	3.310 0
4	4.060 4	4.121 6	4.183 6	4.246 5	4.310 1	4.374 6	4.439 9	4.506 1	4.573 1	4.641 0
5	5.101 0	5.204 0	5.309 1	5.416 3	5.525 6	5.637 1	5.750 7	5.866 6	5.984 7	6.105 1
6	6.152 0	6.308 1	6.468 4	6.633 0	6.801 9	6.975 3	7.153 3	7.335 9	7.523 3	7.715 6
7	7.213 5	7.434 3	7.662 5	7.898 3	8.142 0	8.392 8	8.654 0	8.922 8	9.200 4	9.487 2
8	8.285 7	8.583 0	8.893 2	9.214 2	9.549 1	9.897 5	10.260	10.637	11.028	11.436
9	9.368 5	9.754 6	10.159	10.583	11.027	11.491	11.978	12.488	13.021	13.579
10	10.462	10.950	11.464	12.006	12.578	13.181	13.816	14.487	15.193	15.937
11	11.567	12.169	12.808	13.486	14.207	14.972	15.784	16.645	17.560	18.531
12	12.683	13.412	14.192	15.026	15.917	16.870	17.888	18.977	20.141	21.384
13	13.809	14.680	15.618	16.627	17.713	18.882	20.141	21.495	22.953	24.523
14	14.947	15.974	17.086	18.292	19.599	21.015	22.550	24.215	26.019	27.975
15	16.097	17.293	18.599	20.024	21.579	23.276	25.129	27.152	29.361	31.772
16	17.258	18.639	20.157	21.825	23.658	25.673	27.888	30.324	33.003	35.950
17	18.430	20.012	21.762	23.698	25.840	28.213	30.840	33.750	36.974	40.545
18	19.615	21.412	23.414	25.645	28.132	30.906	33.999	37.450	41.301	45.599
19	20.811	22.841	25.117	27.671	30.539	33.760	37.379	41.446	46.018	51.159
20	22.019	24.297	26.870	29.778	33.066	36.786	40.995	45.762	51.160	57.275
21	23.239	25.783	28.676	31.969	35.719	39.993	44.865	50.423	56.765	64.002
22	24.472	27.299	30.537	34.248	38.505	43.392	49.006	55.457	62.873	71.403
23	25.716	28.845	32.453	36.618	41.430	46.996	53.436	60.893	69.532	79.543
24	26.973	30.422	34.426	39.083	44.502	50.816	58.177	66.765	76.790	88.497
25	28.243	32.030	36.459	41.646	47.727	54.865	63.249	73.106	84.701	98.347
26	20.526	33.671	38.553	44.312	51.113	59.156	68.676	79.954	93.324	109.18
27	30.821	35.344	40.710	47.084	54.669	63.706	74.484	87.351	102.72	121.10
28	32.129	37.051	42.931	49.968	58.403	68.528	80.698	95.339	112.97	134.21
29	33.450	38.792	45.219	52.966	62.323	73.640	87.347	103.97	124.14	148.63
30	34.785	40.568	47.575	56.085	66.439	79.058	94.461	113.28	136.31	164.49
40	48.886	60.402	75.401	95.026	120.80	154.76	199.64	259.06	337.88	442.59
50	64.463	84.579	11.80	152.67	209.35	290.34	406.53	573.77	815.08	1163.9
60	81.670	114.05	163.05	237.99	353.58	533.13	813.52	1253.2	1944.8	3034.8

（续表）

期数	12%	14%	15%	16%	18%	20%	24%	28%	32%	36%
1	1.000 0	1.000 0	1.000 0	1.000 0	1.000 0	1.000 0	1.000 0	1.000 0	1.000 0	1.000 0
2	2.120 0	2.140 0	2.150 0	2.160 0	2.180 0	2.200 0	2.240 0	2.280 0	2.320 0	2.360 0
3	3.374 4	3.439 6	3.472 5	3.505 6	3.572 4	3.640 0	3.777 6	3.918 4	4.062 4	4.209 6
4	4.779 3	4.921 1	4.993 4	5.066 5	5.215 4	5.368 0	5.684 2	6.015 6	6.362 4	6.725 1
5	6.352 8	6.610 1	6.742 4	6.877 1	7.154 2	7.441 6	8.048 4	8.699 9	9.398 3	10.146
6	8.115 2	8.535 5	8.753 7	8.977 5	9.442 0	9.929 9	10.980	12.136	13.406	14.799
7	10.089	10.730	11.067	11.414	12.142	12.916	14.615	16.534	18.696	21.126
8	12.300	13.233	13.727	14.240	15.327	16.499	19.123	22.163	25.678	29.732
9	14.776	16.085	16.786	17.519	19.086	20.799	24.712	29.369	34.895	41.435
10	17.549	19.337	20.304	21.321	23.521	25.959	31.643	38.593	47.062	57.352
11	20.655	23.045	24.349	25.733	28.755	32.150	40.238	50.398	63.122	78.998
12	24.133	27.271	29.002	30.850	34.931	39.581	50.895	65.510	84.320	108.44
13	28.029	32.089	34.352	36.786	42.219	48.497	64.110	84.853	112.30	148.47
14	32.393	37.581	40.505	43.672	50.818	59.196	80.496	109.61	149.24	202.93
15	37.280	43.842	47.580	51.660	60.965	72.035	100.82	141.30	198.00	276.98
16	42.753	50.980	55.717	60.925	72.939	87.442	126.01	181.87	262.36	377.69
17	48.884	59.118	6.075	71.673	87.068	105.93	157.25	233.79	347.31	514.66
18	55.750	68.394	75.836	84.141	103.74	128.12	195.99	300.25	459.45	700.94
19	63.440	78.969	88.212	98.603	123.41	154.74	244.03	385.32	607.47	954.28
20	72.052	91.025	102.44	115.38	146.63	186.69	303.60	494.21	802.86	1 298.8
21	81.699	104.77	118.81	134.84	174.02	225.03	377.46	633.59	1 060.8	1 767.4
22	92.503	120.44	137.63	157.41	206.34	271.03	469.06	812.00	1 401.2	2 404.7
23	104.60	138.30	159.28	183.60	244.49	326.24	582.63	1 040.4	1 850.6	3 271.3
24	118.16	158.66	184.17	213.98	289.49	392.48	723.46	1 332.7	2 443.8	4 450.0
25	133.33	181.87	212.79	249.21	342.60	471.98	898.09	1 706.8	3 226.8	6 053.0
26	150.33	208.33	245.71	290.09	405.27	567.38	1 114.6	2 185.7	4 260.4	8 233.1
27	169.37	238.50	238.57	337.50	479.22	681.85	1 383.1	2 798.7	5 624.8	11 198.0
28	190.70	272.89	327.10	392.50	566.48	819.22	1 716.1	3 583.3	7 425.7	15 230.3
29	241.58	312.9	377.17	456.30	669.45	984.07	2 129.0	4 587.7	9 802.9	20 714.2
30	241.33	356.79	434.75	530.31	790.95	1 181.9	2 640.9	5 873.2	12 941	28 172.3
40	767.09	1 342.0	1 779.1	2 360.8	4 163.2	7 343.9	22 729	69 377	*	*
50	2 400.0	4 994.5	7 217.7	10 436	21 813	45 497	*	*	*	*
60	7 471.6	18 535	29 220	46 058	*	*	*	*	*	*

*>99 999

附表四 年金现值系数表

期数	1%	2%	3%	4%	5%	6%	7%	8%	9%
1	0.990 1	0.980 4	0.970 9	0.961 5	0.952 4	0.943 4	0.934 6	0.925 9	0.917 4
2	1.970 4	1.941 6	1.913 5	1.886 1	1.859 4	1.833 4	1.808 0	1.783 3	1.759 1
3	2.941 0	2.883 9	2.828 6	2.775 1	2.723 2	2.673 0	2.624 3	2.577 1	2.531 3
4	3.902 0	3.807 7	3.717 1	3.629 9	3.546 0	3.465 1	3.387 2	3.312 1	3.239 7
5	4.853 4	4.713 5	4.579 7	4.451 8	4.329 5	4.212 4	4.100 2	3.992 7	3.889 7
6	5.795 5	5.601 4	5.417 2	5.242 1	5.075 7	4.917 3	4.766 5	4.622 9	4.485 9
7	6.728 2	6.472 0	6.230 3	6.002 1	5.796 4	5.582 4	5.399 3	5.206 4	5.033 0
8	7.651 7	7.325 5	7.019 7	6.732 7	6.463 2	6.209 8	5.971 3	5.746 6	5.534 8
9	8.566 0	8.162 2	7.786 1	7.435 3	7.107 8	6.801 7	6.515 2	6.246 9	5.995 2
10	9.471 3	8.982 6	8.530 2	8.110 9	7.721 7	7.360 1	7.023 6	6.710 1	6.417 7
11	10.367 6	9.786 8	9.252 6	8.760 5	8.306 4	7.886 9	7.498 7	7.139 0	6.805 2
12	11.255 1	10.575 3	9.954 0	9.385 1	8.863 3	8.383 8	7.942 7	7.536 1	7.160 7
13	12.133 7	11.348 4	10.635 0	9.985 6	9.393 6	8.852 7	8.357 7	7.903 8	7.486 9
14	13.003 7	12.106 2	11.296 1	10.563 1	9.898 6	9.295 0	8.745 5	8.244 2	7.786 2
15	13.865 1	12.849 3	11.937 9	11.118 4	10.379 7	9.112 2	9.107 9	8.559 5	8.060 7
16	14.717 9	13.577 7	12.561 1	11.652 3	10.837 8	10.105 9	9.446 6	8.851 4	8.312 6
17	15.562 3	14.291 9	13.166 1	12.165 7	11.274 1	10.477 3	9.763 2	9.121 6	8.543 6
18	16.398 3	14.992 0	13.753 5	12.659 3	11.689 6	10.827 6	10.059 1	9.371 9	8.755 6
19	17.226 0	15.678 5	14.323 8	13.133 9	12.085 3	11.158 1	10.335 6	9.603 6	8.950 1
20	18.045 6	16.351 4	14.877 5	13.590 3	12.462 2	11.469 9	10.594 0	9.818 1	9.128 5
21	18.857 0	17.011 2	15.415 0	14.029 2	12.821 2	11.764 1	10.835 5	10.016 8	9.292 2
22	19.660 4	17.658 0	15.936 9	14.451 1	13.163 0	12.041 6	11.061 2	10.200 7	9.442 4
23	20.455 8	18.292 2	16.443 6	14.856 8	13.488 6	12.303 4	11.272 2	10.374 1	9.580 2
24	21.243 4	18.913 9	16.935 5	15.247 0	13.798 6	12.550 4	11.469 3	10.528 8	9.706 6
25	22.023 2	19.523 5	17.413 1	15.622 1	14.093 9	12.783 4	11.653 6	10.674 8	9.822 6
26	22.795 2	20.121 0	17.876 8	15.982 8	14.375 2	13.003 2	11.825 8	10.810 0	9.929 0
27	23.559 6	20.705 9	18.327 0	16.329 6	14.643 0	13.210 5	11.986 7	10.935 2	10.026 6
28	24.316 4	21.281 3	18.764 1	16.663 1	14.898 1	13.406 2	12.137 1	11.051 1	10.116 1
29	25.065 8	21.844 4	19.188 5	16.983 7	15.141 1	13.590 7	12.277 7	11.158 4	10.198 3
30	25.807 7	22.396 5	19.600 4	17.292 0	15.372 5	13.764 8	12.409 0	11.257 8	10.273 7
35	29.408 6	24.998 6	21.487 2	18.664 6	16.374 2	14.498 2	12.947 7	11.654 6	10.566 8
40	32.834 7	27.355 5	23.114 8	19.792 8	17.159 1	15.046 3	13.331 7	11.924 6	10.757 4
45	36.094 5	29.409 2	24.518 7	20.720 0	17.774 1	15.455 8	13.605 5	12.108 4	10.881 2
50	39.196 1	31.423 6	25.729 8	21.482 2	18.255 9	15.761 9	13.800 7	12.233 5	10.961 7
55	42.147 2	33.174 8	26.774 4	22.108 6	18.633 5	15.990 5	13.939 9	12.318 6	11.104 0

（续表）

期数	10%	12%	14%	15%	16%	18%	20%	24%	28%	32%
1	0.909 1	0.892 9	0.877 2	0.869 6	0.862 1	0.847 5	0.833 3	0.806 5	0.781 3	0.757 6
2	1.735 5	1.690 1	1.646 7	1.625 7	1.605 2	1.565 6	1.527 8	1.456 8	1.391 6	1.331 5
3	2.486 9	2.401 8	2.321 6	2.283 2	2.245 9	2.174 3	2.106 5	1.981 3	1.868 4	1.766 3
4	3.169 9	3.037 3	2.913 7	2.855 0	2.798 2	2.690 1	2.588 7	2.404 3	2.241 0	2.095 7
5	3.790 8	3.604 8	3.433 1	3.352 2	3.274 3	3.127 2	2.990 6	2.745 4	2.532 0	2.345 2
6	4.355 3	4.111 4	3.888 7	3.784 5	3.684 7	3.497 6	3.325 5	3.020 5	2.759 4	2.534 2
7	4.868 4	4.563 8	4.288 3	4.160 4	4.038 6	3.811 5	3.604 6	3.242 3	2.937 0	2.677 5
8	5.334 9	4.967 6	4.638 9	4.487 3	4.343 6	4.077 6	3.837 2	3.421 2	3.075 8	2.786 0
9	5.759 0	5.328 2	4.946 4	4.771 6	4.606 5	4.303 0	4.031 0	3.565 5	3.184 2	2.868 1
10	6.144 6	5.650 2	5.216 1	5.018 8	4.833 2	4.494 1	4.192 5	3.681 9	3.268 9	2.930 4
11	6.495 1	5.937 7	5.452 7	5.233 7	5.028 6	4.656 0	4.327 1	3.775 7	3.335 1	2.977 6
12	6.813 7	6.194 4	5.660 3	5.420 6	5.197 1	4.793 2	4.439 2	3.851 4	3.386 8	3.013 3
13	7.103 4	6.423 5	5.842 4	5.583 1	5.342 3	4.909 5	4.532 7	3.912 4	3.427 2	3.040 4
14	7.366 7	6.628 2	6.002 1	5.724 5	5.467 5	5.008 1	4.610 6	3.961 6	3.458 7	3.060 9
15	7.605 1	6.810 9	6.142 2	5.847 4	5.575 5	5.091 6	4.675 5	4.001 3	3.483 4	3.076 4
16	7.823 7	6.974 0	6.265 1	5.954 2	5.668 5	5.162 4	4.729 6	4.033 3	3.502 6	3.088 2
17	8.021 6	7.119 6	6.372 9	6.047 2	5.748 7	5.222 3	4.774 6	4.059 1	3.517 7	3.097 1
18	8.201 4	7.249 7	6.467 4	6.128 0	5.817 8	5.273 2	4.812 2	4.079 9	3.529 4	3.103 9
19	8.364 9	7.365 8	6.550 4	6.198 2	5.877 5	5.316 2	4.843 5	4.096 7	3.538 6	3.109 0
20	8.513 6	7.469 4	6.623 1	6.259 3	5.928 8	5.352 7	4.869 6	4.110 3	3.545 8	3.112 9
21	8.648 7	7.562 0	6.687 0	6.312 5	5.973 1	5.383 7	4.891 3	4.121 2	3.551 4	3.115 8
22	8.771 5	7.644 6	6.742 9	6.358 7	6.011 3	5.409 9	4.909 4	4.130 0	3.555 8	3.118 0
23	8.883 2	7.718 4	6.792 1	6.398 8	6.044 2	5.432 1	4.924 5	4.137 1	3.559 2	3.119 7
24	8.984 7	7.784 3	6.835 1	6.433 8	6.072 6	5.450 9	4.937 1	4.142 8	3.561 9	3.121 0
25	9.077 0	7.843 1	6.872 9	6.464 1	6.097 1	5.466 9	4.947 6	4.147 4	3.564 0	3.122 0
26	9.160 9	7.895 7	6.906 1	6.490 6	6.118 2	5.480 4	4.965 3	4.151 1	3.565 6	3.122 7
27	9.237 2	7.942 6	6.935 2	6.513 5	6.136 4	5.491 9	4.963 6	4.154 2	3.566 9	3.123 3
28	9.306 6	7.984 4	6.960 7	6.533 5	6.152 0	5.501 6	4.969 7	4.156 6	3.567 9	3.123 7
29	9.369 6	8.012 8	6.983 0	6.550 9	6.165 6	5.509 8	4.974 7	4.158 5	3.568 7	3.124 0
30	9.426 9	8.055 2	7.002 7	6.566 0	6.177 2	5.516 8	4.978 9	4.160 1	3.569 3	3.124 2
35	9.644 2	8.175 5	7.070 0	6.616 6	6.215 53	5.538 6	4.991 5	1.164 4	3.570 8	3.124 8
40	9.779 1	8.243 8	7.105 0	6.641 8	6.233 5	5.548 2	4.996 6	4.165 9	3.571 2	3.125 0
45	9.862 8	8.282 5	7.123 2	6.654 3	6.242 1	5.552 3	4.998 6	4.166 4	3.571 4	3.125 0
50	9.914 8	8.304 5	7.132 7	6.660 5	6.246 3	5.554 1	4.999 5	4.166 6	3.571 4	3.125 0
55	9.947 1	8.317 0	7.137 6	6.663 6	4.248 2	5.554 9	4.999 8	4.166 6	3.571 4	3.125 0

参考文献

[1] 中国注册会计师协会．财务成本管理．北京：经济科学出版社，2008

[2] 王金台，韩新宽．财务管理．郑州：河南科学技术出版社，2008

[3] 祝伯红，王发仁．新编财务管理．大连：大连理工大学出版社，2008

[4] 孙班军．财务管理．北京：中国财政经济出版社，2004

[5] 闫华红．中级财务管理轻松过关．北京：北京大学出版社，2008

[6] 财政部会计资格评价中心．财务管理．北京：中国财政经济出版社，2011

[7] 苏佳萍．财务管理实用教程．北京：北京交通大学出版社，2009

[8] 简鸿飞．新编财务管理．北京：北京理工大学出版社，2009

[9] 乔红．财务管理．成都：西南财经大学出版社，2009

[10] 王顺金，邹俊霞．财务管理．北京：北京理工大学出版社，2009

[11] 孔德兰．财务管理实务．北京：高等教育出版社，2009